AF608596

X.media.press

Peter Bühler (Jahrgang 1954) Lehre als Chemigraf, Studium der Druck- und Reproduktionstechnik an der FH für Druck, Stuttgart. Gewerbelehrerstudium für Drucktechnik und Geschichte an der TH Darmstadt. Seit 1984 Lehrer an der Johannes-Gutenberg-Schule, Stuttgart, im Bereich Druckvorstufe und Computertechnik, Fachberater für Druck- und Medientechnik am Oberschulamt sowie am Seminar für Schulpädagogik, Stuttgart. Mitgliedschaft und Mitarbeit u.a. in den Lehrplankommissionen Mediengestalter für Digital- und Printmedien sowie Bild und Ton, in IHK-Prüfungsausschüssen, längjährige Mitgliedschaft in der Zentralen Projektgruppe Multimedia am Landesinstitut für Erziehung und Unterricht Baden-Württemberg und Mitglied im Zentralen Fachausschuss für die Druck- und Medienindustrie.

Peter Bühler

MediaFarbe – analog und digital

Farbe in der Medienproduktion

Zweite, überarbeitete und erweiterte Auflage

Durchgehend vierfarbig illustriert

Dipl.-Ing.
Peter Bühler
Im Näheren Grund 9
71563 Affalterbach

ISSN 1439-3107
ISBN 978-3-642-62261-8   ISBN 978-3-642-18715-5 (eBook)

DOI 10.1007/978-3-642-18715-5

Bibliografische Information Der Deutschen Bibliothek
Die Deutsche Bibliothek verzeichnet diese Publikation in der Deutschen Nationalbibliografie; detaillierte bibliografische Daten sind im Internet über <http://dnb.ddb.de> abrufbar.

Ursprünglich erschienen bei Springer Berlin Heidelberg New York 2004
Softcover reprint of the hardcover 2nd edition 2004

Umschlaggestaltung: KünkelLopka, Heidelberg
Texterfassung, Grafik und Layout: durch den Autor
Datenaufbereitung: Appl/Wemding

Gedruckt auf säurefreiem Papier   33/3142 ud   543210

Vorwort

Die Welt ist farbig, die Medien der Welt sind farbig. Aber – welche Farben zeigt mein Monitor? Warum fotografiert meine Digitalkamera RGB? Und gedruckt wird dann in CMYK? In welchem Farbraum? Warum sehen die Farben meines Bildes auf dem Monitor anders aus als im Druck? Muss das sein? Und #FF0000 erzeugt auf meiner Internetseite Rot? Und welche Farbe ergeben C70, M10 und Y90?
Dieses Buch liefert Ihnen die Antworten. Wie jede gute Praxis braucht auch die Praxis der Gestaltung und Herstellung von Print- und Digitalmedien ein fachtheoretisches Fundament.

In den ersten drei Kapiteln des Buches geht es um die Theorie der Farbe als optisches Phänomen und als Gesichtssinn des Menschen. Grundlagen der Farbwahrnehmung und Farbwirkung sollen Sie neugierig machen auf die Techniken zur Realisation von Farbe in Print- und Digitalmedien.

Die folgenden zwei Kapitel zeigen die Verfahren der Farbmessung, die verschiedenen Farbsysteme und die Farbmetrik als Grundlage des Color Managements.

Die restlichen Kapitel bilden den Hauptteil des Buches. Hier werden die Stationen des Farbworkflows der Produktion von Print- und Digitalmedien von der Bilddatenerfassung mittels Digitalkamera oder Scanner über die Techniken in der Druckvorstufe wie Farbbildretusche, Separation und Rasterung bis hin zur Bilddatenausgabe im Druck oder im Internet vorgestellt. Ein Schwerpunkt liegt dabei auf der Konsistenz der Farbverarbeitung durch das Color Management mit Kalibrierung, Profilierung und Prozesskontrolle. Die Einbindung von ICC-Profilen in die wichtigsten Programme der Medienproduktion wird ebenso dargestellt wie die Umsetzung von Farben in den verschiedenen Dateiformaten und dem Hexadezimalsystem für das Internet.

Abschließend bietet eine umfangreiche Sammlung von Bildern mit ausgewiesenen RGB- und CMYK-Farbwerten sowie Farbtafeln mit RGB-, Hex- und CMYK-Anteilen Orientierung und Anregung für die technische Umsetzung von Farben. Neben den 88 Basisfarben des HKS-Systems mit ihren Äquivalenten in RGB, Hex-Tripeln und CMYK werden insbesondere für die Arbeit mit Digitalmedien die 16 HTML-Farbwörter des W3C und die 216 Farben der Web-Palette in Farbtafeln mit den jeweiligen Farbanteilen visualisiert.

Die Kommunikation über Farbe in der Mediengestaltung und -herstellung erfordert die Kenntnis der Fachsprache. Das Glossar am Schluss des Buches vermittelt die notwendigen Fachbegriffe.

Dem Anfänger bietet dieses Buch einen strukturierten praxisbezogenen Einstieg in die Herstellung der farbigen Print- und Digitalmedien. Der erfahrene Praktiker findet vertiefendes Wissen ohne wissenschaftlichen Ballast.

Kurze Texte mit vielen Abbildungen und Beispielen machen das Buch anschaulich und erleichtern das Studium. Es ist ein Buch für das Selbststudium und den Einsatz an Berufs-, Fach- und Hochschulen.

Alle Beispiele sind mit gängiger Software ausgeführt. Sie sind so gehalten, dass für Sie der Transfer zu anderen Programmen einfach ist. Die Screenshots stammen meist vom Apple Macintosh. Es unterscheidet sich aber nur die Darstellung der Menüs und Dialogfelder, die Funktionalität der Programme ist plattformübergreifend auf Mac und Windows-PC gleich.

In den einzelnen Kapiteln finden Sie Aufgaben zur zielgerichteten Erarbeitung und Vertiefung. Die Aufgaben sollen Ihnen auch Anregung und Anreiz sein zu eigenen Fragestellungen und weiterführender Arbeit.

Ich möchte Sie einladen und ermuntern, kommen Sie in die faszinierende farbige Welt der Gestaltung und Herstellung von Print- und Digitalmedien.

Peter Bühler — Heidelberg, im Sommer 2004

Inhaltsverzeichnis

Farbbeziehungen

Farbe ist Licht

»Und Gott sprach: Es werde Licht! Und es ward Licht. Und Gott sah, dass das Licht gut war.«

Die Bibel: Das erste Buch Moses

Licht ist ...

... elektromagnetische Energiestrahlung.

Und was ist elektromagnetische Strahlung?

Ohne Licht herrscht die Dunkelheit, wir sehen nichts. Aber woher kommt das Licht?

Anders als Comic-Helden mit Röntgenblick senden unsere Augen keine Strahlung aus, sondern sie empfangen sie nur. Licht braucht also eine Quelle, d.h., das Licht muss zum Auge kommen, sonst sehen wir nichts. Die Lichtquelle strahlt das Licht ab, es trifft auf einen Körper und wird von diesem zurückgestrahlt oder es trifft direkt auf unser Auge, einen Fotoempfänger.

Lichtentstehung

Im Ruhezustand eines Atoms sind seine Elektronen auf den jeweiligen Energieniveaus im energetischen Gleichgewicht.

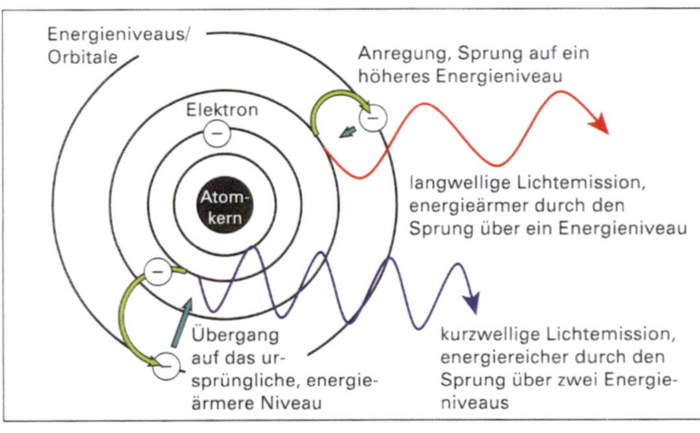

Durch äußere Energiezufuhr, z.B. elektrische Energie oder Wärme, wird das Atom angeregt und in Schwingung versetzt. Die aufgenommene Energie führt dazu, dass Elektronen auf eine höhere Energiestufe gelangen. Diese ist weniger stabil als das ursprüngliche Niveau. Deshalb fällt das Elektron auf sein Ausgangsniveau zurück und gibt beim Übergang die Energiedifferenz in Form von Lichtenergie ab. Die kontinuierlich zugeführte Energie bewirkt, dass die Elektronen ständig zwischen den Energieniveaus oszillieren und dabei Licht abstrahlen. Die Energiedifferenz bestimmt die Wellenlänge und somit die Farbe des abgestrahlten Lichts.

Die Natur des Lichts

Licht und Sehen hat die Menschen schon seit alters her beschäftigt. Die unterschiedlichsten Theorien versuchten das Phänomen zu erklären. So ging Aristoteles von einem Medium zwischen Gegenstand und Beobachter aus, dem so genannten Äther. Auch der Physiker Christian Huygens, Begründer der Wellentheorie des Lichts, nahm an, dass der Raum von einem besonderen Stoff, dem Lichtäther, erfüllt sei. Isaac Newton beschreibt Licht als Strom von Teilchen, der sich geradlinig ausbreitet. Tatsächlich ist es so, dass sich Licht bei der Emission und bei der Absorption wie ein Teilchenstrom, bei der Ausbreitung wie eine Welle verhält. Die Quantenphysik führt den scheinbaren Widerspruch des Wellen- und Teilchenbildes zusammen. Aus der Elektrodynamik wissen wir, dass Licht elektromagnetische Wellen sind, die sich unabhängig von einem Medium, auch im Vakuum, ausbreiten.

Licht und Farben

Isaac Newton bewies in verschiedenen Experimenten die Zusammensetzung von weißem Licht aus farbigem Licht unterschiedlicher Wellenlängen. Beim Durchgang durch ein Prisma werden die einzelnen Wellenlängen unterschiedlich stark gebrochen. Dadurch erscheint auf dem Projektionsschirm das Spektrum von Rot über Gelb, Grün und Cyan bis Blau.

Das für den Menschen sichtbare Licht umfasst die Wellenlängen eines schmalen Spektralbereichs von 380 nm bis 760 nm.

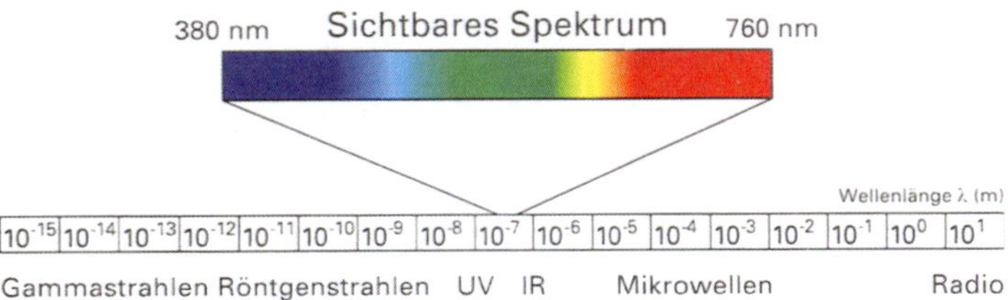

Lichtwellen

Die optische Wirkung des Lichts wird vor allem durch das Verhalten des Lichts als Welle bestimmt.

In der Fotografie und der Medienproduktion sind für uns zwei Eigenschaften des Lichts von besonderer Bedeutung:

- Farbigkeit und
- Helligkeit.

Beide visuellen Phänomene werden durch die Eigenschaften der Lichtwelle hervorgerufen. Die von uns wahrgenommene Farbe des Lichts wird durch die Wellenlänge und die Periode bzw. Frequenz einer Lichtwelle bestimmt. Die Helligkeit des Lichts ist von der Amplitude der Lichtwelle abhängig.

Wellenlänge

Die Wellenlängen bewirken wesentlich die Farbe des Lichts, weil die Empfänger im menschlichen Auge mit unterschiedlicher Resonanz auf die verschiedenen Wellenlängen des einfallenden Lichts reagieren. Licht wird erst dadurch farbig, dass es jemand sieht.

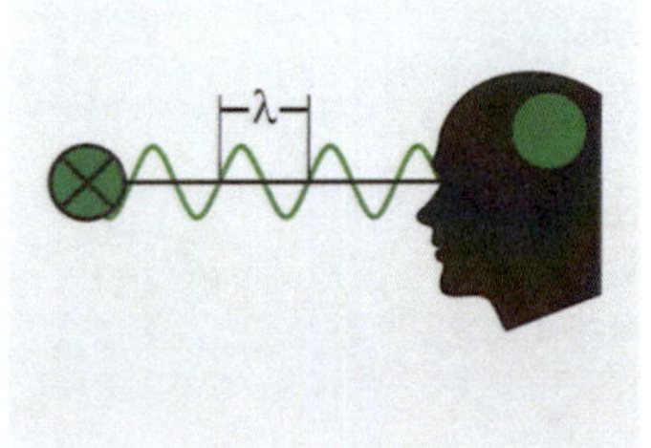

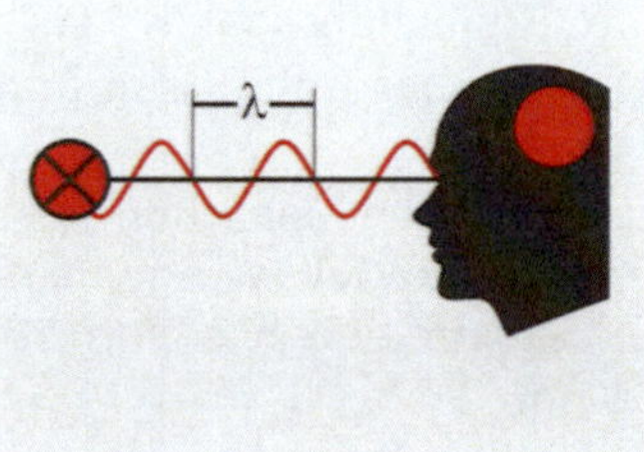

Der Abstand zweier gleicher benachbarter Phasen wird als Wellenlänge bezeichnet. Wenn sich also bei einer periodischen Sinusschwingung das gleiche Wellenbild, z.B. ein Wellental und ein Wellenberg, wiederholt, dann ist eine Wellenlänge abgeschlossen. Die Wellenlänge wird mit dem griechischen Buchstaben λ (lambda) bezeichnet. Die Einheit ist immer das entsprechende Längenmaß. Beim Licht sind es Nanometer (nm), 1 nm = 10^{-9} m.

Periode, Frequenz

Die Periode oder Schwingungsdauer ist die Zeitdauer, nach der sich der Schwingungsvorgang wiederholt.

Die Frequenz ist der Kehrwert der Periode. Sie gibt an, wie viele Schwingungen pro Sekunde stattfinden. Das Formelzeichen ist der griechische Buchstabe ν (nü). Die Einheit ist 1/s, Schwingungen pro Sekunde oder Hz (Hertz).

Amplitude
Die Amplitude ist die Größe der Schwingung, das Maß ihrer Auslenkung. Durch die Amplitude wird die Helligkeit des Lichts bestimmt. Je größer die Amplitude bei gleicher Wellenlänge (λ), desto heller erscheint uns das Licht.

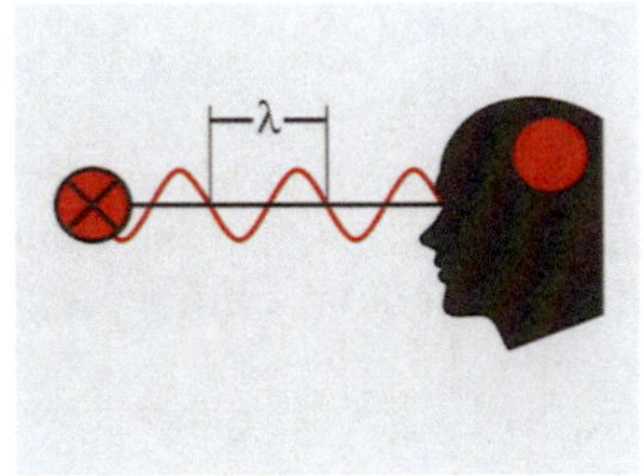

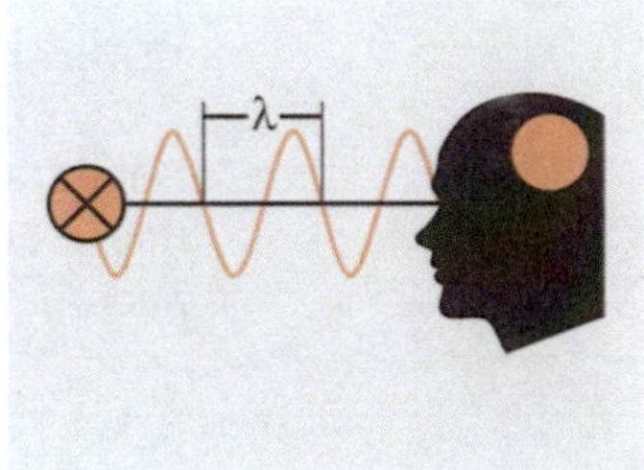

Interferenz
Unter Interferenz versteht man die Überlagerung von Wellen. Je nach Stellung der Phasen der einzelnen Wellen kommt es zu einer Verstärkung, Abschwächung oder Auslöschung des Lichts.

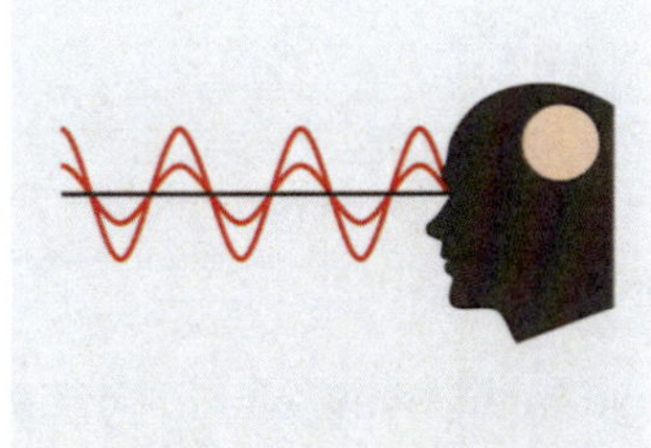

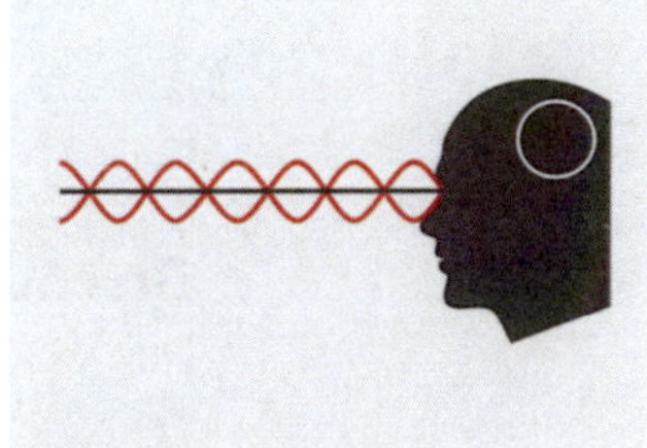

Polarisation
Die Polarisation des Lichts gibt die Richtung der Schwingung an.

Das Licht einer Lichtquelle ist normalerweise unpolarisiert, d.h., es schwingt in allen Ebenen. Bei der Reflexion an einer glänzenden Oberfläche, z.B. nasser Druckfarbe, wird das Licht in einer Hauptschwingungsebene polarisiert. Durch Polarisationsfilter können Sie dieses Glanzlicht herausfiltern.

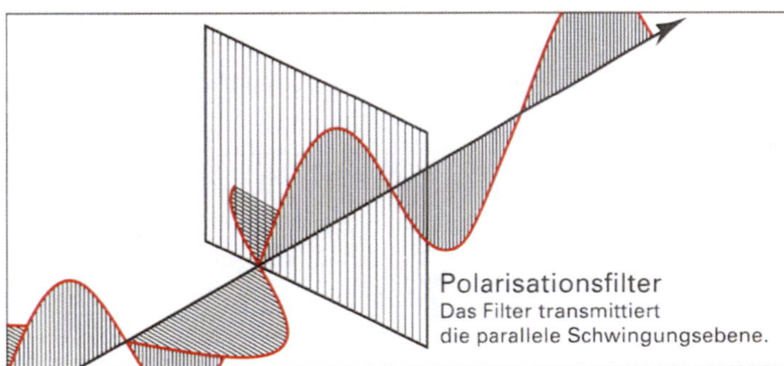

Dispersion – die Aufteilung des Lichts

Reflexion

Lichtstrahlen breiten sich geradlinig im Raum aus. Erst wenn das Licht auf ein anderes optisches Medium trifft, ändert sich die Richtung. Nach dem Reflexionsgesetz ist der Einfallswinkel gleich dem Reflexions- bzw. Ausfallswinkel. Ein idealer Spiegel reflektiert 100% des aufgestrahlten Lichts im Ausfallswinkel. Je matter eine Oberfläche ist, desto stärker streut sie das auftreffende Licht. Das zurückgestrahlte Licht wird diffus reflektiert bzw. remittiert.

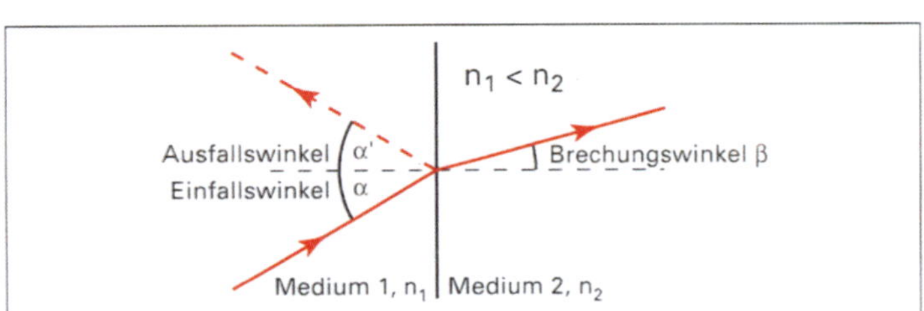

Brechung

Wenn Lichtstrahlen von einem optischen Medium in ein anderes mit verschiedener optischer Dichte übergehen, werden sie gebrochen. Der Grund ist die von der optischen Dichte abhängige Lichtgeschwindigkeit. Licht breitet sich im optisch dichteren Medium langsamer aus. Wenn eine Wellenfront auf ein optisch dichteres Medium trifft, dann wird die zuerst auftreffende Seite der Welle verlangsamt. Dadurch verändert sich die Ausbreitungsrichtung der Welle und des immer senkrecht zur Wellenfront orientierten Lichtstrahls, er wird gebrochen. Beim Übergang vom optisch dichteren hin zum optisch dünneren Medium erfolgt die Brechung entgegengesetzt.

Nach dem Brechungsgesetz wird der Brechungsindex n bestimmt.

$$n = \sin \alpha / \sin \beta$$

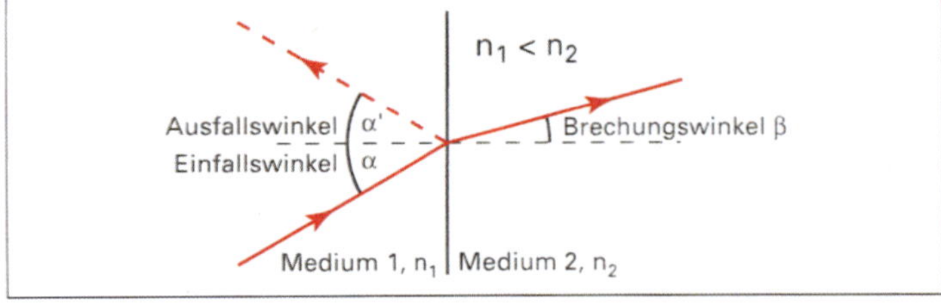

Die einzelnen Wellenlängen des weißen Lichts werden nach den Regeln des Brechungsgesetzes unterschiedlich stark gebrochen. Sie sehen deshalb auf dem Projektionsschirm das Spektrum des sichtbaren Lichts.

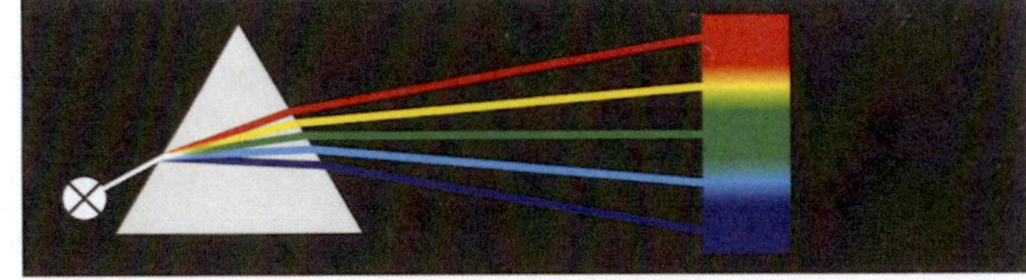

Eine Sammeloptik führt die einzelnen Wellenlängen des dispergierten Lichts wieder zu weißem Licht zusammen.

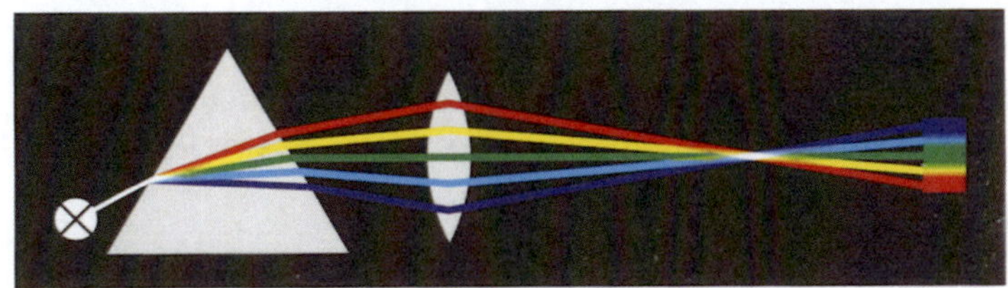

Wird eine Spektralfarbe erneut durch ein Prisma geschickt, dann verändert sie sich nicht. Sie ist monochromatisch, d.h., sie besteht aus Licht einer Wellenlänge und lässt sich deshalb nicht weiter zerlegen.

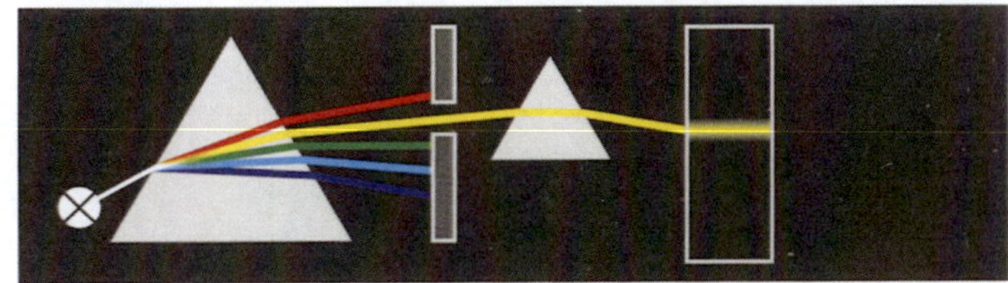

Beugung

Die Beugung ist neben der Reflexion und der Brechung die dritte Erscheinung der Abweichung des Lichts von seiner geradlinigen Ausbreitungsrichtung. Wellen werden nach dem Beugungsgesetz an Kanten und Spalten gebeugt. Auch hier werden die einzelnen Wellenlängen unterschiedlich stark abgelenkt.

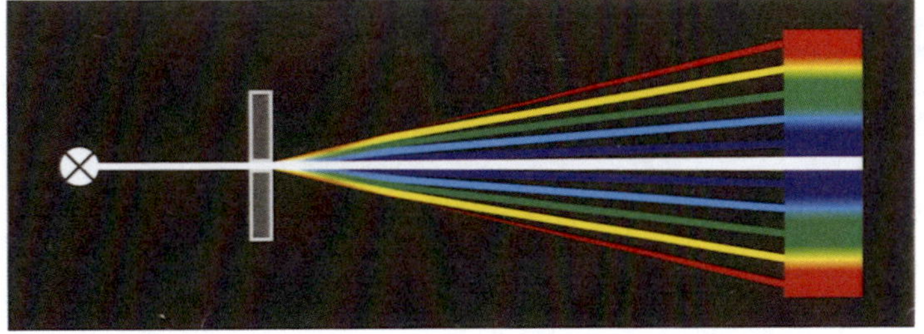

Licht bewerten

Die Beleuchtung des Aufnahmemotivs, der Vorlagen, aber auch der Proofs und der Drucke erfolgt mit den unterschiedlichsten Lichtquellen. Teilweise mit Tageslicht, meist aber mit künstlichem Licht. Für einen kontrollierten konsistenten Workflow in der Medienproduktion müssen Sie deshalb Licht in seiner Farbigkeit und seiner Helligkeit messen und bewerten.

Farbiges Licht

Weißes Licht besteht, wie wir gesehen haben, aus Licht unterschiedlicher Wellenlängen. Je nach Zusammensetzung des von uns gesehenen Lichts nehmen wir eine bestimmte Farbe des Lichts wahr.

Mit einem speziellen Messgerät, einem Spektralfotometer, können Lichtanteile der Wellenlängen gemessen werden. Die Strahlungsverteilung wird tabellarisch den Wellenlängen zugeordnet. Sie kann außerdem in einem Spektrogramm grafisch dargestellt werden.

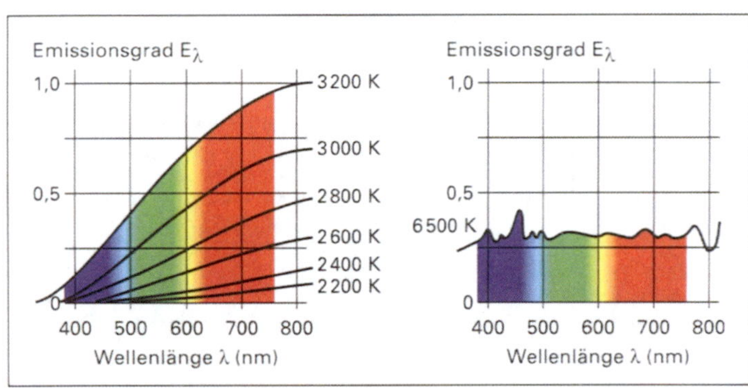

Emissionen verschiedener Lichtquellen

- Links: Glühlampen mit unterschiedlichen Drahttemperaturen
- Rechts: Xenon-Hochdrucklampe mit einer Farbtemperatur von 6500 K

Farbtemperatur

Schwarze Strahler sind Körper, die jegliche auf sie treffende Strahlung absorbieren. Da solche Strahler in der Praxis nicht realisierbar sind, spricht man auch von so genannten grauen Strahlern oder idealisierten schwarzen Strahlern. Wenn diese Strahler nun erhitzt werden, dann emittieren sie bei unterschiedlichen Temperaturen jeweils Licht mit einer bestimmten spektralen Energieverteilung. Man bezeichnet die Temperatur, bei der der schwarze Strahler eine bestimmte Farbart emittiert, Farbtemperatur. Die Farbtemperatur einer Lichtquelle entspricht also der Temperatur eines schwarzen Strahlers, bei der er die gleiche Farbart abgibt wie die Lichtquelle. Mit der Farbtemperatur wird die Strahlungsleistung einer Lichtquelle in den verschiedenen Wellenlängen, nicht die Temperatur der Lichtquelle beschrieben. Die Einheit der Farbtemperatur ist Kelvin K, die SI-Einheit (Systeme International) für die Temperatur.

Normlichtart A (Glühlampenlicht)	2856 K
Normlichtart D50 (zur Messung und Abmusterung)	5000 K
Normlichtart D65	6500 K
Normlichtart C	6800 K
Lichtarten F, z.B. F2 (Leuchtstoffröhren)	4230 K

Auf der folgenden Seite sehen Sie zwei praktische Anwendungen der Farbcharakterisierung durch die Farbtemperatur.

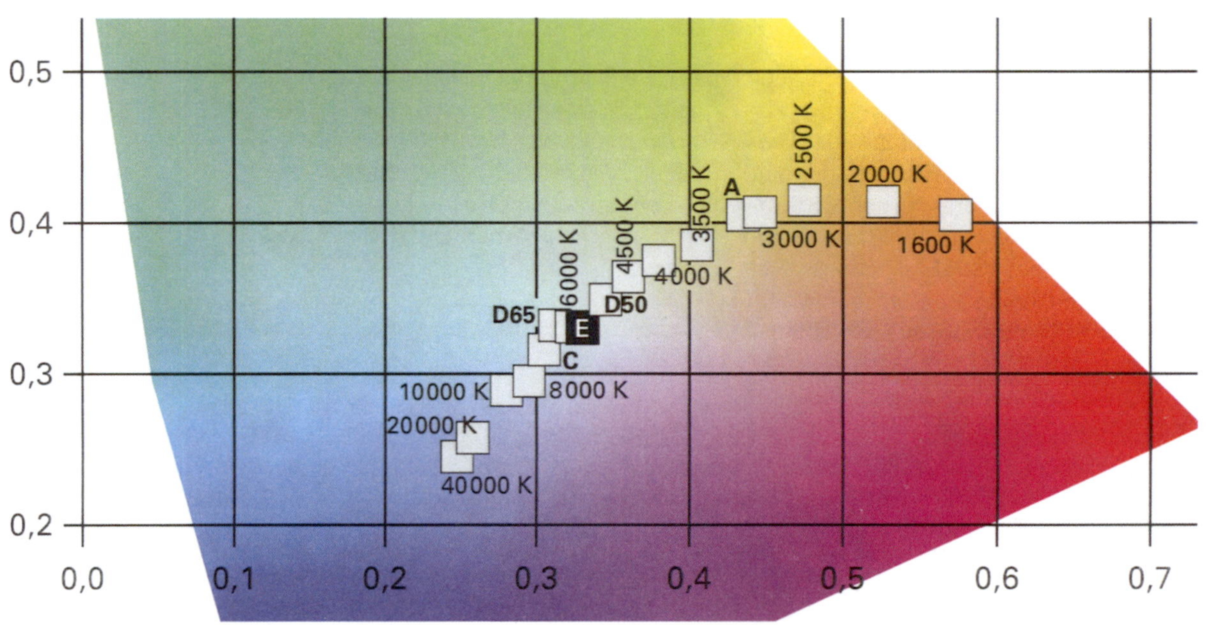

Farborte einzelner Farbtemperaturen
mit den Normlichtarten D50, D65, C und A sowie dem Unbuntpunkt E

→ S. 84

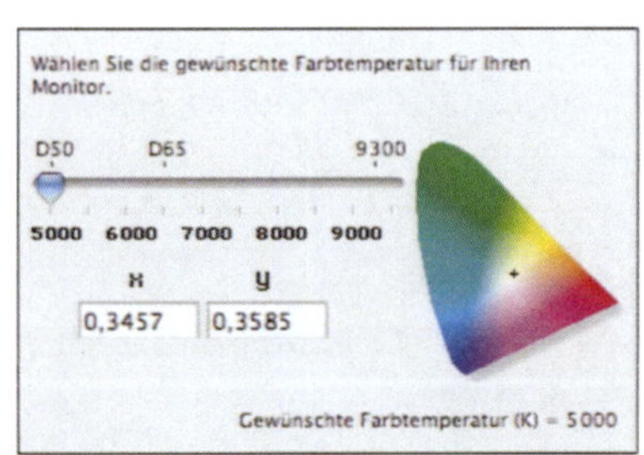

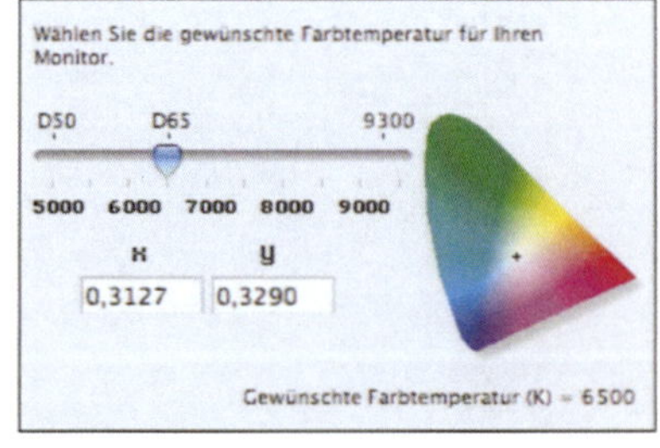

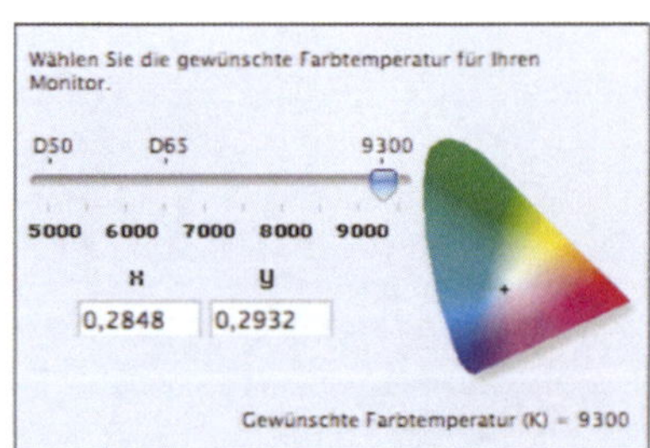

Monitorweiß bei unterschiedlichen Farbtemperatureinstellungen

→ S. 132

Spektrale Energieverteilung

Sie haben die Farbtemperatur als eine Kenngröße zur Charakterisierung einer Lichtquelle kennen gelernt. Leider reicht die Farbtemperatur alleine nicht aus, um die spektralen Eigenschaften einer Lichtquelle eindeutig zu beschreiben.

Da der Mensch beim Farbensehen alle Wellenlängen zu einem Farbeindruck integriert, muss zusätzlich die spektrale Energieverteilung einer Lichtquelle bekannt sein. Machen wir ein Gedankenexperiment zur Veranschaulichung: Wenn Sie mit drei monochromatischen Lichtquellen, z.B. einem roten, einem grünen und einem blauen Strahler, eine weiße Fläche gleichzeitig beleuchten, dann könnten Sie das Weiß der Fläche nicht von dem Weiß einer mit Tageslicht beleuchteten Fläche unterscheiden. Würden Sie aber mit dem gleichen Lichtquellentripel eine Vorlage oder eine farbige Fläche beleuchten, dann wäre der Unterschied zum Tageslicht augenscheinlich.

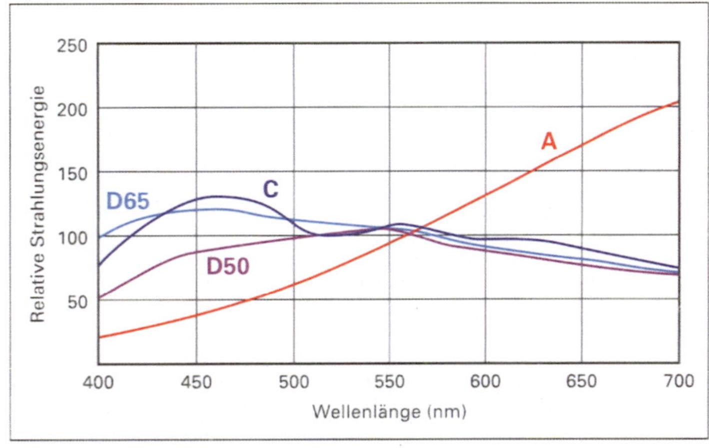

Spektrale Energieverteilung der Normlichtarten A, C, D50 und D65

Normlicht

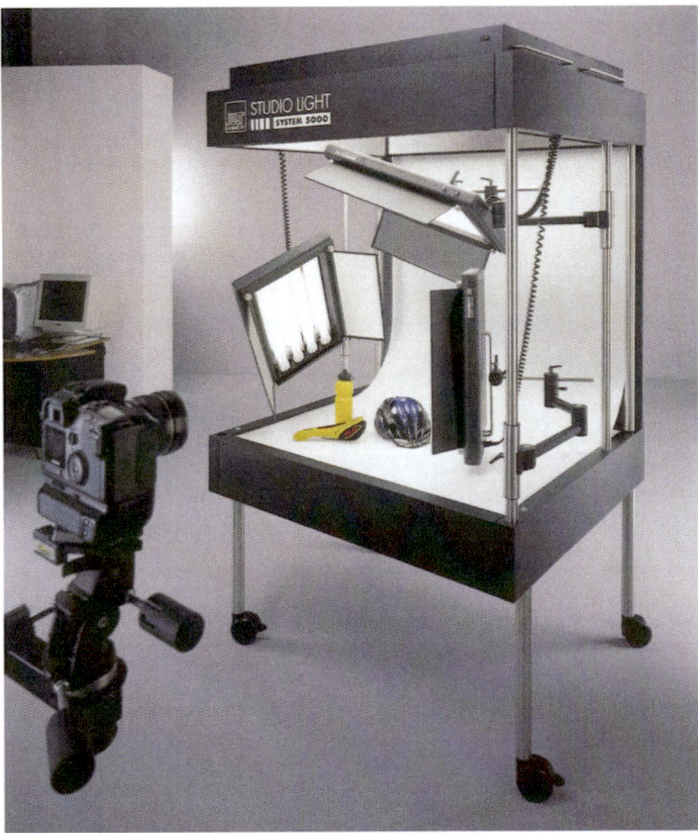

Just Studio Light System 5000
Abbildung: Just

Bei unterschiedlicher Beleuchtung verändert sich auch die visuelle Erscheinung der Farben. Es werden deshalb von verschiedenen Herstellern Beleuchtungseinrichtungen, Leuchttische und Abstimmpulte mit standardisiertem Normlicht angeboten.

Fotografie

Für die Fotografie gilt natürlich ebenfalls der Zusammenhang zwischen der spektralen Zusammensetzung der Lichtquelle und der notwendigen Farbneutralität der Aufnahme.

In der Digitalfotografie können Sie die Farbstichigkeit des Lichts bis zu einem gewissen Grade durch einen entsprechenden Weißabgleich ausgleichen. Die konventionelle Fotografie kann durch die Wahl des Aufnahmematerials oder durch den Einsatz von entsprechenden Farbfiltern ebenfalls auf die unterschiedlichen Lichtfarben reagieren. Die bessere Lösung ist aber, wenn möglich, die Beleuchtung mit neutralem weißem Licht durchzuführen.

Visuelle Abstimmung

Sie können Vorlagen, Proofs, An- und Auflagendrucke nur dann qualifiziert beurteilen, wenn die Lichtart der Lichtquelle definiert ist. Man bezeichnet dieses Licht als Normlicht.

DIN/ISO 3664 schreibt seit dem Jahre 2000 für die visuelle Abstimmung von Aufsichts- und Durchsichtsvorlagen, Proof und Drucke die Normlichtart D50 (Daylight) vor.

→ S. 9

Proof-Station, Normlichtabstimmpult
Abbildung: Just

Lernziel
- Sie kennen den Zusammenhang zwischen der Lichtart der Beleuchtung und der visuellen Wirkung einer Farbe.

Aufgaben
- Vergleichen Sie die visuelle Wirkung von Farbflächen unter unterschiedlichen Lichtquellen.
- Vergleichen Sie Vorlage, Proof und Druck unter verschiedenen Lichtquellen.

Farbe sehen

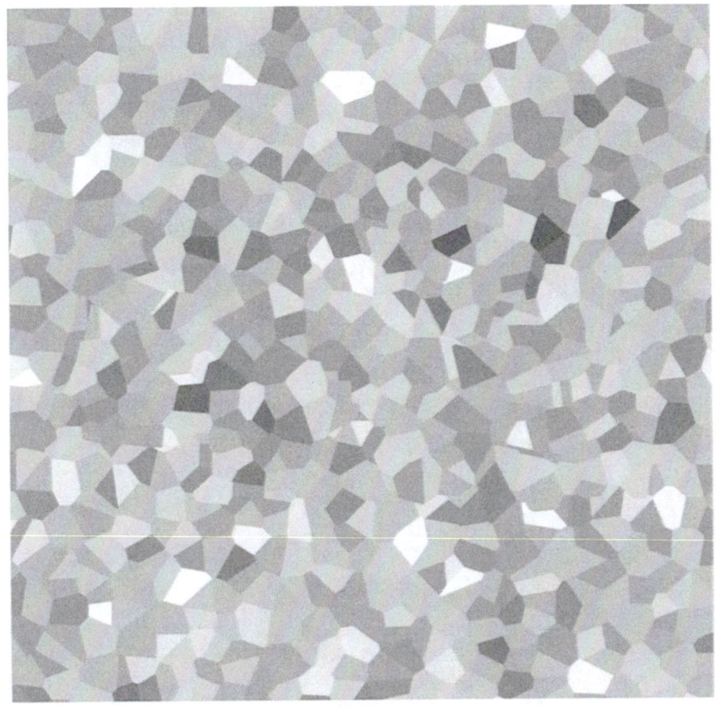

„»Wir sind diejenigen«, sagte Phougg, »denen er die Antwort geben wird auf die große Frage nach dem Leben ...!«

»... dem Universum ...«, sagte Luunquoal.

»... und allem ...!«

...

»Sie wird euch bestimmt nicht gefallen«, bemerkte Deep Thought.

»Sag sie uns trotzdem!«

»Na schön«, sagte Deep Thought. »Die Antwort auf die Große Frage ...«

»Ja ...!«

»... nach dem Leben, dem Universum und allem ...«, sagte Deep Thought.

»Ja ...!«

»...lautet ...«, sagte Deep Thought und machte eine Pause.

»Ja ...!«

»...lautet ...«

»Ja ...!!!...???«"

Bitte blättern Sie um!

Sind Sie farbtüchtig – Sehen Sie die Antwort?

„»Zweiundvierzig«, sagte Deep Thought mit unsagbarer Erhabenheit und Ruhe."

Douglas Adams: Per Anhalter durch die Galaxis

Das menschliche Auge

Was passiert in unseren Augen, wenn wir etwas sehen? Die erste Antwort ist immer die, dass unser Auge wie eine Kamera funktioniere. Es sei ebenso ein optisches System, das statt Film oder CDD-Chip eben die Netzhaut als Empfänger hat. Die auf der Netzhaut befindlichen Rezeptoren wandeln die visuellen Informationen in nervöse Signale um. Diese Signale werden dann zur weiteren Verarbeitung an das Gehirn geleitet. Erst dort entsteht das Bild, das wir sehen, oder besser, das wir wahrnehmen.

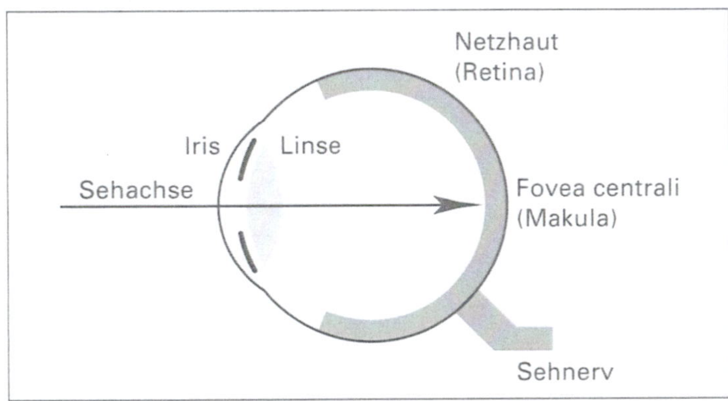

Stäbchen und Zapfen

Auf der Netzhaut, Retina, des menschlichen Auges befinden sich lichtempfindliche Zellen. Sie werden als Pigment- oder Photorezeptoren bezeichnet. Es gibt zwei Arten von Rezeptoren, die nach Form und Funktion unterschieden werden, Stäbchen und Zapfen. Die Netzhaut hat etwa 120 Millionen Stäbchen und nur ca. 7 Millionen Zapfen. Die überwiegende Mehrzahl der Zapfen konzentriert sich in der Fovea, dem Sehzentrum des Auges.

Die Stäbchen haben keine spektrale Empfindlichkeit, sie können ausschließlich Helligkeiten unterscheiden. Die Zapfen sind farbempfindlich, etwa ein Drittel der Zapfen jeweils für rotes, grünes und blaues Licht. Sie sehen also nur drei Farben: Rot, Grün und Blau. Alle anderen Farben sind Ergebnis der Signalverarbeitung und Bewertung im Sehzentrum des Gehirns. Wir sind deshalb nicht in der Lage, die spektrale Zusammensetzung der Farbwahrnehmung aufzuschlüsseln.

Bei ausreichender Helligkeit sehen wir vor allem mit den Zapfen, bei schwacher Beleuchtung, z.B. in der Dämmerung, sehen wir vor allem mit den Stäbchen. Sie kennen sicherlich den Ausspruch: „Nachts sind alle Katzen grau." Das Farbensehen ist also stark von der Beleuchtung bzw. von der ins Auge fallenden Lichtmenge abhängig.

Sinneswahrnehmung

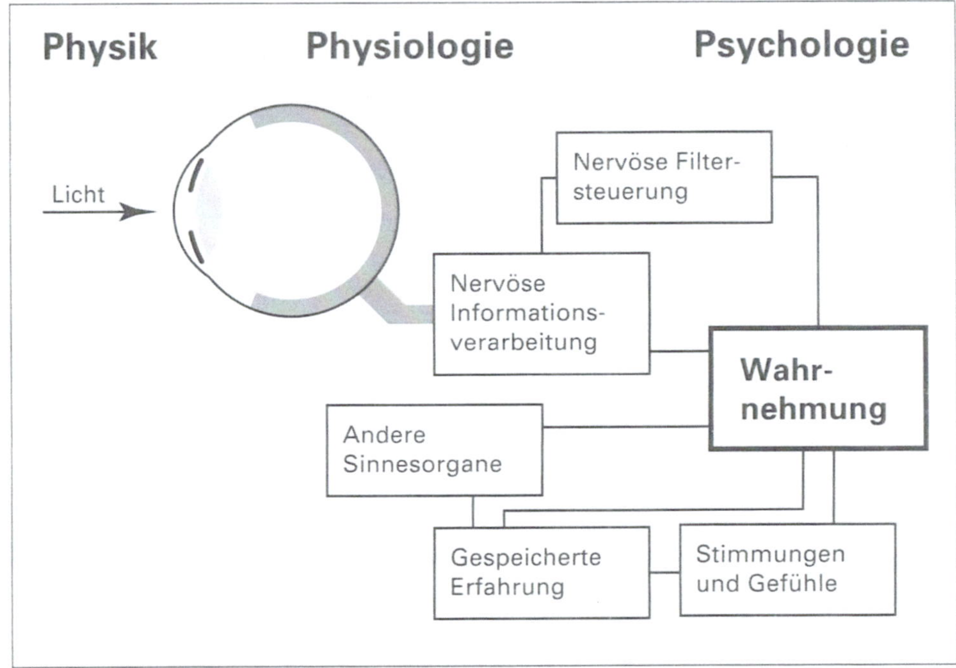

Von den fünf Sinnesorganen des Menschen, Auge, Haut, Nase, Ohr und Zunge, ist das Auge das wichtigste. Etwa 70 Prozent aller Umweltreize werden über den Sehsinn wahrgenommen.

Was wir sehen und was wir wahrnehmen ist nicht immer das Gleiche. Außer durch die Meldungen der anderen Sinnesorgane wird unsere Wahrnehmung durch Erfahrungen und die jeweilige Stimmung beeinflusst. Der Seh- oder Gesichtssinn des Menschen steht in enger Beziehung zu den anderen vier Sinnen, dem Tastsinn, dem Geruchssinn, dem Geschmackssinn und dem Hörsinn. Die Wahrnehmung eines Sinnesorgans ist immer ein Zusammenwirken aller Sinnesreize. Jeder kennt die Experimente, in denen von Versuchspersonen verschiedenen farbigen, geschmacklosen Flüssigkeiten bestimmte Aromen zugewiesen wurden. Gelb schmeckte vermeintlich nach Zitrone, rot zum Beispiel nach Erdbeere.

Formen wahrnehmen

Unsere Welt ist dreidimensional. Die Darstellung der Welt in den Medien ist immer zweidimensional. Licht und Schatten geben dem zweidimensionalen Abbbild der dreidimensionalen Welt Räumlichkeit. Das im Gehirn gespeicherte Vor-Bild ermöglicht es uns, auch stilisiert dargestellte Objekte zu erkennen (Form- und Größenkonstanz).

Farben wahrnehmen

Wir wissen, welche Farben die Dinge haben – oder macht blaues Licht aus roten Erdbeeren blaue Erdbeeren?

Die Farbkonstanz ist ebenso wie die oben dargestellte Form- und Größenkonstanz das Ergebnis des Sehvorgangs und dessen Verarbeitung und Bewertung im Gehirn.

Farbmaßzahlen und Normalbeobachter

Der Mensch ist das Maß aller Dinge. Aber jeder Mensch ist anders. Genauso wie es große und kleine, dunkelhaarige und blonde Menschen gibt, genauso unterschiedet sich unser Sehsinn und unsere Farbwahrnehmung. Zur standardisierten und konsistenten Produktion farbiger Medien ist es deshalb notwendig, allgemein gültige auf dem menschlichen Farbensehen basierende Kenngrößen zur Farbbewertung zu haben.

Der Normalbeobachter

Mit drei in ihrer Intensität regelbaren Lichtquellen der Primärfarben Rot, Grün und Blau kann jede Spektralfarbe nachgestellt werden. Auf ein Vergleichsfeld wird, über eine verschiebbare Blende gesteuert, jeweils das monochromatische Licht einer Wellenlänge aus dem Spektrum gestrahlt. Der Beobachter regelt nun die Farbanteile von Rot, Grün und Blau so, dass die beiden Vergleichsfelder farblich visuell gleich erscheinen. Als Ergebnis erhält man die Empfindlichkeit des menschlichen Auges für die einzelnen Spektralfarben. Dieser Versuch wurde mit einer ganzen Reihe von Beobachtern durchgeführt. Das Mittel der Versuchsergebnisse wurde dem so genannten Normalbeobachter zugeschrieben. Da die Ergebnisse 1931 von der CIE, Commission Internationale de l´Eclairage, Internationale Beleuchtungskommission, vorgestellt wurden, spricht man auch von dem CIE-1931-Normalbeobachter.

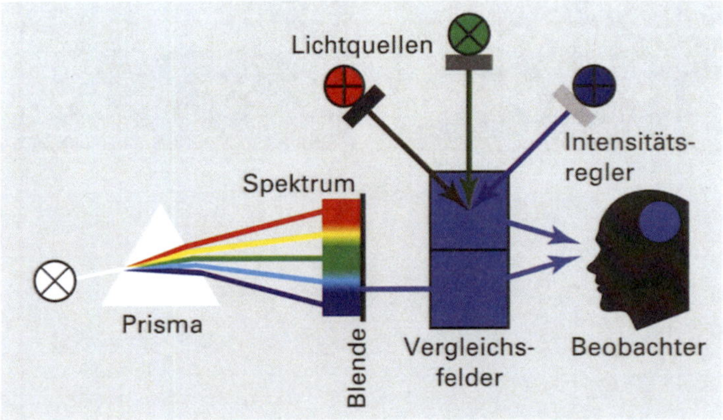

Die Versuchsreihen wurden jeweils mit einem Beobachtungswinkel von 2° und von 10° durchgeführt.

→ S. 84

Normspektralwertkurven

Die Normspektralwertfunktionen für Rot, Grün und Blau basieren jeweils auf dem Gleichheitsurteil des Normalbeobachters. Sie entsprechen der gemittelten spektralen Empfindlichkeit des menschlichen Sehsinns.

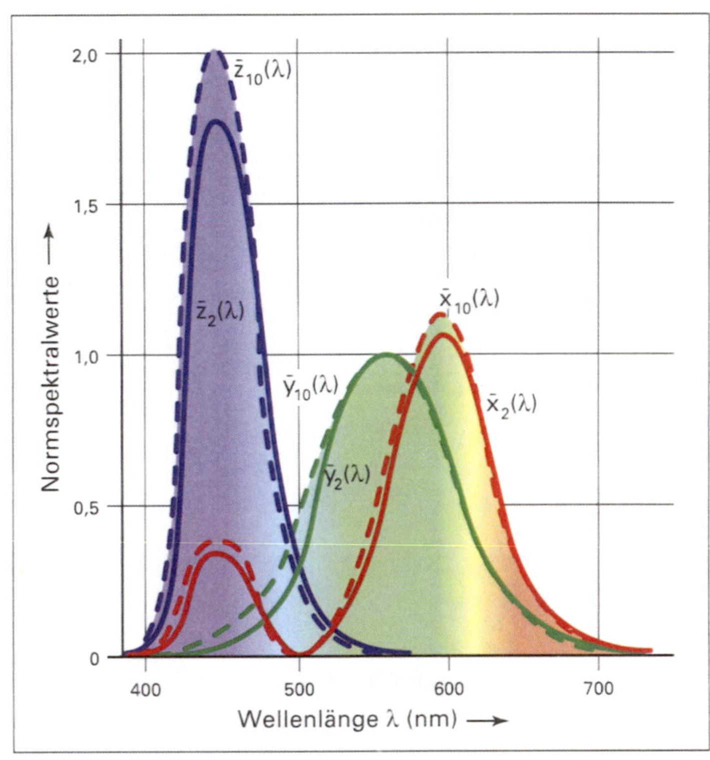

Normspektralwertkurven
für den 2°- und 10°-Normalbeobachter nach DIN 5033 Teil 2

Farbreiz φ_λ

Als Farbreiz wird die Strahlung bezeichnet, die durch Reizung der Zapfen eine Farbempfindung hervorruft. Die spektrale Zusammensetzung des Farbreizes wird durch die Farbreizfunktion beschrieben.

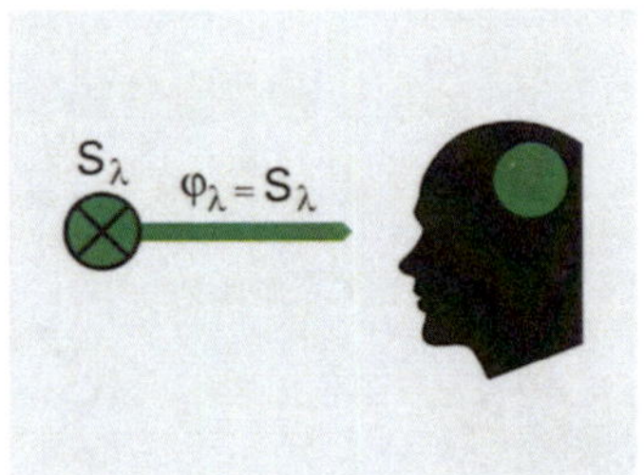

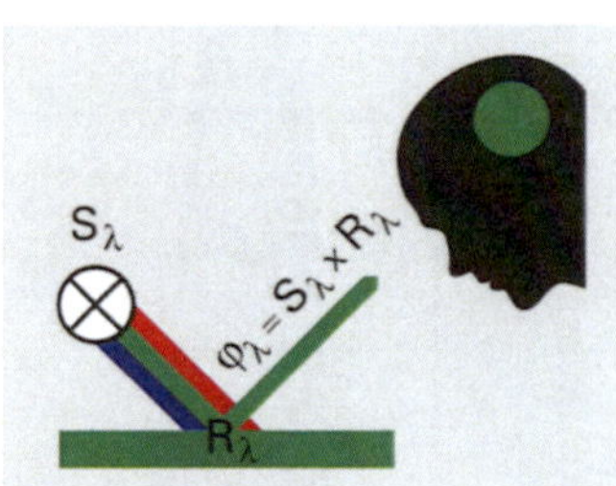

Selbstleuchter/Primärstrahler
Die Farbreizfunktion φ_λ ist gleich der Strahlungsfunktion S_λ des Strahlers.

Die Farbe eines Selbstleuchters/Primärstrahlers nennt man Lichtfarbe.

Nichtselbstleuchter/Sekundärstrahler
Die Farbreizfunktion φ_λ ist bei einem Nichtselbstleuchter das Produkt aus der Strahlungsfunktion S_λ und der spektralen Remissionsfunktion R_λ oder β_λ der Oberfläche bzw. der Transmissionsfunktion T_λ oder τ_λ einer transparenten Probe (z.B. Filter oder Dia).

Die Farbe eines Nichtselbstleuchters/Sekundärstrahlers heißt Körperfarbe.

Farbvalenz

Der Farbreiz ist ein physikalischer Vorgang. Er lässt sich somit problemlos messen. Unser Auge ist aber kein physikalischer Strahlungsempfänger. Zwar rezipieren wir die eintreffende Strahlung durch die rot-, grün- und blauempfindlichen Zapfen, wir können aber keine Aussage über die einzelnen Teilfarben machen. Die Bewertung der Farbreize heißt Farbvalenz. Sie ergibt sich aus der Bewertung des Farbreizes durch die drei Empfindlichkeitsfunktionen, d.h. die rot-, grün- und blauempfindlichen Zapfen des menschlichen Auges. Sie wird mit den drei Normfarbwerten X (Rot), Y (Grün) und Z (Blau) bezeichnet. Da wir die Zusammensetzung der Farbvalenz aus einzelnen Farbreizfunktionen nicht auflösen können, sehen alle Farbreize, die zur gleichen Farbvalenz führen, gleich aus.

Farbempfindung

Die Farbvalenz ist die Bewertung der visuellen Wirkung des Farbreizes. Diese Wahrnehmung wird im Gehirn weiter verarbeitet und führt zur Farbempfindung. Die Farbempfindung ist also das Ergebnis der komplexen Sinneswahrnehmung Farbe. Sie ist deshalb nicht messbar.

→ S. 84

Lernziele

- Sie kennen die Funktion des menschlichen Farbensehens.
- Sie wissen dass Farben nicht objektiv wahrgenommen werden.

Aufgabe

- Betrachten Sie verschiedene Gegenstände unter wechselnden Lichtquellen. Versuchen Sie die Farbe der Gegenstände zu benennen.

Farbbeziehungen

Harmonie oder Kontrast?

Farbkontraste – Farbharmonien

Farben werden immer in ihrem Umfeld wahrgenommen. Farben stehen nie alleine, außer in riesigen Farbflächen, sondern sie sind immer in Wechselwirkung mit ihrer Nachbarfarbe. Auch wenn sich die Farbfläche „nur" auf einem weißen Papier befindet, hat sie eine besondere Wirkung, die sich unterscheidet von der auf einem grauen oder farbigen Papier. Ein Grund für dieses Phänomen ist, dass die für das Farbsehen zuständigen Zapfen auf sehr komplexe Weise untereinander „verdrahtet" sind. Wenn z.B. Zapfen mit rotem Licht erregt werden, dann vermindert sich die Empfindlichkeit der nebenstehenden Zapfen für dieses Licht. Der Effekt heißt laterale Hemmung.

Messtechnisch können Sie diese subjektive Farbwahrnehmung natürlich nicht erfassen. Die Farbauswahl und Farbkombinationen bleiben immer ein Ergebnis Ihrer Kreativität und gestalterischen Kompetenz. Damit die von Ihnen gewählten Farben dann aber auch so im Medienprodukt realisiert werden und ihre visuelle Wirkung entfalten können, ist die Messung von Farben und ein konsistenter Farbworkflow unverzichtbar.

→ S. 47

Komplementärkontrast

Der Komplementärkontrast wirkt bei benachbarten komplementärfarbigen Farbflächen. Komplementärfarben sind Farben, die in ihrer Mischung sich zu Unbunt ergänzen. Zusätzlich zum Komplementärkontrast treten meist noch der Hell-Dunkel-Kontrast und ein Flimmerkontrast auf. Das Farbflimmern können Sie verhindern, wenn Sie die Farben aufhellen oder abdunkeln.

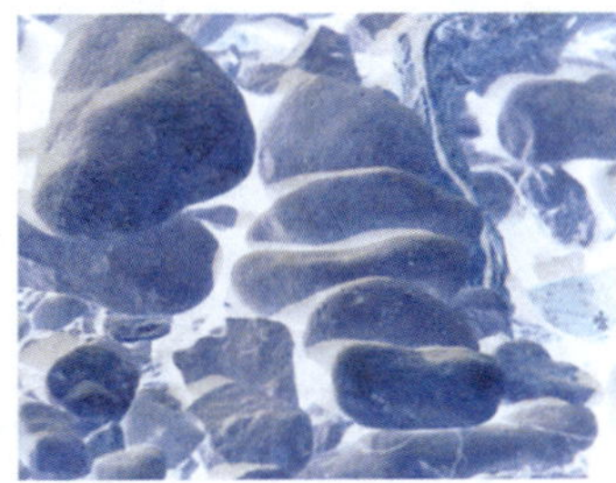

Positiv-Negativ
Die Farben der beiden Bilder sind komplementär

Simultankontrast

Der Simultankontrast ist der Farbkontrast, der die Farbwirkung einer Farbe in ihrem Umfeld beschreibt. Er ist somit praktisch immer und überall wirksam.

Der Simultankontrast führt zur wechselseitigen Beeinflussung von Farbempfindungen. Wir betrachten einen Farbton und in unserer Wahrnehmung erscheint der benachbarte Farbton verändert. Farben, die keine Komplementärfarben sind, beeinflussen sich simultan. Je nach Farbkombination und Intensität verändern sich subjektiv Farbton, Helligkeit oder Sättigung der betrachteten Farbe.

Warm-Kalt-Kontrast

Die Wirkung des Warm-Kalt-Kontrastes geht über das visuelle Fabempfinden hinaus. Ob eine Farbe als warm oder als kalt empfunden wird, ist u.a. Gegenstand der Farbpsychologie.

In der Farbenlehre gelten die Farben des Farbkreises von Gelb bis Rot als warme und die von Violett bis Grün als kalte Farben.

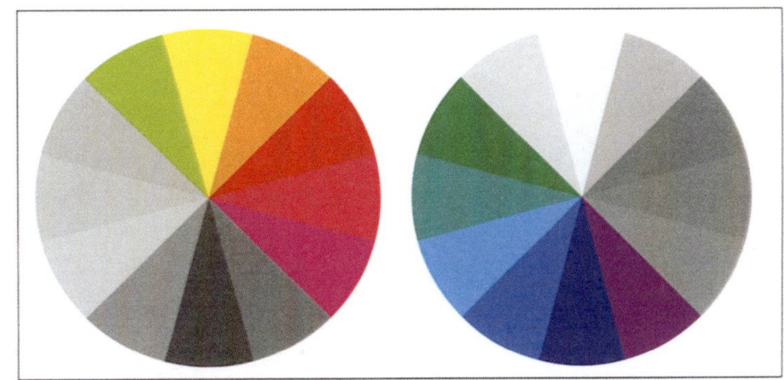

Farbige Schrift ist gut lesbar.

Farbige Schrift ist gut lesbar.

Farbige Schrift ist gut lesbar.

Farbige Schrift ist gut lesbar.

Farbige Schrift ist gut lesbar.

Farbige Schrift ist gut lesbar.

Farbassoziationen

Denken Sie an die Farbe Rot!

An was dachten Sie zuerst? An die Liebe, an Gefahr, an Rosen oder Blut, an die Feuerwehr oder an Coke ...?

Eva Heller unterscheidet in ihrem Buch „Wie Farben wirken" sechs verschiedene Aspekte der Farbwirkung.

Auf den folgenden Seiten stehen große Farbflächen. Assoziieren Sie Begriffe, Gefühle, Eigenschaften ...

Grau

edel
neutral
bescheiden
langweilig
dezent
sachlich
gefühllos
alt
intelligent
...

Dunkelblau

sportlich
seriös
ordentlich
klar
sachlich
kühl
modern
genau
...

Blau

entspannend
kühl
sachlich
weit
ordentlich
sicher
pünktlich
konservativ
ruhig
...

Cyan

kühl
sachlich
frisch
sportlich
jung
winterlich
...

Blaugrün

modern
sachlich
konservativ
bodenständig
unreif
natürlich
...

Grün

natürlich
frisch
gesund
neu
ruhig
sportlich
...

Grasgrün

erneuernd
froh
beruhigend
glücklich
erholsam
frei
natürlich
...

Gelb

hell
sonnig
neidisch
sauber
modern
giftig
sauer
...

Orange

energiereich
warm
dynamisch
unruhig
neu
innovativ
...

Rot

feurig
warm
aufreizend
dynamisch
warnend
erschreckend
energiereich
leidenschaftlich
agressiv
...

Pink

jugendlich
weiblich
modern
süß
romantisch
zärtlich
warm
sanft
dynamisch
...

Magenta

modern
musikalisch
kühl
emotional
kommunikativ
...

Violett

mächtig
kirchlich
königlich
weiblich
arrogant
sachlich
geheimnisvoll
...

Weiß

sauber
hell
unberührt
präzise
wahrhaftig
sachlich
gespenstisch
...

Schwarz

edel
traurig
unglücklich
sachlich
geheimnisvoll
mächtig
traditionell
düster
dunkel
...

Farben messen

Welche Farbe hat der Himmel?
Himmelblau!
Ja und?
Wie viel RGB oder CMYK sind himmelblau?

Densitometrie

Farben messen heißt den Sinneseindruck Farbe mit Zahlenwerten zu beschreiben. Wir müssen dabei unterscheiden, ob wir die Farbigkeit der Farbe absolut erfassen und ihr dadurch einen Farbort in einem farbmetrischen, auf dem menschlichen Gesichtssinn basierenden Farbsystem zuweisen oder ob wir die Prozessgrößen zur Farbwiedergabe messen.

Farbdichtemessung auf einem Druckkontrollstreifen

Die densitometrische Farbdichtemessung unterscheidet sich grundsätzlich von der spektralfotometrischen Farbmessung. Aus den Farbdichtewerten können Sie keine Farbmaßzahlen ableiten. Sie können aber die Rastertonwerte, d.h. die Farbanteile, in den Farbauszugsfilmen und im Druck messen. Des Weiteren dient die Densitometrie der Erfassung der Farbdichte. Da zwischen der Farbdichte und der Farbschichtdicke ein linearer Zusammenhang besteht, dienen Farbdichtewerte dem Drucker als Richtwert für die Beurteilung der Farbführung und als Steuergröße für die Farbsteuerung in der Druckmaschine.

Densitometrie ist die Messung der optischen Dichte. Dabei ist die Dichte ein Maß für die Absorption von Licht in einem optischen Medium.

Die Messgeräte zur Bestimmung der Dichte heißen Densitometer. Sie messen die von einem optischen Medium remittierte bzw. transmittierte Lichtmenge. Aus dem Verhältnis zwischen der aufgestrahlten und der gemessenen Lichtmenge werden eine Reihe von Kenngrößen, u.a. die Dichte, rechnerisch im Densitometer ermittelt.

Durchsichts-/Durchlichtmessung

Messprinzip
Die Messprobe wird von einer Lichtquelle beleuchtet. Ein Teil des aufgestrahlten Lichts I_0 wird in der Farbschicht sowie dem Trägermaterial absorbiert. Die übrige Lichtintensität I_1 wird transmittiert und von einem Fotoempfänger erfasst.

Mit Durchlichtdensitometern werden die Dichte von Halbtondurchsichtsvorlagen sowie die Volltondichte und der Rastertonwert von Reprofilmen gemessen.

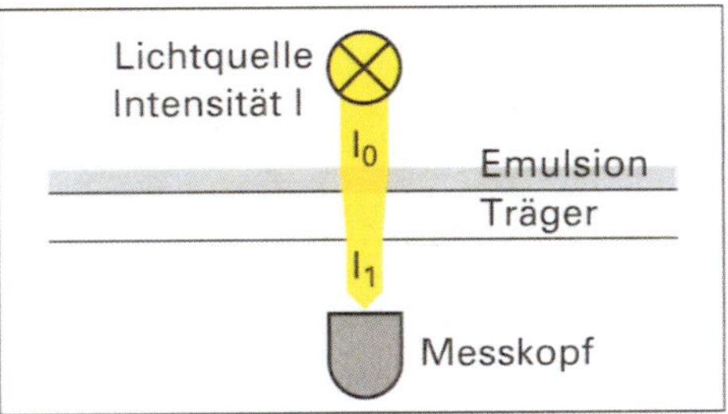

Kenngrößen

- **I_0** Aufgestrahlte Lichtintensität
- **I_1** Durchgelassene, transmittierte Lichtintensität
- **O** Opazität, Lichtundurchlässigkeit $O = I_0 / I_1 = 10^D = 1/T$
- **T** Transparenz, Lichtdurchlässigkeit $T = I_1/I_0 = 1/O$
- **D** Dichte, Logarithmus der Opazität $D = \log O$
- **F** Flächendeckungsgrad, Rastertonwert $F = 100\% - I_1$

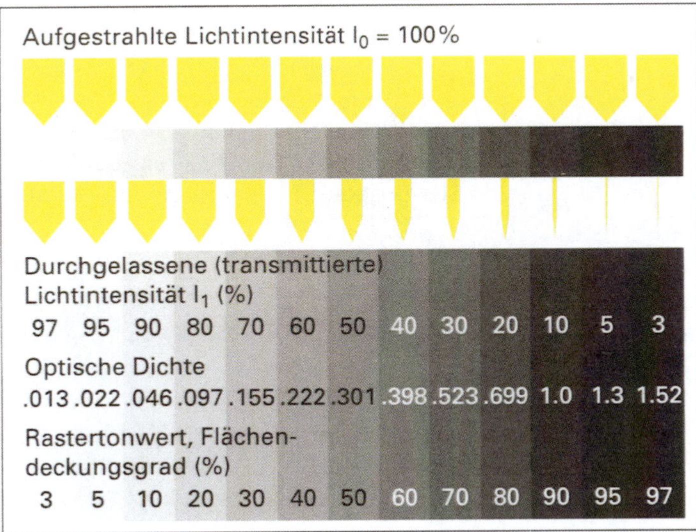

Durchlichtmessung an Filmen

Halbtondichtemessung

Die Halbtonmessung erfasst die optische Dichte einer Bildstelle im Film. Sie können damit die Dichte einer Vorlagenstelle oder die Kopierfähigkeit eines Rasterfilms überprüfen.

- Stellen Sie den Densitometer direkt ohne Messgut auf null ein. Sie definieren damit die aufgestrahlte Lichtintensität als $I_0 = 100\,\%$.
- Messen Sie die Bildstelle. Abhängig von der Opazität wird das aufgestrahlte Licht absorbiert. Der Densitometer erfasst das transmittierte Licht I_1 und errechnet dann aus I_0 und I_1 die von Ihnen gewählten Kenngrößen.

Integrale Dichtemessung

Integration bedeutet nach dem Duden „die Eingliederung in ein größeres Ganzes". Bei der integralen Dichtemessung müssen ca. 100 Rasterpunkte integriert werden, um eine aussagefähige Mittelwertmessung aus gedeckter und ungedeckter Fläche zu erhalten. Deshalb hat die Messblende einen Durchmesser von 2,5 bis 3,5 Millimetern.

Zur konventionellen Druckformherstellung in der Kontaktkopie benötigen Sie für jede Druckfarbe einen schwarztransparenten Rasterfilm. Mit der densitometrischen Messung können Sie die Rastertonwerte der Farbauszugsfilme prüfen.

- Stellen Sie den Densitometer auf einer transparenten Filmstelle auf null ein. Sie definieren damit die hier transmittierte Lichtintensität als $I_0 = 100\%$. Die Grunddichte des Trägermaterials wird damit in der Rastermessung unwirksam.
- Messen Sie die Bildstelle. Die Rasterelemente absorbieren abhängig vom Flächendeckungsgrad das aufgestrahlte Licht. Die Fotozelle erfasst das transmittierte Licht I_1. Im Rechner des Densitometers werden dann aus I_0 und I_1 die von Ihnen gewählten Kenngrößen errechnet.

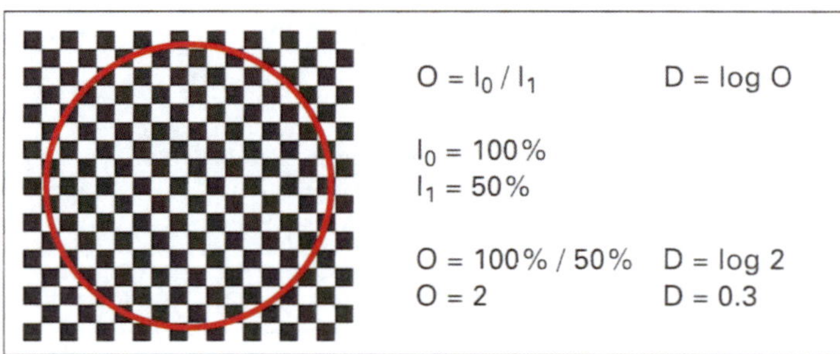

Aufsichts-/Auflichtmessung

Messprinzip

Bei der Aufsichtsmessung wird die Probe von einer Lichtquelle im Densitometer beleuchtet. Ein Teil des aufgestrahlten Lichts I_0 wird absorbiert. Die übrige Lichtintensität I_1 wird remittiert und von einem Fotoempfänger erfasst.

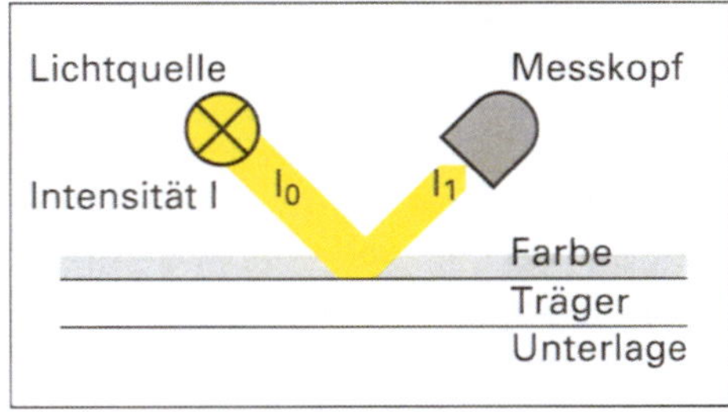

Kenngrößen

I_0 Aufgestrahlte Lichtintensität

I_1 Durchgelassene, transmittierte Lichtintensität

α, A Absorptionsgrad
$A = I_0 / I_1 = 10^D = 1/R$

β, R Remissionsgrad
$R = I_1/I_0 = 1/A$

D Dichte, Logarithmus des Absorptionsgrades bzw. negativer Logarithmus des Remissionsgrades
$D = \log A = \log 1/R = \log -R$

F Flächendeckungsgrad, Rastertonwert
$F = (10^{-D_B} - 10^{-D_R})/(10^{-D_B} - 10^{-D_V})$
$F = (R_B - R_R)/(R_B - R_V)$

D_B Farbdichte Bedruckstoff
D_R Farbdichte Rasterfläche
D_V Farbdichte Vollton
R_B Remissionsgrad Bedruckstoff
R_R Remissiongrad Rasterfläche
R_V Remissionsgrad Vollton

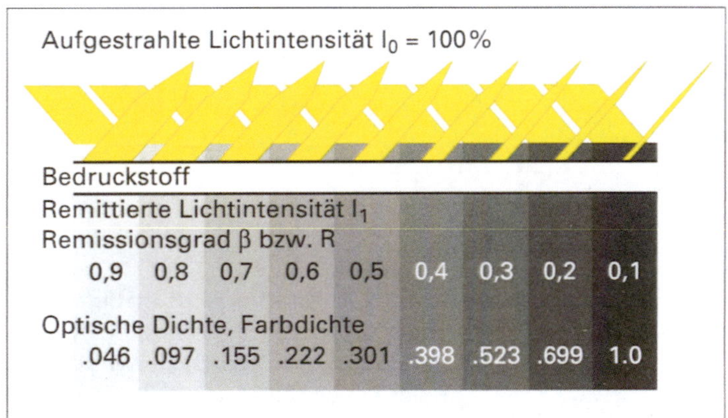

Auflichtmessung an Drucken

Messanordnung nach DIN 16536

- Messgeometrie
  Die Messgeometrie ist 45/0 oder 0/45. Die erste Zahl bezeichnet den Lichteinfallswinkel, die zweite gibt den Messwinkel an. Durch die Messgeometrie soll die Glanzwirkung minimiert werden.

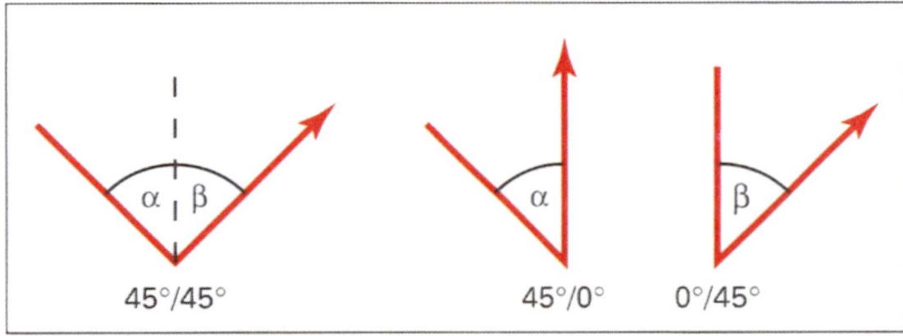

- Polarisationsfilter
  Nasse Druckfarbe zeigt in der Messung, trotz der angepassten Messgeometrie, erhöhte Dichtewerte. Ein Polarisationsfilter im Strahlengang dient zur Ausschaltung des Glanzes nasser Druckfarbe. Densitometer mit Polarisationsfilter zeigen bei der Messung von trockener und nasser Druckfarbe praktisch gleiche Dichtewerte.

→ S. 5

- Lichtart
  Die Probenbeleuchtung soll der Normlichtart A (2 856 K) entsprechen.

→ S. 9

- Messfeldgröße
  Der Durchmesser der Messblende soll für eine Rasterweite von 60 L/cm 3,5 mm betragen.

- Bezugsweiß
  Als Bezugsweiß wird meistens das Papierweiß des unbedruckten Bogens genommen. Da fast alle Bedruckstoffe durchscheinend sind, wird grundsätzlich auf einer mattschwarzen Unterlage gemessen.

- Messfilter
  Für die drei Messfilter gelten folgende Durchlassmaxima:
  Blaufilter (Gelb) λ = 430 nm
  Grünfilter (Magenta) λ = 530 nm
  Rotfilter (Cyan) λ = 620 nm
  Die in der Praxis auch vorhandenen Densitometer mit breitbandigem Messfilter erlauben nur eine sehr eingeschränkte Vergleichbarkeit der Messergebnisse verschiedener Geräte. Druckfarbe und Filterfarbe sind komplementär.

Die densitometrische Farbmessung unterscheidet sich grundsätzlich von der spektralfotometrischen Farbmessung. Aus den Messwerten können Sie keine Farbmaßzahlen ableiten. Der Zweck der Densitometrie ist also nicht die Farbigkeit einer Farbe zu messen, sondern Regelgrößen zur Prozesskontrolle und -steuerung zu liefern.

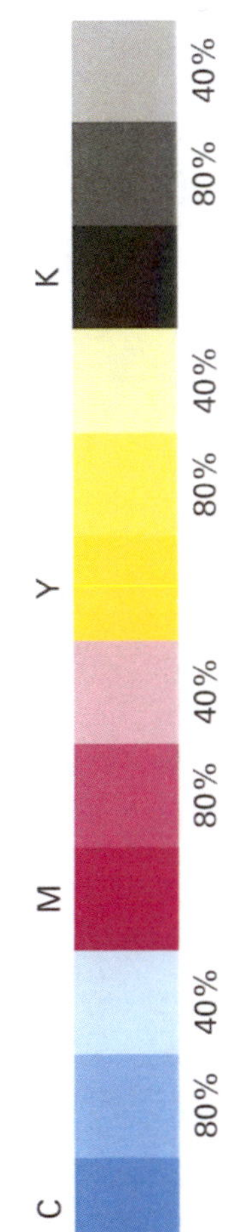

Rastertonwert F

Der Rastertonwert F auf Drucken wird zu verschiedenen Zwecken gemessen, z.B. zur Kontrolle der Tonwertzunahme oder der druckbaren Rastertonwerte. Zur Messung stehen Ihnen in den Druckkontrollstreifen verschiedene Kontrollfelder zur Verfügung.

- Stellen Sie den Densitometer auf einer unbedruckten Stelle des Bedruckstoffs auf null ein. Sie definieren damit die hier remittierte Lichtintensität als $I_0 = 100\%$. Die gemessene Papierdichte ist der Bezugswert für alle weiteren Kenngrößen.
- Messen Sie jetzt die Bildstelle oder das Kontrollfeld im Druckkontrollstreifen. Die Rasterelemente absorbieren abhängig vom Flächendeckungsgrad das aufgestrahlte Licht. Die Fotozelle erfasst das remittierte Licht I_1. Im Rechner des Densitometers werden dann aus I_0 und I_1 die von Ihnen gewählten Kenngrößen errechnet.

Die Berechnung des Rastertonwertes auf einem Druck ist nicht so einfach wie beim Rasterfilm. Der so genannte Lichtfang führt zu einer optischen Tonwertzunahme des Rastertonwerts. Verantwortlich dafür ist die Reflexion und diffuse Streuung des aufgestrahlten Lichts in der Oberfläche des Bedruckstoffs. Wir haben dadurch eine Differenz zwischen dem gemessenen Flächendeckungsgrad und der mikroskopisch bestimmbaren Fläche.

Der Rastertonwert F wird nach DIN/ISO 12647-1 mit folgender Formel nach Murray-Davies aus den Farbdichten oder nach der zweiten Formel aus den Remissionswerten berechnet:

$$F = (10^{-D_B} - 10^{-D_R})/(10^{-D_B} - 10^{-D_V})$$

$$F = (R_B - R_R)/(R_B - R_V)$$

Bedruckstoff:	D_B Farbdichte	R_B Remission
Rasterfläche:	D_R Farbdichte	R_R Remission
Vollton:	D_V Farbdichte	R_V Remission

Messung der Farbdichte

Die Farbdichte steht in einem linearen Verhältnis zur Farbschichtdicke. Sie können somit die Kontrolle und Steuerung der Farbführung in der Druckmaschine densitometrisch gestützt durchführen.

Die Messung erfolgt auf einem Volltonfeld des Druckkontrollstreifens nach dem Prinzip der Auflichtmessung.

- Stellen Sie den Densitometer auf einer unbedruckten Stelle des Bedruckstoffs auf null ein. Sie definieren damit die hier remittierte Lichtintensität als I_0 = 100%. Die gemessene Papierdichte ist der Bezugswert für alle weiteren Kenngrößen.
- Messen Sie jetzt das Kontrollfeld im Druckkontrollstreifen. Die Tonfläche absorbiert abhängig von ihrer optischen Dichte das aufgestrahlte Licht. Die Fotozelle erfasst das remittierte Licht I_1. Im Rechner des Densitometers werden dann aus I_0 und I_1 die von Ihnen gewählten Kenngrößen errechnet.

$$D = \log A = \log 1/R = \log -R$$

$$A = I_0 / I_1 = 10^D = 1/R$$
$$R = I_1 / I_0 = 1/A$$

Normalfärbung und Druckkontrast

Unter Normalfärbung versteht man die Färbung im Druck mit maximaler Farbsättigung bei gleichzeitiger bester Differenzierung in den Rastertönen.

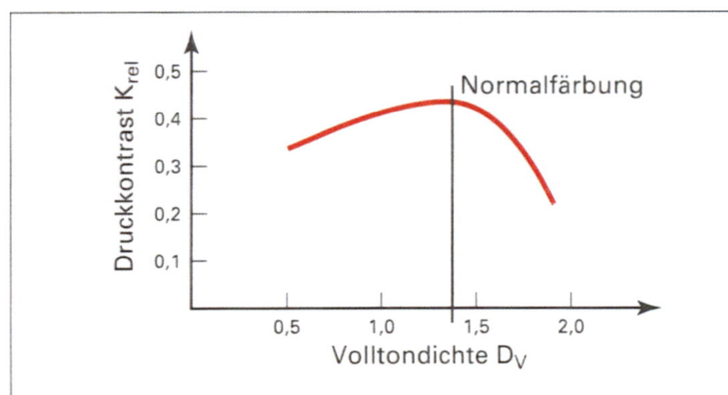

Die Normalfärbung wird durch den relativen Druckkontrast K_{rel} aus der Dichte Vollton D_V und der Dichte Rasterton D_R nach folgender Formel berechnet:

$$K_{rel} = (D_V - D_R)/D_V$$

Die Normalfärbung ist dann erreicht, wenn eine höhere Volltondichte zu einer Abnahme des relativen Druckkontrastes führt. Das entsprechende Messprogramm im Densitometer zeigt den relativen Druckkontrast direkt nach der Messung der beiden Farbdichten an.

Tonwertzunahme ΔF (ΔA)

Die Tonwertzunahme ΔF beschreibt die Differenz des Rastertonwertes auf der Kopiervorlage bzw. der Druckform F_R und dem Rastertonwert im Druck F_D.

$$\Delta F = F_D - F_R$$

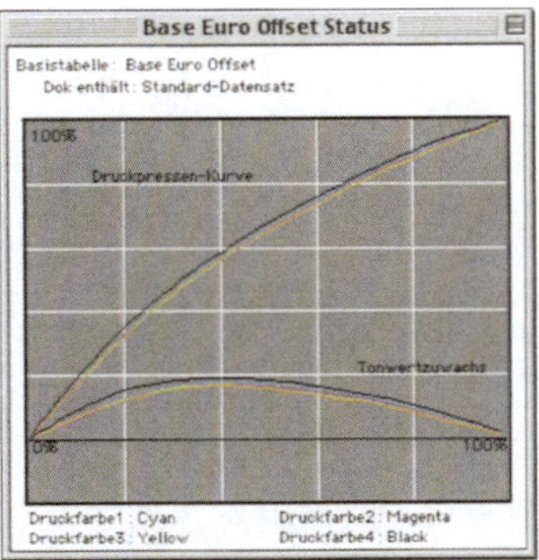

Druckkennlinie

Aus der Messung der Tonwertzunahme in mehreren Tonwertbereichen, z.B. 40% und 80%, können Sie die Kennlinie der Rastertonwertübertragung zwischen der Kopiervorlage bzw. der Druckform und dem Druck erstellen.

→ S. 227

Farbannahme f

Die Farbannahme zweier aufeinander folgender Farben im Nass-in-Nass-Druck können Sie ebenfalls mit dem Densitometer überprüfen. Das Messergebnis gibt an, ob die an zweiter Stelle gedruckte Farbe auf der zuvor gedruckten Farbe ebenso gut oder schlechter als vom unbedruckten Bedruckstoff angenommen wird. Zur Messung der Farbannahme müssen Sie das Messfilter der als zweite gedruckten Farbe wählen. Alle Messungen werden mit diesem Filter durchgeführt.

Messbeispiel von C+Y:

- Messung der Dichte D_1 von Cyan
- Messung der Dichte D_2 von Gelb
- Messung der Dichte $D_{1,2}$ vom Übereinanderdruck C+Y

Die Berechnung erfolgt mit folgender Formel:

$$f_{m,n} = \frac{D_{m+n} - D_m}{D_n} \times 100\%$$

m erster Druckgang
n nachfolgender Druckgang

Farbmetrik

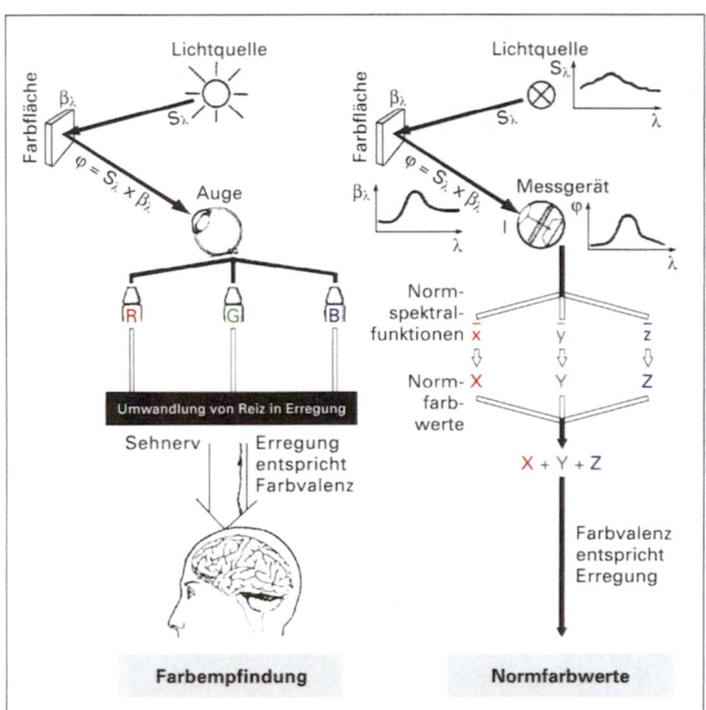

Die Farbmetrik dient zur quantitativen Erfassung und Kennzeichnung von Farbeindrücken (Farbvalenzen). Da es die „Farbe an sich" nicht gibt, müssen zur Farbreizfunktion φ die Empfindlichkeitsfunktionen $\bar{x}$, $\bar{y}$ und $\bar{z}$ des Normalbeobachters hinzukommen. Zusätzlich bedürfen die Messwerte Ihrer Interpretation, da die Farbwahrnehmung immer mehr ist als das reine Farbensehen. Die physiologische Komponente des Farbensehens lässt sich gut in Messalgorithmen umsetzen. Wir sehen aber Farben immer auch im Umfeld. Hinzu kommen bestimmte Assoziationen zum Bildmotiv usw.

→ S. 20

Aufgabenstellungen

- Color Management, Vergleich und Abstimmung verschiedener Farbräume
- Farbsteuerung, Erkennen farbmengenabhängiger Veränderungen des Farbortes
- Farbortbestimmung
- Produktionskontrolle und -steuerung
- Nachstellen von Farben, Kontrolle und computergestützte Farbmischsysteme
- Erkennen von Metamerie

Messanordnung nach DIN/ISO 13655

- Messgeometrie
  Die Messgeometrie ist 45/0 oder 0/45. Die erste Zahl bezeichnet den Lichteinfallswinkel, die zweite gibt den Messwinkel an. Durch die Messgeometrie soll die Glanzwirkung minimiert werden.

- Wellenlänge und Schrittweite
  - Wellenlängenbereich von 340 nm bis 780 nm mit einer Schrittweite von 10 nm
  - Wellenlängenbereich von 400 nm bis 700 nm mit einer Schrittweite von 20 nm

- Lichtart
  CIE-Lichtarten sind die Normlichtarten A, D50 und D65.

- Fluoreszenzmessung
  Die Messung der Fluoreszenz ist mit den meisten Messgeräten nicht befriedigend möglich.

- Kalibrierung
  Die Kalibrierung muss nach den jeweiligen Herstellervorgaben erfolgen.

- Messfeldgröße
  Der Durchmesser des Messfeldes soll bei einer Rasterweite von 60 L/cm bzw. 150 lpi 2 mm betragen. Dies ermöglicht bei einer Kontrollfeldgröße von 5 mm noch einen Überstand von ca. 1 mm bis zum benachbarten Kontrollfeld.

- Probenunterlage
  Es wird grundsätzlich auf einer mattschwarzen Unterlage gemessen.

Spektralfotometrische Messung – Colorimetry

Die spektralfotometrische Farbmessung liefert die Daten für das Color Management.

→ S. 235

Messung
Zur der spektralfotometrischen Bestimmung der Farbwerte wird bei der Körperfarbenmessung die Remissionsfunktion R_λ der Farbe und bei Lichtfarbenmessung die Strahlungsfunktion S_λ des Selbststrahlers, z.B. des Monitors, gemessen. Die Erfassung der Messwerte erfolgt in definierter Schrittweite $d\lambda$ über das gesamte Spektrum. Ausreichend sind dabei 10-nm- oder 20-nm-Schritte von 400 nm bis 700 nm.

Da der visuelle Eindruck einer Farbe von der Strahlungsfunktion S_λ der Lichtquelle und dem Beobachtungswinkel, 2° oder 10°, abhängig ist, müssen Sie die Lichtart und den Beobachtungswinkel vor der Messung am Spektralfotometer oder am Computer in der Messsoftware einstellen.

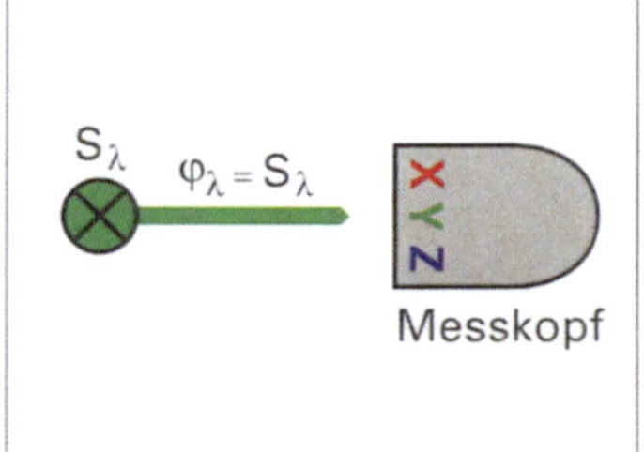

Lichtfarbenmessung

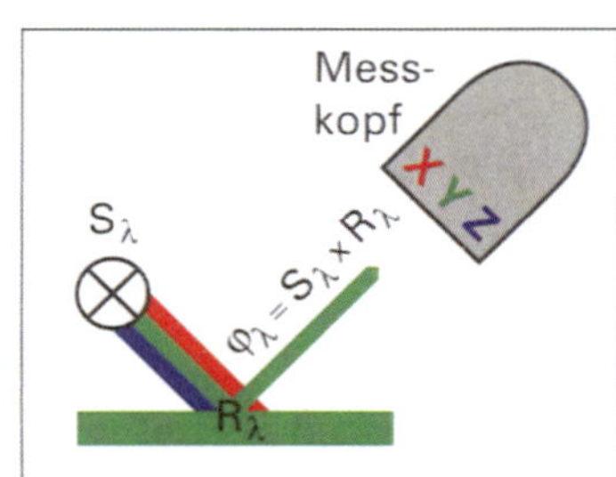

Körperfarbenmessung

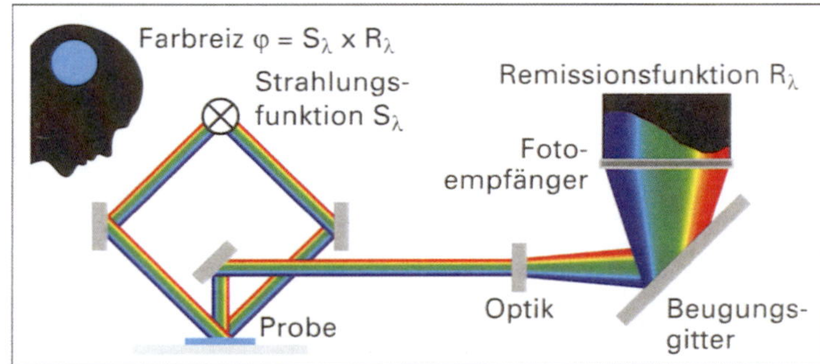

Funktionsschema eines Spektralfotometers

Basisgrößen

X, Y, Z	Normfarbwerte für Rot, Grün und Blau
k	Konstante für die Berechnung von Normfarbwerten bei Körperfarben
φ_λ	Farbreizfunktion
S_λ	Strahlungsfunktion der Lichtquelle, spektrale Emission
R_λ	Remissionsfunktion der Körperfarbe
$\bar{x}(\lambda)$	Normspektralwertfunktionen, spektrale Empfindlichkeit der rotempfindlichen Zapfen
$\bar{y}(\lambda)$	Normspektralwertfunktionen, spektrale Empfindlichkeit der grünempfindlichen Zapfen
$\bar{z}(\lambda)$	Normspektralwertfunktionen, spektrale Empfindlichkeit der blauempfindlichen Zapfen
$d\lambda$	Schrittweite bei der Messung

Berechnung

Die Berechnung der Kenngrößen erfolgt nach der Messung im Rechner des Spektralfotometers. Dazu werden die Summen über den gesamten Messbereich gebildet und zunächst die Normfarbwerte X, Y und Z errechnet. Diese drei zu einer Farbvalenz gehörenden Farbmaßzahlen bilden die Grundlage für alle weiteren Auswertungen.

$$X = k \sum \overbrace{\beta(\lambda)\, S(\lambda)}^{\text{Farbreiz } \varphi_\lambda}\, \bar{x}(\lambda)\, d\lambda$$

$$\underbrace{S(\lambda)\, \bar{x}(\lambda)\, d\lambda}_{\text{probenunabhängig}}$$

$$Y = k \sum \varphi_\lambda\, \bar{y}(\lambda)\, d\lambda$$

$$Z = k \sum \varphi_\lambda\, \bar{z}(\lambda)\, d\lambda$$

Anzeige der Farbwerte

Sie können sich im Display des Spektralfotometers oder auf dem Monitor eines an das Messgerät angeschlossenen Computers die Farbvalenzen, die Koordinaten des Farbortes im gewählten Farbraum oder die spektralen Transmissions- bzw. Remissionskurven der Probe anzeigen lassen.

→ S. 205

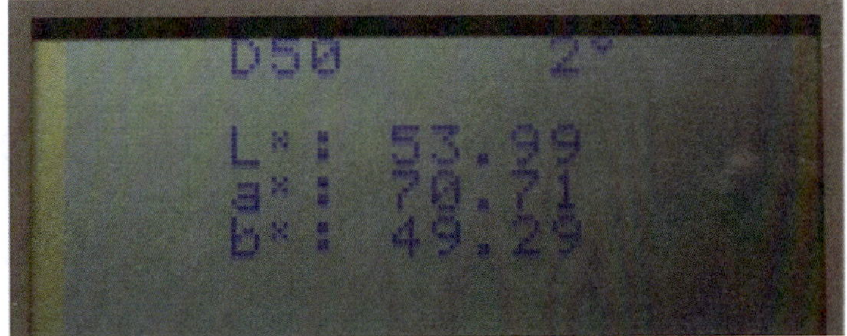

Metamerie – Metamerie-Index

Die Metamerie beschreibt das Phänomen, dass spektral unterschiedliche Farbreize die gleiche Farbempfindung auslösen. Dabei unterscheiden sich die Transmissions- bzw. Remissionskurven zweier Proben. Die Produkte aus der spektralen Emissionsfunktion (S_λ) einer bestimmten Lichtquelle und den Transmissions- bzw. Remissionsfunktionen (T_λ, R_λ) der Proben haben den gleichen Wert und sehen somit gleich aus. Die Flächen unter den Farbreizkurven beider Proben sind gleich. Ändert sich der Faktor Licht (S_λ), dann sind die Proben meist visuell wieder unterscheidbar.

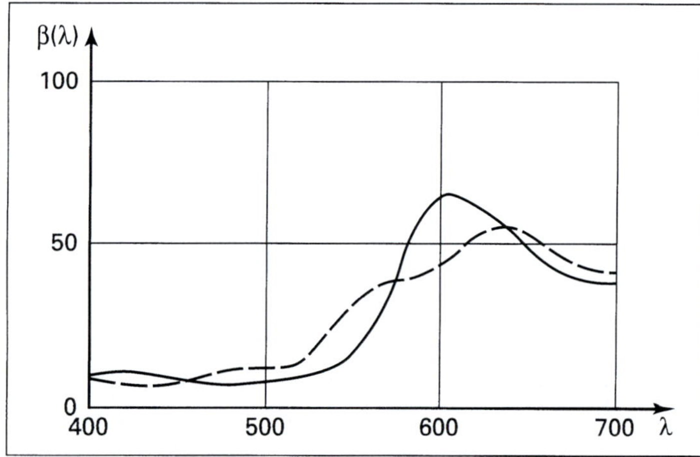

Remissionskurven zweier metamerer Farben

Metamerie-Index

Der Farbabstand zwischen zwei Proben unter einer bestimmten Lichtquelle wird als Metamerie-Index M_T bezeichnet. Die Metamerie zweier Farben ist umso ausgeprägter, je größer der Metamerie-Index, d.h. der Farbabstand nach dem Wechsel der Lichtart, ist.

Bedingt-gleiche oder metamere Farben

Bedingt-gleiche Farben haben zwei Proben, die unter einer bestimmten Beleuchtung einer Bezugslichtart, z.B. D50, visuell nicht unterscheidbar sind, aber unterschiedliche spektrale Transmissions- bzw. Remissionskurven aufweisen. Wenn Sie nun die beiden Proben unter einer veränderten Testlichtart, z.B. D65, betrachten, dann sind die Farben visuell unterschiedlich. Ihr Metamerie-Index ist messbar.

Farben, deren Spektralkurven wenigstens zwei Kreuzungen aufweisen, sind meist metamer.

Unbedingt-gleiche Farben

Unbedingt-gleiche Farben sind Farben mit identischen Spektralfunktionen. Sie haben immer den Metamerie-Index $M_T = 0$.

Dreibereichsverfahren

Die Dreibereichsfarbmessung entspricht dem menschlichen Farbensehen. Bei der Messung einer Probe werden die drei Farbwerte der Farbvalenz fotometrisch bestimmt. Durch Vorschalten von drei Messfiltern, die den Normspektralwertkurven des Normalbeobachters entsprechen, werden die spektralen Empfindlichkeiten der drei Strahlungsempfänger für Rot, Grün und Blau angepasst. Aus den drei gemessenen Primärvalenzen können die Koordinaten des Farbortes in den CIE-Farbsystemen berechnet werden. Die Darstellung einer spektralen Transmissions- bzw. Remissionskurve ist verfahrensbedingt ebenso wie die Metameriebestimmung nicht möglich.

Die Messgenauigkeit ist niedriger als bei spektralfotometrischen Messgeräten. Dreibereichsmessgeräte sind aber dafür preiswerter und genügen für Vergleichsmessungen durchaus. Dreibereichsmessgeräte werden z.B. als einfache Vorsatzgeräte zur Monitorkalibrierung eingesetzt.

Wie bei allen farbmetrischen Messungen müssen Sie auch bei der Farbmessung mit einem Dreibereichsmessgerät die Lichtart beachten.

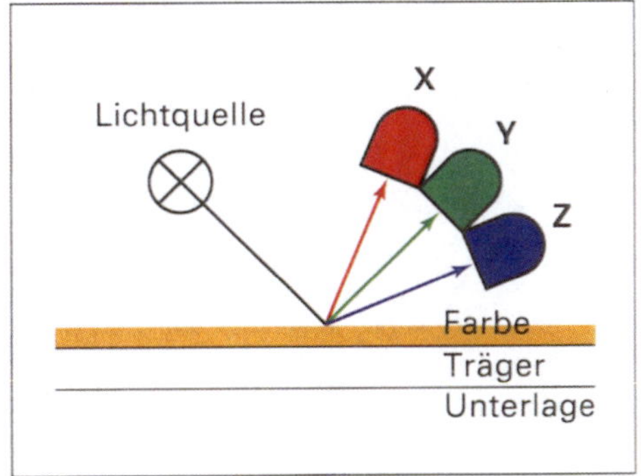

→ S. 133

Farbsysteme

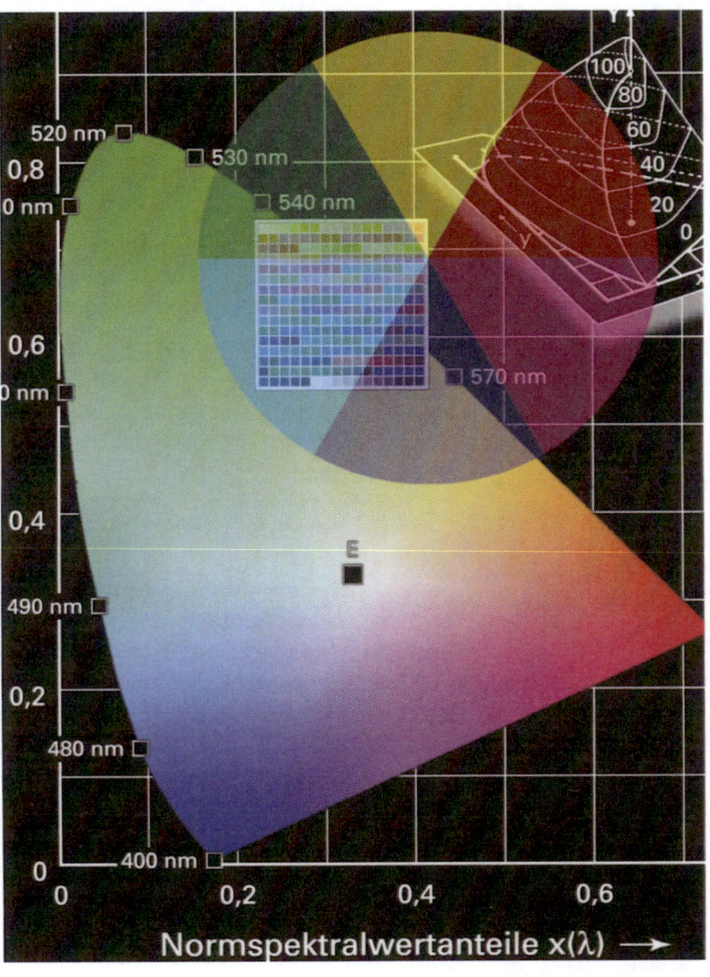

- Farbmischsysteme?
- Echtfarbensysteme?
- Farbauswahlsysteme?
- Farbmaßsysteme?

Für jeden Zweck das richtige System!

Additive Farbmischung – physiologische Farbmischung

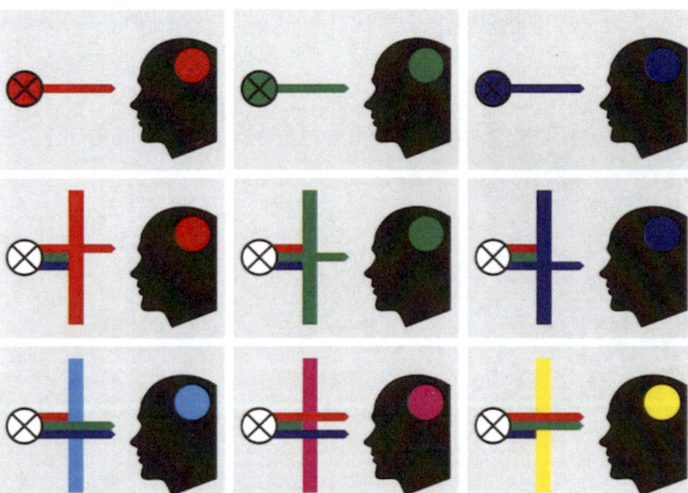

Wir unterscheiden zwischen additiver und subtraktiver Farbmischung. Aber eigentlich wird doch bei jeder Farbmischung Farbe zu einer anderen Farbe hinzugemischt. Warum also diese Unterscheidung?

Im ersten Kapitel haben Sie die Farbe als Licht kennen gelernt. In der additiven Farbmischung werden Lichtfarben, d.h. Licht unterschiedlicher Wellenlängen, gemischt. Mit jeder hinzugemischten Farbe werden neue Wellenlängen addiert. Die Summe aller Wellenlängen des sichtbaren Spektrums ergibt weißes Licht. Da mit jeder hinzugemischten Farbe der Energiegehalt der Mischfarbe steigt, ist die Mischfarbe immer heller als die zugemischten Teilfarben.

Die Grundfarben der additiven Farbmischung sind Rot, Grün und Blau. Sie entsprechen der Farbempfindlichkeit der drei Zapfenarten des menschlichen Auges. Jede Farbe, die Sie sehen, wird je nach ihrem Farbanteil rezipiert. Die drei Farbreize, Farbvalenz, werden bewertet und als Farbeindruck wahrgenommen. Da der Farbeindruck aus der Addition der drei Teilreize entsteht, wird die additive Farbmischung auch physiologische Farbmischung genannt.

→ S. 17

Mischfarben

Die Primärfarben der additiven Farbmischung sind Rot, Grün und Blau.

Wenn Sie zwei Primärfarben mischen, dann erhalten Sie eine Sekundärfarbe. Bei gleichen Anteilen sind dies Cyan, Magenta und Gelb, die Primärfarben der subtraktiven Farbmischung. Alle Farben, die jede der drei Grundfarben enthalten, nennt man Tertiärfarben. Die ausgewogene Mischung von Rot, Grün und Blau ergibt Weiß.

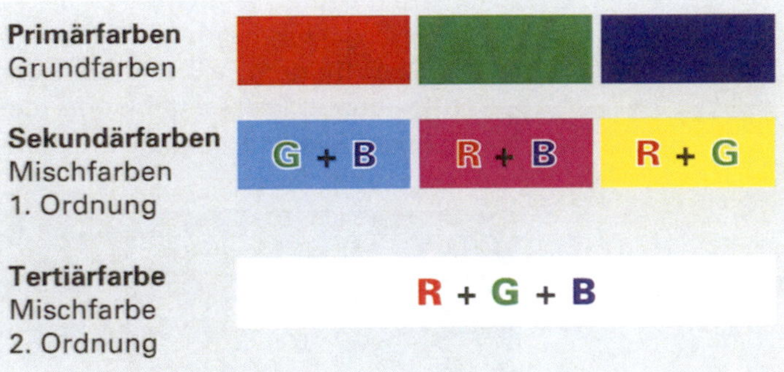

Technische Anwendungen

Auf den Regeln der additiven Farbmischung beruhen eine ganze Reihe technischer Anwendungen:

- Beleuchtungstechnik
- Bilderzeugung auf Farbmonitoren
- RGB-Modus und -Farbpaletten in der Bildverarbeitung
- Farbtrennung in Scannern und Digitalkameras

Additive Farbmischung auf dem Monitor

RGB–System

Das RGB-System basiert auf den drei Grundfarben der additiven Farbmischung Rot, Grün und Blau.

Die Farbanteile werden im jeweiligen RGB-Farbraum, z.B. sRGB oder ECI-RGB, durch Prozessfarbwerte definiert. In der Bildverarbeitung sind heute 8 Bit/Farbe, pro Farbe $2^8 = 256$ Abstufungen, üblich. Dies ergibt für die drei Farben Rot, Grün und Blau: 3 x 8 Bit = 24 Bit/Pixel Datentiefe. Ein 24-Bit-RGB-Farbraum umfasst also 256 Rotwerte x 256 Grünwerte x 256 Blauwerte = 16 777 216 Farben.

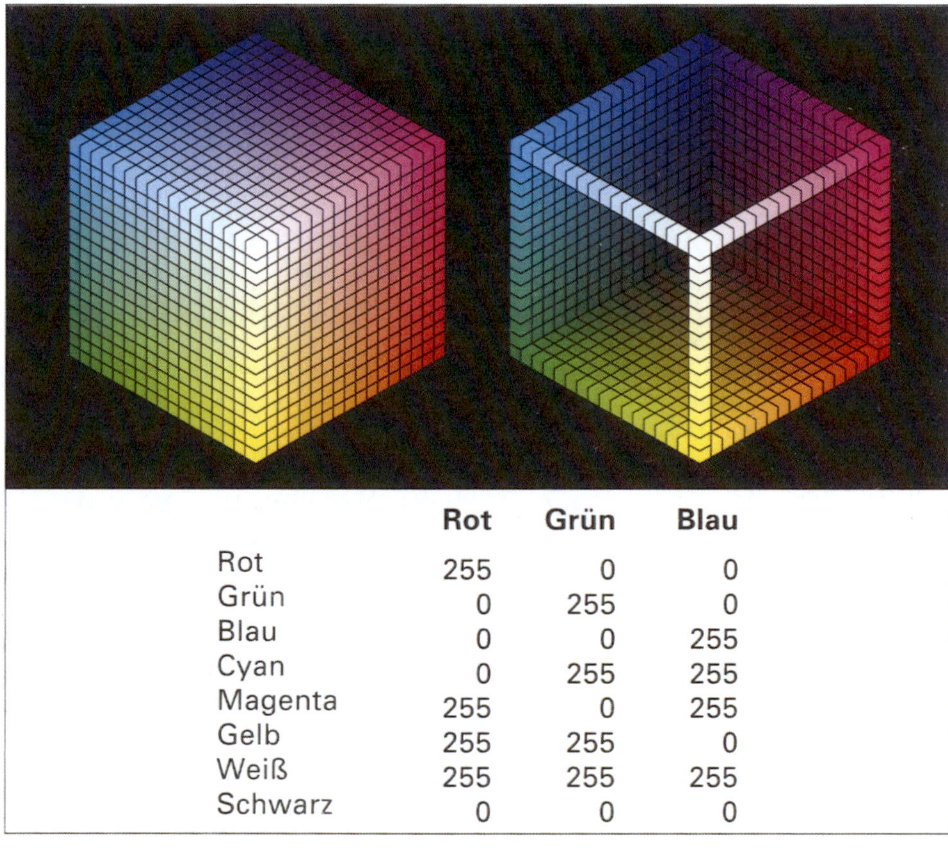

	Rot	Grün	Blau
Rot	255	0	0
Grün	0	255	0
Blau	0	0	255
Cyan	0	255	255
Magenta	255	0	255
Gelb	255	255	0
Weiß	255	255	255
Schwarz	0	0	0

RGB-Farbräume in farbmetrischen Systemen

Prozessfarbräume
Das RGB-System definiert seine Farben nur über die Prozesswerte. Damit ist eine absolute Farbkennzeichnung nicht möglich. Deshalb unterscheiden sich die verschiedenen RGB-Farbräume. Sie haben zwar bei gleicher Datentiefe die gleiche Zahl an Farbwerten, aber einen unterschiedlichen Farbumfang. Die einzelnen RGB-Farbräume wie sRGB oder ECI-RGB umfassen also bei leichen Prozesswerten unterschiedlich große absolute Farbräume wie die Darstellung im Normvalenzsystem zeigt.

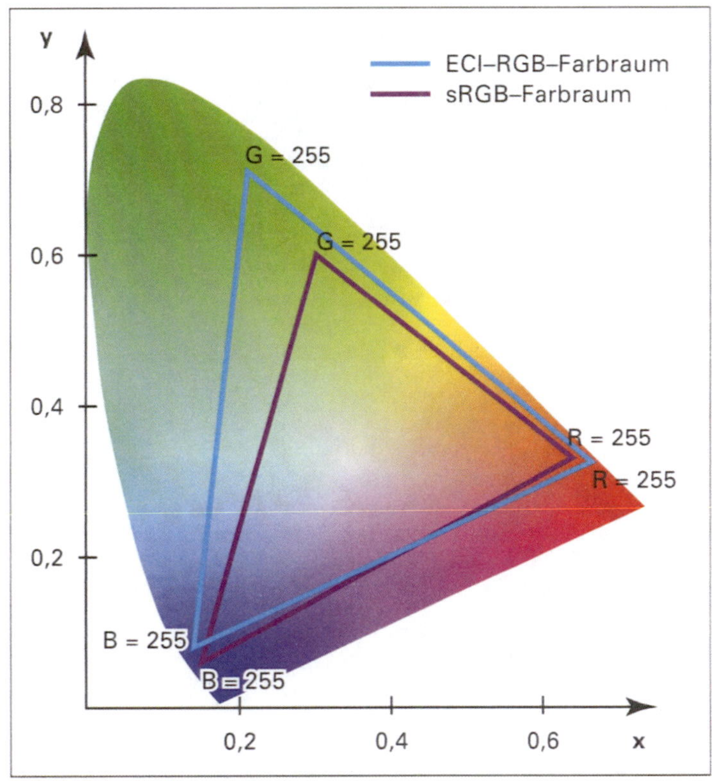

Monitorfarbräume
Die unterschiedlichen technischen Systeme der Farbdarstellung auf Monitoren sowie Geräteabweichungen führen zu unterschiedlicher Darstellung der gleichen Prozessfarbwerte. Auch hier bietet nur die absolute Definition in einem farbmetrisch basierten Farbraum eine sichere Farbverarbeitung.

→ S. 132

Subtraktive Farbmischung – physikalische Farbmischung

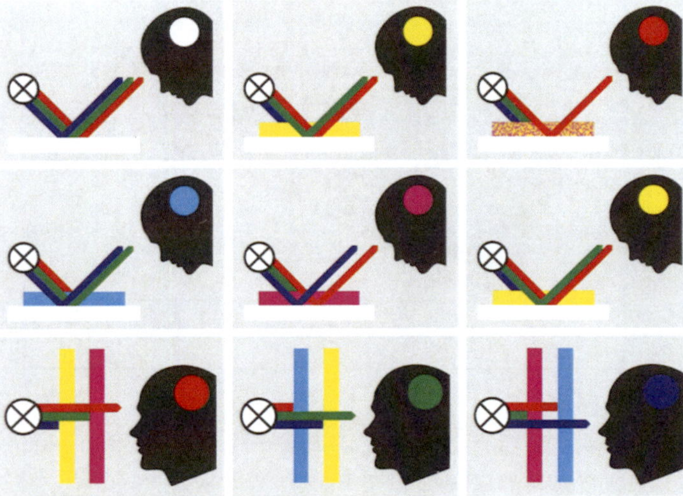

Die Basis der subtraktiven Farbmischung ist wie in der additiven Farbmischung das menschliche Farbensehen. Die verwendeten Farben sind Körperfarben, d.h., sie leuchten nicht selbst. Körperfarben müssen von Licht beleuchtet werden, damit Sie sie sehen können. Ihre Farbwirkung beruht darauf, dass bestimmte Wellenlängen remittiert bzw. transmittiert und andere absorbiert, also subtrahiert werden.

Wenn von einer Oberfläche Licht des gesamten Spektrums remittiert wird, dann sehen Sie eine weiße Fläche. Sobald die Oberfläche einen Teil des aufgestrahlten weißen Lichts absorbiert, d.h. aus der Summe aller Wellenlängen subtrahiert, erscheint die Oberfläche nicht mehr weiß, sondern farbig. So absorbiert eine gelbe Oberfläche beispielsweise blaues Licht und remittiert grünes und rotes Licht, das sich im Auge additiv zu einem gelben Farbeindruck mischt. Wenn Sie nun zu diesem Gelb noch Magenta hinzumischen, dann wird ein weiterer Bereich des Spektrums, nämlich Grün, absorbiert. Es bleibt allein Rot als remittierter Spektralbereich übrig. Auf Ihrer Netzhaut werden nur die roten Zapfen gereizt. Sie sehen eine rote Fläche.

Da die Farbmischung unabhängig vom Betrachter stattfindet und Sie nur das Ergebnis der Mischung sehen, heißt die subtraktive Farbmischung auch physikalische Farbmischung.

Mischfarben

Die Primärfarben der subtraktiven Farbmischung sind Cyan, Magenta und Gelb. Gelb wird mit dem Buchstaben Y für Yellow abgekürzt, da das G schon durch Grün belegt ist.

Wenn Sie zwei Primärfarben mischen, dann erhalten Sie eine Sekundärfarbe. Bei gleichen Anteilen sind dies Rot, Grün und Blau, die Primärfarben der additiven Farbmischung. Alle Farben, die jede der drei Grundfarben enthalten, nennt man Tertiärfarben. Die ausgewogene Mischung von Cyan, Magenta und Gelb ergibt Schwarz.

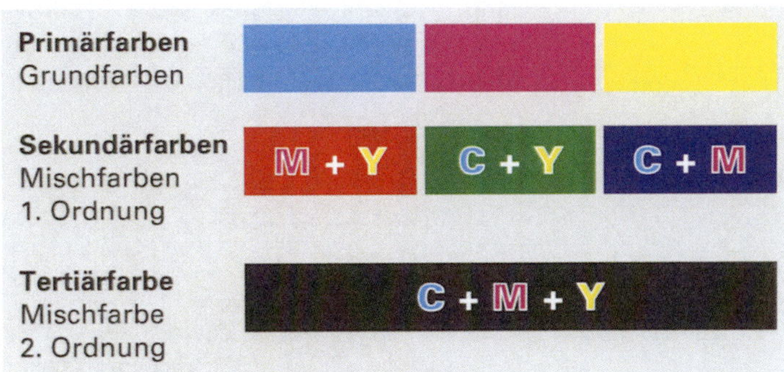

Anwendungen

Auf den Regeln der subtraktiven Farbmischung beruhen eine ganze Reihe technischer, aber auch künstlerischer Anwendungen:

- Drucktechnik
- CMYK-Modus und -Farbpaletten in der Bildverarbeitung
- Lack- und Farbtechnik
- Malerei

Subtraktive Farbmischung mit Körperfarben

CMYK-System

Die Buchstaben CMYK bezeichnen die Grundfarben der subtraktiven Farbmischung **C**yan, **M**agenta, Gelb (**Y**ellow) und Schwarz (**K**ey oder Blac**K**). Im Mehrfarbendruck muss Schwarz zur Kontrastunterstützung zusätzlich gedruckt werden. Die Koordinaten des Farbraums sind die Flächendeckungen in Prozent, mit denen die Farben gedruckt werden.

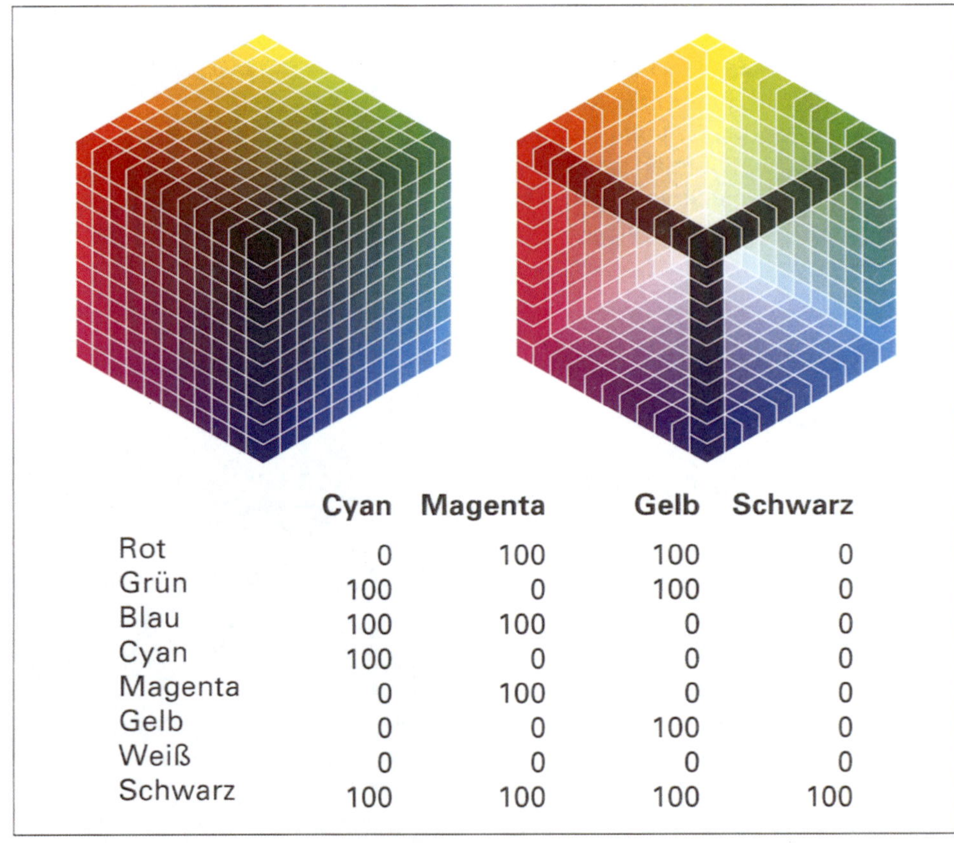

	Cyan	Magenta	Gelb	Schwarz
Rot	0	100	100	0
Grün	100	0	100	0
Blau	100	100	0	0
Cyan	100	0	0	0
Magenta	0	100	0	0
Gelb	0	0	100	0
Weiß	0	0	0	0
Schwarz	100	100	100	100

Warum CMY?
Cyan, Magenta und Gelb sind die einzigen Körperfarben, die jeweils zwei Teile des sichtbaren Spektrums remittieren bzw. transmittieren und den dritten Spektralbereich absorbieren. Dadurch ist im Druck mit nur drei Farben eine maximale Farbigkeit möglich.

Separation und Druckverfahren
Der CMYK-Farbraum ist durch vier Grundfarben überbestimmt. Deshalb müssen Sie für Ihren CMYK-Farbraum in der Separation das Verhältnis der drei Buntfarben Cyan, Magenta und Gelb zu Schwarz in den Tertiärfarben festlegen.

→ S. 179

Prozessfarbräume
Mit der Definiton einer Farbe durch die CMYK-Flächendeckung als Prozesswerte ist, ebenso wie durch die RGB-Werte im RGB-System, keine absolute Farbkennzeichnung möglich. Je nachdem, auf welchem Papier, in welchem Druckverfahren, mit welcher Farbführung und nach welchem Bildaufbau die Grundfarben gedruckt werden, resultieren daraus andere farbmetrische Eckpunkte. Verschiedene CMYK-Farbräume haben deshalb bei gleichen Flächendeckungen einen unterschiedlichen Farbumfang.

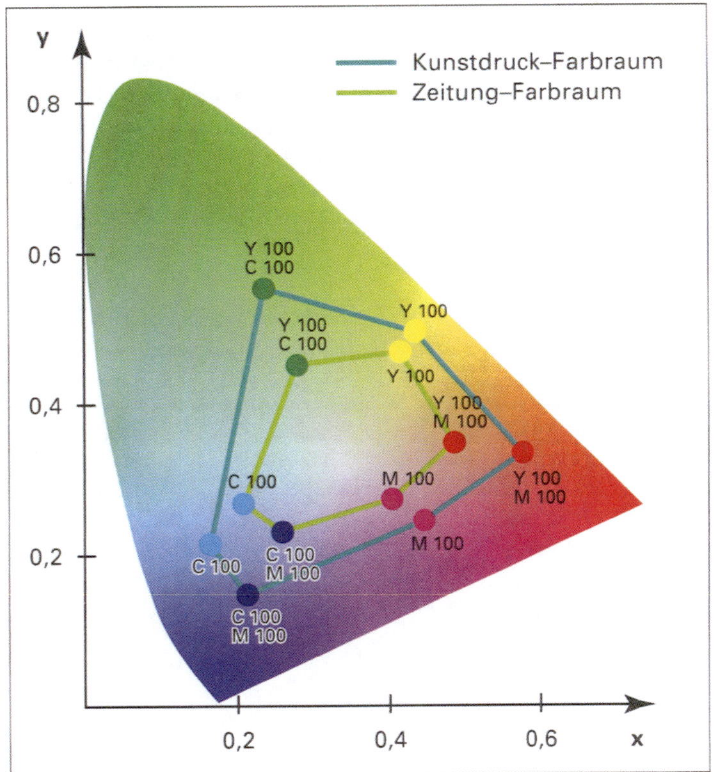

→ S. 195

RGB-Modus – CMYK-Modus

Der Farbmodus definiert in der Medienproduktion die Farbverarbeitung und -ausgabe Ihrer Datei. Die Standardmodi sind der RGB-Modus und der CMYK-Modus. Sie funktionieren nach den Regeln der additiven Farbmischung und des RGB-Systems bzw. der subtraktiven Farbmischung und des CMYK-Systems.

Die Datenerfassung im Scanner oder der Digitalkamera geschieht üblicherweise im RGB-Modus. Die weitere Verarbeitung sollte medienneutral ebenfalls im RGB-Modus erfolgen. Zur Druckausgabe muss Ihre Datei dann in den CMYK-Modus konvertiert werden.

→ S. 179

Farbmoduswahl

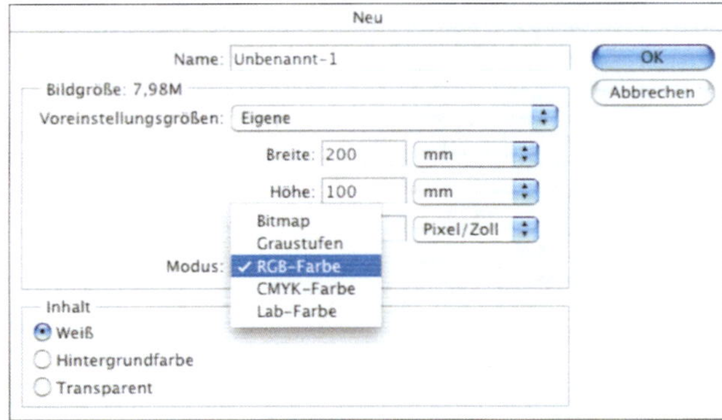

Adobe Photoshop Menü *Datei > Neu...*

Beim Öffnen einer Datei oder beim Anlegen eines neuen Dokuments müssen Sie sich für einen Farbmodus entscheiden. Wie wir schon gesehen haben, ist RGB nicht gleich RGB und CMYK nicht gleich CMYK. Die Wahl des Farbmodus ist deshalb immer auch die Wahl eines Arbeitsfarbraums im jeweiligen Farbmodell. Im Kapitel „Color Management" erfahren Sie mehr darüber, wann Sie welchen Arbeitsfarbraum wählen sollten.

→ S. 235

Farbmoduswechsel

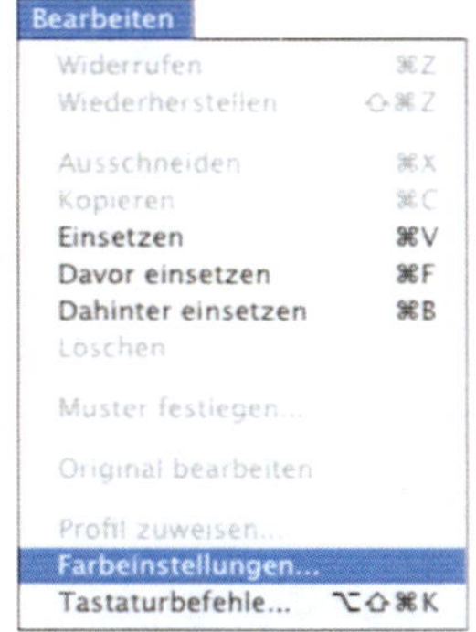

Adobe Illustrator

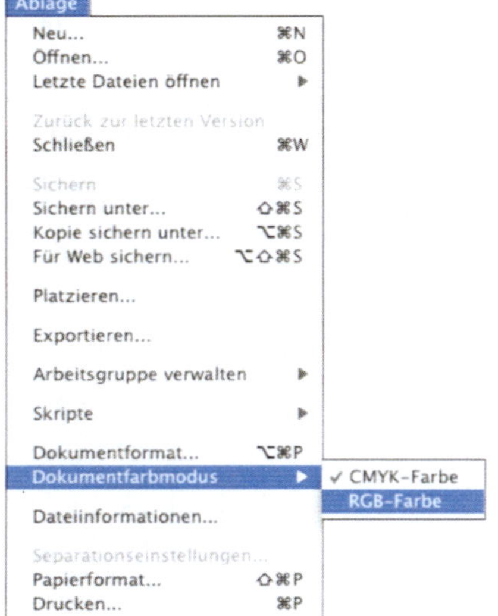

Der Wechsel des Farbmodus ist meist nur ein Mausklick oder der Wechsel von einer Menüzeile in die nächste. Tatsächlich bedeutet Moduswechsel immer Gamut-Mapping, d.h. die Konvertierung des Farbraums Ihrer Datei in einen neuen Farbraum. Die Einstellungen dazu treffen Sie in den Farbeinstellungen der jeweiligen Software. Auch wenn Sie nicht mit ICC-Profilen arbeiten, im Kapitel „Color Management“ finden Sie weitere Informationen.

→ S. 235

Hi-Fi-Color-Systeme

Hi-Fi – High Fidelity, laut Duden die originalgetreue Wiedergabe bei Tonträgern und elektroakustischen Geräten, steht in der Medienproduktion für Farbräume, die über die Standardprozessfarbräume hinausgehen. Man spricht von so genannten erweiterten Farbräumen. Die Erweiterung des Farbraums erreichen Sie entweder durch den Einsatz zusätzlicher Farben oder durch die Anwendung spezieller Skalenfarben, CMYK. Bei der Separation der Farbauszüge müssen Sie die dafür erforderlichen Einstellungen in der Software wählen. Meist benötigen Sie dazu zusätzlich eine entsprechende Softwareerweiterung.

Hexachrome

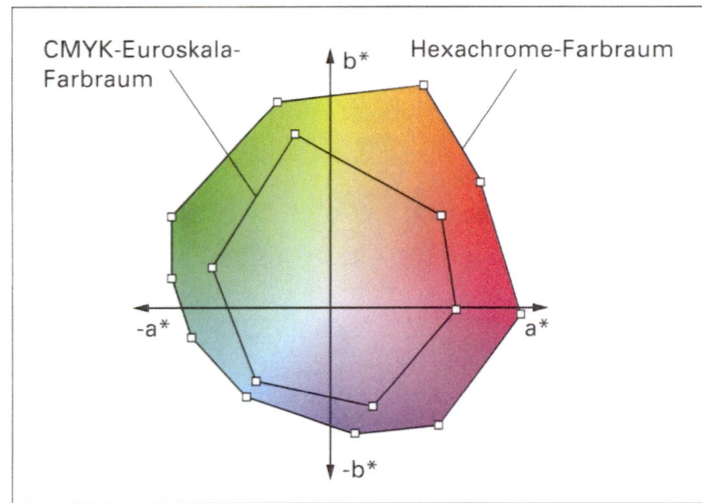

Hexachrome ist ein von Pantone Inc. entwickeltes Verfahren, das mit sechs Primärfarben für den Farbdruck arbeitet: Cyan, Magenta, Gelb, Schwarz, Grün und Orange. Das CMYK des Hexachrome-Systems entspricht nicht den Euroskalenfarben. Sie wurden an den Gesamtfarbumfang angepasst.

Die Bildverarbeitung führen Sie auch bei Hexachrome medienneutral im RGB-Modus durch. Anschließend separieren Sie. Das Photoshop-Plugin HexImage von Pantone unterstützt dazu für Mac und Win den Einsatz von ICC-Profilen.

Weitere Informationen finden Sie unter www.Pantone.de.

EDER MCS (Multi Color Separation)

Eder MCS ist eine Software zur erneuten spezifischen Separation bestehender CMYK-Bilddateien.

Das Programm besteht aus drei Modulen:

- ederMCS 4c+GCR erzeugt, unabhängig von der bestehenden Separation, aus CMYK-Bilddaten einen unbunten Farbsatz. Diese Stufe ist die Voraussetzung für die Bearbeitung in den beiden weiteren Modulen.
- ederMCS 4c+fixColors erweitert den unbunten Farbsatz um bis zu vier weitere Farben aus der ederMCS-fixColors-Farbskala. Diese umfasst neun Farben: Rot, Grün, Blau und so genannte Zwischentonfarben grünes Cyan, blaues Cyan, rotes Magenta, blaues Magenta, rotes Gelb und grünes Gelb.
- ederMCS 4c+freeColors ermöglicht die Einrechnung von bis zu drei frei definierbaren Farben, z.B. alle HKS- und Pantone-Farben, in den Farbsatz. Durch ederMCS 4c+freeColors kann damit beispielweise auf Verpackungen die Hausfarbe direkt in ein farbiges Bild integriert werden.

www.eder.de

Novaspace

Die Skala Novaspace F2010 der Druckfarbenfabrik K+E ist eine Spezialskala (CMYK) mit deutlich erweitertem Farbraum und sehr hoher Farbdichte. Sie ist hoch pigmentiert.
Empfohlene Volltonfarbdichten: Cyan 2.50, Magenta 2.20, Gelb 2.50, Schwarz 2.80.

www.basf-drucksysteme.de

Aniva

Die Aniva Euro-Skala von Epple Druckfarben, Augsburg, erweitert den Farbraum ebenfalls ohne zusätzliche Sonderfarben. Die Volltondichten liegen zwischen 2.1 und 2.3. Dies wird durch erhöhte Pigmentierung und eine besondere Bindemittelkombination erreicht.

Sie können natürlich auch hier über ICC-Profile separieren.

www.epple.de

Echtfarbensysteme

Echtfarben werden auch Sonderfarben, Schmuckfarben oder Hausfarben genannt. Echtfarben können Effektfarben, Metallfarben oder auch außerhalb des CMYK-Farbraums liegende Buntfarben sein. Sie werden entweder ergänzend zu den Skalendruckfarben als fünfte oder sechste Farbe oder statt CMYK, z.B. bei Geschäftsdrucksachen, gedruckt. Bei der Separation müssen diese Farben als zusätzliche Farbauszüge definiert werden. Die Konvertierung von Echtfarben, die außerhalb des CMYK-Farbraums liegen, führt immer zu einem deutlichen Verlust an Farbkraft. Aber auch wenn Sie Farben konvertieren, die innerhalb des CMYK- Farbraums liegen, müssen Sie, z.B. bei der Überfüllung, beachten, dass diese Farben jetzt mehrfarbig gedruckt werden.

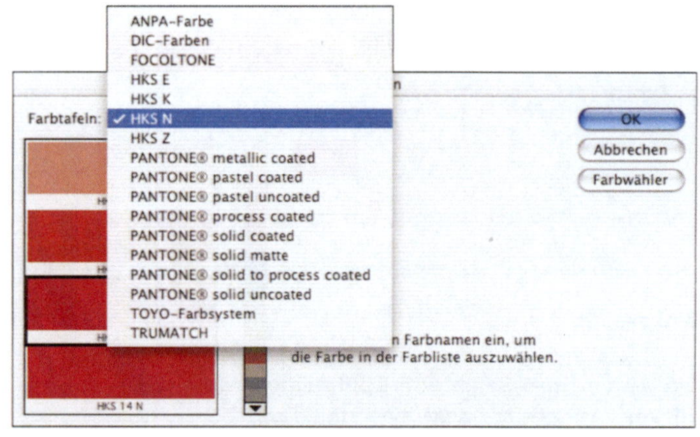

Verschiedene Hersteller bieten Echtfarbensysteme an. Die Systeme sind auf verschiedene Bedruckstoffe und Druckprozesse abgestimmt. Zur Farbauswahl werden Farbfächer und Farbreferenzbücher angeboten.

Meist können Sie die Farbsysteme direkt in Ihren Grafik- und Bildverarbeitungsprogrammen laden.

Pantone

Pantone ist ein Farbsystem von der Pantone Inc., Carlstadt, USA.

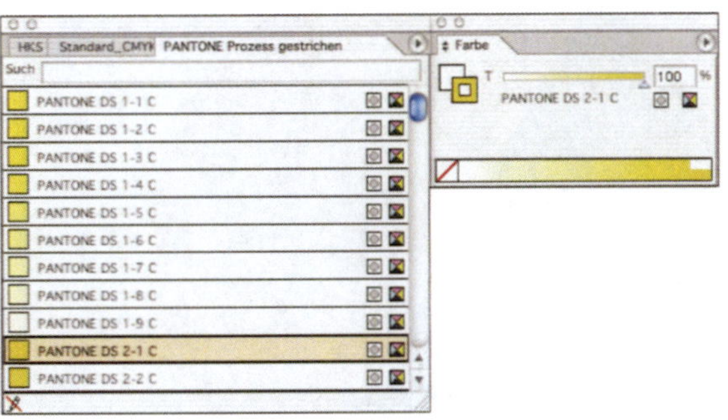

Jede Pantone-Farbe hat ein entsprechendes CMYK-Äquivalent. In Adobe Illustrator 10 werden die folgenden Farbsysteme standardmäßig installiert: PANTONE Solid Coated, PANTONE Solid Matte, PANTONE Solid Uncoated, PANTONE Process Coated, PANTONE Process Coated EURO, PANTONE Process Uncoated, PANTONE Pastel Coated, PANTONE Pastel Uncoated und PANTONE Metallic.

HKS

Das HKS-Farbsystem wurde von den drei Farbenherstellern Hostmann-Steinberg, K+E und Schimke in Deutschland begründet.

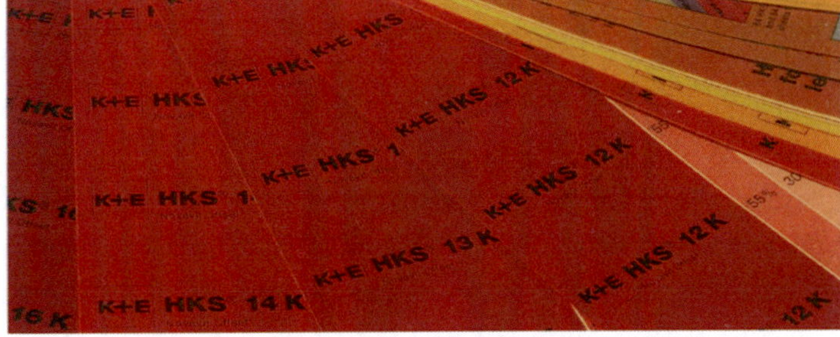

HKS-Farben haben ebenfalls festgelegte CMYK-Äquivalente. Mit dem neuen System HKS 3000 plus haben Sie die Auswahl aus 3520 statt der bisherigen 88 Farbtöne. Vier Varianten in verschiedenen Papierklassen stehen zur Verfügung: HKS K für Kunstdruckpapier, HKS N für Naturpapier, HKS E für den Endlosdruck und HKS Z für den Zeitungsdruck.

Sechsteiliger Farbkreis

Der sechsteilige Farbkreis enthält die drei Grundfarben der additiven Farbmischung, RGB, und die drei Grundfarben der subtraktiven Farbmischung, CMY. Die sechs Farben werden entsprechend den Farbmischgesetzen angeordnet. Durch die Kreisform schließt sich das Spektrum mit Magenta, der Mischfarbe aus Rot und Blau, den Schlussfarben des sichtbaren Spektrums.

Komplementärfarben

Komplementärfarben sind Farbenpaare, die in einem besonderen Verhältnis zueinander stehen. Komplement bedeutet Ergänzung. In der Farbgestaltung wird darunter aber auch ein Gegensatz oder Gegenüber, z.B. als Komplementärkontrast, verstanden.

→ S. 27

Regeln

- Komplementärfarben liegen sich im Farbkreis gegenüber.
- Komplementärfarben ergänzen sich zu Unbunt; additiv zu Weiß und subtraktiv zu Schwarz.
- Komplementärfarbe zu einer Grundfarbe ist immer die Mischfarbe der beiden anderen Grundfarben.

Schwarzfarben – Weißfarben

Schwarzfarben und Weißfarben sind Begriffe aus der guten alten Zeit der Reproduktion. Sie helfen Ihnen aber auch heute bei der Farbkorrektur in moderner Bildverarbeitungssoftware. Unter Schwarzfarben versteht man alle Farben, die in einem bestimmten Farbauszug enthalten sind. Sie würden Schwarz drucken, wenn die entsprechende Druckform schwarz eingefärbt würde. Weißfarben sind die so genannten Gegenfarben. Sie dürfen im entsprechenden Farbauszug nicht enthalten sein. Im Druck wäre an ihrer Stelle das Papierweiß. Zu kompliziert? Nehmen wir zum Beispiel ein Orange mit C 20%, M 70%, Y 90% und K 0% Flächendeckung. Sie sollen das Orange so korrigieren, dass es reiner, leuchtender erscheint. Sie haben zwei Möglichkeiten, entweder die Schwarzfarben, also MY, verstärken oder die Weißfarbe C reduzieren.

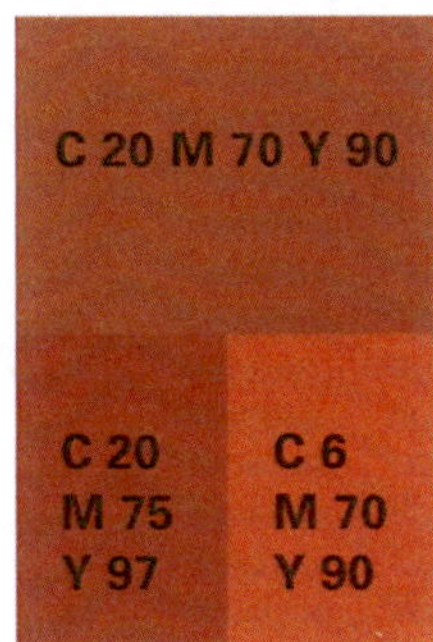

→ S. 153

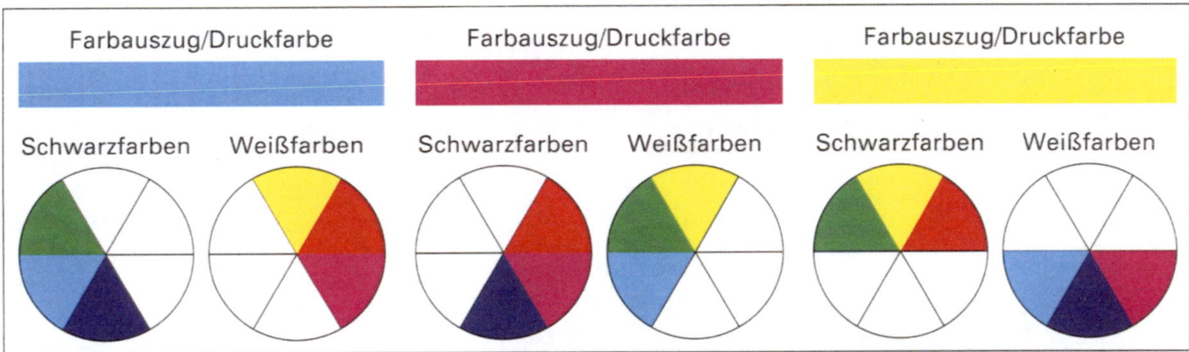

Schwarz- und Weißfarben in den Farbauszügen

Farbauswahlsysteme – Indizierte Farben

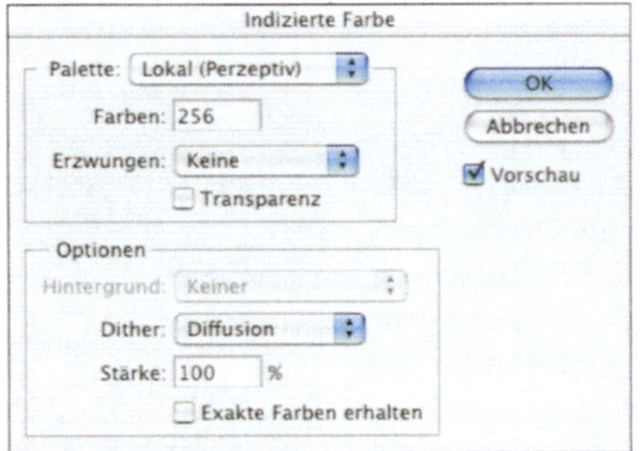

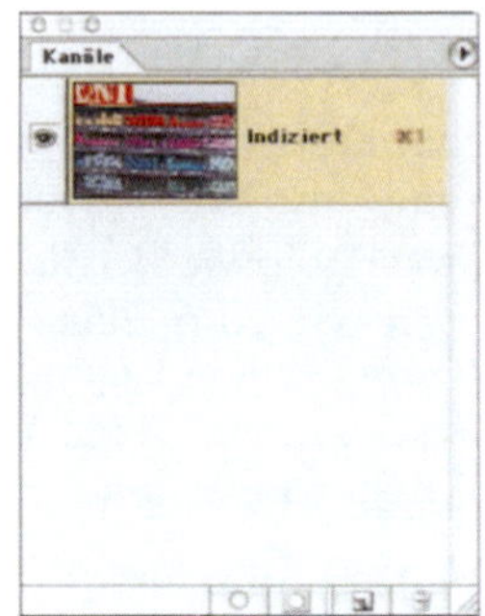

Ein indiziertes Farbbild basiert auf einer Farbtabelle mit maximal 256 Farben. Die Farbauswahl ist nicht genormt, sondern richtet sich nach Ihren Vorgaben. In Photoshop finden Sie die entsprechenden Dialogfelder unter

- Menü *Bild > Modus > Indizierte Farben...*
- Menü *Datei > Für Web speichern...*

Da indizierte Bilder nur aus einem Kanal bestehen, haben sie eine Datentiefe von maximal 8 Bit/Pixel.

In den Farbtabellen/-paletten ist jede Stelle nummeriert. Wechselt die Palette, so bleibt die Farbnummer des Pixels im Bild gleich. Wenn die Nummer in der neuen Palette einer anderen Farbe zugeordnet ist, so wird diese gesetzt.

Durch die geringe Zahl der Farben ist die Indizierung grundsätzlich nur für farbige Grafiken sinnvoll. Halbtonbilder, die naturgemäß eine sehr viel höhere Farbenzahl enthalten, sollten Sie nicht indizieren, sondern für die Verwendung im Internet im RGB-Modus als JPEG komprimieren.

→ S. 165

Windows-Systempalette, motivunabhängige Farbauswahl

Web-Palette

In der Printproduktion kennen Sie in einem transparenten Workflow die Einflussfaktoren. Sie können dadurch Ihr Ergebnis optimal auf den jeweiligen Ausgabeprozess abstimmen. Bei der Produktion von Internetseiten wissen Sie, anders als in der Printproduktion, nur eines sicher: Die Seite wird mit einem Browser auf dem Monitor betrachtet. Alle anderen Komponenten wie die Monitoreinstellung, Gamma, Grafikkarte, Betriebssystem, Rechner, Art des Browsers sind unbekannte Variablen. Um trotzdem eine möglichst konsistente Farbdarstellung und Sicherheit bei der Gestaltung zu haben, wurde die Web-Palette definiert. Die Web-Palette umfasst 216 Farben. Netscape Communicator und der Microsoft Internet Explorer unterstützen diese Palette. Die Web-Palette eignet sich sehr gut für die konsistente Gestaltung von Grafiken und Buttons. Für Bilder ist sie aber ungeeignet, da die Farbanzahl zu gering ist und durch das Dithering bei der Indizierung störende Muster sowie Strukturen erzeugt werden. Komprimieren Sie deshalb Ihre Bilder mit JPEG, wobei die 24-Bit-Farbtiefe (RGB) erhalten bleibt.

Aufbau der Web-Palette

Die 216 Farben wurden nicht nach gestalterischen, sondern nach mathematischen Gesichtspunkten ausgewählt.

Die RGB-Werte jeder Farbe haben sechs mögliche Einstellungen mit einer Schrittweite von 51:

- Im Dezimalsystem
  0, 51, 102, 153, 204 und 255
- Im Hexadezimalsystem
  00, 33, 66, 99, CC und FF

Aus den 6 x 6 x 6 Variationen ergeben sich 216 Kombinationsmöglichkeiten, die den 216 Farben der Palette entsprechen.

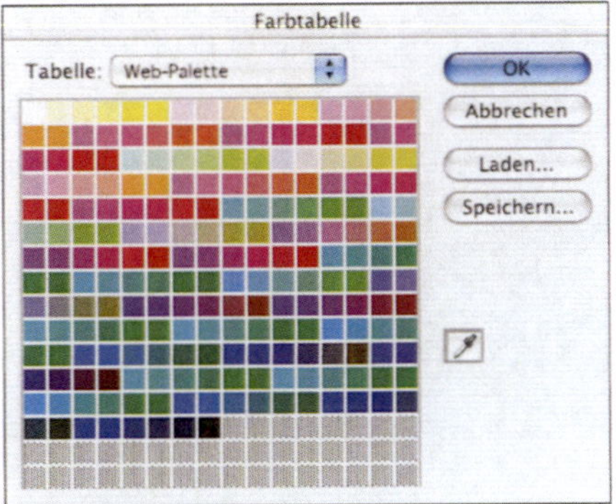

→ S. 304

HSB-System

Das HSB-System basiert auf der menschlichen Farbwahrnehmung. Die Farbauswahl ist nicht an Prozessparameter, wie z.B. im CMYK-System, gebunden. Das HSB-System hat, obwohl es die Farben nach Farbton, Sättigung und Helligkeit bestimmt, keine absolute farbmetrische Grundlage wie die CIE-Farbsysteme. Dies bedeutet, dass Ihre Farbauswahl nur nach intuitiven visuellen Gesichtspunkten erfolgt. Erst die Transformation in einen Prozessfarbraum zeigt dann die tatsächliche Farbwirkung.

HSB-Farbwähler in Adobe Photoshop

Die HSB-Einstellungen im Farbwähler wurden so gewählt, dass sie jeweils einer Lab-Einstellung von L* = 50, a* = 50 und b* = 50 entsprechen. Wie Sie sehen, unterscheiden sich die Zahlenwerte von HSB und Lab. Die RGB- und CMYK-Werte sind vom jeweilig eingestellten Arbeitsfarbraum abhängig.

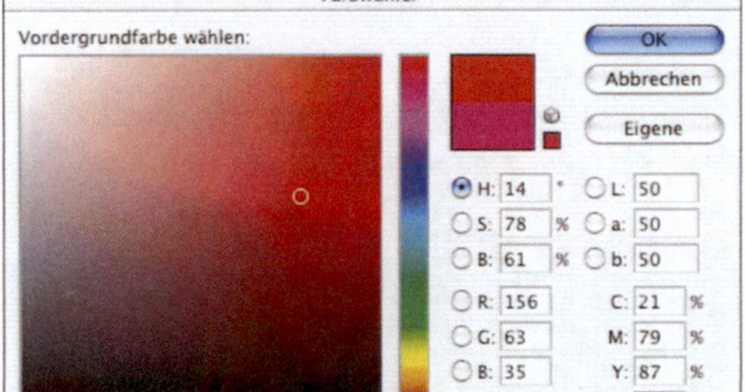

Farbton H

Der Farbton H (Hue) steht für die Farbe im Farbkreis. Die Position Ihrer gewählten Farbe im Farbkreis wird als Winkel von 0° bis 360° angegeben. Das reine Rot ist mit 0° definiert. Die Drehrichtung im Farbkreis ist im mathematisch positiven Sinn, d.h. entgegen dem Uhrzeigersinn.

Sättigung S

Die Sättigung S (Saturation) steht für die Reinheit bzw. Buntheit eine Farbe. Ihr Wert verändert sich zwischen 0, unbunt, und 100, maximal bunt.

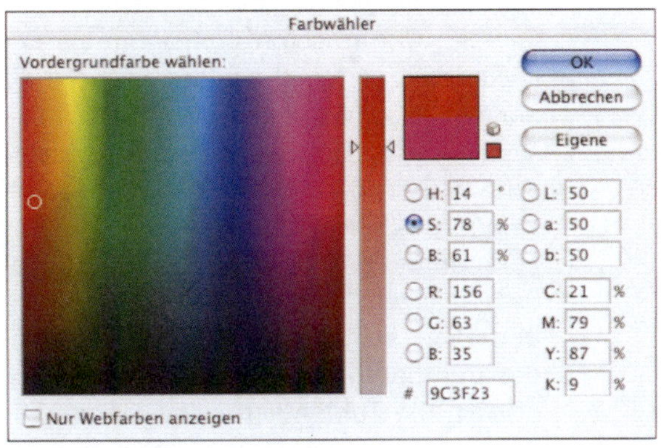

Helligkeit B

Die Helligkeit B (Brightness) wird ebenfalls mit Werten zwischen 0, Schwarz, und 100, Weiß, angegeben.

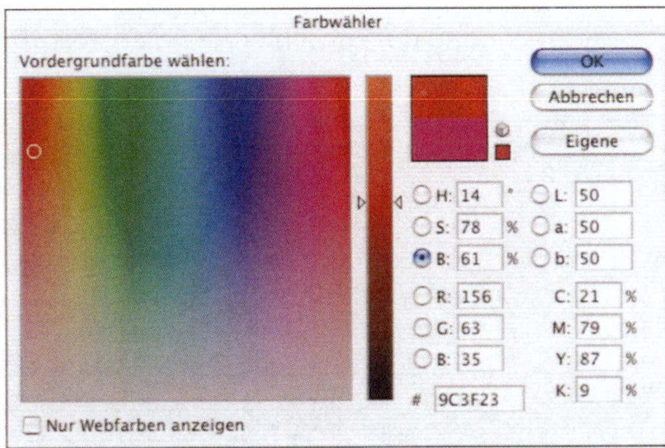

CIE-Normvalenzsystem

1931 wurde das Normvalenzsystem von der CIE, Commission Internationale de l'Eclairage, als eine der ersten internationalen Normen eingeführt. Das Farbsystem beruht auf der Farbe als menschlichem Gesichtssinn. In verschiedenen Versuchsreihen wurden in visuellen Experimenten mit Versuchspersonen die Farbvalenzen X, Y und Z für Rot, Grün und Blau der einzelnen Wellenlängen des sichtbaren Spektrums zahlenmäßig erfasst. Die Zahlenwerte wurden gemittelt und bilden als Normvalenzen eines so genannten Normalbeobachters die Basis aller weiteren farbmetrischen Systeme. Um die Farbvalenzen grafisch umsetzen zu können, erfolgte die Umrechnung der Farbvalenzen in die Normspektralwertanteile $x(\lambda)$, $y(\lambda)$ und $z(\lambda)$. Da die Summe der Normspektralwertanteile für jede Wellenlänge des Spektrums immer 1 ergibt, genügen $x(\lambda)$, und $y(\lambda)$, um alle Farben in eine Farbtafel eintragen zu können. Der Normspektalwertanteil $z(\lambda)$ ist als fehlende Ergänzung zu 1 jeweils leicht zu errechnen. Die Senkrechte im Farbraum bildet die Helligkeit Y. Der Farbwert Y wird gleich der Helligkeit Y gesetzt, weil der Verlauf der spektralen Helligkeit zur Größe des Farbreizes proportional ist.

$$x = X / (X + Y + Z)$$
$$y = Y / (X + Y + Z)$$
$$z = Z / (X + Y + Z)$$

Lernziele

- Sie kennen Aufbau und Form des Normvalenzsystems.
- Sie können Farben im Normvalenzsystem ihren Farborten zuordnen.

Aufgabe

- Tragen Sie die Messwerte aus der Tabelle in das nebenstehende Koordinatensystem ein. Die Messung der Normfarbwerte erfolgt für die Norm in einer Schrittweite von $\Delta\lambda = 5$ nm. Für unsere Übung reicht $\Delta\lambda = 25$ nm. Verbinden Sie die Datenpunkte in der Reihenfolge der Wellenlängen. Schließen Sie den Anfangs- und den Endpunkt des Kurvenzuges mit einer Geraden.

  Kommt Ihnen die Form bekannt vor? Sie ist keine mathematische Funktion, sondern nur die Übertragung der Farbempfindung des menschlichen Auges in ein Koordinatensystem. Auf den nächsten Seiten finden Sie eine nähere Beschreibung.

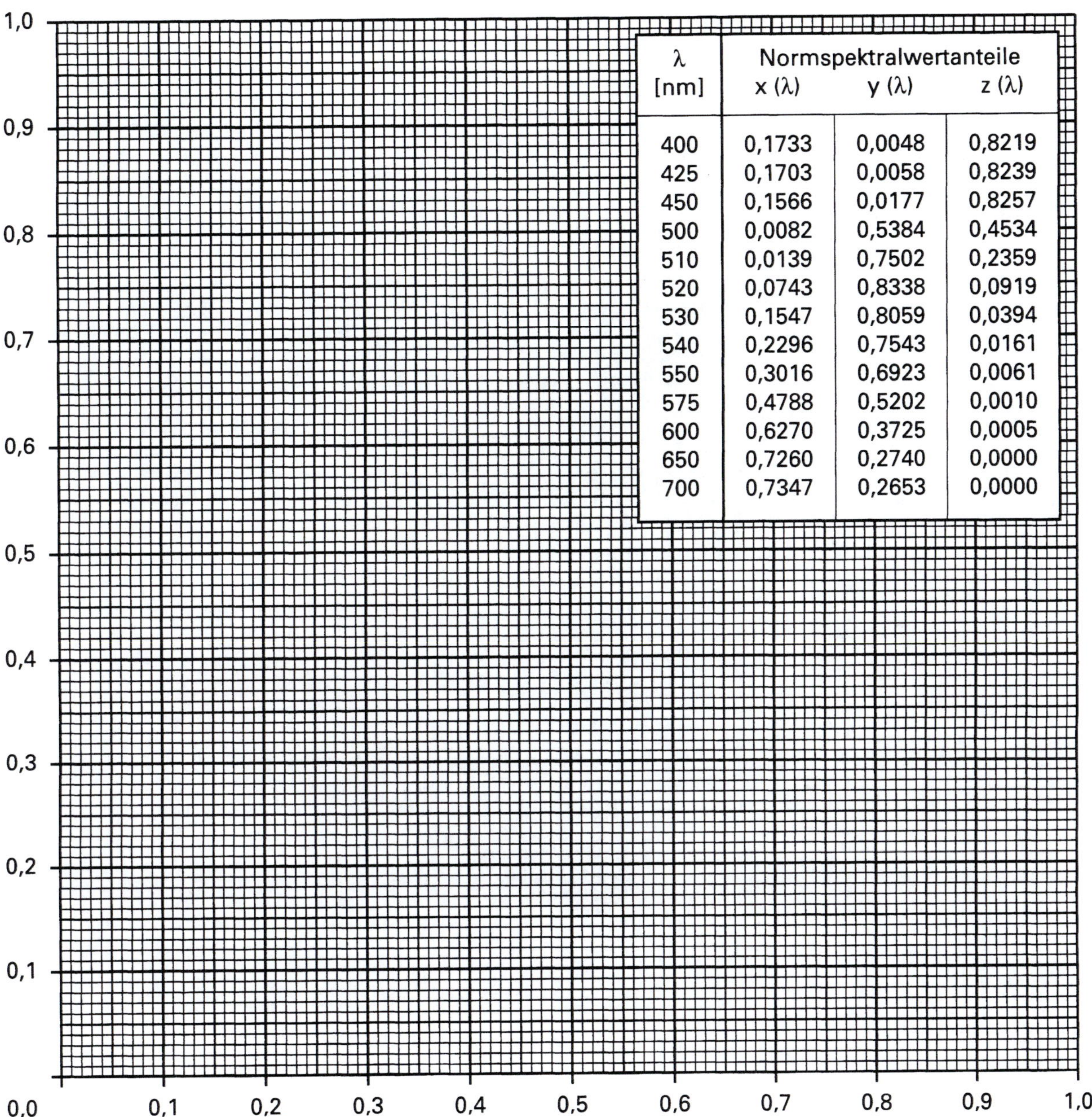

λ [nm]	Normspektralwertanteile x (λ)	y (λ)	z (λ)
400	0,1733	0,0048	0,8219
425	0,1703	0,0058	0,8239
450	0,1566	0,0177	0,8257
500	0,0082	0,5384	0,4534
510	0,0139	0,7502	0,2359
520	0,0743	0,8338	0,0919
530	0,1547	0,8059	0,0394
540	0,2296	0,7543	0,0161
550	0,3016	0,6923	0,0061
575	0,4788	0,5202	0,0010
600	0,6270	0,3725	0,0005
650	0,7260	0,2740	0,0000
700	0,7347	0,2653	0,0000

Normvalenzfarbtafel mit Farbkörperdarstellung nach Rösch

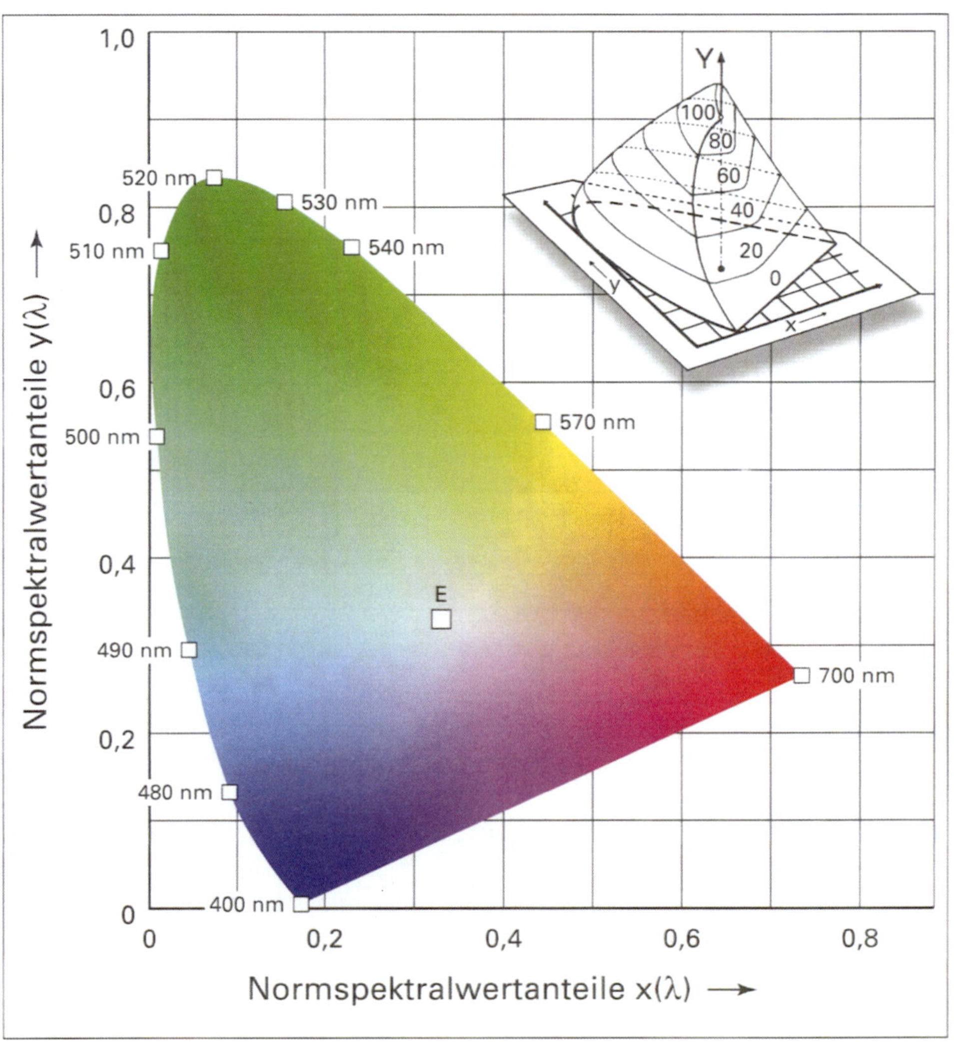

Beschreibung

- Im Normfarbenraum sind alle sichtbaren Farben wiedergegeben.
- Alle Spektralfarben, gesättigten Farben, liegen auf der unteren gekrümmten Außenlinie.
- Auf der unteren Geraden liegen die gesättigten Purpurfarben, additive Mischfarben aus Blau und Rot.
- Die Farbtafel zeigt die „Luftaufnahme" des Farbkörpers.
- Im Unbuntpunkt E, x = y = z = 0,33, steht senkrecht die Grauachse, Unbuntachse; unten Hellbezugswert Y = 0: Schwarz, oben Y = 100: Weiß.
- Die additiven Mischfarben liegen jeweils auf der Geraden zwischen den beiden Ausgangsfarben.

Farbortbestimmung

Zur Bestimmung des Farbortes einer Farbe im Farbraum genügen drei Kenngrößen:

- Farbton T, Lage auf der Außenlinie
- Sättigung S, Entfernung von der Außenlinie
- Helligkeit Y, Ebene im Farbkörper

Da alle Prozessfarbräume naturgemäß kleiner als der Normvalenzfarbraum sind, kann die farbliche Darstellung immer nur der Visualisierung dienen. Sie können deshalb, anders als aus einer Farbskala, keine konkreten Farben aus der Farbtafel ablesen.

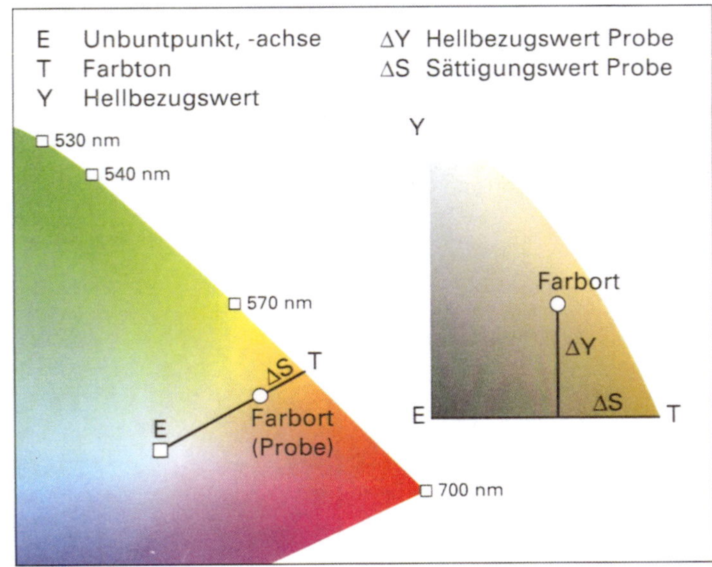

Darstellung einer Farbortbestimmung in den drei Dimensionen des Farbraums

CIELAB-System – CIELCH-System

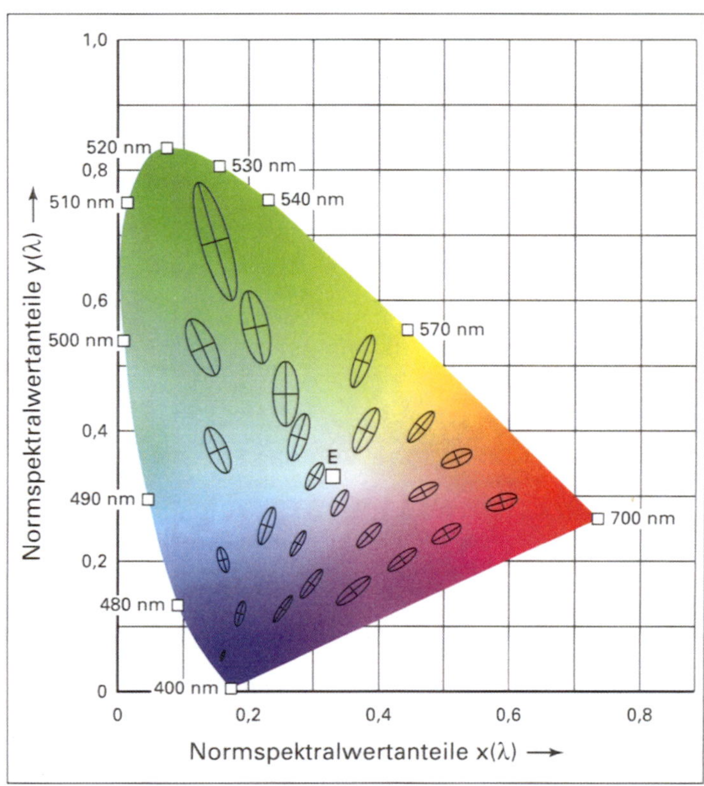

MacAdam-Ellipsen

Der amerikanische Physiker David L. MacAdam untersuchte die Beziehung zwischen dem visuellen und dem geometrischen Farbabstand im Normvalenzsystem. Er fand dabei heraus, dass der visuelle und der geometrische Farbabstand in einzelnen Bereichen des Spektrums differiert. So unterscheiden sich zwei Blautöne mit nahe beieinander liegenden Farborten visuell, dagegen erscheinen zwei Grüntöne mit gleichem geometrischem Abstand dem Betrachter visuell gleich.

Die so genannten MacAdam-Ellipsen veranschaulichen die unterschiedlichen Farbabstände. Im Fadenkreuz der Ellipse liegt jeweils die Referenzfarbe. Alle umliegenden Farben innerhalb der jeweiligen Ellipse sind vom Betrachter visuell nicht unterscheidbar.

Transformation des Normvalenzsystems

Zur eindeutigen technischen Kommunikation muss der Farbabstand als Zahlenwert, ohne zusätzliche Kommentare oder Farbangaben, für alle Farbbereiche den gleichen visuellen Abstand beschreiben. Dies wurde durch eine mathematische Transformation des Normvalenzsystems bewirkt. Die Transformation streckt den Blaubereich und staucht den Grünbereich. Dadurch wird erreicht, dass der empfindungsgemäße Farbabstand und der geometrische Farbabstand zweier Farben zumindest annähernd gleich groß ist.

Das neue Farbsystem wurde 1976 als CIELAB-System eingeführt.

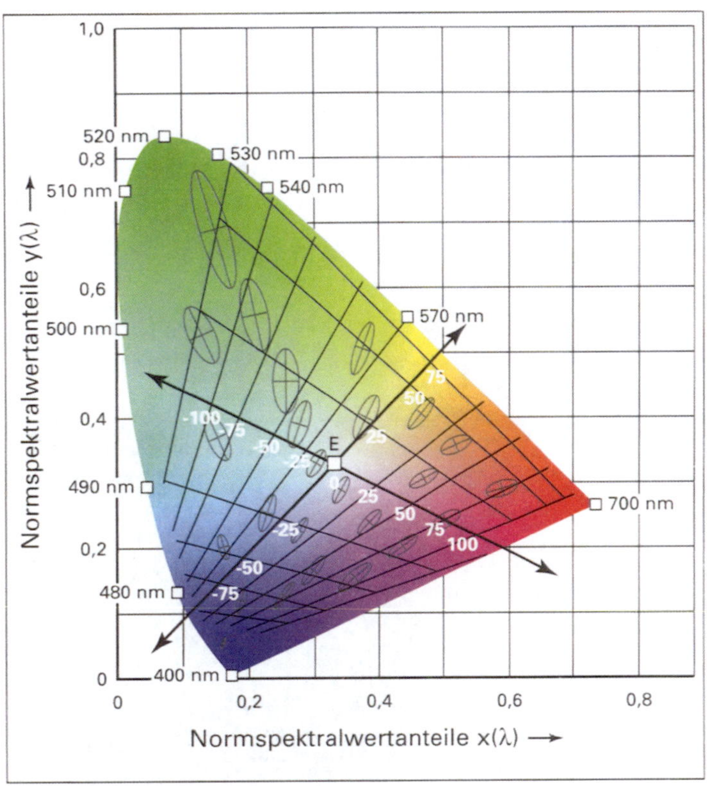

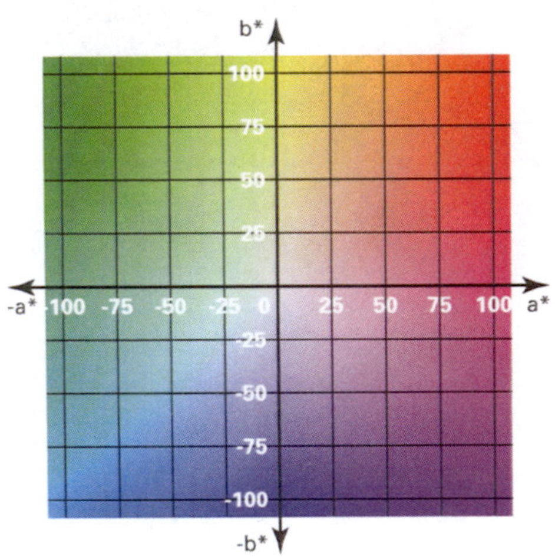

Der Nullpunkt des neuen Systems wird in den Unbuntpunkt E verlegt. Da alle Prozessfarbräume kleiner als der sichtbare Farbraum sind, wird die Farbebene nicht mit ihrer tatsächlichen Außenform, sondern meist als Quadrat oder als Kreis dargestellt.

$$L^* = 116 \sqrt[3]{(Y/Y_n)} - 16$$
$$a^* = 500 \left[\sqrt[3]{(X/X_n)} - \sqrt[3]{(Y/Y_n)}\right]$$
$$b^* = 200 \left[\sqrt[3]{(Y/Y_n)} - \sqrt[3]{(Z/Z_n)}\right]$$

Die Transformation erfolgt nach den nebenstehenden Formeln. X_n, Y_n und Z_n sind dabei die Normfarbwerte für eine vollkommen mattweiße Oberfläche unter der jeweiligen beleuchtenden Lichtart.

LAB-Farbraum – Farbtafel mit mittlerer Farbebene L* = 50

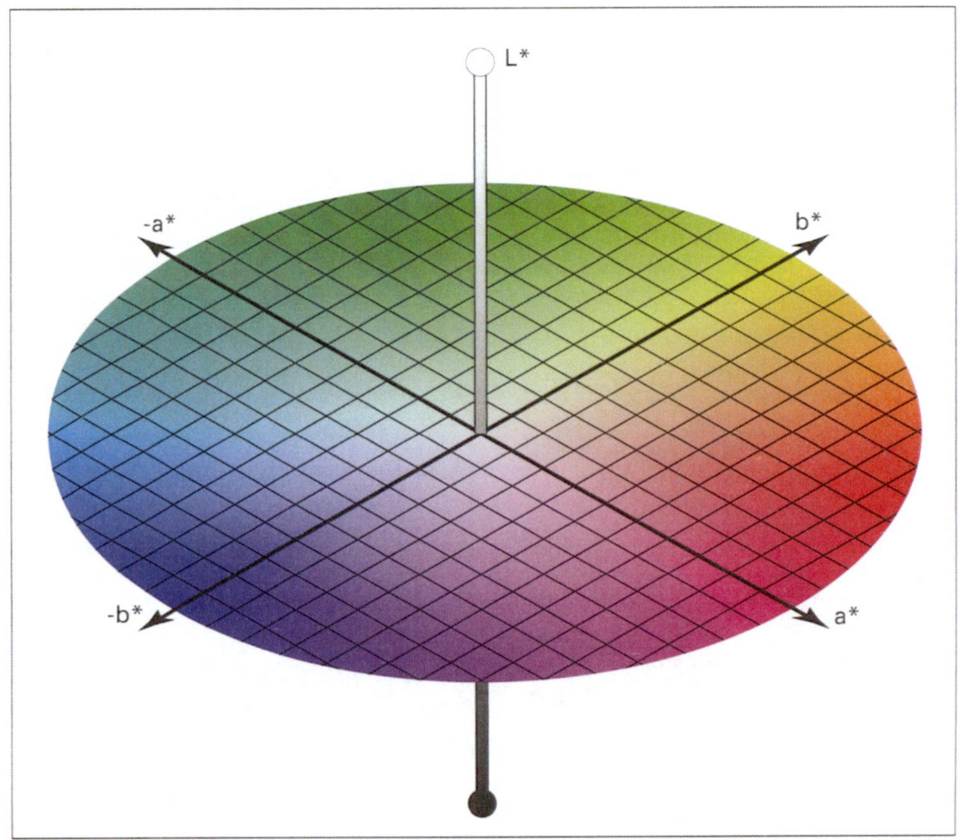

Beschreibung

- Im L*a*b*-Farbraum sind alle sichtbaren Farben wiedergegeben.
- Die Abbildung stellt einen Ausschnitt vom Zentrum des Farbraums dar.
- Da alle Prozessfarbräume kleiner als der LAB-Farbraum sind, kann die farbliche Darstellung immer nur der Visualisierung dienen. Sie können deshalb, anders als aus einer Farbskala, keine konkreten Farben aus der Abbildung ablesen.
- Alle gesättigten Farben, die Spektralfarben der gekrümmten Außenlinie und die Purpurfarben der Purpurgeraden des Normvalenzsystems, liegen auf der Außenlinie der mittleren Ebene (L* = 50). Sie liegen außerhalb des hier dargestellten Farbkreises.
- In der Mitte des Farbraums steht senkrecht die Unbunt- bzw. Grauachse (a* = b* = 0; L* = 0: Schwarz, L* = 100: Weiß).
- Die Geraden aus dem Normvalenzsystem zwischen zwei Farben werden durch die Transformation im a*b*-Diagramm zu gekrümmten Linien.

Farbortbestimmung

Zur Bestimmung des Farbortes einer Farbe genügen drei Kenngrößen:

- Helligkeit L* (Luminanz), Ebene im Farbkörper
- Sättigung C* (Chroma), Entfernung vom Unbuntpunkt
- Farbton H* (Hue), Richtung vom Unbuntpunkt

LAB-Farbraum – Zylinderdarstellung mit L*a*b*-Koordinaten

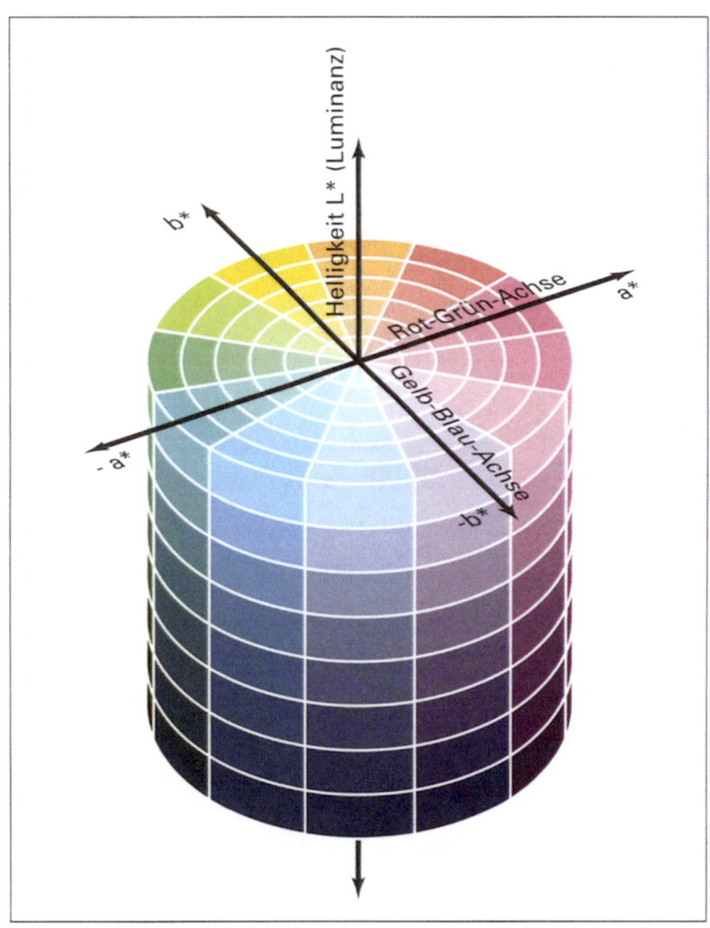

Eine Farbe wird, wie in den anderen farbmetrischen Farbräumen, durch die drei Kenngrößen Farbton, Sättigung und Helligkeit definiert.

- Der Farbton H* und die Sättigung C* werden aber im LAB-System auf zweierlei Arten beschrieben. Die Darstellung von H* und C* in der Farbebene mit den Rechteckkoordinaten a*, Rot-Grün-Achse, und b*, Gelb-Blau-Achse, ist allgemein üblich im Bereich der Bewertung von Farben und Farbabständen. Durch die a*/b*-Rechteckkoordinaten ist die Beschreibung eines Farbortes und die Berechnung von Farbabständen sehr einfach möglich.
- Die Helligkeit L* wird in beiden Darstellungen als Ebene im Farbraum definiert.

LAB-Farbraum – Zylinderdarstellung mit L*C*H*-Koordinaten

Diese Darstellung des LAB-Systems wird auch als LCH-System bezeichnet. Der Farbton H* und die Sättigung C* sind in der Farbebene nicht durch die a*b*-Koordinaten, sondern unabhängig voneinander definiert.

- Der Farbton H* wird als Richtung vom Unbuntpunkt beschrieben. Das Maß für die Richtung ist der Bunttonwinkel h^*_{ab}. Die +a*-Achse ist als 0°-Achse festgelegt. Die Winkelrichtung ist in mathematisch positivem Sinne, also gegen den Uhrzeigersinn.
- Die Sättigung C* ist als Entfernung vom Unbuntpunkt definiert.
- Die Helligkeit L* entspricht der Ebene im Farbraum.

Der große Vorteil dieser Form der Darstellung ist die Unabhängigkeit der drei Größen. Sie können getrennt verändert werden. Deshalb findet das LCH-System vor allem in der Bildverarbeitung Anwendung. Eine Veränderung des Farbtons bei konstanter Sättigung und Helligkeit bedeutet einfach eine Veränderung des Bunttonwinkels. Die Korrektur der Sättigung lässt den Winkel gleich und variiert den Radius. Helligkeitskorrekturen bedeuten einfach ein hoch oder runter im Farbraum bei gleichem Winkel und gleich bleibendem Radius.

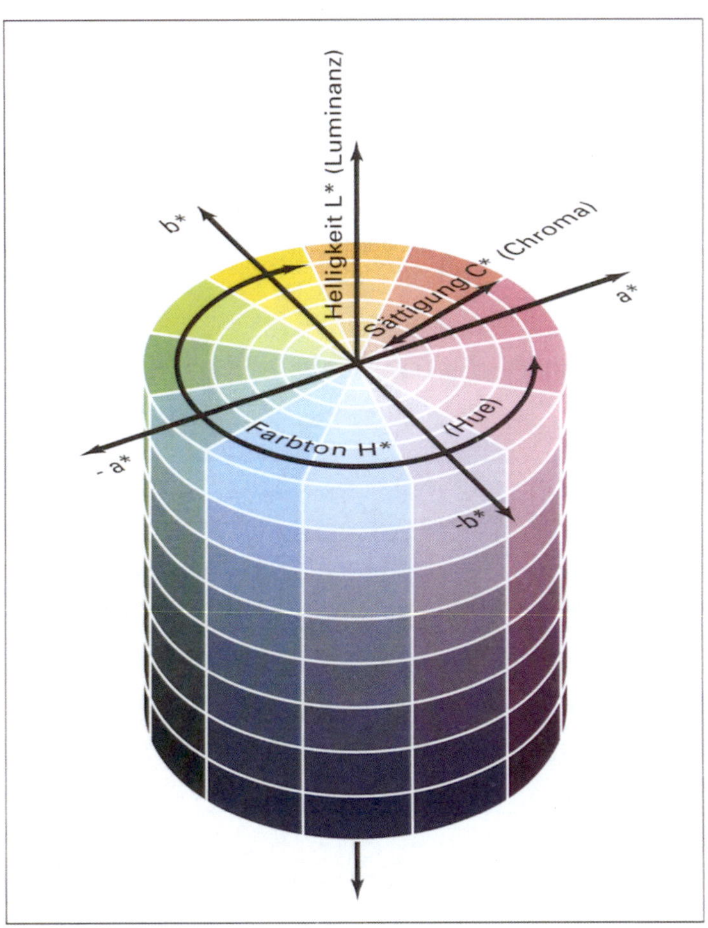

→ S. 157

Farbabstand ΔE*

Der Farbabstand ΔE* beschreibt im LAB-System den geometrischen Abstand zweier Farborte. Wie wir gesehen haben, entspricht der geometrische Abstand annähernd dem visuellen bzw. empfindungsgemäßen Abstand. Der Zahlenwert ΔE* erlaubt deshalb eine qualifizierte Bewertung des Farbunterschieds.

In der Praxis wird der Farbabstand ΔE* in verschiedener Weise als Kenngröße genutzt:

- Prozesskontrolle und Farbsteuerung im Druck
- Leitwert in computergestützten Farbmischsystemen
- Messtechnischer Abgleich verschiedener Farbmuster

Berechnung des Farbabstands ΔE* nach CIE 1976

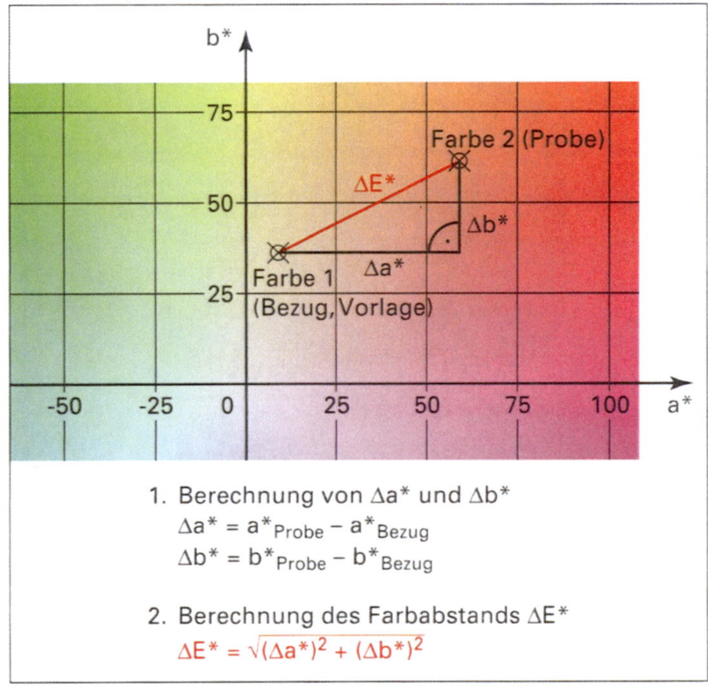

1. Berechnung von Δa* und Δb*
$\Delta a^* = a^*_{Probe} - a^*_{Bezug}$
$\Delta b^* = b^*_{Probe} - b^*_{Bezug}$

2. Berechnung des Farbabstands ΔE*
$\Delta E^* = \sqrt{(\Delta a^*)^2 + (\Delta b^*)^2}$

Abweichung von Farbton H* und/oder Sättigung C*

Im LAB-System bewirkt die Veränderung des Farbtons H* und/oder der Sättigung C* immer eine Veränderung der a*-Koordinate und der b*-Koordinate in der Ebene des Farbraums. Für die Berechnung ist also nur die Verschiebung des Farbortes in der Farbebene von Bedeutung, unabhängig ob sich H* und C* oder nur eines von beiden ändert. Wenn die Helligkeit L* gleich bleibt, dann bleiben die beiden zu vergleichenden Farborte in einer Ebene des Farbraums.

Die Berechnung des Farbabstands in der Ebene erfolgt nach dem Satz des Pythagoras: $c^2 = a^2 + b^2$. ΔE* ist dabei die Hypotenuse im rechtwinkligen Dreieck mit den beiden Katheten Δa* und Δb*, den Differenzen zwischen den a*- und b*-Koordinaten der beiden Farborte.

Abweichung der Helligkeit L*

Bei einer Veränderung der Helligkeit bleibt die Position der Farborte zur Unbuntachse unverändert, d.h., die a*-Koordinate und die b*-Koordinate bleiben gleich. Es ändert sich lediglich die Ebene im Farbraum. Der Farbabstand ΔE* ist damit gleich der Helligkeitsdifferenz ΔL*.

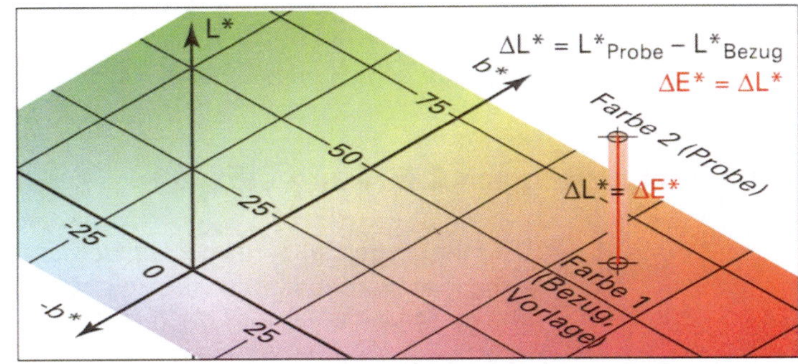

Abweichung von L*, C* und H*

Meist weichen bei einem Vergleich zweier Farborte alle drei Kenngrößen, die Helligkeit L*, der Farbton H* und die Sättigung C*, voneinander ab. Die Berechnung erfolgt wiederum nach Pythagoras, allerdings in zwei Schritten:

1. Berechnung der Hypotenuse (Farbabstand aus Δa* und Δb*) in der Ebene
2. Berechnung der Hypotenuse (=ΔE*) des stehenden Dreiecks

In der Formel zur Berechung von ΔE* sind beide Berechnungen zusammengefasst. Das Vorzeichen der Einzelabstände ist für die Berechnung nicht wichtig, da die Werte quadriert werden. Der Farbabstand ΔE* ist grundsätzlich positiv.

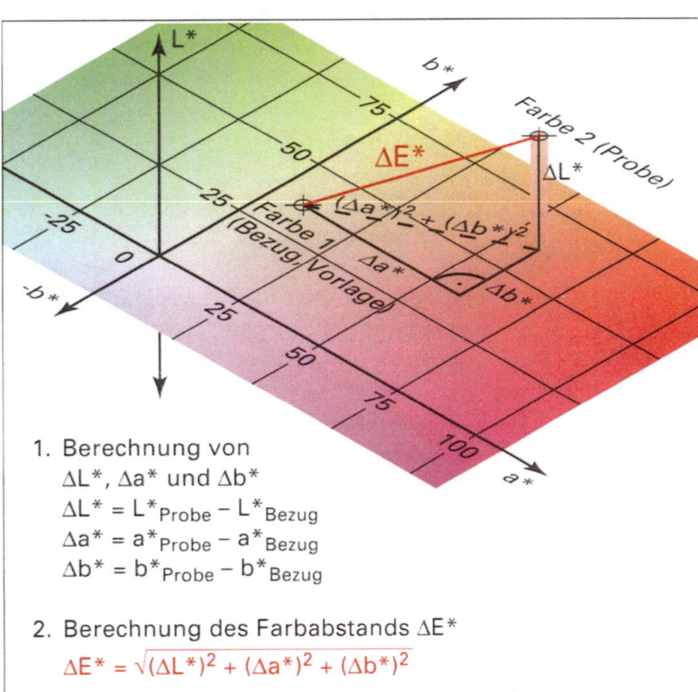

Farbabstand ΔE^* der Zylinderkoordinaten H^* und C^*

Der Farbabstand ΔE^* lässt sich natürlich auch aus den Zylinderkoordinaten H^* und C^* bestimmen. Die Berechnung erfolgt aus dem Bunttonabstand ΔH^*, der Sättigungsdifferenz ΔC^* und dem Helligkeitsunterschied ΔL^*.

$$\Delta E^* = \sqrt{(\Delta L^*)^2 + (\Delta C^*)^2 + (\Delta H^*)^2}$$

Farbabstand ΔE^* nach CIE94 und CIE2000

Die hier vorgestellte Formel zur Berechnung des Farbabstands ΔE^* von 1976 wurde 1994, CIE94, und 2000, CIE2000, modifiziert. Durch die Einführung von Gewichtungsfaktoren wurde versucht, die in der alten Formel bestehenden Abweichungen der ΔE^*-Werte bei weniger gesättigten und stark gesättigten Farbenpaaren zu vermindern. Da in der Druckindustrie die Formel von 1976 nach wie vor Standard ist, wurde auf eine Darstellung der modifizierten Berechnung verzichtet. Welche Ansätze zur Optimierung sich letztlich in der Praxis drucksetzen werden, wird die Zukunft zeigen.

Messung des Farbabstands ΔE^*

Die Messung des Farbabstands ΔE^* erfolgt mit einem Spektralfotometer. Wie bei den anderen farbmetrischen Messungen müssen Sie für konstante Messbedingungen sorgen: Lichtart D50 und Beobachtungswinkel 2°.

Messvorgang

- Stellen Sie Ihren Spektralfotometer auf ΔE^*-Messung ein.
- Der weitere Ablauf richtet sich nach den Messvorschriften des Spektralfotometers:
  - messen Sie zuerst die Probe
  - messen Sie dann die Bezugsfarbe
  - in der Anzeige erscheinen ΔE^* und die einzelnen Abstandswerte

Bewertung der Farbabstände

Nach der Messung des Farbabstands ΔE^* und der Einzelfarbabstände müssen Sie die Messwerte interpretieren und bewerten. Die Bewertung der Messergebnisse erfolgt nach Ihren Vorgaben.

Bewertung des Farbabstands ΔE^*
Welche Differenzen noch tolerabel sind, hängt u.a. von der Anwendung ab. Im Verpackungsdruck gelten allgemein engere Toleranzen als im Akzidenzdruck.

Farbabstand ΔE^*	Unterschiedsanteil	Note
1	unsicher erkennbar	1
2	erkennbar	2
4	mittlere Differenz	3
8	große Differenz	4
16	zu große Differenz	5

Bewertung der Einzelfarbabstände
Wenn Ihre Messung einen kleinen ΔE^*-Wert ergibt, dann weicht keine der Größen stark voneinander ab. Die Messung eines großen ΔE^*-Wertes bedarf aber der näheren Betrachtung.

Bei der Berechnung haben Sie die Vorzeichen der Differenzen nicht beachtet. Für die Bewertung der Abstände sind sie allerdings wichtig, da das Vorzeichen die Richtung der Abweichung angibt. Die Berechnung des Abstands erfolgt nach der allgemeinen Formel:

$$\Delta\text{-Wert} = \text{Wert}_{\text{Probe}} - \text{Wert}_{\text{Bezug}}$$

Bezogen auf die Vorlage ergibt sich folgende Bewertung:

Δ-Wert	positiv	negativ
Die Probe ist		
bei ΔL^*	heller	dunkler
bei Δa^*	roter	grüner
bei Δb^*	gelber	blauer
bei ΔC^*	bunter	unbunter

Bezogen auf die Vorlage ergibt sich folgende Bewertung (positiv/negativ):

	$+\Delta h^*$	a^*	b^*
Die Probe ist			
ΔH^* in Q1	gelber	+	+
ΔH^* in Q2	grüner	–	+
ΔH^* in Q3	blauer	–	–
ΔH^* in Q4	roter	+	–

CIELUV-System

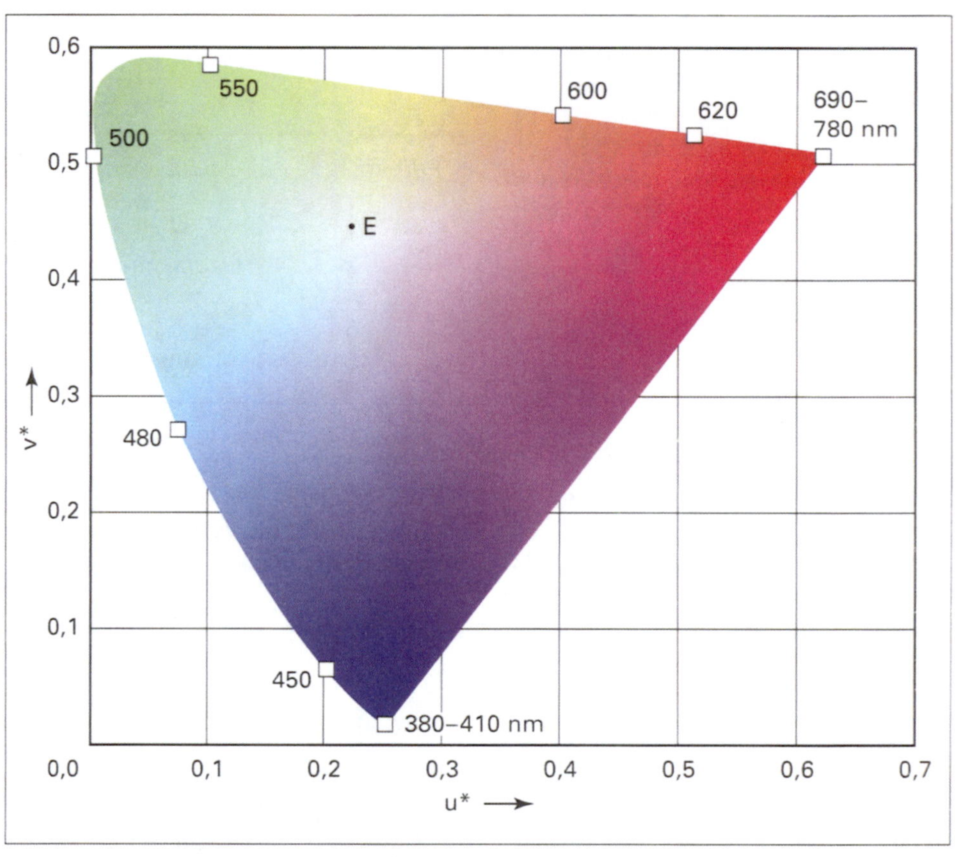

Das CIELUV-System wurde, wie das CIE-LAB-System, 1976 von der CIE eingeführt. Es ist angenähert empfindungsgemäß gleichabständig. Die Farborte der additiven Mischfarben liegen, wie im Normvalenzsystem, auf den geraden Verbindungslinien zwischen den Ausgangsfarben. Seine industrielle Bedeutung hat der L*u*v*-Farbraum in Bereichen, in denen die additive Farbmischung eine wesentliche Rolle spielt, so z.B. in der Monitortechnik.

Beschreibung

- Im L*u*v*-Farbraum sind alle sichtbaren Farben wiedergegeben.
- Die Spektralfarben, gesättigte Farben, liegen auf der gekrümmten Außenlinie.
- Auf der Geraden liegen die gesättigten Purpurfarben, die additiven Mischfarben aus Blau und Rot.
- Im Unbuntpunkt E steht senkrecht die Grauachse, Unbuntachse, mit Helligkeit L*=0: Schwarz, L*=100: Weiß.
- Additive Mischfarben liegen auf der Geraden zwischen den beiden Ausgangsfarben.

Farbortbestimmung

Zur Bestimmung des Farbortes einer Farbe genügen, wie in allen Farbräumen, drei Kenngrößen:

- Helligkeit L*, Ebene im Farbkörper
- Buntheit C*, Entfernung von der Außenlinie
- Bunttonwinkel h_{uv} = arctan (v*/u*)

Farbe digitalisieren

Wie kommen die Farben in den Computer?

Digitalkamera

Fotografieren – mit Licht zeichnen. Sie werden sich fragen: Was hat das mit „digital" zu tun?

Nun, was die Motivwahl und Bildgestaltung angeht zunächst gar nichts. Aber die Aufnahmetechnik und vor allem die Weiterverarbeitung Ihrer Aufnahme unterscheidet sich in der Digitalfotografie grundsätzlich von der herkömmlichen Analogfotografie. Ihr Motiv wird nicht auf Film aufgenommen, sondern von einem Bildsensor erfasst. Dabei teilt sich das Bild in Pixel. Die Farben werden durch Farbfilter drei Farbkanälen, entsprechend den drei Grundfarben der additiven Farbmischung Rot, Grün und Blau, zugewiesen. Abschließend erfolgt die Digitalisierung nach vorgegebener Farbtiefe, meist 24 Bit.

Digitalkamera Nikon D100
Abbildung: Nikon

LCD-Monitor

Zusätzlich zum Sucher haben die meisten Digitalkameras einen eingebauten LCD-Monitor. Sie können auf diesem Monitor den Bildausschnitt kontrollieren, aus dem Kameramenü die gewünschten Einstellungen aussuchen oder fertige Aufnahmen betrachten. Für die Überprüfung der Farben sind diese Monitore aber nicht geeignet. Die Darstellung ist nicht kalibrierbar. Des Weiteren beeinflusst die Umgebungsbeleuchtung den Farbeindruck sehr stark.

Fotoempfänger

Als Fotoempfänger sind in den meisten Digitalkameras CCD-Flächenchips eingebaut. Ein CCD, Charge Coupled Device, ist ein ladungsgekoppeltes Halbleiterelement. Analog zur auftreffenden Lichtintensität werden bei der Aufnahme unterschiedliche elektrische Ladungen erzeugt. Diese werden anschließend digitalisiert. Ein CCD-Element auf dem Flächenchip bzw. auf einer CCD-Zeile entspricht einem Pixel. Auf Seite 105 sind verschiedene Verfahren zur Farbtrennung dargestellt.

Scanner

Scanner finden Sie in allen Bereichen des täglichen Lebens, an der Kasse im Supermarkt, an den Sicherheitskontrollen im Flughafen usw. Allen Scannern gemeinsam ist, dass Information optisch abgetastet, in elektronische Information umgewandelt und verarbeitet wird.

In der Bildverarbeitung haben Scanner die Aufgabe, Bildinformation zu erfassen und zu digitalisieren. Sie stehen damit in direktem Wettbewerb mit der Digitalfotografie, deren Anteil immer größer wird. Zusätzlich werden große Bildarchive zurzeit digitalisiert. Als Konsequenz haben einige namhafte Hersteller die Entwicklung und Produktion von Scannern eingestellt.

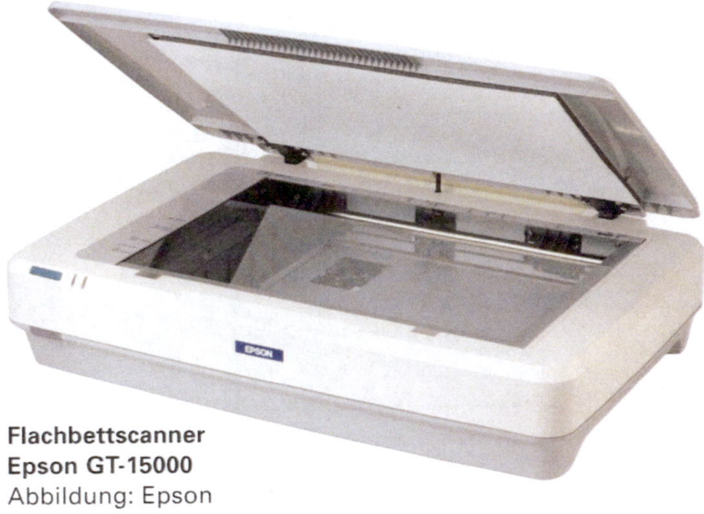

Flachbettscanner
Epson GT-15000
Abbildung: Epson

Scannertypen
Scanner werden nach unterschiedlichen Kriterien eingeteilt:

- *Bauprinzip*
  - Flachbettscanner
  - Trommelscanner
- *Vorlagenart und Beleuchtung*
  - Diascanner
  - Auflichtscanner
  - Auflicht- und Durchlichtscanner
- *Bildwandler*
  - CCD, Charge Coupled Device (Flachbettscanner)
  - PMT, Photo Multiplier Tube (Trommelscanner)
- *Scansoftware*

Flachbettscanner Epson Perfection 4870 Photo
Abbildung: Epson

Funktionsweise Flachbettscanner

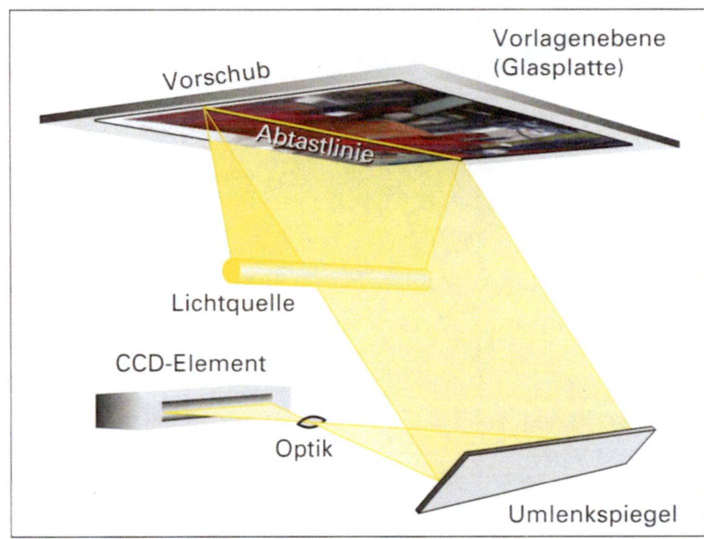

Flachbettscanner haben ihren Namen von der Art der Vorlagenaufnahme. Im Gegensatz zu den früher weitverbreiteten Trommelscannern liegt die Vorlage immer flach auf der Glasplatte bzw. im Rahmen der Vorlagenaufnahme bei Durchlichtvorlagen.

Das von der Scannerlichtquelle ausgestrahlte weiße Licht wird von der Aufsichtsvorlage remittiert oder von der Durchsichtsvorlage transmittiert. In beiden Fällen geht der Strahlengang weiter über ein Spiegelsystem und eine Optik zum Bildwandler, meist ein CCD-Element. Dabei wird die Vorlage in Flächeneinheiten, so genannte Pixel, zerlegt. Die Größe der Pixel ist von der gewählten Auflösung abhängig. Die maximale Auflösung wird durch die Anzahl der CCDs auf der CCD-Zeile über die Vorlagenbreite bzw. durch den schrittweisen Vorschub über die Länge der Vorlage beim Scannen bestimmt.

XY-Scanner tasten die Abtastlinienbreite in mehreren versetzten Durchgängen ab.

Die Farbtrennung erfolgt während der Abtastung. Das Verfahrensprinzip unterscheidet sich in Scannern verschiedener Bauart und Hersteller. Auf der gegenüberliegenden Seite sind die wichtigsten Verfahren dargestellt.

Farbtrennung in Digitalkamera und Scanner

Die Farbtrennung in Digitalkameras und Scannern erfolgt immer optisch nach den Regeln der additiven Farbmischung. Es kommen dabei verschiedene Verfahren zum Einsatz. Allen gemeinsam ist, dass die nur helligkeitsempfindlichen Sensoren durch vorgeschaltete RGB-Filter sensibilisiert werden. Die so erfassten Teilfarbinformationen der 3 CCDs werden nach der A/D-Wandlung zur Farbinformation eines Pixels in Farbkanäle zusammengerechnet und entsprechend dem gewählten Bildfarbmodus abgespeichert.

Die neueste Entwicklung sind CCD-Chips in Digitalkameras, bei denen die drei Sensoren für Rot, Grün und Blau übereinander liegen. Ähnlich wie bei einem Farbfilm wird die Farbinformation eines Motivs direkt in einem Punkt aufgenommen.

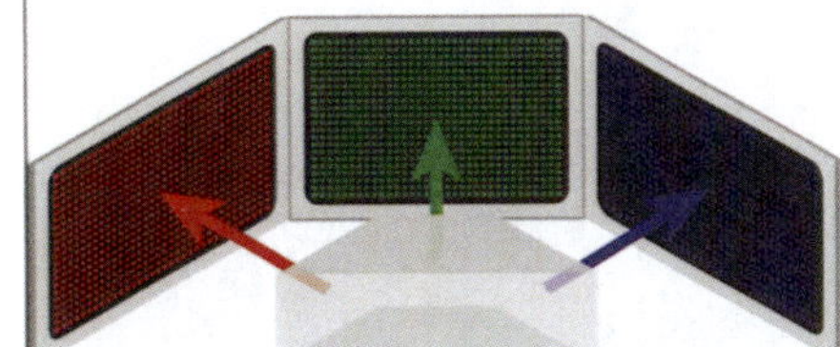

One-Shot-3CCD-Technik
Pro Farbkanal je ein CCD-Element
Vorteile:
- Kurze Belichtungszeiten
- Höhere Auflösung

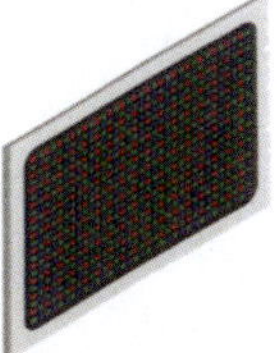

One-Shot-Technik
Jeweils drei CCDs sind durch eine Farbfilterschicht, Rot, Grün und Blau, sensibilisiert. Aus den Teilsignalen werden die Farbwerte eines Pixels berechnet.

Three-Shot-Technik
Ein Filterrad mit jeweils einem Rot-, Grün- und Blaufilter wird für die drei Teilaufnahmen, Teilscans, vor dem Flächenchip gedreht.

Single-Pass-Technik
Ein Zeilenchip scannt mit RGB-empfindlichen CCDs die Vorlage/das Motiv.

Weißabgleich – Weißpunkt

Mit dem Weißabgleich definieren Sie das Verhältnis der Farbanteile von Rot, Grün und Blau in einer weißen neutralen Bildstelle. Die RGB-Farbbalance steht, analog zur Graubalance im Druck, für ein ausgewogenes farbstichfreies Bild.

Sie können in den meisten Systemen zwischen automatischem und manuellem Weißabgleich wählen. Bei Mischbeleuchtung setzen Sie den Weißpunkt manuell, bezogen auf die Farbtemperatur der Hauptlichtquelle.

Natürlich können Sie die Farbbalance später im Bildverarbeitungsprogramm noch verändern, aber besser sind korrekte Aufnahmen bzw. Scans.

Auflösung und Bildgröße

Vorlage mit 2,5 ppcm Abtastmatrix

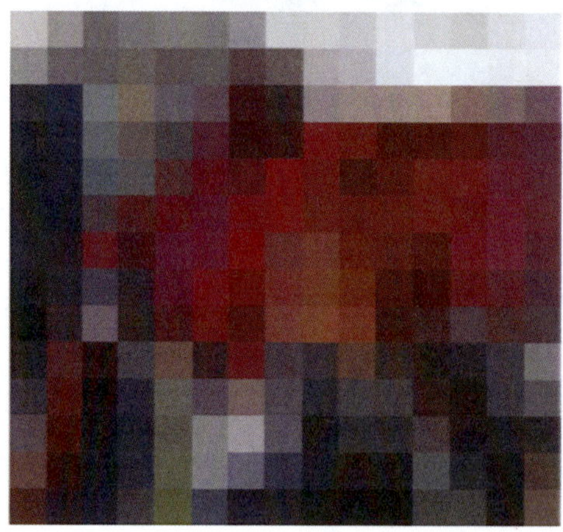

Datei mit 2,5 ppcm Auflösung

Auflösung

Die Auflösung wird mit der Anzahl der Pixel pro Streckeneinheit beschrieben. Sie wird in Pixel/Inch, ppi, oder Pixel/Zentimeter, ppcm, angegeben. Für die Umrechnung gilt: 1 Inch = 2,54 Zentimeter. In der Praxis wird zur überschlägigen Berechnung häufig der Faktor 2,5 benutzt.

Pixel

Bei der Bilddatenerfassung und -digitalisierung wird das Bild in quadratische Flächeneinheiten, so genannte Pixel, zerlegt.

Pixel ist ein Kunstwort, zusammengesetzt aus den beiden englischen Wörtern „picture“ (Bild) und „element“ (Element, Bestandteil).

In vielen Programmen wird „px“ als Einheit für Pixel verwendet.

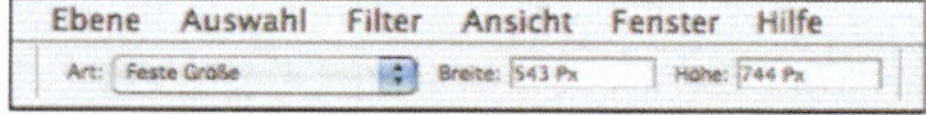

Bildgröße auf dem Monitor

Die Größe eines Bildes auf dem Monitor hängt nicht von der Auflösung, sondern von der Zahl der Pixel in der Breite und Höhe des Formats ab. Je nach Bildschirmauflösung variiert die Darstellungsgröße auf dem Bildschirm. Wenn Sie einen Monitor mit einer Auflösung von 800 x 600 px betreiben, dann wird die Bilddatei doppelt so groß dargestellt wie bei einer Bildschirmauflösung von 1 600 x 1 200 px.

Bildgröße im Druck

Im Gegensatz zur Monitordarstellung wird die Größe eines Bildes im Druck nicht durch die Anzahl der Pixel, sondern durch das absolute Format in Breite und Höhe definiert. Die notwendige Auflösung der Bilddatei steht in direkter Beziehung zur Ausgabeauflösung bzw. Rasterkonfiguration. Das Verhältnis Pixel zu Rasterpunkt ist in der autotypischen Rasterung 2 zu 1. Wenn Sie eine zu grobe Bildauflösung wählen, dann „verpixelt" Ihr Bild. D.h., die Tonwertinformation mehrerer Pixel steuert die Größe mehrerer Rasterpunkte. Da diese dadurch alle die gleiche Größe bekommen, bildet sich das Pixel im Druckbild ab.

36 ppi = 14 ppcm

72 ppi = 28 ppcm

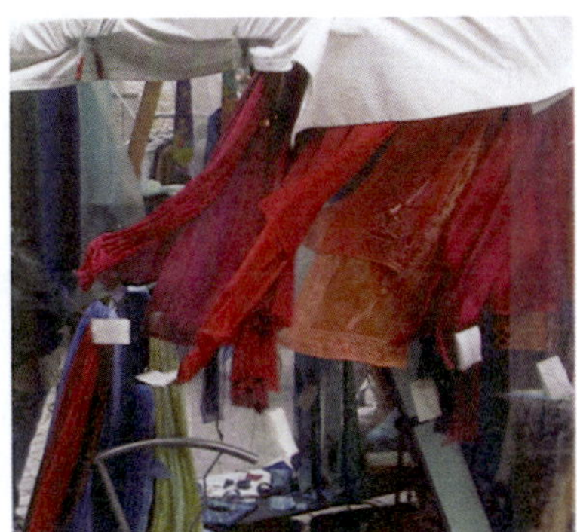

300 ppi = 120 ppcm

Farbtiefe, Datentiefe, Bittiefe

Farbwertstufen einer Scanlinie mit 2,5 ppcm Auflösung und 8-Bit-Farbtiefe

Das optische Bildsignal wird beim Scannen bzw. in der Fotografie zunächst analog erfasst, in elektrische Signale gewandelt und dann digitalisiert. Die Auflösung bestimmt die Größe der Pixel. In unserem Beispiel beträgt die Auflösung 2,5 ppcm, um die Pixel anschaulich zu machen. Bei einer Scanauflösung von 300 ppi stünden auf der Bildbreite 7200 Pixel mit 0,083 mm Kantenlänge.

Ein Pixel enthält das Mittel aller Bildinformationen, die seiner Fläche entsprechen. Sie könnten also bei höherer Auflösung mehr Bilddetails wahrnehmen, die Anzahl der Farben im Bild bliebe aber unverändert. Sie hängt nicht von der Auflösung, sondern alleine von der Zahl der Stufen ab, mit der digtialisiert wird.

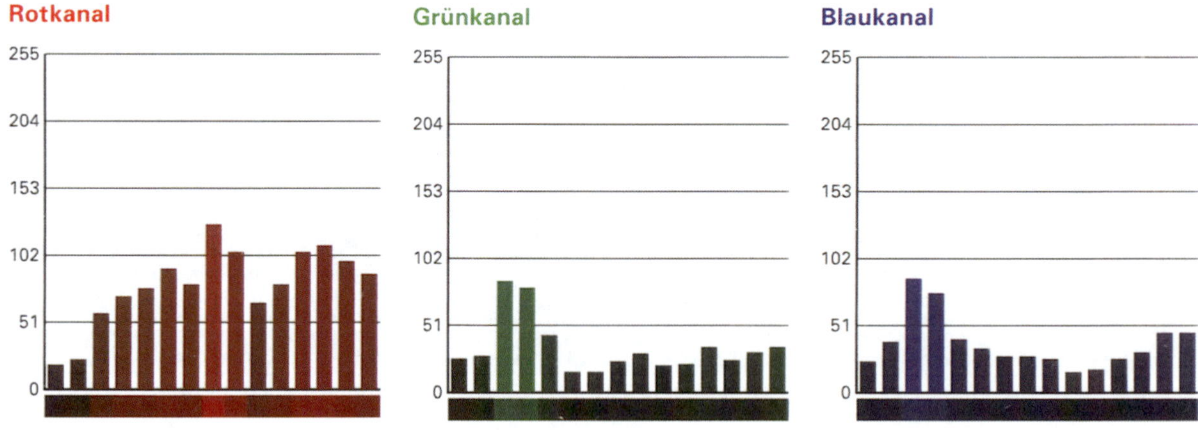

Die Farbtiefe bezeichnet die Anzahl der möglichen Farbabstufungen pro Farbkanal. Sie wird durch die Daten- oder Bittiefe bestimmt. Da die digitale Information der Pixel binär gespeichert wird, ergibt sich aus der Anzahl der zur Verfügung stehenden Bits pro Farbkanal der mögliche Farbumfang.

n Bit = 2^n Stufen

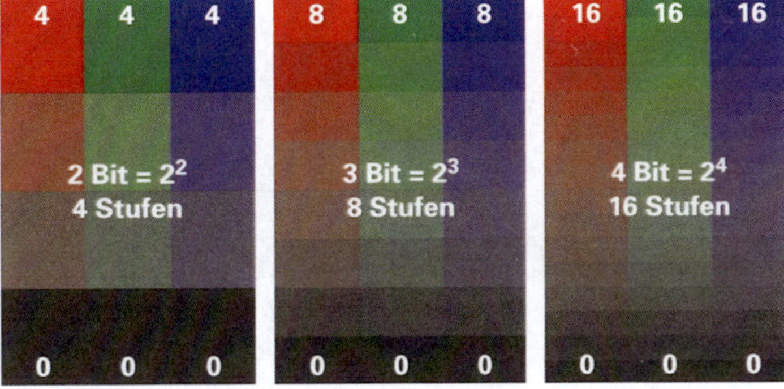

Die Bildverarbeitung erfolgt üblicherweise mit einer Farbtiefe von 8 Bit pro Farbkanal. 8 Bit bei einfarbigen Halbtonbildern (Graustufen), 24 Bit bei farbigen Halbtonbildern im RGB- oder LAB-Modus und 32 Bit bei farbigen Bildern im CMYK-Modus.

In der Bilddatenerfassung und -digitalisierung arbeiten Sie mit einer deutlich höheren Farbtiefe. Heutige Scanner haben eine Datentiefe von 48 Bit, d.h. 16 Bit = 2^{16} = 65 535 Stufen jeweils für Rot, Grün und Blau. Die Tonwerte der Vorlage können dadurch feiner differenziert erfasst und nach einer bildgemäßen Gradations- und Tonwerteinstellung in der Scansoftware als 256 „echte" Vorlagentonwerte in Ihr Bildverarbeitungsprogramm übertragen werden. Photoshop kann zwar auch Bilder mit 16-Bit-Farbtiefe verarbeiten, jedoch werden in den Einstellungsfeldern nur 256 Stufen angezeigt, viele Funktionen werden nicht unterstützt, die Datei ist doppelt so groß wie bei 8-Bit-Farbtiefe und die meisten Monitore sind sowieso nicht in der Lage, mehr als 8 Bit pro Farbe darzustellen. Es ist deshalb sinnvoll, wenn Sie mit einer höheren Farbtiefe scannen, um nach der Scankorrektur den vollen Ton- und Farbwertumfang zu übernehmen und dann mit 8 Bit pro Farbkanal weiterzuarbeiten.

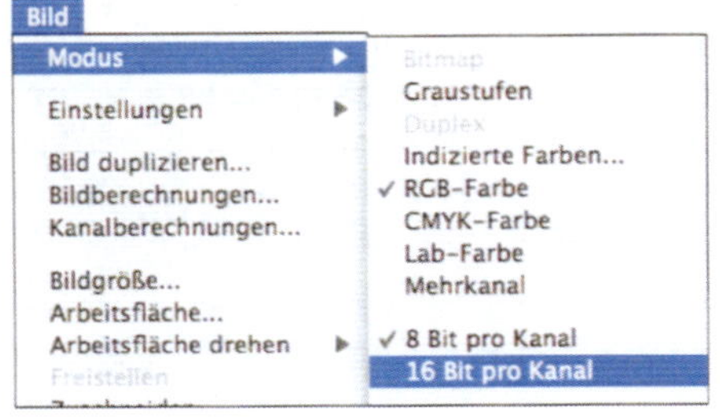

2 Bit pro Farbkanal = 64 Farben (RGB)

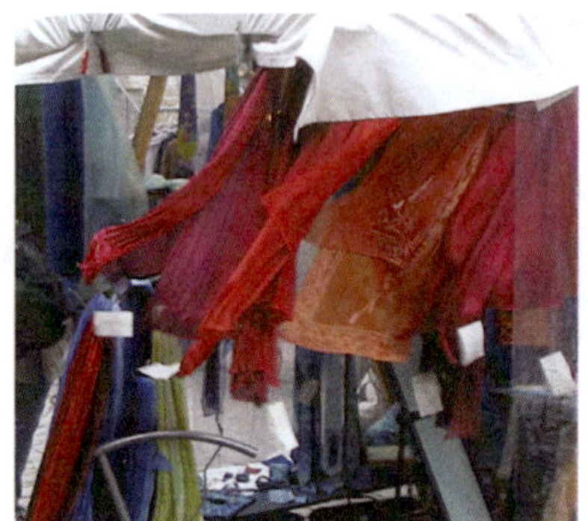

4 Bit pro Farbkanal = 4 096 Farben (RGB)

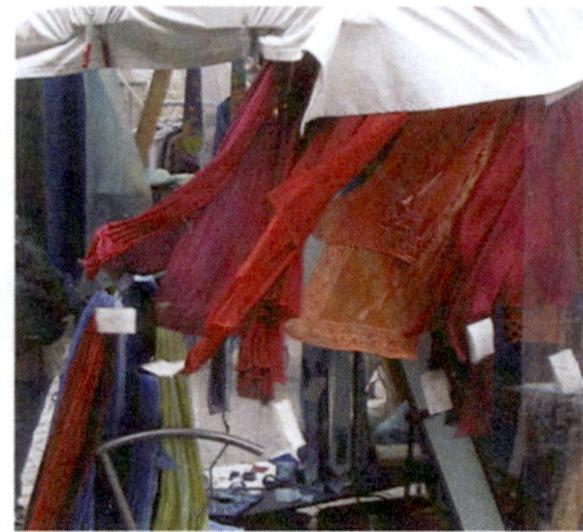

8 Bit pro Farbkanal = 16 777 216 Farben (RGB)

Maßeinheiten der Datenmenge

Die Basiseinheit für die Menge digitalisierter binärer Daten ist ein Bit (engl. *bi*nary digi*t*). Ein Bit kann den Wert 1 oder 0 haben. Daraus folgt, dass Sie mit einem Bit 2 Informationen darstellen können: 0 oder 1, Schwarz oder Weiß.

8 Bit werden zu einem Byte als kleinste adressierbare Einheit zusammengefasst. Mit einem Byte können schon 2^8 = 256 Informationen oder Tonwerte dargestellt werden. Allgemein gilt der Zusammenhang:

n Bit = 2^n Informationen

1 Bit								
8 Bit	=	1 Byte						
1024 Byte	=	2^{10} Byte	=	1 Kilobyte	=	1 KByte	=	1 KB
1024 KB	=	2^{10} KB	=	1 Megabyte	=	1 MByte	=	1 MB
1024 MB	=	2^{10} MB	=	1 Gigabyte	=	1 GByte	=	1 GB
1024 GB	=	2^{10} GB	=	1 Terabyte	=	1 TByte	=	1 TB

Umrechnungen

Ebenso wie im Dezimalsystem werden im Binärsystem der Informationstechnik große Mengen zu übergeordneten Einheiten zusammengefasst. Da es sich um Dualzahlen handelt, ist die Basis immer 2.

Bildformat		Auflösung	Pixelzahl	Farbtiefe/Dateigröße			
mm	px	ppi		1 Bit Bitmap	8 Bit Graustufen	24 Bit RGB, LAB	32 Bit CMYK
24 x 36	68 x 102	72	6936	867 B	6,77 KB	20,32 KB	27,09 KB
	283 x 425	300	120275	14,68 KB	117,44 KB	352,32 KB	469,76 KB
148 x 210	420 x 596	72	250320	30,56 KB	244,48 KB	733,44 KB	977,92 KB
	1748 x 2480	300	4335040	529,18 KB	4,13 MB	12,4 MB	16,54 MB
210 x 297	595 x 842	72	500990	61,16 KB	489,28 KB	1,43 MB	1,91 MB
	2480 x 3508	300	8699840	1,04 MB	8,32 MB	24,96 MB	33,28 MB
225 x 169 54 x 40	640 x 480	72 300	307200	37,5 KB	300 KB	900 KB	1,17 MB
361 x 270 86 x 65	1024 x 768	72 300	786432	96 KB	768 KB	2,25 MB	3 MB
451 x 338 108 x 81	1280 x 960	72 300	1228800	150 KB	1,17 MB	3,52 MB	4,69 MB
564 x 423 135 x 101	1600 x 1200	72 300	1920000	234,37 KB	1,83 MB	5,49 MB	7,32 MB
903 x 601 216 x 144	2560 x 1704	72 300	4362240	532,5 KB	4,16 MB	12,48 MB	16,64 MB
903 x 677 216 x 162	2560 x 1920	72 300	4915200	600 KB	4,69 MB	14,06 MB	18,75 MB

Lernziele
- Sie kennen die Funktionsweise von Digitalkameras und Scannern.
- Sie erfassen und digitalisieren Bilder mit beiden Systemen.

Aufgaben
- Machen Sie sich mit der Funktionalität von Digitalkameras und Scannern vertraut.
- Fotografieren und scannen Sie mit verschiedenen Einstellungen und bewerten Sie die Ergebnisse.

Farbe auf dem Monitor

Wie kommen die farbigen Streifen auf den Monitor?

Grafiksystem

Der Monitor ist Ihr Fenster zur digitalen Datenwelt. Er zeigt die Farben Ihres Bildes oder Ihrer Grafik.

Die Darstellung wird durch zwei Hardwarekomponenten bestimmt, den Monitor und die Grafikkarte. Beide Komponenten werden zusammen mit der Systemsoftware in der Computertechnik als Grafiksystem bezeichnet.

Grafikkarte

Die Grafikkarte ist die Schnittstelle zwischen Prozessor und Monitor. Sie erzeugt die Signale zur Darstellung Ihrer Datei auf dem Monitor. Die Leistung der Grafikkarte hängt vor allem vom Grafikprozessor und dem Grafikspeicher der Karte ab.

Farbtiefe

Mit der Farbtiefe wird die Anzahl der darstellbaren Farben bezeichnet.

Wir unterscheiden verschiedene Einstellungen, die Sie in den Systemeinstellungen, je nach Auflösung und Leistungsfähigkeit der Grafikkarte Ihres Computers, wählen können.

→ S. 108

- *8-Bit-Farbtiefe*
  2^8 = 256 Farben, nach dem alten VGA-Standard (Video Grafics Array)
- *15-Bit-Farbtiefe*
  2^{15} = 32 768 Farben, Mac OS
- *16-Bit-Farbtiefe*
  2^{16} = 65 535 Farben, HighColor-Standard für Windows
- *24-Bit-Farbtiefe*
  2^{24} = 16 777 216 Farben, TrueColor-Standard für Mac OS und Windows

Bei 24-Bit-Farbtiefe steuert die Grafikkarte jeden einzelnen Bildpunkt auf dem Monitor in den drei Grundfarben Rot, Grün und Blau mit 256 Intensitäten bzw. Helligkeiten an. Wir haben also 256 Abstufungen im Rotkanal, 256 im Grünkanal und 256 in Blaukanal. Da jede Intensitätsstufe einer Farbe mit jeder beliebigen Stufe der anderen Farben kombiniert werden kann, ergeben sich 256 x 256 x 256 Kombinationen, d.h. 256 x 256 x 256 = 16777216 Farben. Mehr als ausreichend für eine originalgetreue Bildschirmdarstellung, vorausgesetzt Sie haben Ihren Monitor kalibriert bzw. profiliert.

Auflösung

Die Auflösung bezeichnet die Anzahl der Bildpunkte, Pixel, mit denen das Bild auf dem Monitor dargestellt wird. Der erste Wert gibt immer die horizontale Pixelzahl (Breite), der zweite Wert die vertikale Pixelanzahl (Höhe) der Monitorauflösung an.

Die heutigen Monitore ermöglichen die Darstellung mit unterschiedlichen Auflösungen. Welche Auflösung Sie wählen, hängt u.a. von der eingesetzten Grafikkarte und der Größe und Art Ihres Monitors ab.

Bei Flachbildschirmen und Datenprojektoren erzielen Sie die beste Darstellung, wenn die eingestellte Auflösung mit der physikalischen Auflösung des Geräts übereinstimmt.

→ S. 106

Auflösung Breite	Höhe	**Pixelanzahl**	**Farbtiefe**	**Speichergröße**
800	600	480 000	24 Bit	1,37 MByte
1 024	768	786 432	24 Bit	2,25 MByte
1 280	1 024	1 310 720	24 Bit	3,75 MByte
1 600	1 200	1 920 000	24 Bit	5,49 MByte

Bildwiederholfrequenz

Die Bildschirmdarstellung wird auf CRT-Monitoren durch sich von links nach rechts und von oben nach unten bewegenden Elektronenstrahlen erzeugt. Ein kompletter Durchgang über den gesamten Monitor ist ein Frame. Die Anzahl der erzeugten Frames pro Sekunde ergibt die so genannte Framerate oder Bildwiederholfrequenz. Bildwiederholfrequenzen von über 75 Hz gelten als ergonomisch günstig, da ab dieser Bildzahl das menschliche Auge den kontinuierlichen Bildaufbau nicht mehr als Flackern wahrnimmt.

Systemeinstellungen

In den Systemeinstellungen Ihres Computers können Sie, je nach Systemkonfiguration, die Farbtiefe, die Auflösung und bei angeschlossenem CRT-Monitor auch die Bildwiederholfrequenz einstellen.

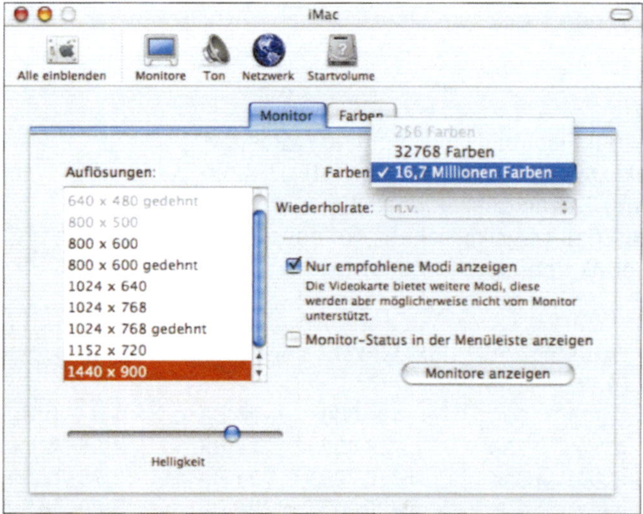

Mac OS X
Menü *Systemeinstellungen > Monitore*

Mac OS 9
Menü *Apfel > Kontrollfelder > Monitore*

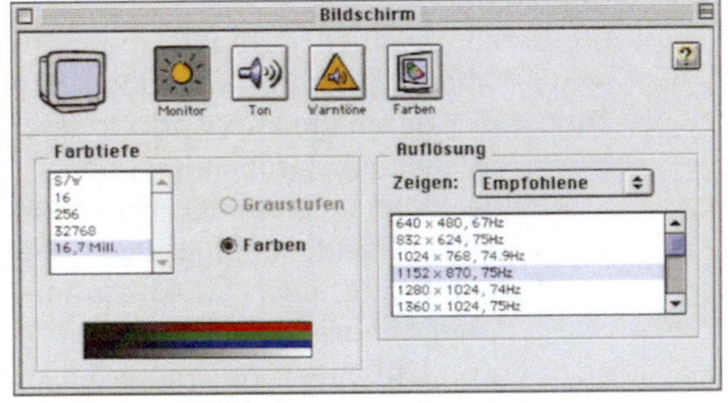

Windows 2000
Menü *Start > Einstellungen > Systemsteuerung > Anzeige*

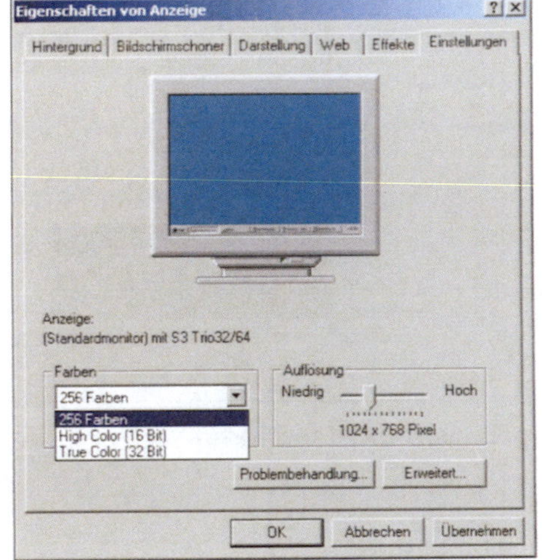

Monitore

CRT-Monitore

Die herkömmlichen Computermonitore sind Röhrenmonitore, Cathode Ray Tube (CRT), deren Funktionsprinzip dem eines Fernsehbildschirms entspricht.

Auf der Mattscheibe der Röhre ist eine Leuchtstoffschicht aufgebracht. Die Leuchtstoffschicht, auch als Phosphore oder Luminophore bezeichnet, wird beim Aufprall hochbeschleunigter Elektronen angeregt und sendet dadurch Licht aus. Die Farbe des Lichts wird durch die chemische Zusammensetzung des Leuchtstoffes bestimmt. Zur Bilderzeugung werden beim Farbmonitor drei Elektronenstrahlen zeilenweise über das Bildfeld geführt. Sie treffen dort auf drei entsprechende Leuchtstoffe, die die Grundfarben der additiven Farbmischung, Rot, Grün und Blau, erzeugen. Der Strahlstrom wird vom Bildsignal der Grafikkarte gesteuert. Dadurch kommt es zu einer ortsabhängigen Lichtemission. Das emittierte Licht trifft auf die rot-, grün- und blauempfindlichen Zapfen Ihrer Netzhaut und erzeugt im Sehzentrum des Gehirns einen Farbeindruck.

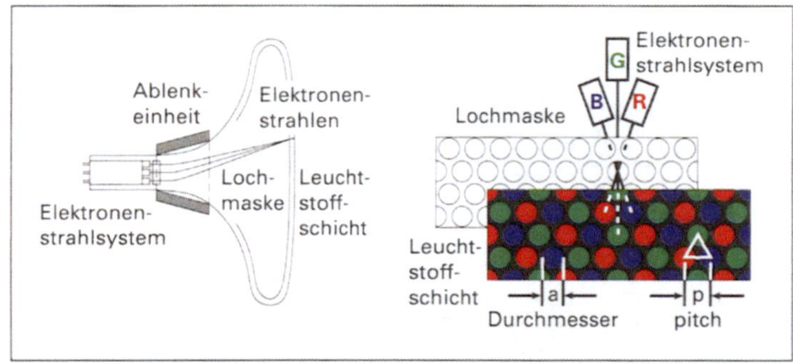

Prinzip der Bildwiedergabe von CRT-Monitoren

Von verschiedenen Herstellern werden Bildröhren mit unterschiedlichen Masken, Loch- und Schlitzmasken, angeboten. Ebenso wie die Bildmaske unterscheiden sich auch die bei den verschiedenen Monitoren eingesetzten Phospore. Dies führt zu abweichenden Farbdarstellungen auf den jeweiligen Monitoren. Durch Kalibration und Profilierung erreichen Sie aber eine konsistente Farbwiedergabe.

Flachmonitore

Die bisher üblichen CRT-Monitore werden heute immer stärker von flachen Monitoren verdrängt. Diese bieten neben dem erheblich geringeren Platzbedarf auch noch andere Vorteile. Sie haben, bedingt durch die technische Art des Bildaufbaus, keine Bildwiederholfrequenz, flimmern somit nicht und sind dadurch ergonomisch besser als CRT-Monitore. Flachbildschirme erzeugen keine elektromagnetischen Felder und entwickeln weniger Wärme.

Allerdings lassen sich viele Flachbildschirme nicht kalibrieren und sind somit für die Farbbildverarbeitung nicht geeignet. Ein weiterer Nachteil ist die Abhängigkeit der Farbwirkung des Monitorbildes vom Blickwinkel des Betrachters.

Es werden Flachbildschirme mit unterschiedlichen technischen Prinzipien des Bildaufbaus angeboten.

- *LCD- oder TFT-Monitore*
  Beide Bezeichnungen benennen den gleichen Monitortyp. LCD steht für „Liquid Crystal Display", Flüssigkristall-Anzeige, beschreibt also das Prinzip der Anzeige. TFT heißt Thin Film Transistor und beschreibt die Art der Anzeigenansteuerung.

  Die Flüssigkristalle liegen zwischen zwei Glasplatten mit um 90° gegeneinander verdrehter polarisierender Folie. Die Moleküle der Flüssigkeit richten sich an den Glasplatten aus. Die durch den TFT gesteuerte, an jedes Pixel anzulegende Spannung verändert die Ausrichtung der Kristalle und somit die Durchlässigkeit gegenüber dem polarisierten Licht. Die Einfärbung des Lichts wird durch Farbfilter im Strahlengang erreicht. Es müssen für jeden Bildpunkt drei separate Steuersignale für Rot, Grün und Blau zugeführt werden. Ein LCD-Monitor hat bei einer Auflösung von 1280 x 1024 px = 3932160 TFT.

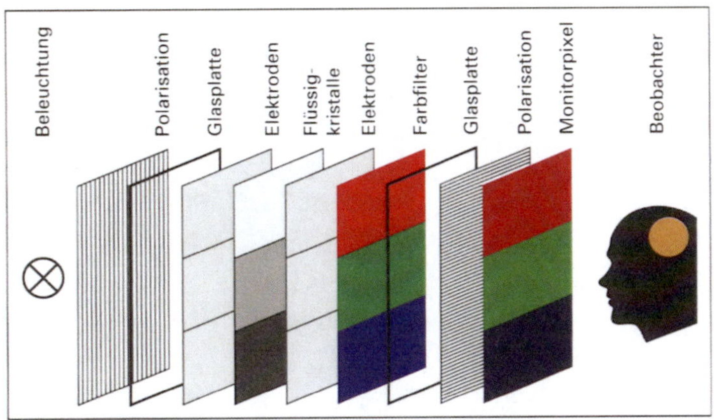

Prinzip der Bilderzeugung bei LCD-/TFT-Monitoren

- *Plasma-Monitore*
  Ein Plasmadisplay ist aus lauter kleinen mit Edelgas gefüllten Gaszellen aufgebaut. Die angelegte, durch die Grafikkarte gesteuerte Spannung führt zu einer Gasentladung, die wiederum die roten, grünen oder blauen Phosphore der entsprechenden Zellen zum Leuchten bringt. Die Intensität der einzelnen Farben wird durch die jeweilige Impulsdauer geregelt.
- *LED-Monitore*
  Ein Pixel eines LED-Monitors oder einer -Bildwand besteht aus jeweils drei farbigen LEDs (RGB) und einer weißen LED, Light Emitting Diode. Die weiße LED ist zur exakten Regelung der Helligkeit notwendig.

Kalibrierung – Profilierung

Dasselbe Motiv, aber auch die gleichen RGB- oder CMYK-Werte?

Warum kalibrieren – warum profilieren?

Alle Geräte im Medienworkflow, von der Bilddatenerfassung in der Digitalkamera oder im Scanner über die Farbdarstellung auf dem Monitor bis hin zur Druckausgabe auf einem Digitaldrucksystem oder einer Druckmaschine, unterscheiden sich in ihren farblichen Eigenschaften. Durch die Kalibrierung können Sie die Farbwiedergabe der einzelnen Geräte kontrollieren, aufeinander abstimmen und das Ergebnis konstant halten. Die nach der Kalibrierung erstellten Farbprofile kommunizieren den Farbraum im Workflow.

Nur so ist eine professionelle und wiederholbare Produktion möglich.

Scannerprofilierung

Verfahrensablauf

Die Farbmessung kann bei der Eingabe nur indirekt durch die Erfassung genormter Bilder (IT8) erfolgen. Wichtig ist dabei, dass der Scan bzw. die Digitalaufnahme nach der Grundkalibration mit den Basiseinstellungen erfolgt.

Der Scan der IT-Vorlage enthält die gerätespezifischen Farbwerte der einzelnen Felder (Ist-Werte). Die geräteunabhängigen Werte (Soll-Werte) werden mit der CM-Software geliefert. Die vom Scanner gelieferten Ist-Werte werden mit den digital vorliegenden Soll-Werten verglichen. Die Abweichung zwischen Soll- und Ist-Werten beschreibt die Farbcharakteristik des Scanners.

Zur Gerätekalibrierung wird aus dem Soll-Ist-Vergleich eine Umsetzungstabelle (CLUT, Color-Look-up-Table) gebildet. Anschließend wird durch Interpolation mit spezifischen mathematischen Algorithmen der Farbraum des Scanners berechnet.

Das Gamut-Mapping, die Farbraumtransformation, wird mit Hilfe der Umsetzungstabelle und der Rechenalgorithmen durchgeführt. Da die einzelnen Color-Management-Systeme, CMS, auf unterschiedlichen Rechenalgorithmen beruhen, führt die Profilierung systembedingt zu uneinheitlichen Ergebnissen.

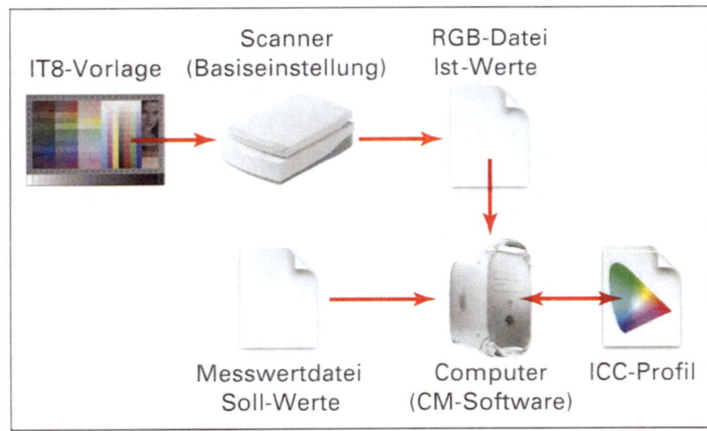

ICC-Profilerstellung mit Heidelberg Scanopen

Zur farbmetrischen Scannerkalibrierung werden von verschiedenen Herstellern Tools angeboten. Die grundsätzliche Vorgehensweise, hier am Beispiel von Heidelberg Scanopen, ist bei allen Kalibriertools gleich.

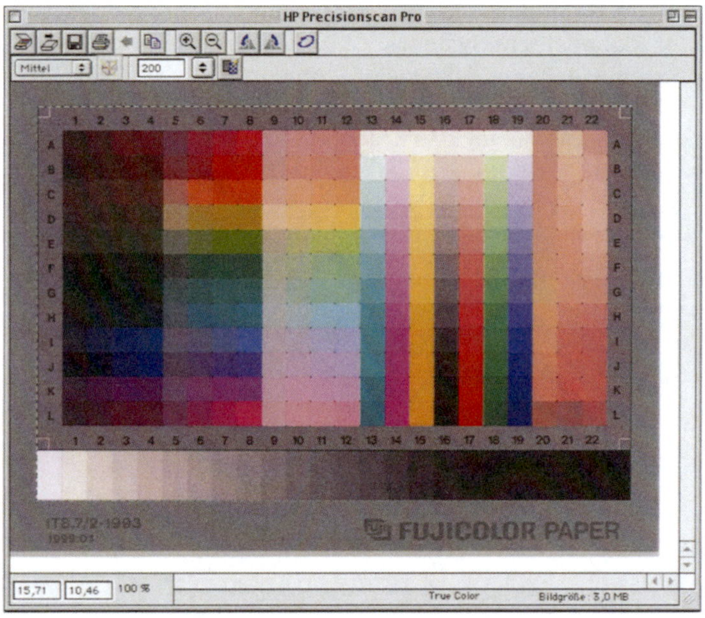

1. Kalibrierscan erstellen

- Scannen Sie das mitgelieferte Test-Target, Aufsicht oder Durchsicht, in Ihrem Scanprogramm mit den Grundeinstellungen.
- Verwenden Sie kein Profil.
- Führen Sie keinerlei Korrekturen durch.
- Wählen Sie eine mittlere Schärfeeinstellung.
- Scannen Sie nur den ausgewählten Bereich.
- Die Bildgröße sollte zwischen 1 MB und 4 MB betragen, passen Sie die Auflösung entsprechend an.
- Speichern Sie den Scan als RGB-TIFF-Bild.

2. ICC-Eingabeprofil erstellen

- Öffnen Sie die mitgelieferten Referenzfarbdaten der IT8-Kalibriervorlage.
- Laden Sie die RGB-Scandaten aus Schritt 1.

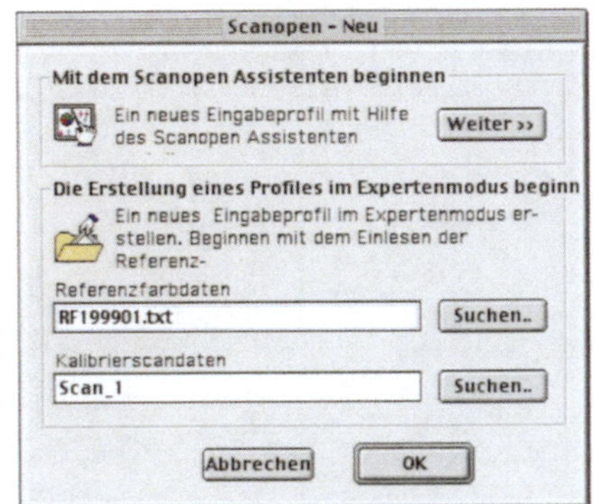

- Achten Sie darauf, dass das Messgitter zentriert über den Farbfeldern liegt. Bei Abweichungen müssen Sie die Datei ggf. nochmals scannen oder im Bildverarbeitungsprogramm auswinkeln bzw. skalieren.

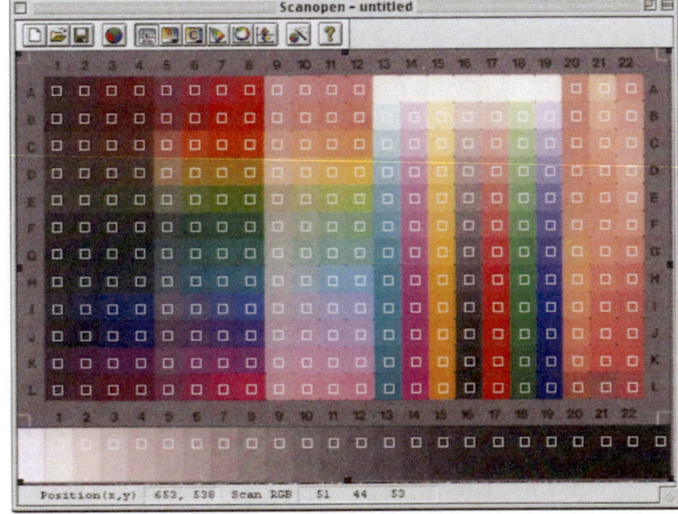

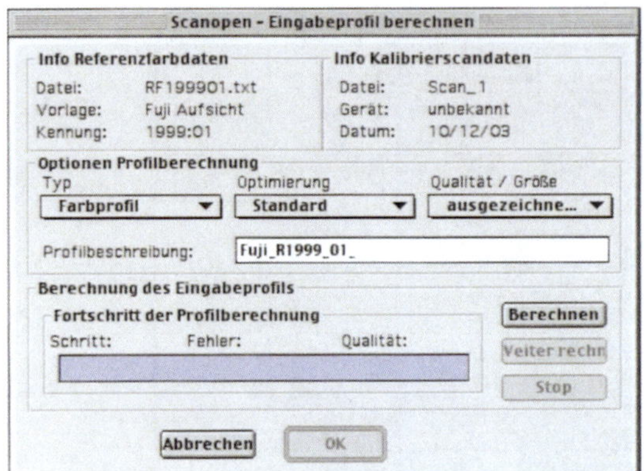

- Berechnen Sie das ICC-Profil.

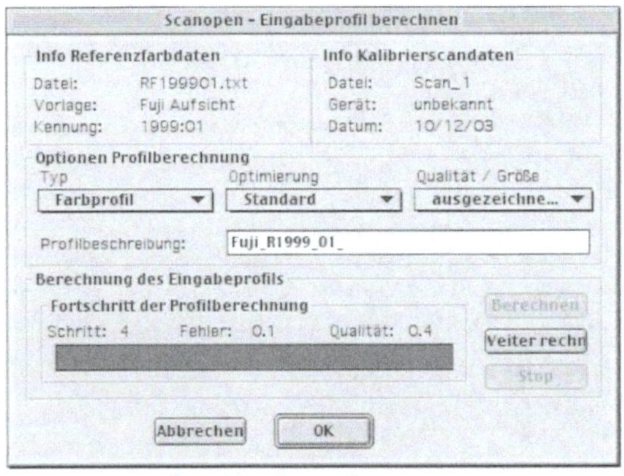

- Das Dialogfeld zeigt das Ergebnis der Profilberechnung. Je kleiner der Fehler und die Streuung, desto besser ist das errechnete Profil. Sind beide <1, dann erhalten Sie ein sehr gutes Profil.

3. ICC-Eingabeprofil speichern

- Nach der Profilberechnung werden die kalibrierten Scandaten dargestellt. Die rotumrandeten Felder haben als verbliebenen Restfehler einen ΔE-Wert > 1,5. Eine erneute Berechnung mit erhöhtem Schwellwert kann zu einer Verbesserung des Profils führen.

  Die Darstellung der Farben ist selbstverständlich von den Kalibrierungseinstellungen Ihres Monitors abhängig.

- Sie können das Profil jetzt entweder direkt in den Systemordner zur sofortigen Anwendung oder in einen anderen Ordner speichern.

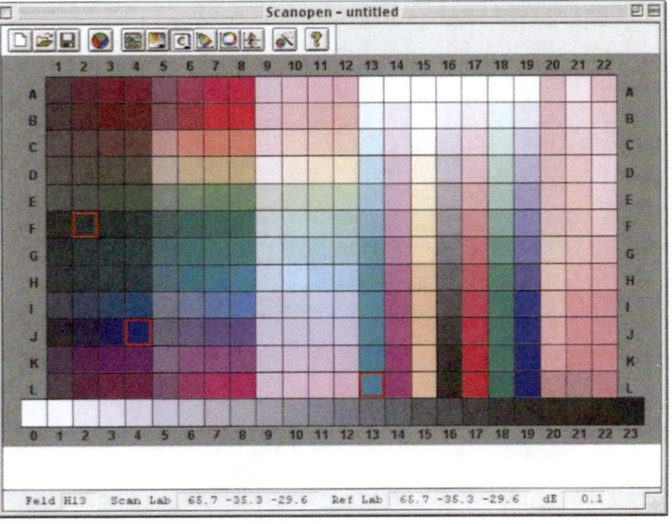

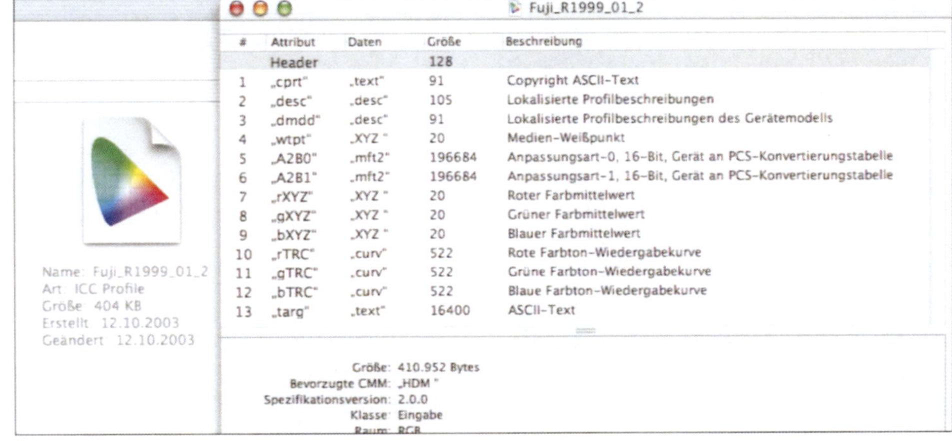

Profilbeschreibung im ColorSync-Dienstprogramm

Farbraumdarstellungen in Scanopen

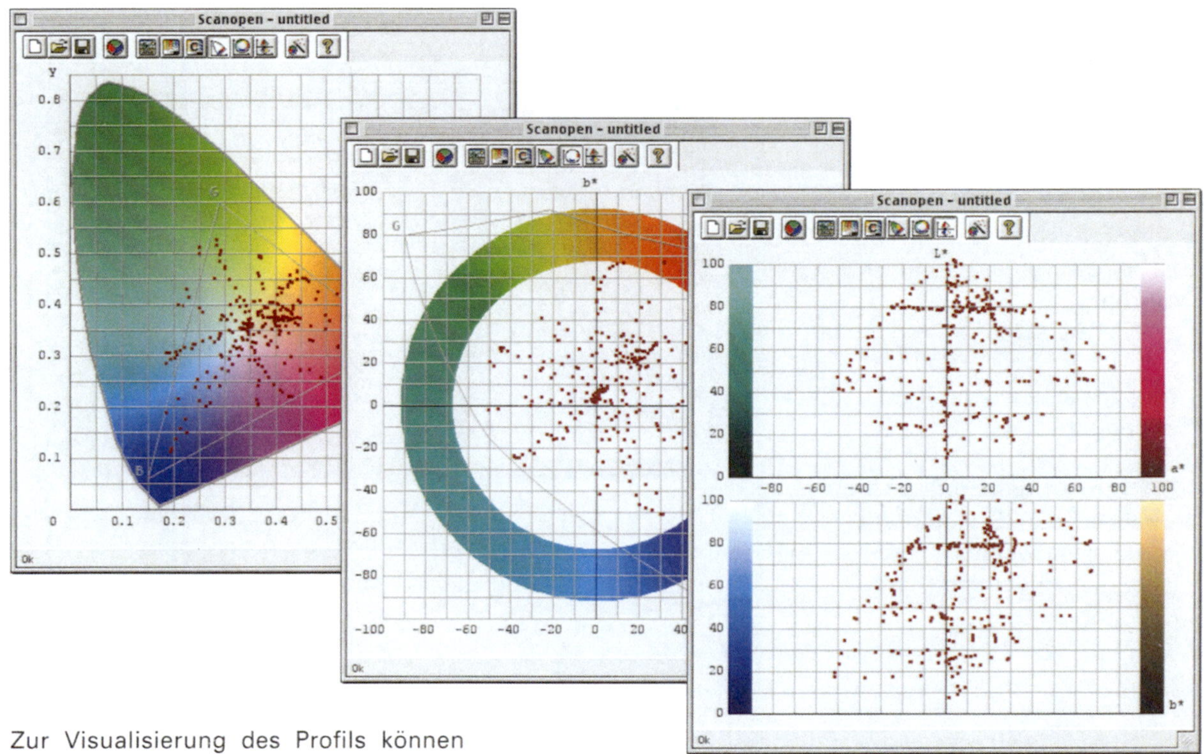

Zur Visualisierung des Profils können Sie sich die Farborte der Messfelder in drei Farbraumdarstellungen anzeigen lassen:

- xy-Farbtafel (Normvalenzsystem)
- ab-Diagramm (LAB-System)
- La-/Lb-Diagramm (LAB-System)

Die Punkte stellen die Farborte der Farbflächen dar. Der eingezeichnete RGB-Farbraum beschreibt den sRGB-Farbraum (Standard-RGB).

Referenzfarbdaten und das berechnete ICC-Profil

```
IT8.7/2
ORIGINATOR „FUJI PHOTO FILM CO.,LTD.“
DESCRIPTOR „L* a* b* Batch average data (light D50, viewing angle 2)“
CREATED „March 03,1999“
MANUFACTURE „FUJI PHOTO FILM CO.,LTD.“
PROD_DATE „1999:01“
SERIAL „058186 Batch average data“
MATERIAL „FA-C“
KEYWORD „MEAN_DE“ # Mean Delta E of samples compared to batch average
NUMBER_OF_FIELDS 12
BEGIN_DATA_FORMAT
SAMPLE_IDXYZ_X XYZ_Y XYZ_Z LAB_L LAB_A LAB_B STDEV_X STDEV_Y STDEV_Z MEAN_DE STDEV_DE
END_DATA_FORMAT
NUMBER_OF_SETS  288
BEGIN_DATA
#ID   X      Y      Z      L      A      B      S_X    S_Y    S_Z    M_DE   S_DE
A01   4.34   3.73   2.59   22.75  10.81  3.77   0.27   0.24   0.18   1.13   0.38
A02   5.06   3.52   2.14   22.00  23.39  6.36   0.29   0.20   0.15   1.16   0.44
```

```
SCOP200
ORIGINATOR "Heidelberger Druckmaschinen AG"
DESCRIPTOR "IT8.7/2 Calibration Data Set"
CREATED "10/12/03 22:29:49"
MANUFACTURER "Fuji"
NUMBER_OF_FIELDS 7
BEGIN_DATA_FORMAT
SAMPLE_ID RGB_R RGB_G RGB_B XYZ_X XYZ_Y XYZ_Z
END_DATA_FORMAT
NUMBER_OF_SETS  288
BEGIN_DATA
#ID   R      G      B      X      Y      Z
A01   69.77  41.34  50.15  4.34   3.73   2.59
A02   85.07  35.10  47.14  5.06   3.52   2.14
```

Einbinden von ICC-Scannerprofilen

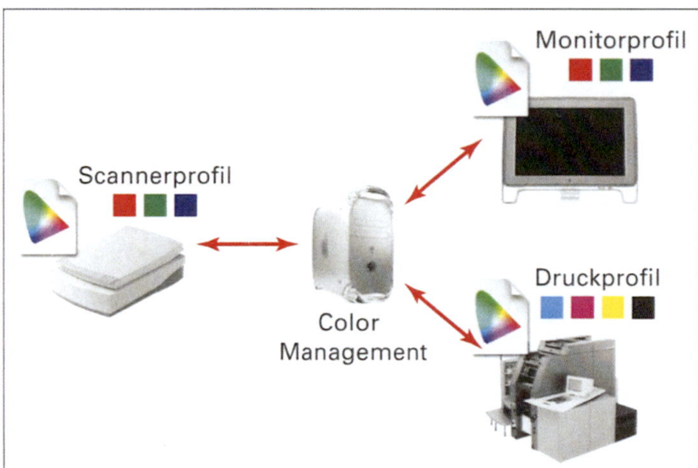

Das von Ihnen erzeugte Scannerprofil muss nun noch in der Scansoftware eingebunden werden. Da ICC-Profile immer Mittler zwischen Farbräumen sind, müssen Sie das Quellprofil, Scanner oder Digitalkamera, und die Ausgabeprofile für Monitor und Druck angeben.

ICC-Profile in SilverFast

SilverFast von der Firma LaserSoft Imaging ist ein professionelles Scanprogramm, das für verschiedene Scanner unterschiedlicher Hersteller angeboten wird. Über die Taste „Option" im Scandialog gelangen Sie zu der Registerkarte CMS (Color-Management-System). Dort können Sie die Voreinstellungen für das Color Management treffen.

- Unter „Farb-Management" legen Sie fest, in welcher Weise SilverFast mit den Profilen umgeht. In der Beispieleinstellung werden alle drei Beziehungen durch ColorSync (Windows ICM) gesteuert.
- In der Rubrik „Profile für ColorSync" (ICM) wählen Sie die entsprechenden Ein- und Ausgabeprofile. Beachten Sie dabei, dass für Aufsichts- und für Durchsichtsvorlagen jeweils ein unterschiedliches Profil eingestellt werden muss.

  Die Option „wahrnehmungsgetreu" entspricht dem Rendering Intent „Perzeptiv" in Photoshop.
- Damit die nachfolgenden Stationen des Workflows die Farben korrekt wiedergeben können, müssen Sie Ihr Ausgabeprofil einbetten.
- Die Option „Plug & Play CMYK" ermöglicht es, den Scan direkt über ein ICC-Profil zu separieren.

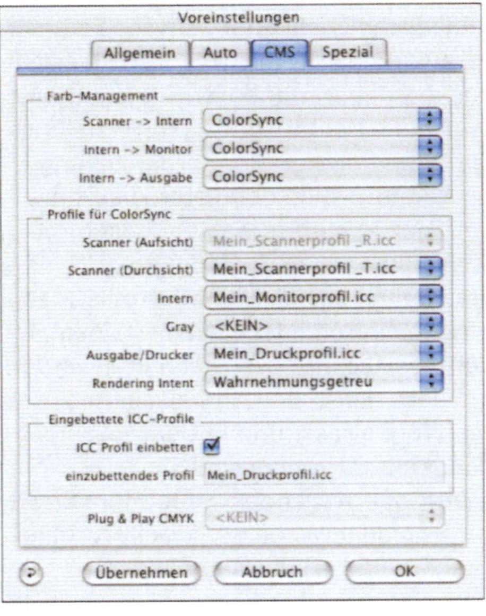
Voreinstellungen
Allgemein
Auto
CMS
Spezial
Farb-Management
Scanner -> Intern
ColorSync
Intern -> Monitor
ColorSync
Intern -> Ausgabe
ColorSync
Profile für ColorSync
Scanner (Aufsicht)
Mein_Scannerprofil _R.icc
Scanner (Durchsicht)
Mein_Scannerprofil _T.icc
Intern
Mein_Monitorprofil.icc
Gray
<KEIN>
Ausgabe/Drucker
Mein_Druckprofil.icc
Rendering Intent
Wahrnehmungsgetreu
Eingebettete ICC-Profile
ICC Profil einbetten
einzubettendes Profil
Mein_Druckprofil.icc
Plug & Play CMYK
<KEIN>
Übernehmen
Abbruch
OK

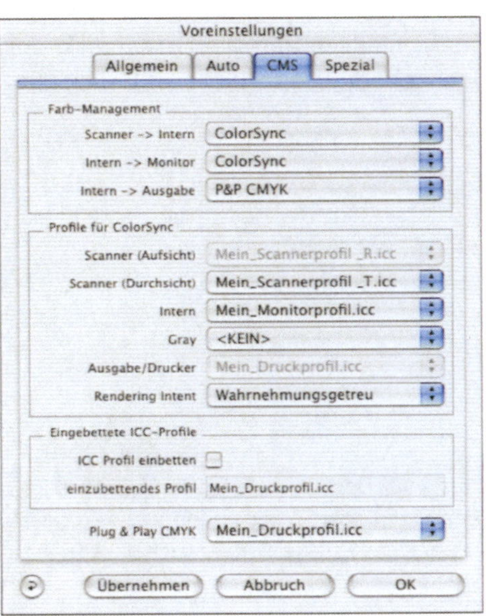
Voreinstellungen
Allgemein
Auto
CMS
Spezial
Farb-Management
Scanner -> Intern
ColorSync
Intern -> Monitor
ColorSync
Intern -> Ausgabe
P&P CMYK
Profile für ColorSync
Scanner (Aufsicht)
Mein_Scannerprofil _R.icc
Scanner (Durchsicht)
Mein_Scannerprofil _T.icc
Intern
Mein_Monitorprofil.icc
Gray
<KEIN>
Ausgabe/Drucker
Mein_Druckprofil.icc
Rendering Intent
Wahrnehmungsgetreu
Eingebettete ICC-Profile
ICC Profil einbetten
einzubettendes Profil
Mein_Druckprofil.icc
Plug & Play CMYK
Mein_Druckprofil.icc
Übernehmen
Abbruch
OK

Monitorprofilierung

Verschiedene Monitore stellen Farben unterschiedlich dar. Die Ursachen dafür sind vielfältig: bauartliche Unterschiede, Alterung, RGB-Einstellungen und unterschiedliche Grafikarten. Ein konsistenter Farbworkflow erfordert deshalb nicht nur die Kalibrierung der Eingabegeräte und der Druckausgabe, sondern auch die Definition der Monitordarstellung.

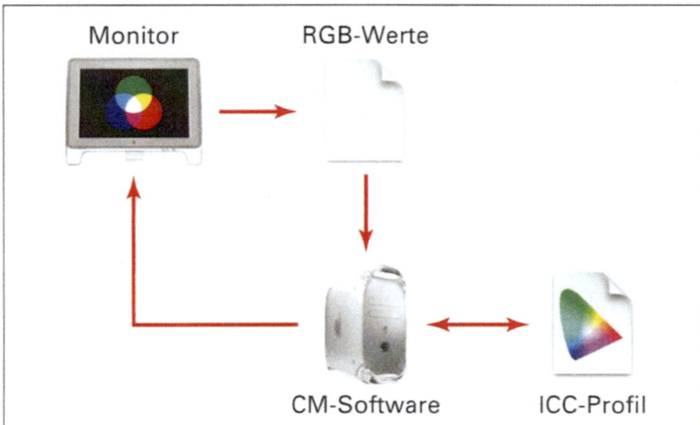

Monitorprofile definieren die Darstellung der Monitorfarben bei bestimmten Einstellungen und Bedingungen. Die Erstellung eines Monitorprofils kann messtechnisch oder visuell erfolgen. Bei der messtechnischen Erstellung werden die farbmetrischen Eigenschaften des Monitors erfasst und in dem zu berechnenden ICC-Profil gespeichert.

Auf den folgenden Seiten lernen Sie verschiedene Wege der Monitorprofilerstellung und -einbindung kennen.

Farbmetrische Kalibrierung mit GretagMacbeth Eye-One

Die messtechnische Kalibrierung eines Monitors erfolgt immer nach dem gleichen Verfahrensablauf. Der Monitor soll wenigstens eine halbe Stunde in Betrieb sein. Kontrast und Helligkeit müssen auf die Basiswerte eingestellt sein. Sie dürfen nach der Messung und anschließender Profilierung nicht mehr verändert werden. Bildschirmschoner und Energiesparmodus müssen deaktiviert sein.

Der weitere Ablauf der Profilierung ist am Beispiel des Kalibrierungstools „Eye-One" der Firma GretagMacbeth dargestellt.

- Nach dem Start des Programms werden Sie zunächst aufgefordert, den Kalibrierungsmodus zu wählen.

- Wählen Sie den Monitortyp. Die besondere Bauart des Messgerätes erlaubt es, sowohl Flachbildschirme als auch Röhrenmonitore zu kalibrieren.

- Vor der Messung müssen Sie das Messgerät auf einer schwarzen Fläche kalibrieren.

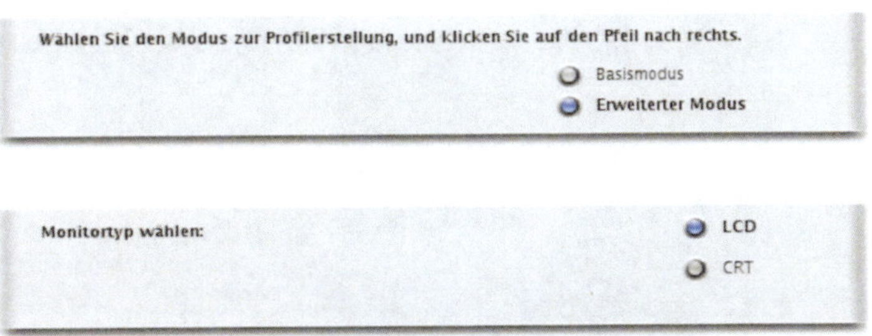

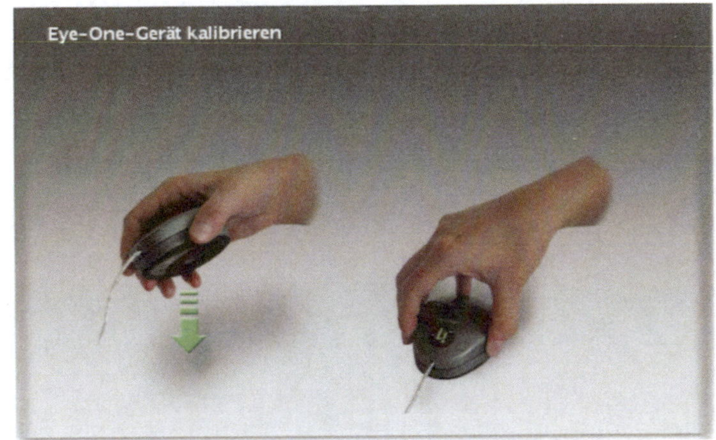

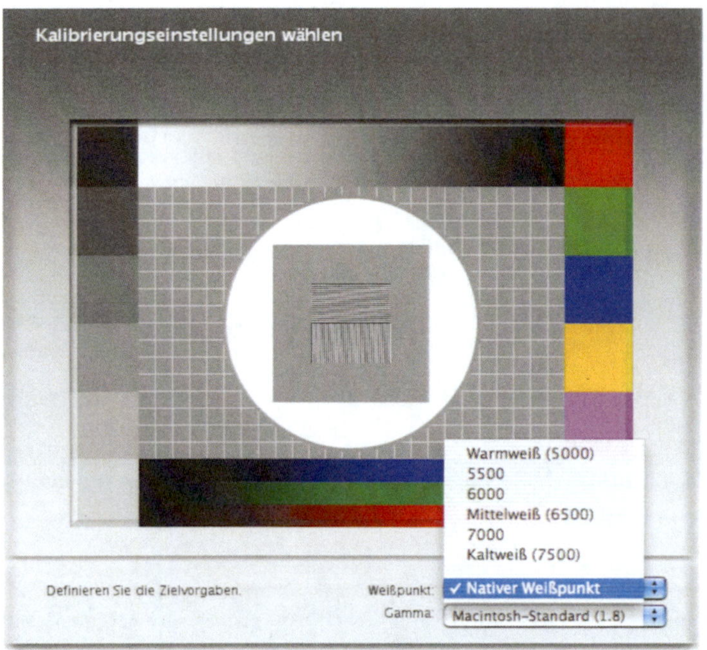

- Die Festlegung des Weißpunktes muss vor der Farbmessung stattfinden.

  Bei Monitoren, die eine Weißpunktanpassung über die RGB-Kanalregelung nicht zulassen, sowie bei den meisten Flachbildmonitoren wählen Sie die Einstellung „Nativer Weißpunkt". Die Einstellung 5000K (D50) erscheint als gelbliches Weiß. Sie ist aber nach der Norm die korrekte Einstellung für die Farbabstimmung in der Druckindustrie. 6500K (D65) entspricht einem mittleren neutralen Tageslicht.

  Die korrekte Gammaeinstellung, d.h. die Helligkeitseinstellung der mittleren Tonwerte, ist für Apple Macintosh-Computer 1.8 und für Windows-PC 2.2.

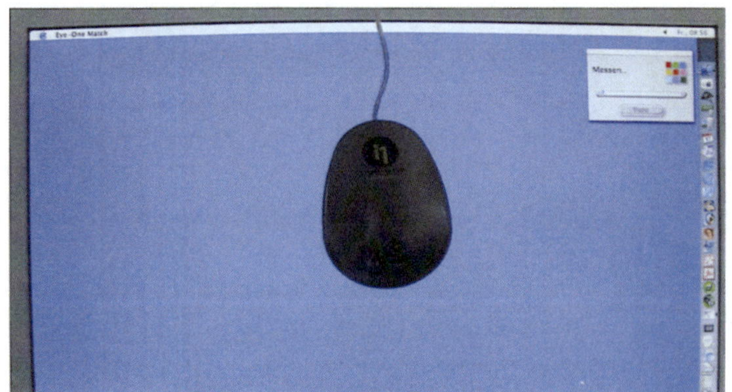

- Nach der Einstellung des Weißpunktes positionieren Sie das Messgerät am Monitor und starten die Messung. Auf dem Monitor erscheinen jetzt verschiedene von der Kalibrierungssoftware gesteuerte Farben. Die dargestellten RGB-Werte werden gemessen und in das nach der Messung berechnete Monitorprofil aufgenommen.

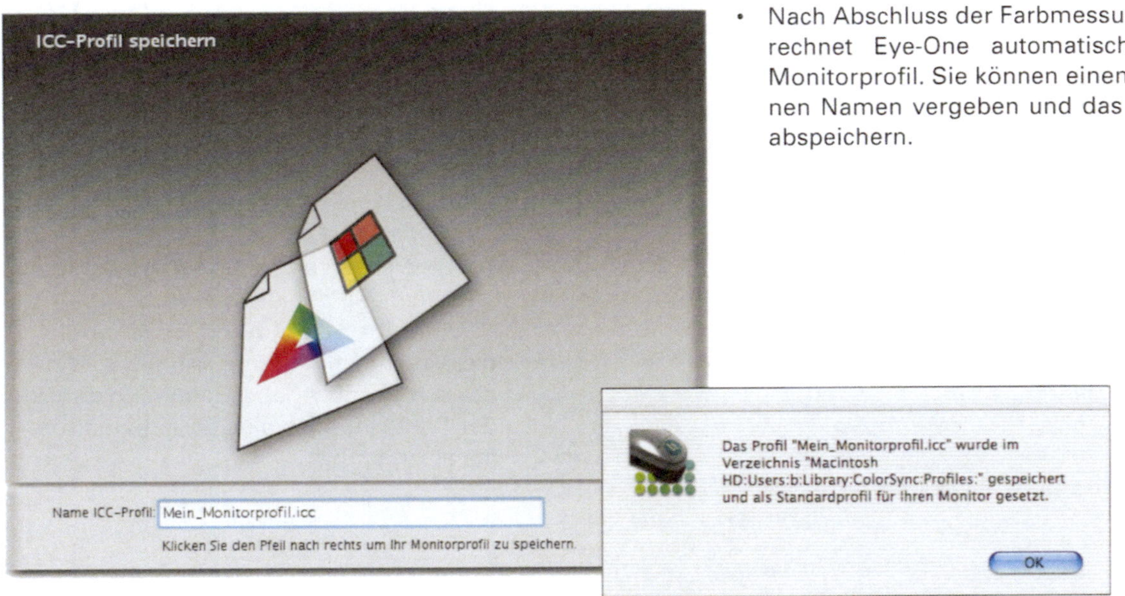

- Nach Abschluss der Farbmessung errechnet Eye-One automatisch das Monitorprofil. Sie können einen eigenen Namen vergeben und das Profil abspeichern.

Visuelle Kalibrierung mit dem Apple-Monitorkalibrierungsassistenten

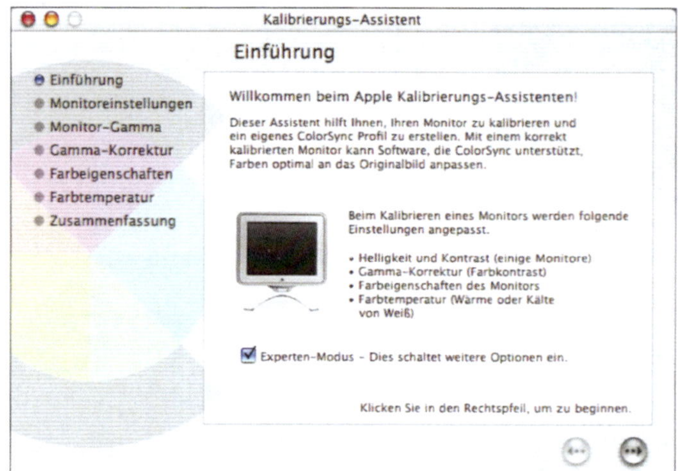

Unter Mac OS X können Sie Ihren Monitor mit dem Apple-Monitorkalibrierungsassistenten kalibrieren und die Einstellungen abschließend in einem eigenen ICC-Profil speichern.

- Öffnen Sie den Assistenten unter Menü *Apple > Systemeinstellung... > Monitore > Farben > Kalibrieren.*
- Folgen Sie zur Kalibrierung den Anweisungen des Assistenten.

Unter Mac OS 9.x und früher erfolgt die Monitorkalibrierung wie unter Windows, z.B. mit Adobe Gamma, das bei der Photoshop-Installation automatisch installiert wird.

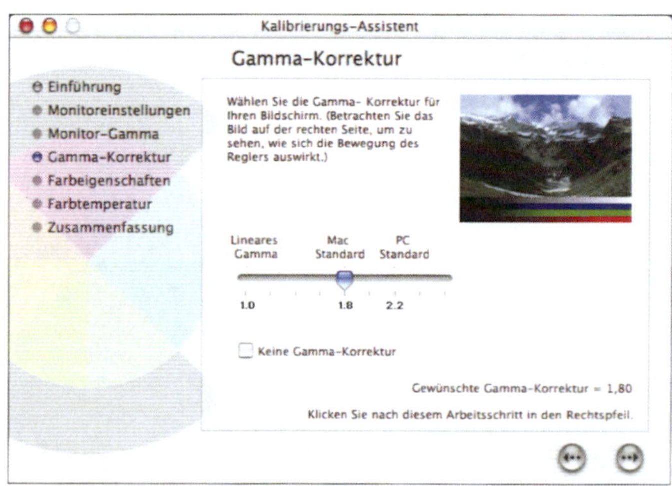

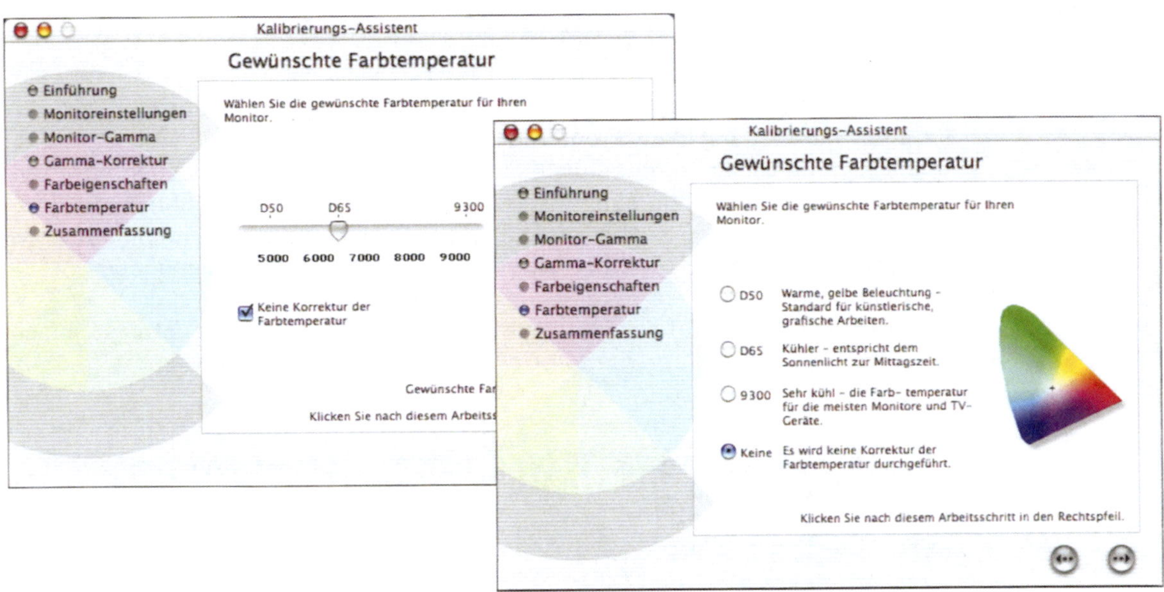
Kalibrierungs-Assistent
Gewünschte Farbtemperatur
Einführung
Monitoreinstellungen
Monitor-Gamma
Gamma-Korrektur
Farbeigenschaften
Farbtemperatur
Zusammenfassung
Wählen Sie die gewünschte Farbtemperatur für Ihren Monitor.
D50
D65
9300
5000 6000 7000 8000 9000
Keine Korrektur der Farbtemperatur
Kalibrierungs-Assistent
Gewünschte Farbtemperatur
Einführung
Monitoreinstellungen
Monitor-Gamma
Gamma-Korrektur
Farbeigenschaften
Farbtemperatur
Zusammenfassung
Wählen Sie die gewünschte Farbtemperatur für Ihren Monitor.
D50 Warme, gelbe Beleuchtung - Standard für künstlerische, grafische Arbeiten.
D65 Kühler - entspricht dem Sonnenlicht zur Mittagszeit.
9300 Sehr kühl - die Farb- temperatur für die meisten Monitore und TV-Geräte.
Keine Es wird keine Korrektur der Farbtemperatur durchgeführt.
Klicken Sie nach diesem Arbeitsschritt in den Rechtspfeil.

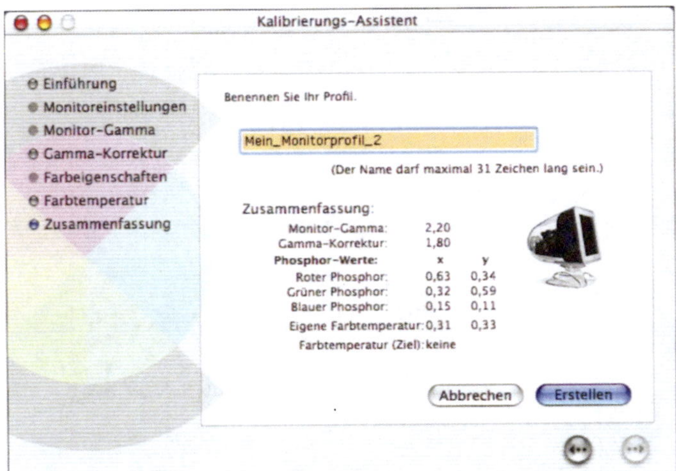
Kalibrierungs-Assistent
Einführung
Monitoreinstellungen
Monitor-Gamma
Gamma-Korrektur
Farbeigenschaften
Farbtemperatur
Zusammenfassung
Benennen Sie Ihr Profil.
Mein_Monitorprofil_2
(Der Name darf maximal 31 Zeichen lang sein.)
Zusammenfassung:
Monitor-Gamma: 2,20
Gamma-Korrektur: 1,80
Phosphor-Werte: x y
Roter Phosphor: 0,63 0,34
Grüner Phosphor: 0,32 0,59
Blauer Phosphor: 0,15 0,11
Eigene Farbtemperatur: 0,31 0,33
Farbtemperatur (Ziel): keine
Abbrechen
Erstellen

Visuelle Kalibrierung mit dem Adobe Gamma-Assistenten

Unter Windows oder Mac OS 9.x können Sie Ihren Monitor mit dem Programm Adobe Gamma kalibirieren und die Einstellungen abschließend in einem eigenen ICC-Profil speichern. Adobe Gamma wird bei der Installation von Photoshop automatisch installiert.

Sie finden Gamma auf der Festplatte Ihres PCs im Ordner *Programme > Gemeinsame Dateien > Adobe > Calibration.*

Die Option *Systemsteuerung* erfordert Expertenwissen, führt aber letztendlich zum ähnlichen Ergebnis wie das schrittweise Vorgehen mit dem Assistenten.

Folgen Sie zur Kalibrierung einfach den Anweisungen von Gamma.

1

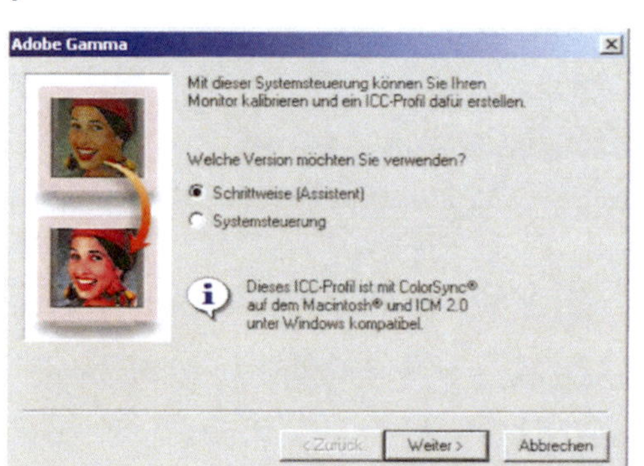

2

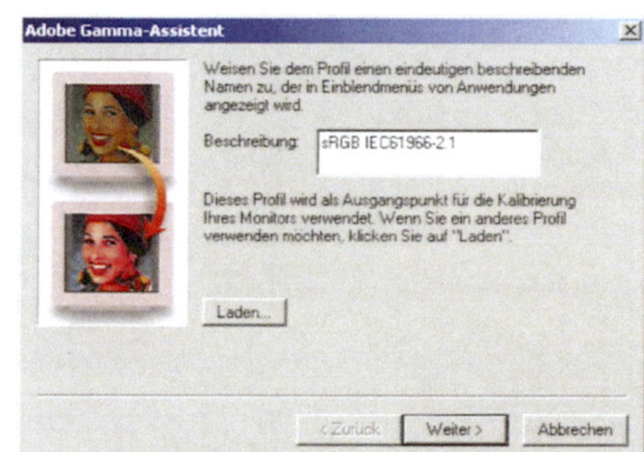

3

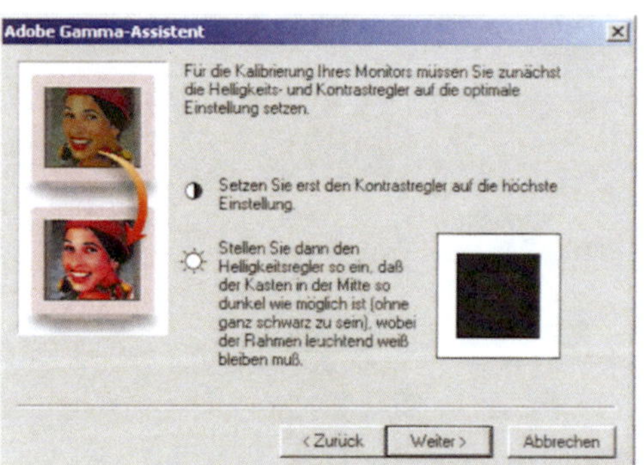

4

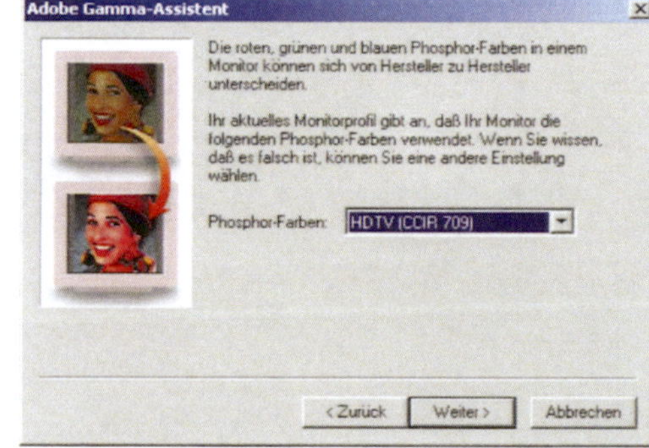

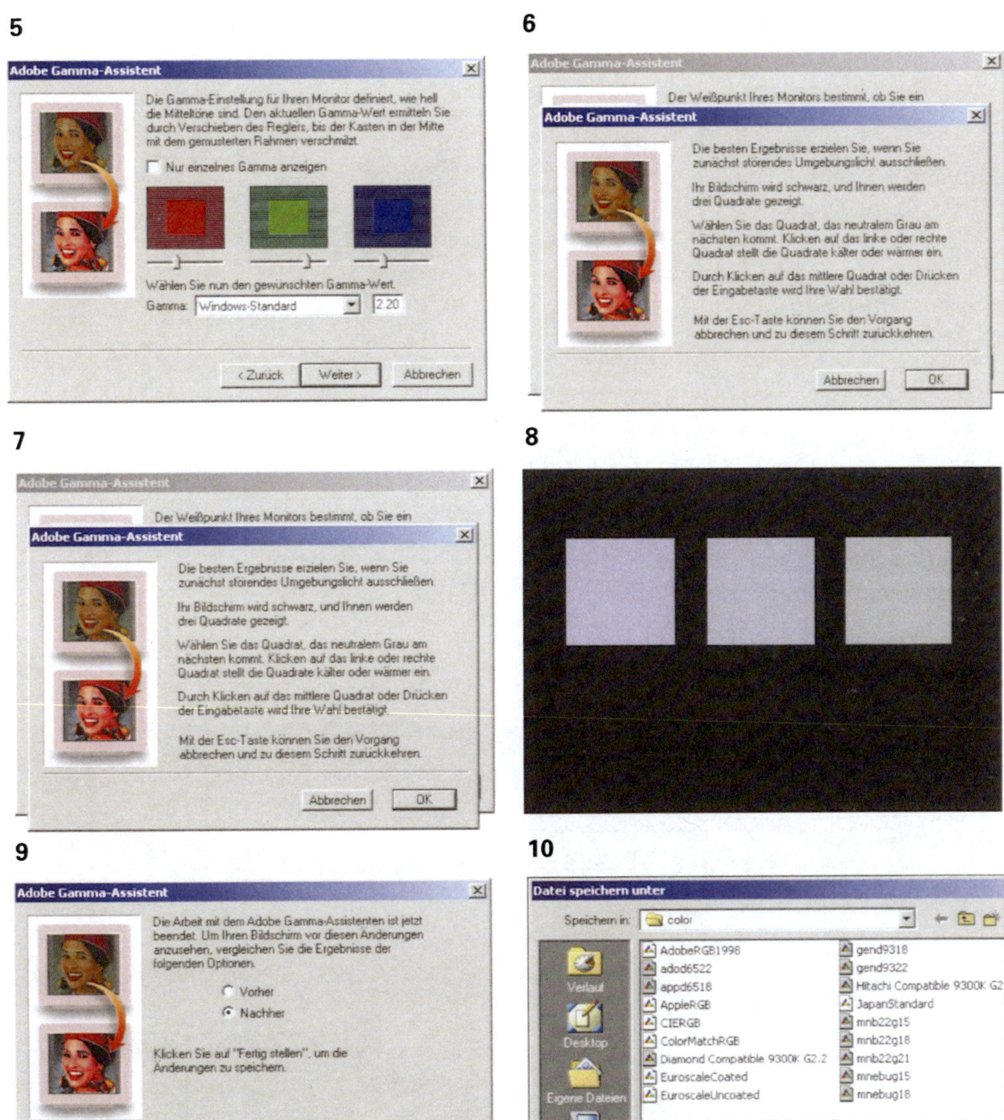
5
Adobe Gamma-Assistent
Die Gamma-Einstellung für Ihren Monitor definiert, wie hell die Mitteltöne sind. Den aktuellen Gamma-Wert ermitteln Sie durch Verschieben des Reglers, bis der Kasten in der Mitte mit dem gemusterten Rahmen verschmilzt.
Nur einzelnes Gamma anzeigen
Wählen Sie nun den gewünschten Gamma-Wert.
Gamma: Windows-Standard
2.20
< Zurück
Weiter >
Abbrechen
6
Adobe Gamma-Assistent
Der Weißpunkt Ihres Monitors bestimmt, ob Sie ein
Adobe Gamma-Assistent
Die besten Ergebnisse erzielen Sie, wenn Sie zunächst störendes Umgebungslicht ausschließen.
Ihr Bildschirm wird schwarz, und Ihnen werden drei Quadrate gezeigt.
Wählen Sie das Quadrat, das neutralem Grau am nächsten kommt. Klicken auf das linke oder rechte Quadrat stellt die Quadrate kälter oder wärmer ein.
Durch Klicken auf das mittlere Quadrat oder Drücken der Eingabetaste wird Ihre Wahl bestätigt.
Mit der Esc-Taste können Sie den Vorgang abbrechen und zu diesem Schritt zurückkehren.
Abbrechen
OK
7
Adobe Gamma-Assistent
Der Weißpunkt Ihres Monitors bestimmt, ob Sie ein
Adobe Gamma-Assistent
Die besten Ergebnisse erzielen Sie, wenn Sie zunächst störendes Umgebungslicht ausschließen.
Ihr Bildschirm wird schwarz, und Ihnen werden drei Quadrate gezeigt.
Wählen Sie das Quadrat, das neutralem Grau am nächsten kommt. Klicken auf das linke oder rechte Quadrat stellt die Quadrate kälter oder wärmer ein.
Durch Klicken auf das mittlere Quadrat oder Drücken der Eingabetaste wird Ihre Wahl bestätigt.
Mit der Esc-Taste können Sie den Vorgang abbrechen und zu diesem Schritt zurückkehren.
Abbrechen
OK
8
9
Adobe Gamma-Assistent
Die Arbeit mit dem Adobe Gamma-Assistenten ist jetzt beendet. Um Ihren Bildschirm vor diesen Änderungen anzusehen, vergleichen Sie die Ergebnisse der folgenden Optionen.
Vorher
Nachher
Klicken Sie auf "Fertig stellen", um die Änderungen zu speichern.
< Zurück
Fertig stellen
Abbrechen
10
Datei speichern unter
Speichern in: color
Verlauf
Desktop
Eigene Dateien
Arbeitsplatz
AdobeRGB1998
adod6522
appd6518
AppleRGB
CIERGB
ColorMatchRGB
Diamond Compatible 9300K G2.2
EuroscaleCoated
EuroscaleUncoated
gend9318
gend9322
Hitachi Compatible 9300K G2
JapanStandard
mnb22g15
mnb22g18
mnb22g21
mnebug15
mnebug18
Dateiname: Mein_Monitorprofil_3
Dateityp: ICC-Profile

Profilspeicherung und Profilzuweisung

Mac OS X

- Speicherpfad *Festplatte > Users > Username > Library > ColorSync > Profiles*

- Profilzuweisung *Systemeinstellungen > Monitore > Farben > Profil auswählen*

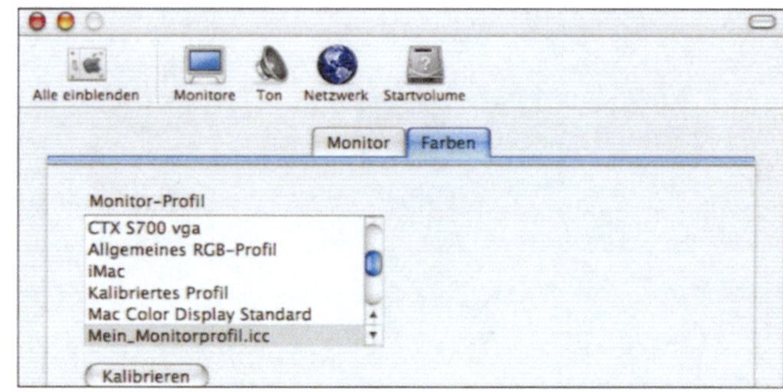

Windows 2000 und XP

- Speicherpfad *Festplatte > WINNT > system32 > spool > drivers > color*

- Installation nach dem Speichern (Kontextmenü)

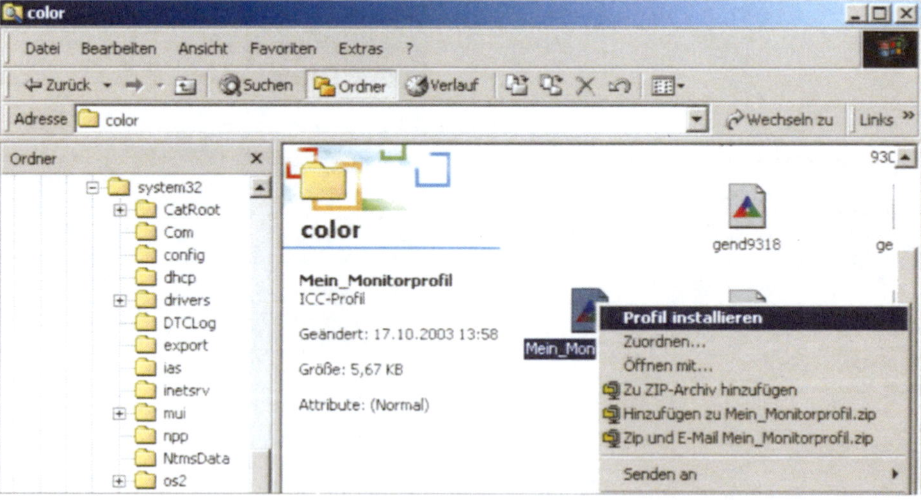

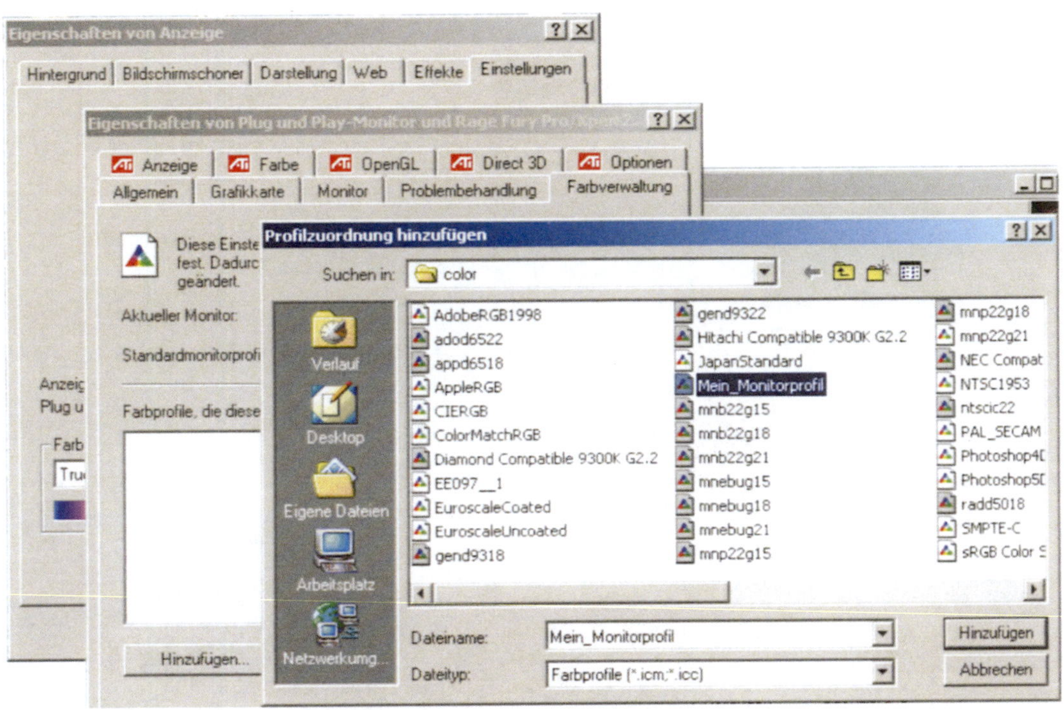

Profilzuweisung ***Systemsteuerung* > *Anzeige* > *Einstellungen* > *Erweitert* > *Farbverwaltung* > *Hinzufügen***

Profilvergleich

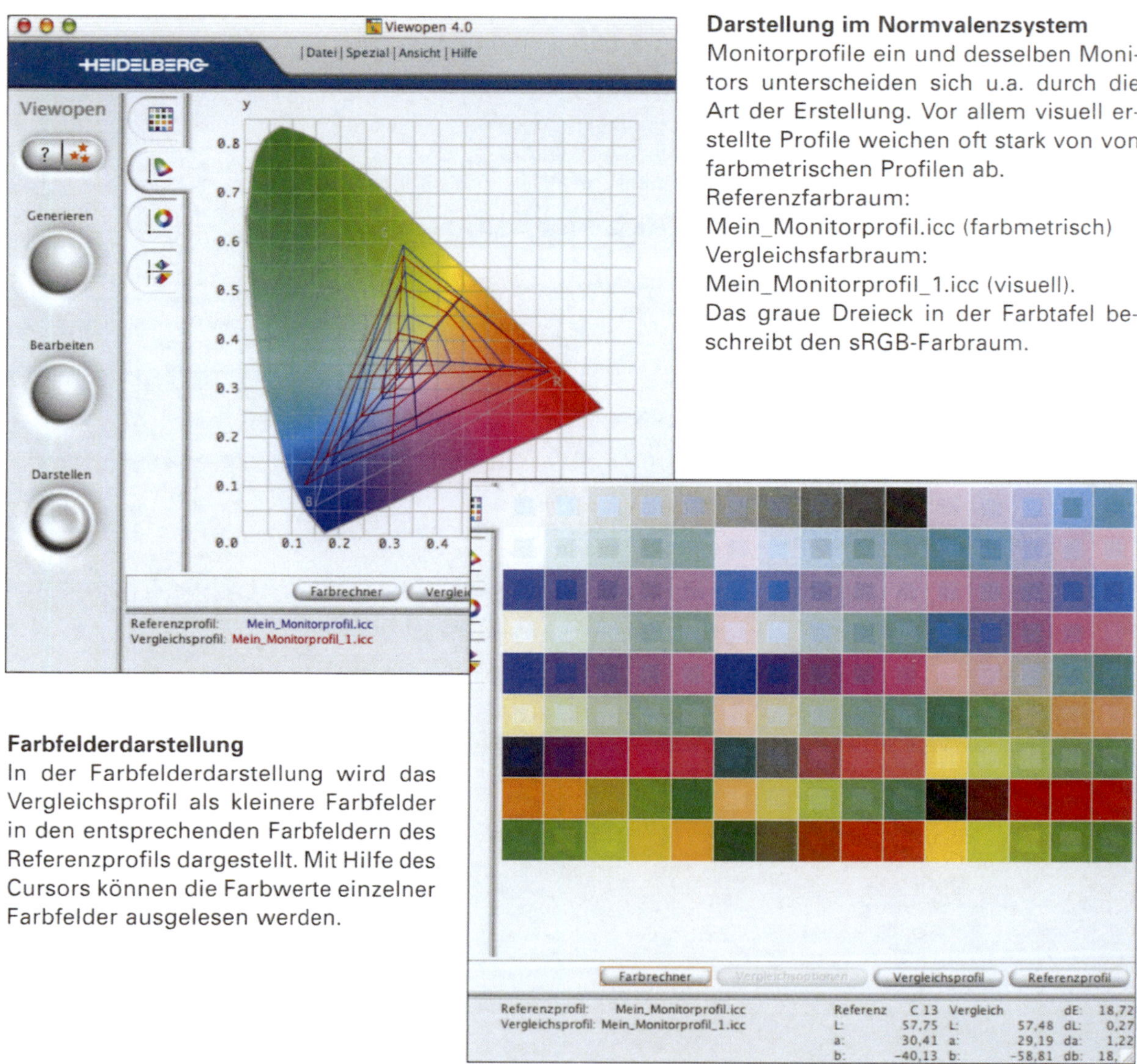

Darstellung im Normvalenzsystem
Monitorprofile ein und desselben Monitors unterscheiden sich u.a. durch die Art der Erstellung. Vor allem visuell erstellte Profile weichen oft stark von von farbmetrischen Profilen ab.
Referenzfarbraum:
Mein_Monitorprofil.icc (farbmetrisch)
Vergleichsfarbraum:
Mein_Monitorprofil_1.icc (visuell).
Das graue Dreieck in der Farbtafel beschreibt den sRGB-Farbraum.

Farbfelderdarstellung
In der Farbfelderdarstellung wird das Vergleichsprofil als kleinere Farbfelder in den entsprechenden Farbfeldern des Referenzprofils dargestellt. Mit Hilfe des Cursors können die Farbwerte einzelner Farbfelder ausgelesen werden.

Druck- und Proofprofilerstellung

Verfahrensablauf

Mit der Kalibrierungssoftware bekommen Sie verschiedene Testformen als Datei mitgeliefert. Standard ist die ISO 12642 / ANSI IT8.7/3-Testform. Sie besteht aus 928 Farbfeldern.

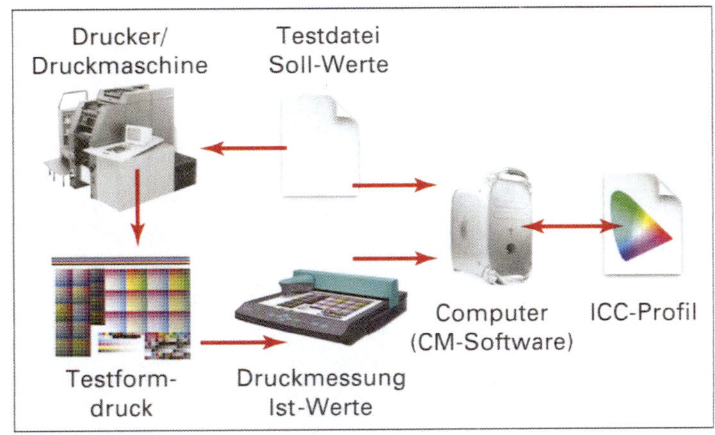

Die Profilerstellung erfolgt in drei Schritten:

1. Ausdrucken der Testform
Die als Datensatz vorliegende Testvorlage wird als Druckdatei an den Drucker übermittelt und ausgedruckt. Im konventionellen Druck wird die Datei unter standardisierten Bedingungen auf Film belichtet und dann auf die Druckform kopiert bzw. über CtP direkt auf die Druckform belichtet. Der anschließende Druck muss selbstverständlich ebenfalls standardisiert erfolgen.

2. Farbmetrisches Ausmessen
Die einzelnen Farbfelder des Ausdrucks werden mit einem Spektralfotometer ausgemessen.

3. Generieren des ICC-Profils
Aus den Abweichungen zur Testdatei wird das Ausgabeprofil berechnet.

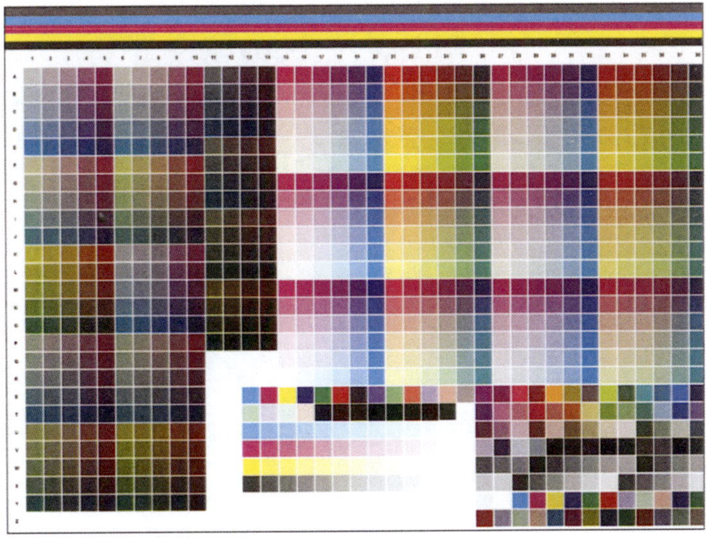

Ausgabeprofilerstellung mit Heidelberg Printopen

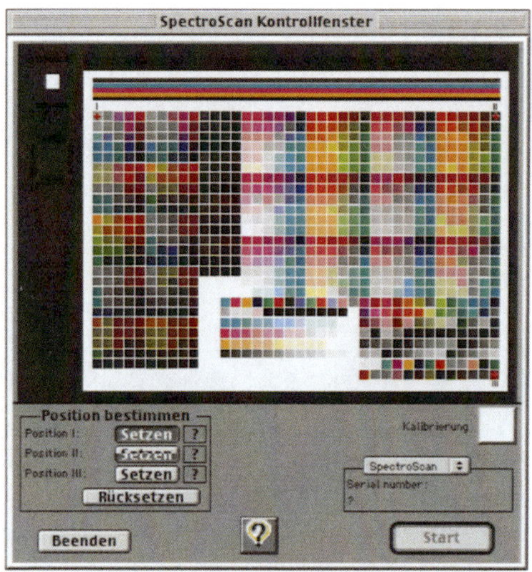

Ausmessen

Nach dem Drucken der Testform müssen Sie das Testchart farbmetrisch ausmessen. Zum Ausmessen der großen IT8-Testform empfiehlt sich ein Spektralfotometer mit Messtisch zur automatischen Messung wie z.B. der SpectroScan mit dem Spectrolino von GretagMacbeth.

Messschritte:

- Setzen der geometrischen Eckpunkte
- Schrittweise Messung der Farbfelder
- Überprüfung der Messergebnisse durch Printopen

SpectroScan

Generieren des ICC-Profils

Das ICC-Ausgabeprofil wird vom Programm aus den Messdaten des Testcharts generiert. Zusätzlich werden noch Einstellungen zur Separation und der Anpassungen von Helligkeit und Farbsättigung benötigt. Die Abbildungen zeigen die Grundeinstellungen in PrintOpen. Die entsprechenden Anpassungen müssen von Ihnen vor der Profilberechnung gemacht werden.

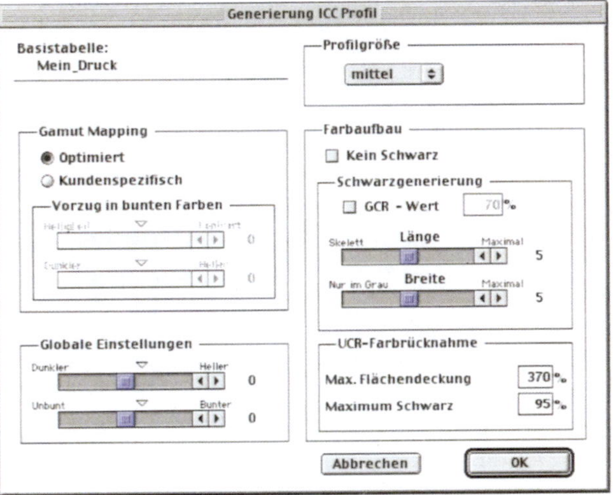

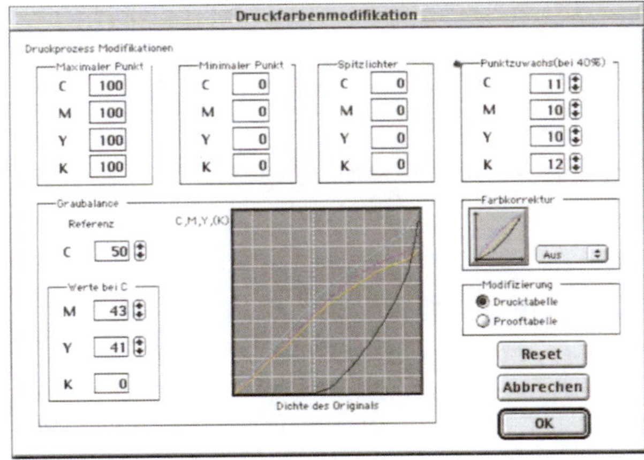

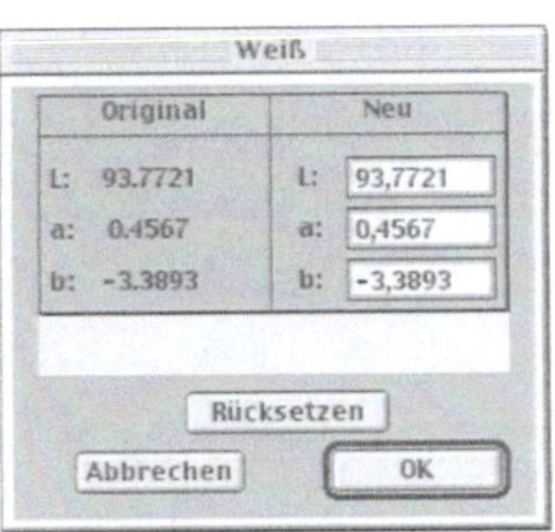

Grundeinstellungen zum Tonwertumfang, der Graubalance und die Definition von Papierweiß in L*a*b*.

→ S. 223

Farbretusche

Alles echt?

Das digitale Bild

Auflösung

Die Bildauflösung wird bei der Bilddatenerfassung im Scanner oder der Digitalkamera festgelegt. Ihr Maß ist die Anzahl der Pixel (picture element) pro Streckeneinheit. In der Bildverarbeitung wird die Auflösung mit ppi, pixel per inch, oder ppcm, Pixel pro Zentimeter, angegeben. Als Ausgabeauflösung verwendet man die Einheit dpi, dots per inch. Ein „dot" ist ein Bildpunkt des Monitors, des Druckers oder der Rastermatrix im RIP (Raster Image Processor).

Durch die variable Monitorauflösung verändert sich die dargestellte Bildgröße. Definieren Sie deshalb die Bildgröße nicht über die Auflösung, sondern über die absolute Pixelzahl in Breite und Höhe.

Eingabe Bildauflösung Scan/Bildverarbeitung	Ausgabe Anwendung	 Bildauflösung Ausgabe (Bsp.)
240 ppi	Offsetdruck	120 lpi 48 L/cm
300 ppi	Offsetdruck	150 lpi 60 L/cm
350 ppi	Offsetdruck	175 lpi 70 L/cm
150 ppi	Tintenstrahl	720 dpi
150 ppi	Farblaser	600 dpi
72 ppi	Monitor	72 dpi (Mac)
96 ppi	Monitor	96 dpi (PC)

→ S. 113

Farbmodus

Unter Farbmodus wird das Farbsystem verstanden, in dem die Farbinformationen Ihrer Datei gespeichert sind. Die gebräuchlichsten Farbmodi sind der RGB-Modus und der CMYK-Modus.

→ S. 72

Farbtiefe, Datentiefe, Bittiefe

Die Anzahl der Ton- und Farbwertstufen pro Pixel nennt man Farbtiefe oder Datentiefe. In der Bildverarbeitung wird allgemein mit einer Datentiefe von acht Bit, d.h. 256 Abstufungen, pro Farbkanal gearbeitet.

→ S. 108

Korrekturzeichen nach DIN/ISO 16549-1

Zur unmissverständlichen technischen Kommunikation sind einheitliche und eindeutige Korrekturzeichen notwendig.

Bei fotografischen Vorlagen, Zeichnungen usw. schreiben Sie die Korrekturzeichen auf ein transparentes Deckblatt. Auf Proofs oder Andrucken werden die Korrekturen direkt vermerkt. Für Dateien und Druckformen müssen Sie eine separate Korrekturanweisung anlegen.

Die Korrekturzeichen für Texte finden Sie in der DIN 16511.

Zeichen	Bedeutung
+	Verstärken, Pluskorrektur
./.	Verringern, Minuskorrektur
~	Angleichen, z.B. Tonwert
(Zackenlinie)	Schärfen, z.B. Kontur
P	Passer (Druck)
(Deleaturzeichen)	Wegnehmen
⇆ ↓↑	Verschieben, Pfeilrichtung
↶ ↷	Rotieren
U	Umkehren, Tonwertumkehr
K	Kontern, Seitenumkehr
|← →|	Größenänderung
↓ - - - ↑	Unter-/Überfüllung

Retuscheanweisungen und Korrekturzeichen

Bevor Sie beginnen

Welchen Farbmodus zur Farbretusche?

RGB – CMYK? Welcher Farbmodus ist für die Farbretusche der beste?
Eindeutige Antwort: RGB, und zwar der ECI-RGB-Farbraum!

Der ECI-RGB-Farbraum ist ein farbmetrisch definierter erweiterter RGB-Farbraum und erlaubt somit die medienneutrale Bildverarbeitung. Sie vermeiden dadurch Farbmodikonvertierungen vor der Datenausgabe.

Im RGB-Modus hat die Bilddatei nur Dreiviertel der Dateigröße des CMYK-Modus.

Als letzter Vorteil sei hier angeführt, dass Ihnen im RGB-Modus alle Filter und Einstellungen zur Verfügung stehen.

Informationen

Verlassen Sie sich nicht nur auf Ihren Monitor. Trotz Kalibrierung bzw. Profilierung ist die Monitordarstellung nur eine additive Simulation Ihres subtraktiven Druckergebnisses. Sie sollten sich deshalb immer die Prozessfarbanteile anzeigen lassen. Die Umrechnung erfolgt entsprechend Ihrer Farbeinstellung.

Bei gedrückter Shift-Taste können Sie in Photoshop mit der Pipette vier Referenzpunkte setzen.

Monitorkalibrierung und Softproofing

Monitorkalibrierung

Grundlage für die professionelle Bildverarbeitung ist ein kalibrierter bzw. profilierter Monitor. Im Kapitel Kalibrierung haben Sie verschiedene Methoden der Monitorkalibrierung und -profilierung kennen gelernt. Versichern Sie sich vor der Bildbearbeitung, dass das richtige Monitorprofil ausgewählt ist.

Softproofing

Unter Softproofing versteht man die Simulation des Druckergebnisses auf dem Monitor. Sie können damit in der Vorschau sehen, wie Ihr bearbeitetes RGB-Bild gedruckt aussehen wird.

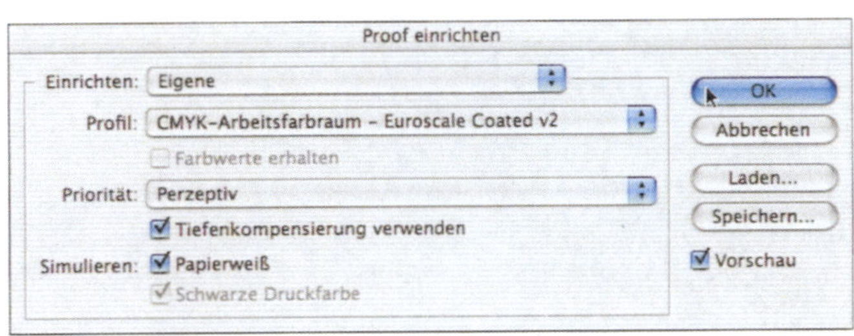

Menü *Ansicht > Proof einrichten > Eigene...*

- Als Druckprofil wählen Sie Ihr Ausgabeprofil.
- Als Rendering-Priorität „Absolut farbmetrisch", wenn Sie das Papierweiß simulieren möchten; „Relativ farbmetrisch" ohne Papiersimulation.

Mit Menü Ansicht > Farb-Proof können Sie die Vorschau ausblenden (linke Abbildung) oder einblenden (rechte Abbildung).

Licht und Tiefe

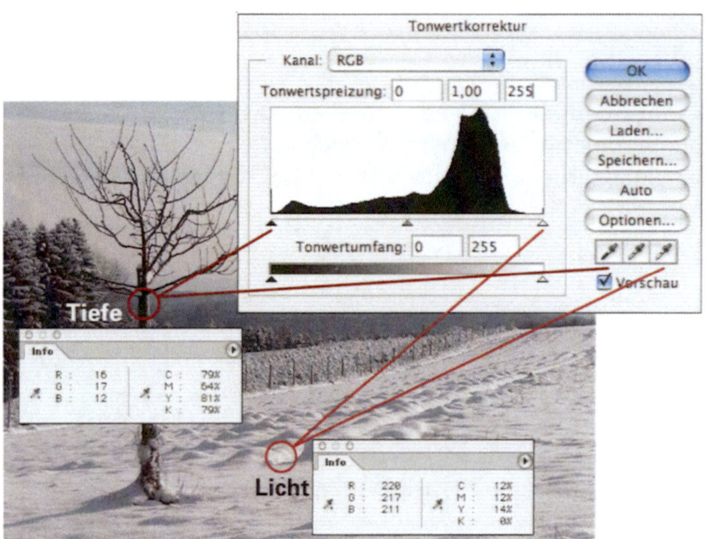

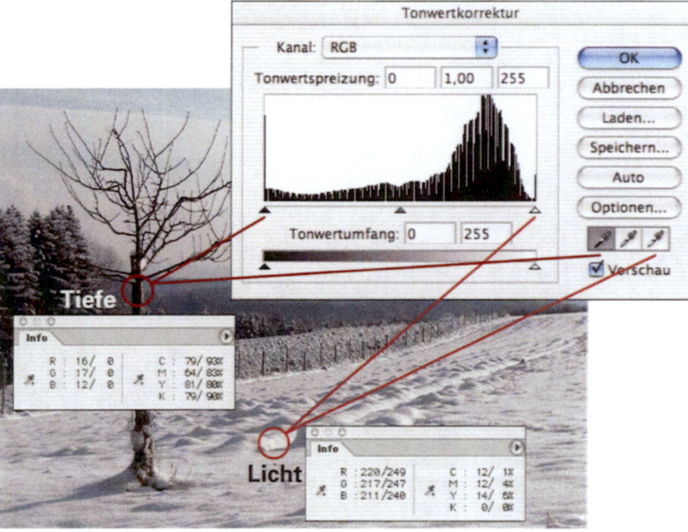

Das Histogramm zeigt die Häufigkeitsverteilung der Tonwerte im Bild. Wie Sie sehen, fehlen die Lichter, die Tiefen sind ebenfalls etwas dürftig vertreten. Dies widerspricht dem Grundsatz, immer den gesamten Tonwertbereich zu nutzen.

Making of ...

- Rufen Sie das Dialogfeld unter Menü *Bild > Einstellungen > Tonwertkorrektur...* oder als Einstellungsebene *Tonwertkorrektur...* auf.
- Doppelklicken Sie auf die Lichterpipette, um im Farbwähler die Tonwerte zu definieren.
- Klicken Sie mit der Tonwertkorrekturpipette im Bild auf die Bildstelle, die Sie als Licht festlegen wollen.
- Doppelklicken Sie nun auf die Tiefenpipette, um im Farbwähler die Tonwerte zu definieren.
- Klicken Sie anschließend mit der Tonwertkorrekturpipette im Bild auf die Bildstelle, die Sie als Tiefe festlegen wollen.
- Das Histogramm zeigt Ihnen die neue Tonwertverteilung. Im Informationsfenster sehen Sie jeweils die Vorher-/Nachhereinstellungen der Tonwerte.

Sie können Licht und Tiefe auch unter Menü *Bild > Einstellungen > Gradationskurven...* definieren.

Eigenfarbe – Gegenfarbe

Eine Grundtechnik der Farbkorrektur ist die Verstärkung der Eigenfarbe und die Reduzierung der Gegenfarbe. Basis für die Farbauswahl ist der sechsteilige Farbkreis. Die drei Farben, die der zu korrigierenden Farbe gegenüberliegen, sind die Gegenfarben. Sie können die Korrektur auf verschiedene Weise, z.B. auch als Gradations- oder Tonwertkorrektur, in den Farbkanälen durchführen.

Eine elegante Möglichkeit bietet Ihnen die Option Menü *Bild > Einstellungen > Selektive Farbkorrektur...*

Die Korrektur wird unabhängig vom Bildmodus immer mit CMYK vorgenommen. Eine geometrische Auswahl ist nur notwendig, wenn Sie z.B. nicht alle Blautöne ändern möchten.

→ S. 79

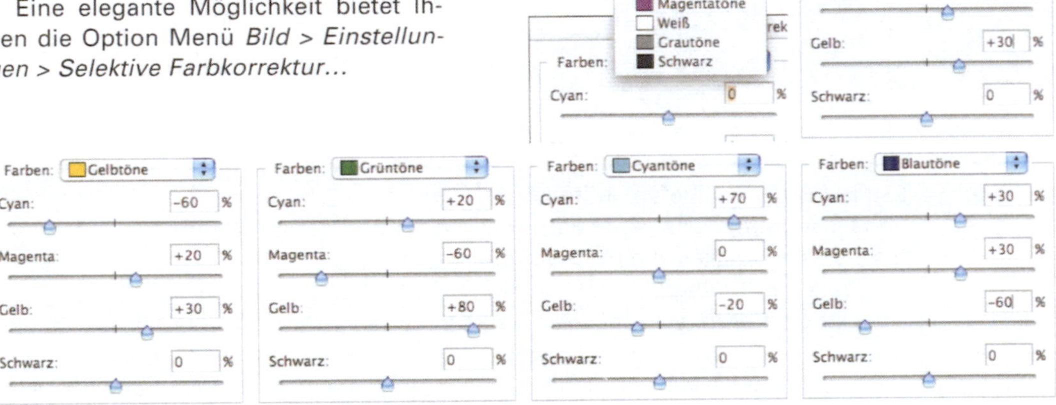

Farbbalance – Farbstichkorrektur

Farbstich bedeutet immer Ungleichgewicht der Prozessfarbenanteile im Bild. Sie erkennen das Ungleichgewicht am leichtesten in den eigentlich neutralen Bildstellen. Diese erscheinen nicht neutral, sondern farbstichig. Die neutralen Tonwerte sind lediglich Indikatoren des Farbstichs. Es ist immer das gesamte Bild, d.h. alle Ton- und Farbwerte, betroffen.

Korrektur mit *Auto-Farbe*

Die Option Menü *Bild > Einstellungen > Auto-Farbe* in Photoshop ermöglicht es Ihnen, auf elegante Weise den Farbstich zu entfernen. Die Einstellungen der *Auto-Farbe* treffen Sie unter Menü *Bild > Einstellungen > Tonwertkorrektur > Optionen.*

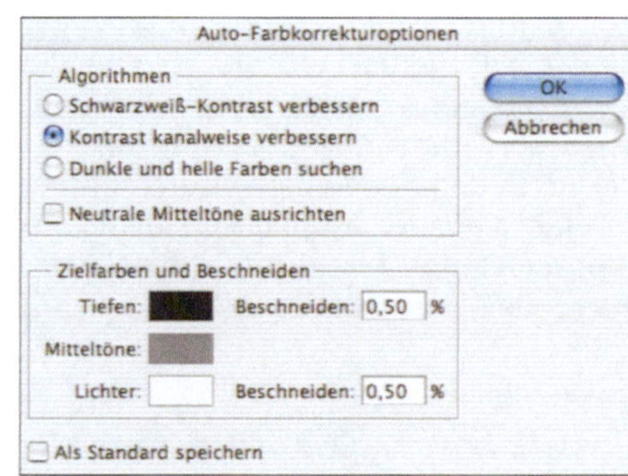

Auto-Farbe-Einstellungen

- Sie können den Tiefen, Mitteltönen und Lichtern im Farbwähler Farbwerte zuweisen. Klicken Sie dazu auf die Farbfelder im Dialogfeld.
- Die Option *Kontrast kanalweise verbessern* optimiert den Tonwertbereich in jedem Kanal.
- Die Einstellung von 0,5% verhindert, dass extreme Pixelwerte für Schwarz und Weiß verwendet werden.
- Abschließend können Sie die Einstellungen als Standard speichern.

Making of ...

- Definieren Sie Ihre Einstellungsoptionen.
- Wählen Sie die unter Menü *Bild > Einstellungen > Auto-Farbe.*

Korrektur mit *Tonwertkorrektur*

Wenn Ihr Bildverarbeitungsprogramm keine *Auto-Farbe*-Option anbietet, dann können Sie den Farbstichausgleich auch im Dialogfeld *Tonwertkorrektur* durchführen. Die Darstellung der Histogramme vor und nach der Korrektur gibt Ihnen Anhaltspunkte für die Einstellung.

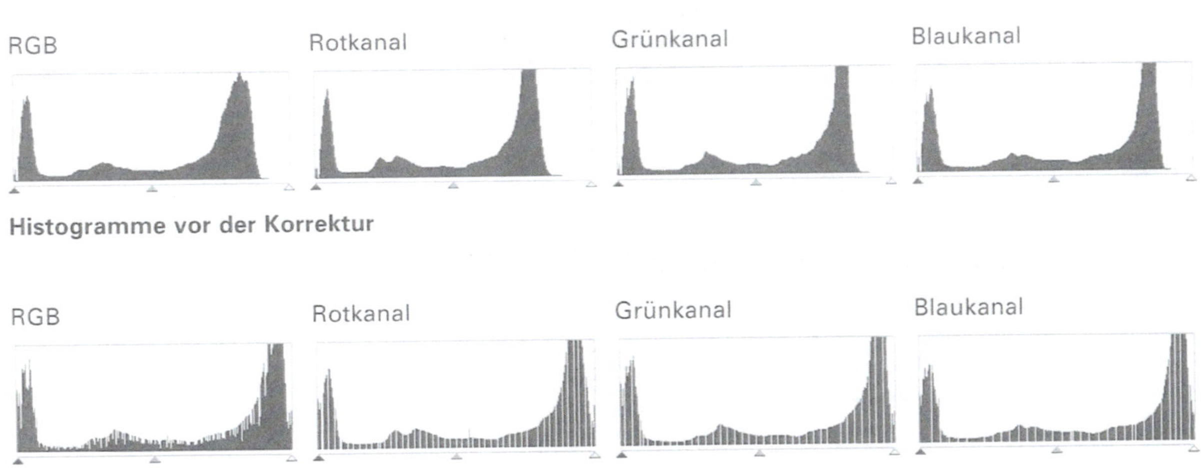

Histogramme vor der Korrektur

Histogramme nach der Korrektur

Farben ändern – Umfärben

Umfärben ist eine zunächst schwierig und komplex erscheinende Farbkorrektur. Photoshop stellt aber, wie auch andere Bildverarbeitungsprogramme, eine Reihe von Werkzeugen zur Verfügung, bei denen Sie sich keine Gedanken über die Prozessfarbenanteile machen müssen, da die Bearbeitung mit den drei Einstellungsgrößen des LAB-Farbraums Farbton, Sättigung und Helligkeit erfolgt. Die Umsetzung in die jeweiligen RGB- bzw. CMYK-Werte übernimmt das Bildverarbeitungsprogramm.

Umfärben mit *Farbe ersetzen...*

Making of ...

Durch die Spiegelung im Glas ist die einfache Auswahl mit Lasso oder Pfad nicht möglich. Wir bedienen uns deshalb der Auswahl über eine frei zu wählende Referenzfarbe und der entsprechenden Toleranzeinstellung unter Menü *Bild > Einstellungen > Farbe ersetzen...* Sollte dies für bestimmte Bildbereiche, wie z.B. für die Hand in unserem Beispiel, keine genügende Trennschärfe ergeben, dann müssen Sie noch zusätzlich manuell eine Auswahl erstellen.

Dialogfeld *Farbe ersetzen...*

- Die angezeigte Referenzfarbe wurde mit der Pipette ausgewählt.
- Der Toleranzwert legt die Farbauswahl fest. Die Korrekturwerte in Farbton, Sättigung und Helligkeit bewirken die Farbänderung. Die Referenzfarbe wird stellvertretend für die Farbänderung angezeigt.

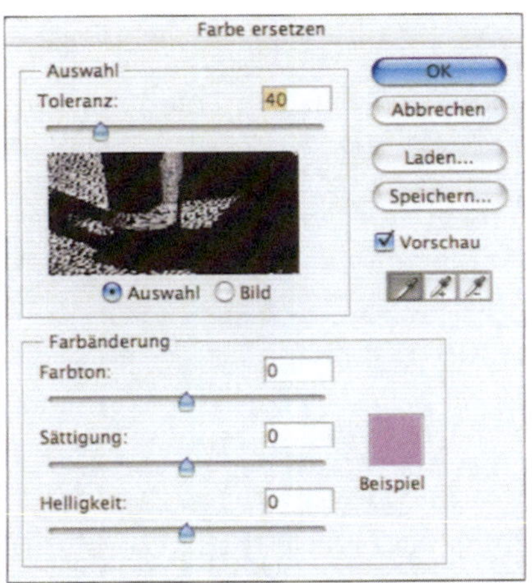

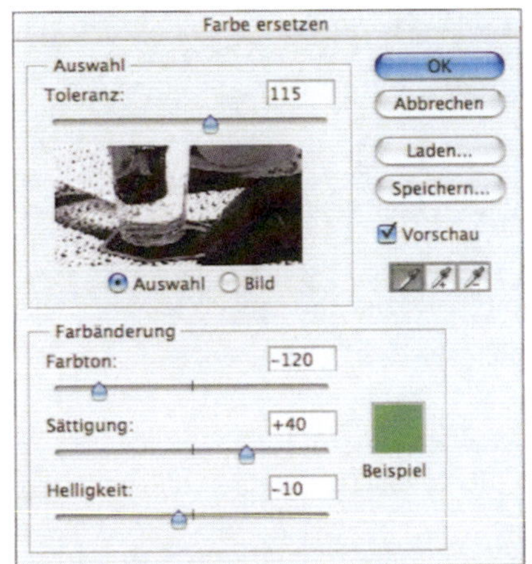

Umfärben mit *Farbton/Sättigung...*

Eine zweite häufig genutzte Methode zur Umfärbung mit den LAB-Einstellungsgrößen ist *Farbton/Sättigung...* Sie können das Dialogfeld unter Menü *Bild > Einstellungen > Farbton/Sättigung...* oder in der Ebenenpalette *Neue Einstellungsebene > Farbton/Sättigung...* aufrufen. Die geometrische Auswahl der zu bearbeitenden Bildbereiche müssen Sie vorher treffen. Im Gegensatz zu *Farbe ersetzen...* können Sie aber selektiv einzelne Farbtöne bearbeiten.

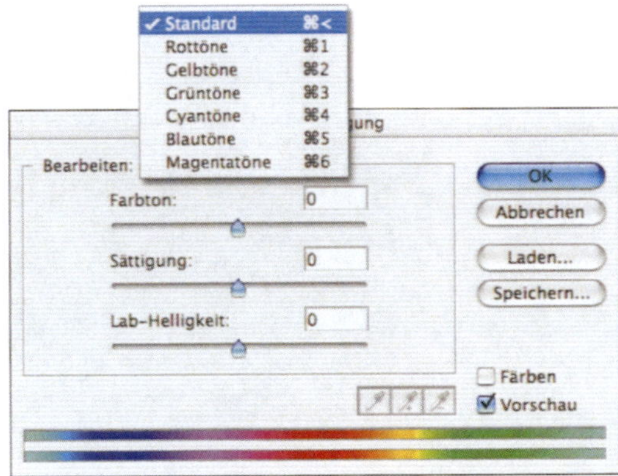

Bilder kolorieren

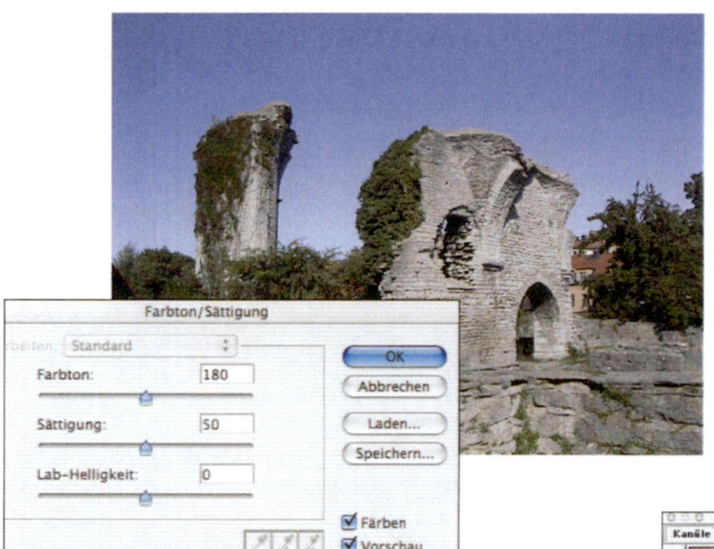

Das Kolorieren von Bildern oder Bildbereichen im RGB- oder im CMYK-Modus ist mit Menü *Bild > Einstellungen > Farbton/Sättigung...* ganz einfach. Der Bildfarbmodus bleibt nach der Korrektur erhalten.

Making of ...

- Wählen Sie den zu kolorierenden Bildbereich aus.
- Wählen Sie im Dialogfeld Farbton/ Sättigung die Option „Färben" und treffen Sie Ihre Einstellungen.

Einstellungen
Farbton 0°, 90°, 180° und 270°
Sättigung jeweils 25

Duplex

Duplexbilder haben einen eigenen Farbmodus mit frei definierbaren Farben in einem gemeinsamen Kanal.

Making of ...

- Wandeln Sie das Farbbild in ein Graustufenbild.
- Konvertieren Sie das Gaustufenbild dann unter Menü *Bild > Modus > Duplex.*
- Wählen Sie die beiden Duplexfarben. Hier Schwarz und Magenta, da das Buch in 4c gedruckt wird.
- Stellen Sie die Gradation für jede Farbe ein. Meist wird die Gradation der Tonfarbe reduziert. Ob Sie sie linear zurücknehmen oder einzelne Tonwertbereiche verstärken, hängt vom Motiv ab.
- Speichern Sie das Duplexbild als *.eps.

Sie können nach der Bearbeitung das Duplexbild auch wieder in ein RGB- oder CMYK-Bild konvertieren.

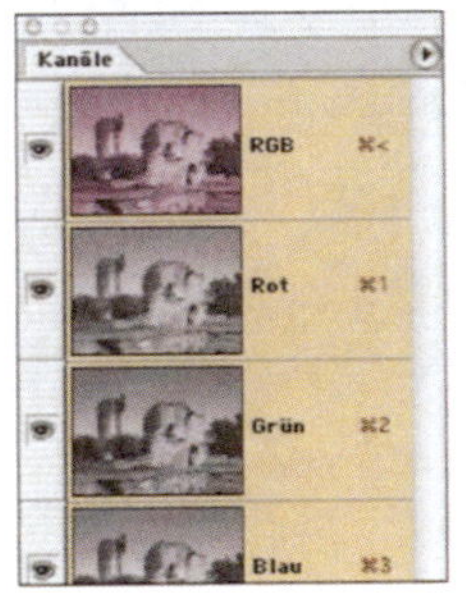

Farbe, Helligkeit und Kontrast verändern

Variationen...

Mit den *Variationen...* können Sie die Farbkorrektur nach der Systematik des Farbkreises intuitiv durchführen. Die Ergebnisse Ihrer Korrektur sehen Sie in der oberen rechten Abbildung im Dialogfeld. Links wird das Bild vor der Korrektur angezeigt. Die übrigen Miniaturen sind Vorschaubilder. Durch einfaches Klicken auf die gewünschte Vorschau übertragen Sie die Einstellung auf Ihr Bild.

Making of ...

- Erstellen Sie eine Auswahl für den Himmel.
- Korrigieren Sie den Himmel mit Menü *Bild > Einstellungen > Variationen...*
- Machen das Bild insgesamt mit den *Varationen...* etwas heller.

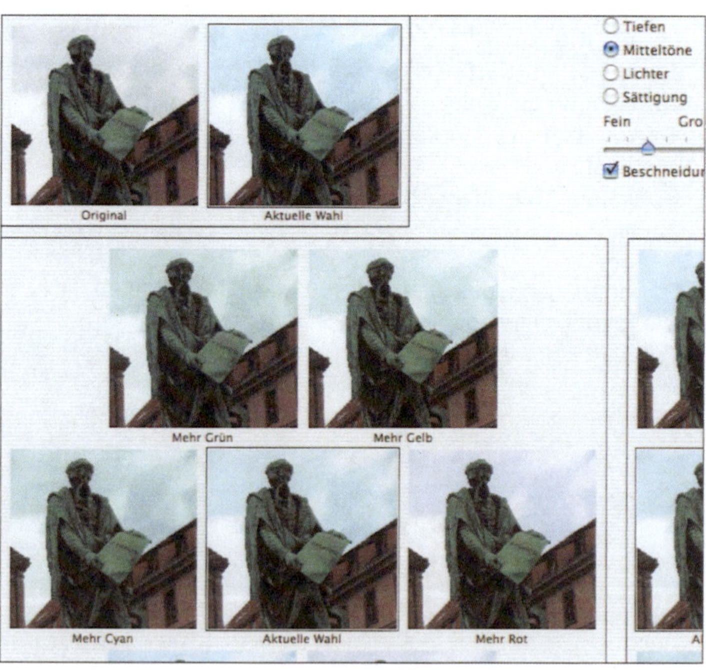

Gradationskurven...

Die Gradationskurve beschreibt die Tonwertübertragung. Auf der Abszisse (Waagerechte) stehen die Eingabewerte, auf der Ordinate die Ausgabewerte. Im RGB-Modus ist 0 = Schwarz und 255 = maximaler Farbanteil.

Making of ...

- Erstellen Sie eine Auswahl für den Himmel.
- Korrigieren Sie den Himmel mit Menü *Bild > Einstellungen > Gradationskurven...* im Blau- und im Rot-Kanal.
- Kehren Sie die Auswahl um.
- Korrigieren Sie Helligkeit und Kontrast mit der RGB-Gradationskurve.
- Heben Sie die Auswahl auf.
- Korrigieren Sie ggf. die Gradation für das gesamte Bild.

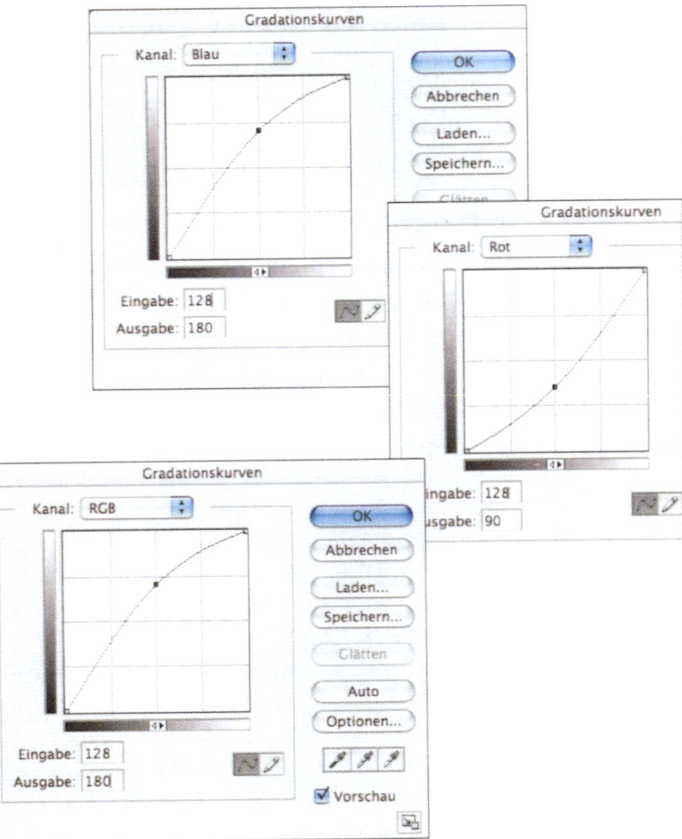

Farben in Graustufen wandeln

Graustufen durch Moduswandel

Menü *Bild > Modus > Graustufen* ist der Standardweg zum Graustufenbild. Die meisten Moduswandlungen führen zu einem befriedigenden Ergebnis.

Graustufen mit dem Kanalmixer

Verlassen Sie sich nicht auf die Gewichtung der Farbinformationen durch Photoshop. Mixen Sie Ihre Graustufen selbst. Unter Menü *Bild > Einstellungen > Kanalmixer* können Sie die Anteile der Farbkanäle am Graustufenbild festlegen. Der Mixer funktioniert im RGB- und im CMYK-Modus. Sie können auch durch Auswahlmasken für verschiedene Bildbereiche eine gewichtete Optimierung vornehmen.

Making of ...

- Erstellen Sie eine geometrische Auswahl, wenn Sie das Bild gewichtet mixen wollen.
- Sichern Sie die Auswahl unter Menü *Auswahl > Auswahl Sichern...*
- Öffnen Sie unter Menü *Bild > Einstellungen > Kanalmixer...*
- Wählen Sie im Kanalmixer die Option „Monochrom“ aus.
- Mixen Sie die Kanäle. Das Ergebnis sehen Sie direkt auf dem Monitor.
- Erstellen bzw. Laden Sie weitere Auswahlbereiche.
- Bearbeiten Sie diese Bildbereiche.
- Abschließend müssen Sie Ihr Bild noch in den Gaustufenmodus wandeln. Die Ergebnisse des Kanalmixers werden dabei nicht mehr verändert.

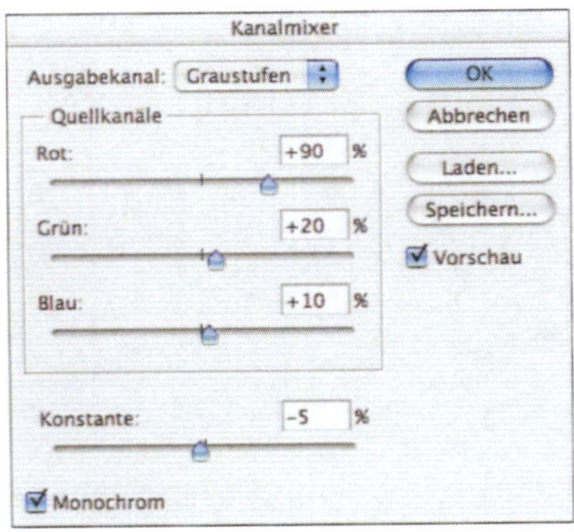

Kanalmixer „Himmel“

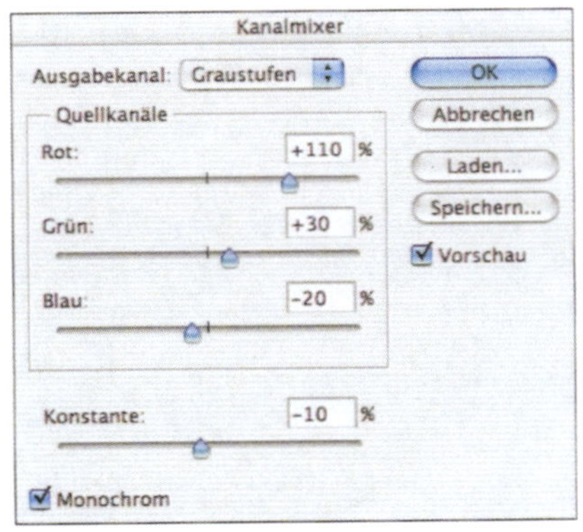

Kanalmixer „Dächer usw.“

Farbe im Internet

www.jgs-stuttgart.de

Schrift und Flächen

RGB-Farben auf dem Monitor

Wie viele Farben hat eine Internetseite? Drei – alle Farbtöne werden auf dem Monitor nach den Regeln der additiven Farbmischung gemischt. Im Gegensatz zum Printdesign können Sie im Screendesign deshalb keine echt pigmentierten Sonderfarben, Metallfarben oder Effektfarben verwenden. Dafür stehen die 16 777 216 Farben des RGB-Farbraums zur freien Auswahl.

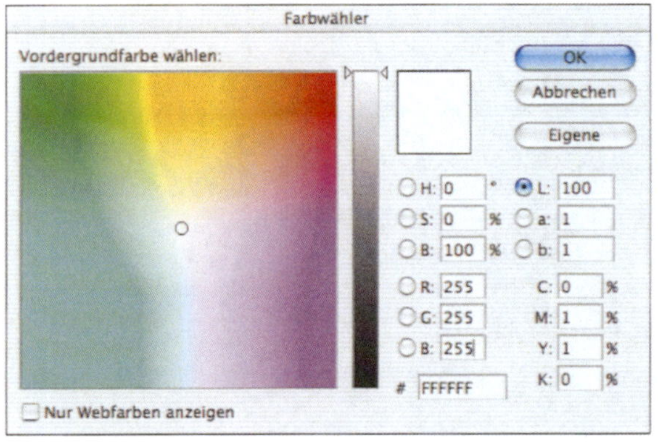

Außer dem Farbsystem besteht ein weiterer grundsätzlicher Unterschied zur Printmedienproduktion. Sie wissen nur, dass Ihre Seite auf einem Monitor betrachtet wird. Sie haben leider keine Informationen über die Computerhardware, den Monitor, die Monitoreinstellung, das Betriebssystem und den eingesetzten Browser. Natürlich können Sie mit entsprechenden Programmscripts bestimmte Dinge abfragen und entsprechende Versionen Ihrer Seite laden. Dies ist aber mit erheblichem Aufwand verbunden und garantiert trotzdem keine konsistente Farbdarstellung.

→ S. 113

Die Farben der Browser

Die Farben von Text, Textlinks und Flächen werden im HTML-Code der Seite bzw. in den CSS (Cascading Style Sheets) definiert und vom Browser in die Monitordarstellung umgesetzt. Von den meisten Computern werden heute die Farben mit 24-Bit-Farbtiefe dargestellt. Trotzdem kann es sinnvoll sein, sich auf die 216 Farben der Web-Palette zu beschränken. Sie enthält ein klar gegliedertes Farbschema, das Sie auch bei der Indizierung Ihrer GIF-Grafiken verwenden können. Die Farben werden auf der Mehrzahl der Systeme konsistent dargestellt.

→ S. 81

Die im Browser vordefinierten Text- und Linkfarben können durch entsprechende HTML-Tags überschrieben werden.

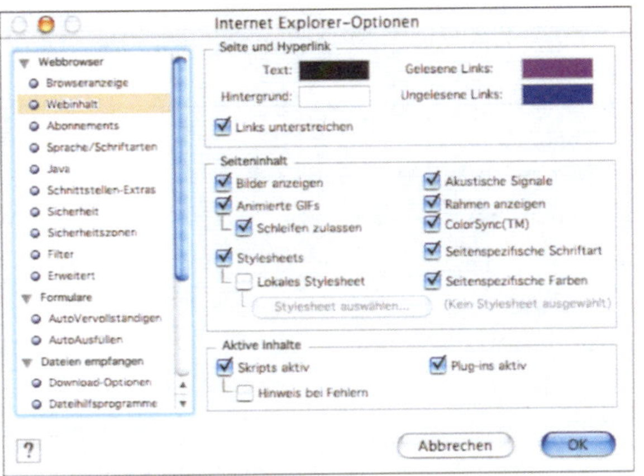

Hexadezimale Farben

Die Definition einer Farbe erfolgt als 6-stelliger Hexadezimalwert, zwei Stellen Rot, zwei Stellen Grün und zwei Stellen Blau. So wird z.B. Magenta im Hexadezimalsystem mit „FF00FF" definiert. Man nennt diese Schreibweise auch ein so genanntes Hex-Tripel. Hexadezimalzahlen erscheinen Ihnen sicherlich ungewöhnlich. Das Hexadezimalsystem hat aber den Vorteil, die Farbtiefe von 8 Bit (= 1 Byte) pro Farbe nicht durch eine 8-stellige Binärzahl oder eine 3-stellige Dezimalzahl, sondern durch eine nur 2-stellige Hexadezimalzahl zu beschreiben.

Außer durch ein Hex-Tripel können Sie die Farben auch durch W3C-Farbwörter definieren (W3C, World Wide Web Consortium). Die auf Seite 302f. vorgestellten Farben sind die einzigen Farbwörter, die von allen Browsern unterstützt werden.

Hexadezimalsystem

Alle Zahlensysteme sind nach dem gleichen Schema aufgebaut. Nehmen wir als Beispiel die Zahl „957“. Wenn Sie die Zahl als Zahl im Ihnen vertrauten Dezimalsystem gelesen haben, dann kamen Sie wohl auch auf „neunhundertsiebenundfünfzig“. Sehr gut, aber warum ist 957 = neunhundertsiebenundfünfzig? Nun, Sie wissen, dass rechts die Einer, dann die Zehner, dann die Hunderter usw. stehen. Die Ziffer an der Stelle gibt an, wie oft der Wert in der Zahl enthalten ist: (7 x 1) + (5 x 10) + (9 x 100) = 957.

Das Dezimalsystem hat die Basis 10 und als Ziffern 0 bis 9, das Binärsystem hat die Basis 2 und die Ziffern 0 und 1, im Hexadezimalsystem ist die Basis 16 und die Ziffern sind 0 bis F. Da die Basis im Hexadezimalsystem 16 ist, brauchen wir 16 Ziffern, um alle Zahlen schreiben zu können. Als Zahlzeichen stehen nur zehn Zeichen, nämlich die Ziffern 0 bis 9 des Dezimalsystems zur Verfügung. Man zählt deshalb einfach im Alphabet beginnend mit „A“ bis „F“ = 15 weiter (A = 10, B = 11, C = 12, D = 13, E = 14, F = 15). 957_{16} im Hexadezimalsystem entspricht also (7 x 1) + (5 x 16) + (9 x 256) = 2391_{10} im Dezimalsystem.

Bei der Arbeit mit unterschiedlichen Zahlensystemen wird jede mit einem tiefgestellten Index gekennzeichnet. Im HTML-Code wird dem Hex-Tripel meist ein „#“ vorangestellt.

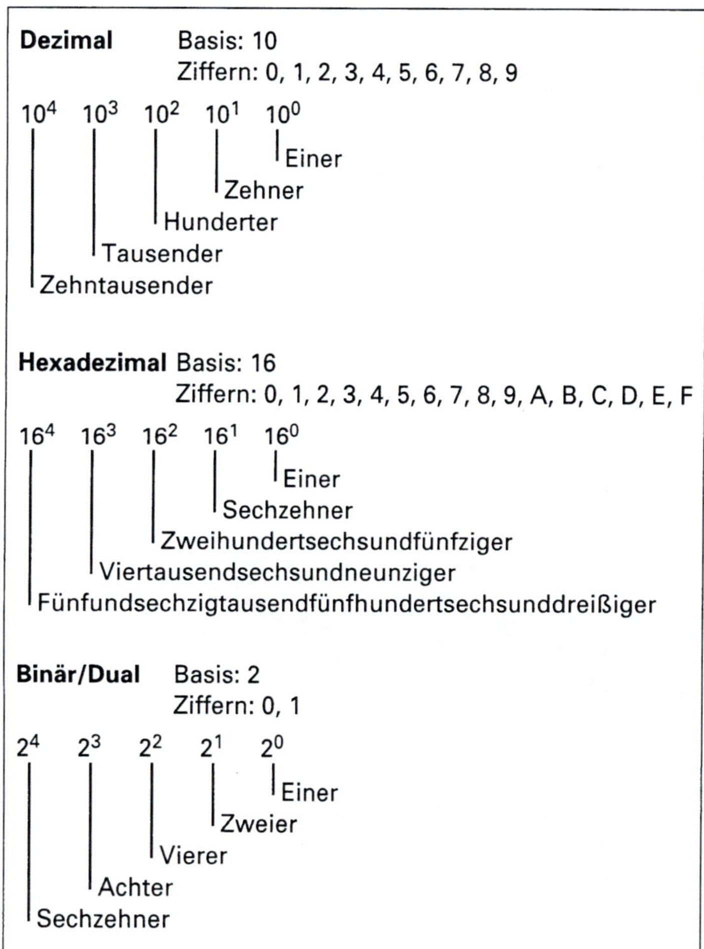

Schematischer Aufbau der Zahlensysteme

Farbcodes

Beipiel für die Farbdefinitionen im HTML-Code

bgcolor=#... Hintergrundfarbe der Seite
text=#... Allgemeine Textfarbe
link=#... Linkfarbe, noch nicht besucht
alink=#... Linkfarbe, angeklickt
vlink=#... Linkfarbe, besucht
font color=#... Farbige Textpassagen

```
<!-- Hintergrundfarbe, allgemeine Textfarbe und Linkfar-
be-->
<body  bgcolor=#C0C0C0 text=#000000 link=#000080
alink=#FFFF00 vlink=#008080>

<!-- spezielle Textfarbe-->
   <font color=#FF0000>Roter Text </font>
   und <!-- Die allgemeine Textfarbe ist im body-Tag
   definiert-->
   <font color=blue> blauer Text.</font>
```

Farbe in Web-Editoren
Wenn Sie mit Web-Editoren wie z.B. Macromedia Dreamweaver arbeiten, dann wird Ihre Farbauswahl direkt in Hex-Tripel im HTML-Code übersetzt.

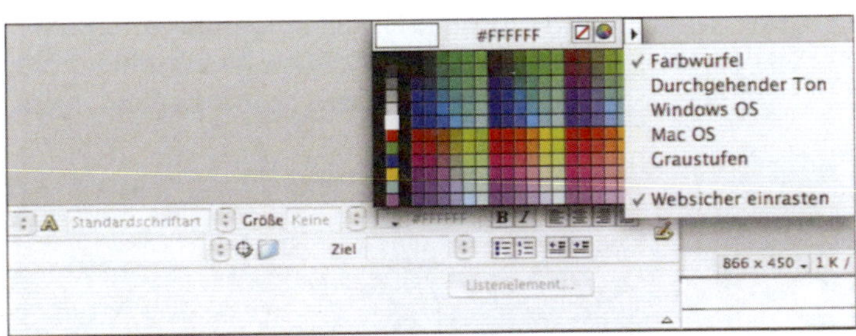

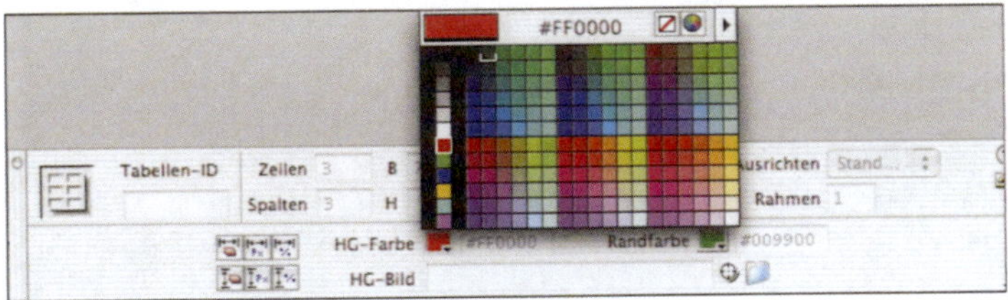

Bilder und Grafiken

Bilder und Grafiken fügen Sie in Internetseiten durch Verknüpfungen ein. Die Farben werden also nicht im HTML-Code definiert, sondern sind Teil der Bild- und Grafikdateien. Nach den Definitionen des W3-Consortiums stehen fünf Dateiformate zur Verfügung, drei Pixelformate (JPEG, GIF, PNG) und zwei Vektorformate (SWF, SVG), für die Sie aber Browser-Plugins brauchen.

JPEG-Format

Ihr digitales Bild hat eine Farbtiefe von 24 Bit und soll diese Farbenpracht auch im Internet zeigen? Dann ist das JPEG-Format das richtige Dateiformat für Ihr Bild.

JPEG wurde von der Joint Experts Photografic Group eingeführt, um Bilder mit 24-Bit-Farbtiefe bei gleichzeitig möglichst kleiner Dateigröße speichern zu können. Die JPEG-Komprimierung ist verlustbehaftet. Bei der Komprimierung wird das Bild in Farb- und Helligkeitsinformationen aufgeteilt. Die Farbinformationen werden reduziert, die Helligkeitsinformationen, für die das menschliche Auge empfindlicher ist, bleiben erhalten. Wie stark Sie komprimieren können, hängt u.a. vom Bildmotiv ab. Es gibt keine allgemein gültigen Richtwerte. Experimentieren Sie, machen Sie Ihre eigenen Erfahrungen. Zu starke Komprimierung führt zu so genannten Artefakten, störende Strukturen, die Sie nur mit viel Aufwand wieder aus dem Bild entfernen können. Sie sollten deshalb ein JPEG-Bild auch nicht mehrmals als JPEG abspeichern.

Ein JPEG-Bild, z.B. aus der Digitalfotografie, öffnen Sie und speichern es verlustfrei als TIFF- oder PSD-Bild zur Bildbearbeitung ab. Wenn Sie Ihr Bild dann abschließend im JPEG-Format für das Internet speichern möchten, gehen Sie in Photoshop unter Menü *Datei > Für Web speichern...* Dort treffen Sie die notwendigen Einstellungen unter vergleichender visueller Kontrolle. Die Einstellungen haben keinen Einfluss auf die Farbanzahl Ihres Bildes. Es sind reine Komprimierungseinstellungen.

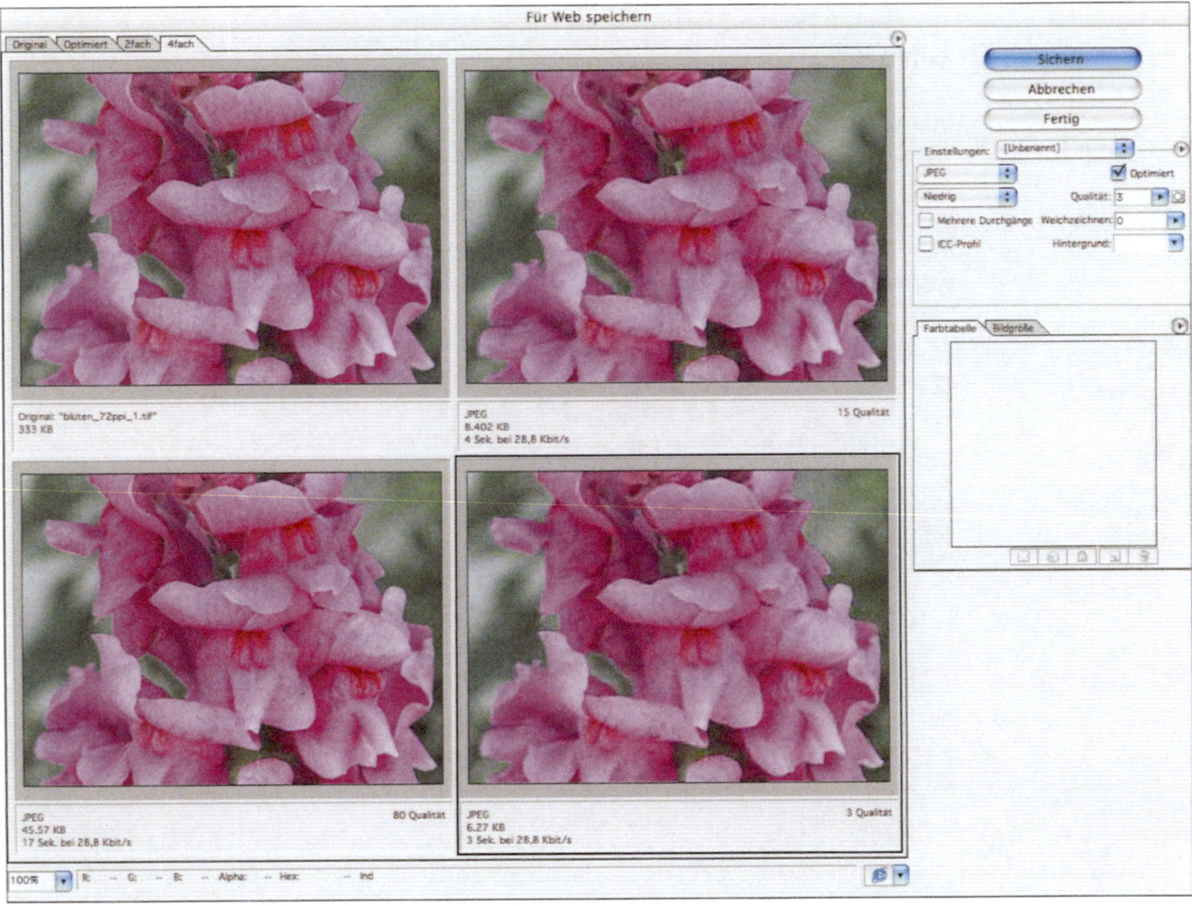

GIF-Format

Sie haben das JPEG-Format kennen gelernt. Es ist optimal für Bilder mit vielen Farben, aber verlustbehaftet in der Komprimierung. Pixelgrafiken enthalten oft nur wenige Farben, dafür aber glatte Farbflächen. Hier würden sich die Komprimierungsartefakte der JPEG-Komprimierung störend auswirken. Deshalb ist für Pixel-Web-Grafiken das GIF-Format zu bevorzugen. GIF steht für Graphic Interchange Format, eingeführt von der Firma Compuserve. GIF-Dateien werden verlustfrei nach der LZW-Methode komprimiert. Das Format unterstützt aber nur maximal 256 Farben, d.h., GIF-Bilder sind immer im Indizierte-Farben-Modus.

→ S. 80

Es gibt in allen Bildverarbeitungs- und vielen Grafikprogrammen die unterschiedlichsten Wege, eine GIF-Datei zu erstellen. In Photoshop gehen Sie am besten über Menü *Datei > Für Web Speichern...*

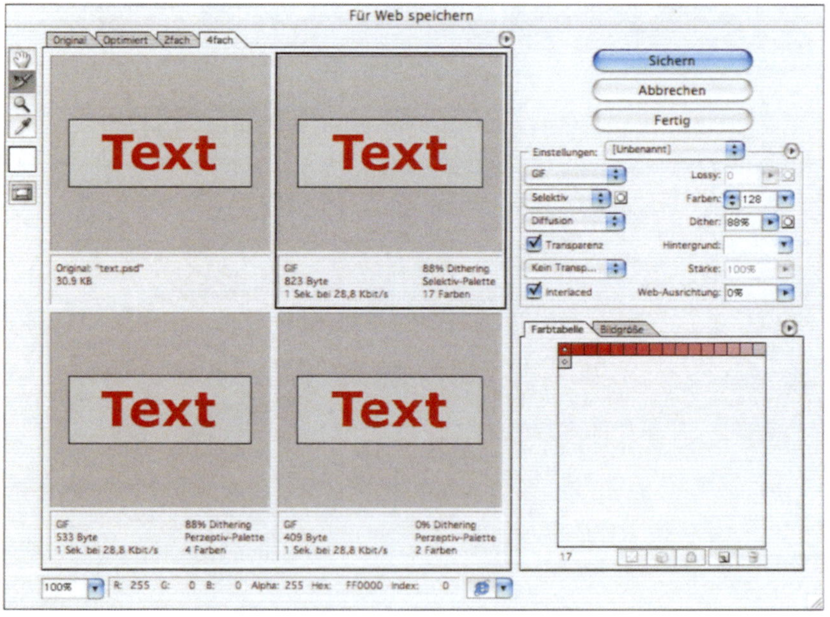

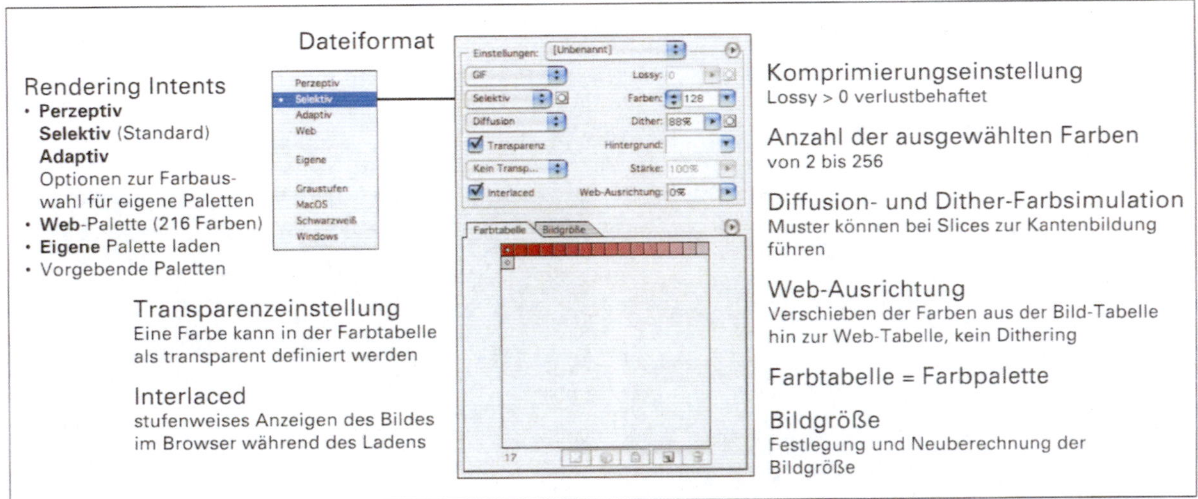

GIF-Datei

- Indiziert mit der Web-Farbtabelle
- Farbsimulation mit Diffusion

Mac OS-, Windows- und Web-Paletten

Die in der Macintosh- und Windows-Palette rot umrandeten Farben sind auch Teil der Web-Palette.

→ S. 300

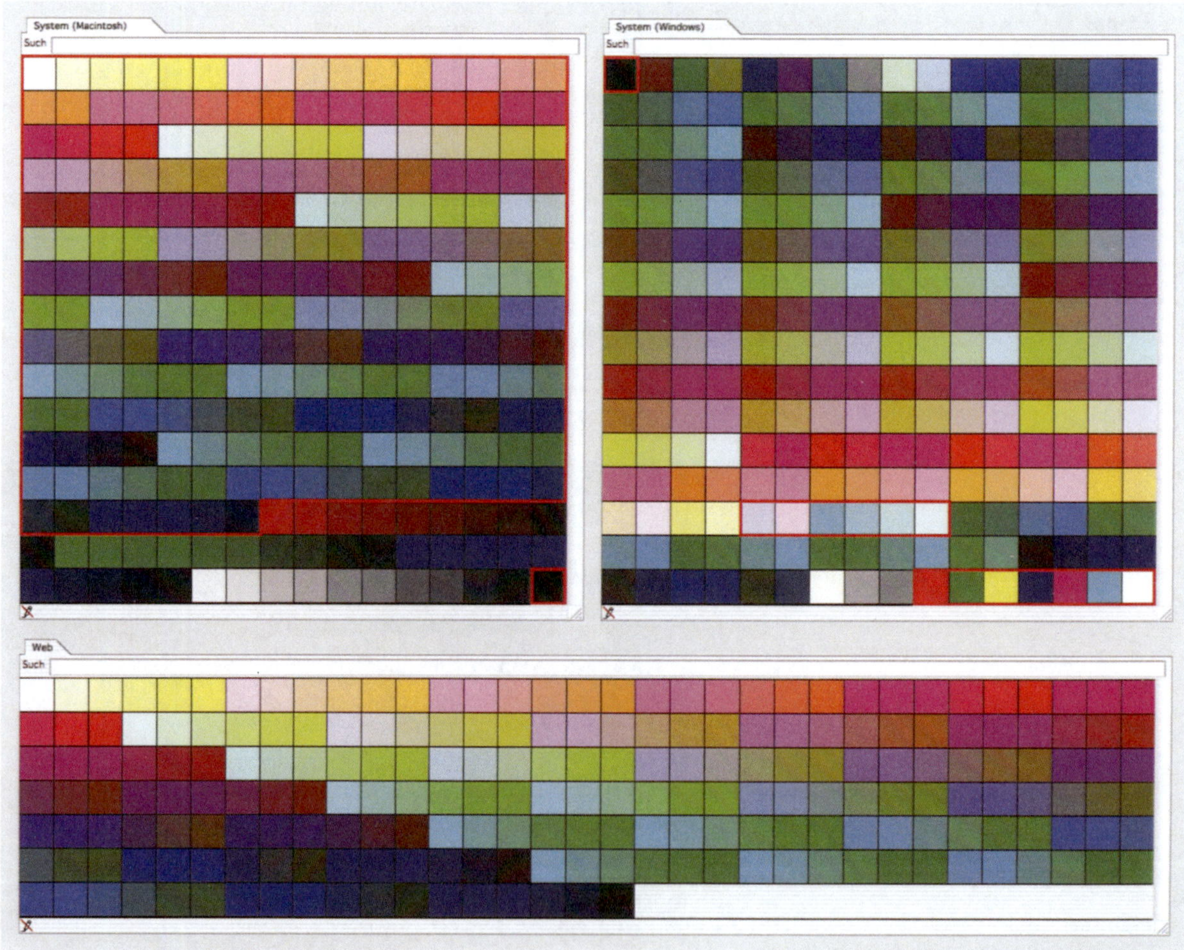

PNG-Format

PNG, Portable Network Graphics, wurde vom W3C als Alternative zu JPEG und GIF entwickelt. Es vereinigt die Vorteile der beiden anderen Dateiformate.

Sie können wahlweise Ihre Bilddatei mit 8 Bit, 256 Farben, oder mit 24 Bit, 16,7 Millionen Farben, abspeichern. Die Einstellungen für PNG-8 sind, außer der fehlenden Lossy-Option, die gleichen wie für GIF. Die Komprimierung ist verlustfrei. Sie kann abgestimmt auf das Bildmotiv optimiert eingestellt werden.

Das PNG-Format unterstützt Transparenz und Interlaced. Animationen sind im Gegensatz zum GIF nicht möglich. Durch die hohe Farbzahl und die verlustfreie Komprimierung sind PNG-Dateien relativ groß. Außerdem werden sie von älteren Browserversionen nicht immer unterstützt. Deshalb sind PNG-Dateien im Internet noch nicht so stark verbreitet wie JPEG- und GIF-Dateien.

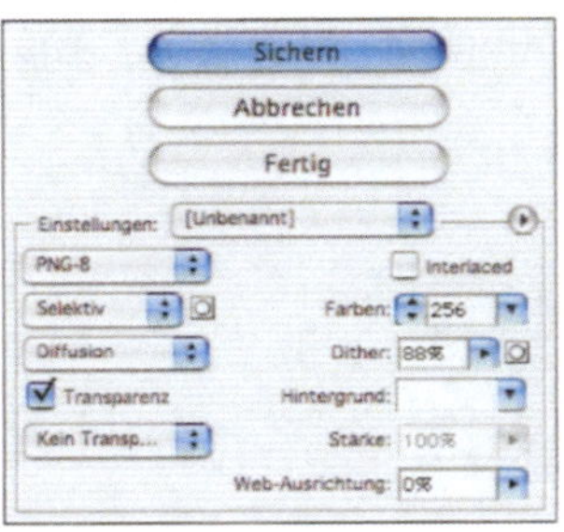

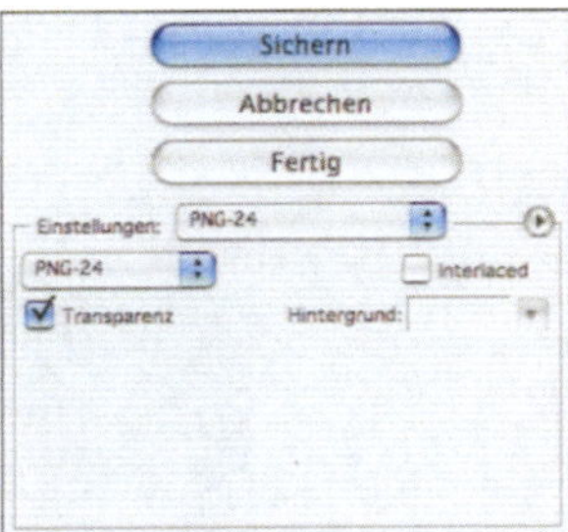

Lernziele
- Sie kennen die verschiedenen Pixeldateiformate fürs Internet.
- Sie speichen Bilddateien im optimalen Dateiformat.

Aufgaben
- Speichern Sie Dateien mit unterschiedlichen Motiven und Farben mit verschiedenen Einstellungen in jedem der drei Dateiformate.
- Laden Sie die Dateien in Ihren Browser. Suchen Sie für das jeweilige Bild den optimalen Kompromiss zwischen Qualität und Dateigröße.

SWF-Format

Das SWF-Format (Shockwave Flash) ist ein Vektorgrafikformat von Macromedia Flash. Es ermöglicht die Erstellung interaktiver, animierter Grafiken. Außerdem können externe Medien wie z.B. Videos und Sounds eingebunden werden. Sie können aber SWF-Dateien auch in anderen Programmen erzeugen. Aus Adobe Illustrator ist der Export von Dateien und Animationen als SWF-Datei unter Menü *Ablage > Exportieren... > Format > Macromedia Flash (SWF)* möglich.

Zur Wiedergabe von Flash-Dateien benötigen Sie immer den Flash-Player als Plugin für Ihren Browser.

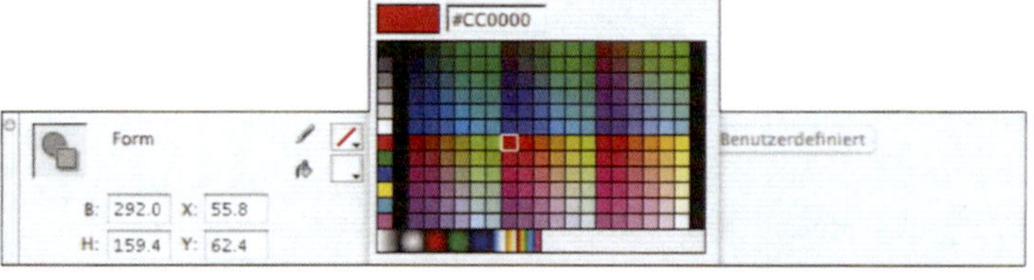

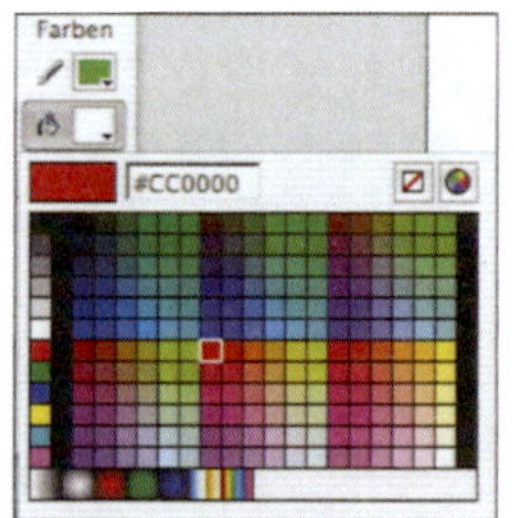

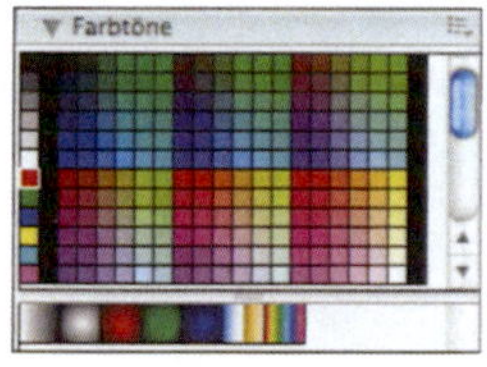

Flash-Farbtöne
SWF-Dateien enthalten standardmäßig immer die Web-Farbpalette. Sie können diese Farben den einzelnen Objekten in der Fläche und Kontur entweder über die Werkzeugleiste oder den Eigenschaftsinspektor des jeweiligen Objekts zuordnen.

Natürlich können Sie andere Paletten laden oder mit dem Farbmischer eine eigene Palette durch Hinzufügen von Farben erstellen.

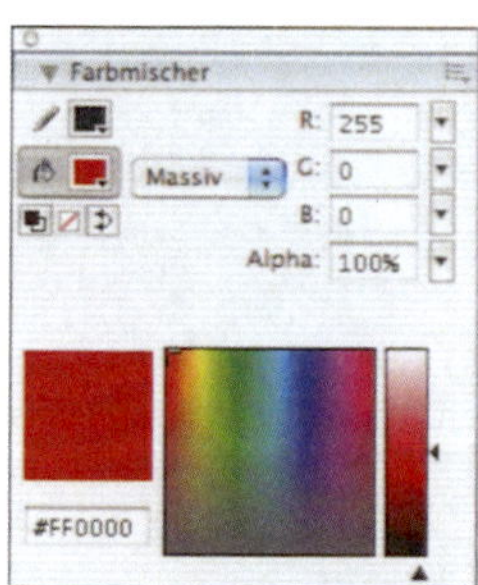

Flash-Farbmischer
SWF basiert auf dem RGB-System. Sie haben also die Wahl zwischen 16,7 Millionen Farben. Die Farbmischer-Palette ermöglicht die Farbauswahl nach RGB oder FSH (Farbton, Sättigung, Helligkeit). Der Alphawert bestimmt die Transparenz. Sie können die Farbwerte entweder als Dezimalzahl oder als Hexadezimal-Tripel eingeben.

SVG-Format

Das SVG-Format (Scalable Vector Graphics) ist ein von Adobe eingeführtes auf XML basierendes Vektorgrafikformat. Sie können die Grafiken direkt in XML programmieren. Die zweite Möglichkeit ist die Erstellung der Grafik z.B. in Illustrator und dann das Speichern der Datei als SVG. Das SVG-Format ermöglicht wie das SWF-Format die Erstellung interaktiver, animierter Grafiken.

Sie brauchen wie bei SWF immer ein Plugin in Ihrem Browser, um die Datei darstellen zu können.

Farben definieren

Die Farben definieren Sie in der XML-Programmierung wie gewohnt als Hex-Tripel.

Im Grafikprogramm erfolgt die Festlegung der Farbe Ihrer Grafikobjekte entsprechend der üblichen Vorgehensweise, da ja die Konvertierung in SVG erst beim Speichern stattfindet.

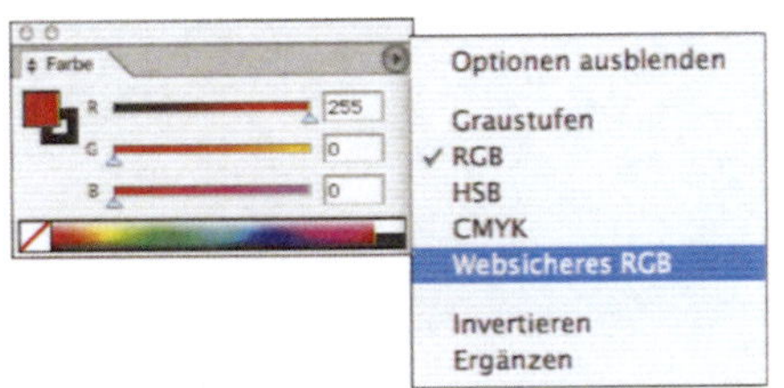

Lernziele

- Sie kennen die verschiedenen Vektordateiformate fürs Internet.
- Sie erstellen Grafiken mit von Ihnen definierten Farben.

Aufgaben

- Erstellen Sie Grafiken mit verschiedenen Farben bzw. Farbpaletten.
- Laden Sie die Dateien in Ihren Browser. Vergleichen Sie die Farbdarstellung im Quellprogramm und im Browser.

Farbtrennung und Separation

Farben scheibchenweise?

Farbfilter zur Farbtrennung

Das menschliche Auge teilt beim Farbsehen die Farbinformation eines Objekts in die drei Farbwertanteile X (Rot), Y (Grün) und Z (Blau). Genauso muss zur Bildverarbeitung das vom optischen System des Scanners oder der Kamera erfasste Licht in die Teil-farbanteile der drei additiven Grundfarben Rot, Grün und Blau aufgeteilt werden. Dies geschieht mittels Farbfilter. Wir unterscheiden zwei Arten von Filtern:

Absorptionsfilter
Absorptionsfilter transmittieren ihre Eigenfarbe und absorbieren ihre Komplementärfarbe. Ein Rotfilter heißt also Rotfilter, weil es rotes Licht transmittiert und alle anderen Lichtfarben absorbiert, d.h. ausfiltert. Deshalb sieht ein Rotfilter, das Sie gegen weißes Licht halten, rot aus. Absorptionsfilter werden in allen Digitalkameras und Scannern zur Farbtrennung eingesetzt.

Interferenzfilter
Interferenzfilter wirken als so genannte Strahlungsteiler. Licht eines bestimmten Spektralbereichs wird wie durch einen Spiegel abgelenkt, die übrigen Wellenlängen transmittieren das Filter. Einsatzbereiche: z.B. Trommelscanner.

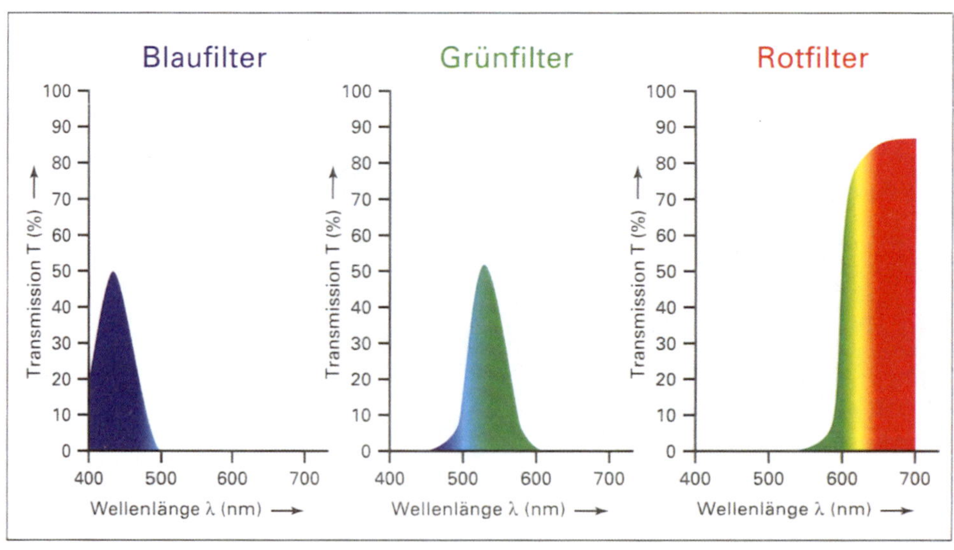

Beispiele für spektrale Transmissionskurven von Farbfiltern nach DIN 16546

Farbtrennung in RGB-Farbkanäle

Motiv oder Vorlage
Das Spektrum, des von den Körperfarben des Motivs oder der Vorlage remittierten bzw. transmittierten Lichts, umfasst alle sichtbaren Wellenlängen. Das Licht wird vom optischen System der Kamera oder des Scanners erfasst und an die Filtereinheit weitergeleitet.

Farbfilter
Die Farbfilter transmittieren nur Licht ihrer Eigenfarbe. Sie teilen die Farbinformation in rote, grüne und blaue Teilfarbinformationen. Nach der A/D-Wandlung wird die Farbinformation so genannten Farbkanälen zugewiesen.

Farbkanäle
Die Farbkanäle enthalten die Rot-, Grün- und Blaufarbinformation des Bildes. Bereiche der Vorlage, die z.B. kein rotes Licht remittieren bzw. transmittieren, haben im Rotkanal die Helligkeit null. Sie werden deshalb dort schwarz dargestellt.

Composite-Monitorbild
Die Farbkanäle werden als RGB-Compositebild auf dem Monitor zusammengeführt. Die RGB-Bildpunkte werden entsprechend ihren Farbanteilen von der Grafikkarte angesteuert. Im Auge entsteht additiv das farbige Gesamtbild.

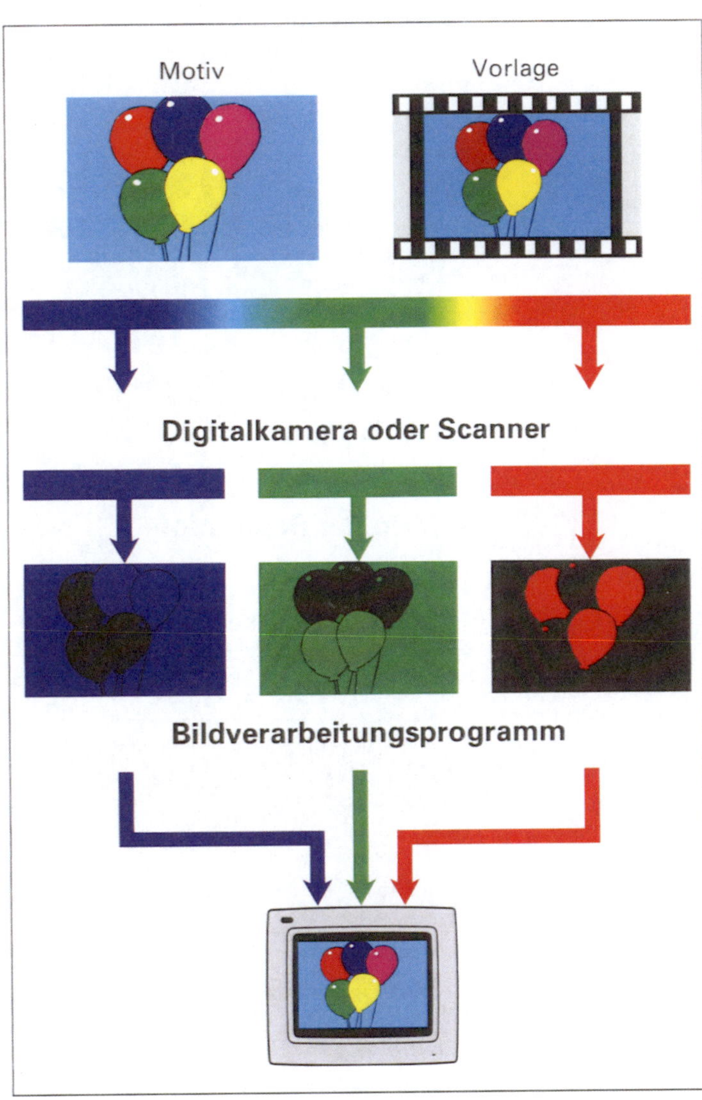

Grundlagen der Separation

Warum separieren?

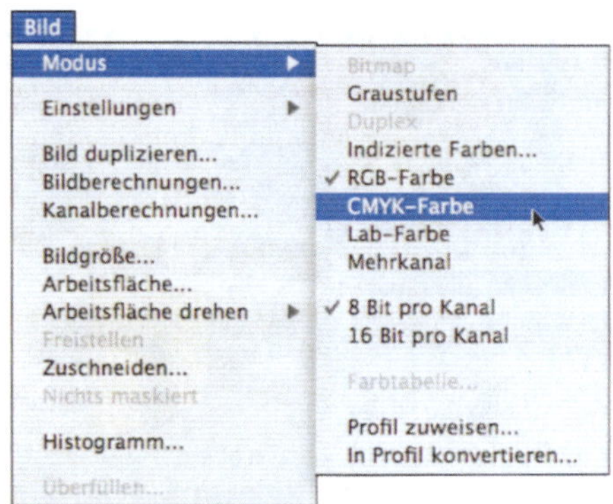

Die Bilddatenerfassung und die anschließende ausgabeprozessunabhängige Bildverarbeitung führen Sie im RGB-Modus durch. Ihre Farbinformation liegt also additiv in den drei Farbkanälen, jeweils einer für Rot, Grün und Blau. Da der Druck immer mit Körperfarben erfolgt, muss das Bild aus dem additiven Farbraum in einen subtraktiven Farbraum, meist CMYK, konvertiert werden. Dieser Farbmoduswandel heißt in der Fachsprache Separation.

Prinzip der Separation

In jedem Farbraum wird der Farbort einer Farbe mit drei Kenngrößen bzw. Koordinaten definiert.

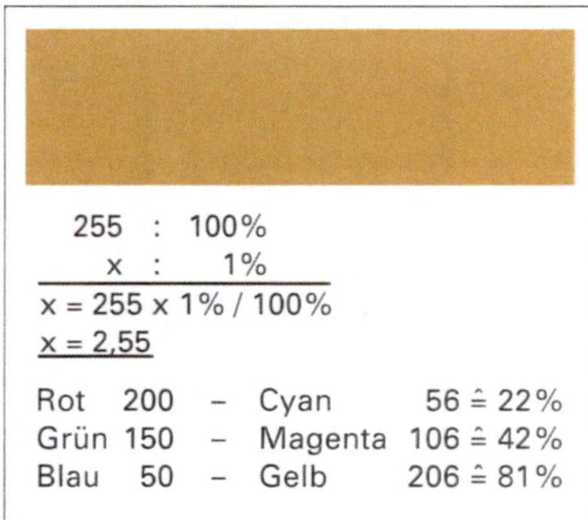

R 200, G 150, B 50

Mit welchen CMYK-Werten würden Sie diese Farbfläche drucken? Wenn wir nur dreifarbig mit CMY drucken würden, wäre es ziemlich einfach. Die additiven Grundfarben sind die Sekundärfarben der subtraktiven Farbmischung. Der Tonwertumfang geht im RGB-Modus von 0 bis 255, im Druck von 0% bis 100%. Rot und Cyan, Grün und Magenta sowie Blau und Gelb sind Komplementärfarben.

Die Berechnung der Separation müsste mit ein paar Dreisatzrechnungen zu bewältigen sein.

Separationsgrundeinstellungen

Leider ist die Berechnung in der Praxis nicht so einfach. Wir müssen eine Reihe Faktoren berücksichtigen, um ein farblich gutes Druckergebnis zu erreichen:

- Druckfarben und Bedruckstoff
- Tonwertzuwachs des Druckprozesses
- Separationsart
  - GCR, Unbuntaufbau
  - UCR, Buntaufbau
- Schwarzanteil und Gesamtfarbauftrag bzw. -flächendeckung

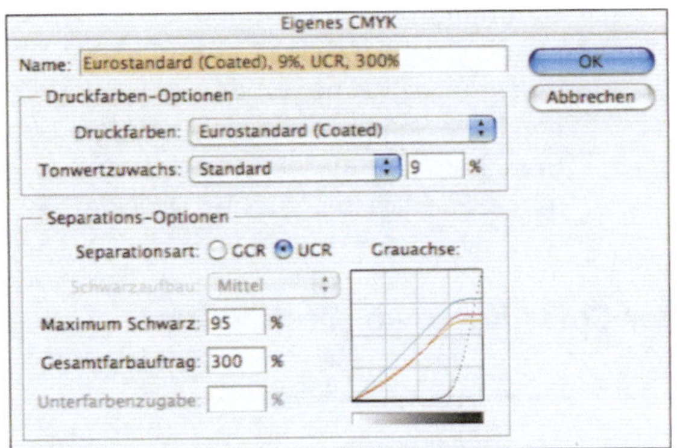

Separationseinstellungen in Adobe Photoshop

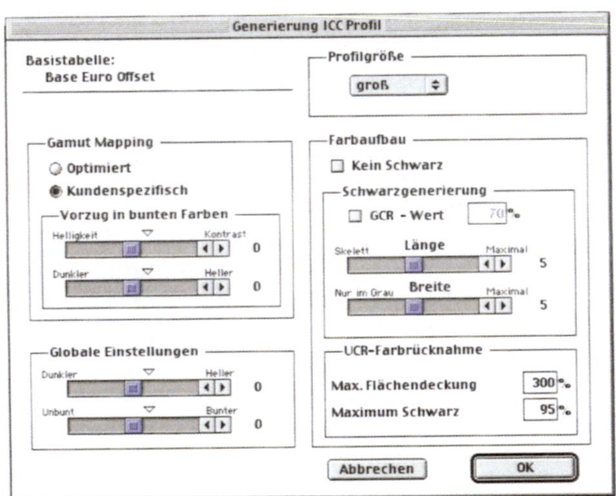

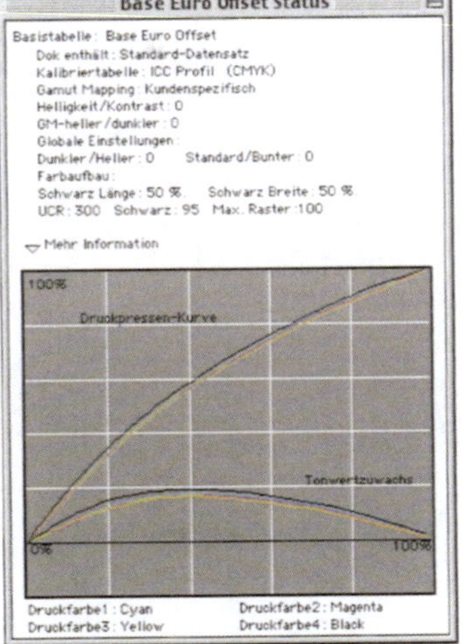

Separationseinstellungen bei der ICC-Profilerstellung in Heidelberg PrintOpen

Separationsarten

Da die realen Druckfarben CMY spektrale Mängel aufweisen, ergeben sie im Zusammendruck kein neutrales Schwarz, sondern ein rötliches Braun. Deshalb muss zusätzlich neben den drei Buntfarben noch Schwarz gedruckt werden. Wir brauchen also für jeden gedruckten tertiären Farbton bis zu vier Druckfarben, nämlich CMYK. Dies bedeutet, dass jede Tertiärfarbe durch ihre vier Farbkoordinaten im dreidimensionalen Farbraum überbestimmt ist. Bei der Separation muss deshalb das Verhältnis der Komplementärfarbe zum Schwarz in den jeweiligen Tertiärfarben des Bildes festgelegt werden.

UCR – Under Color Removal, Buntaufbau

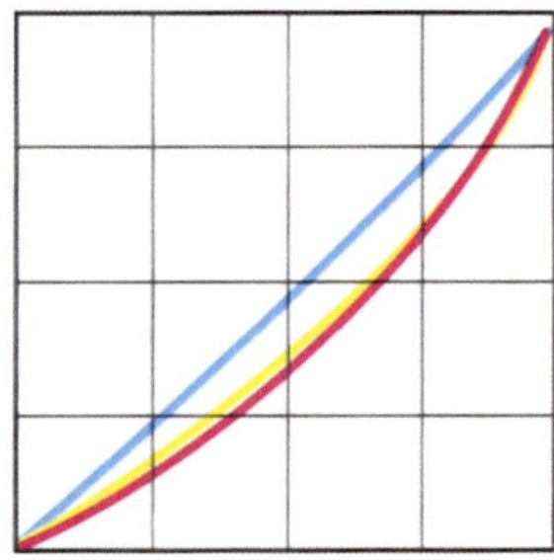

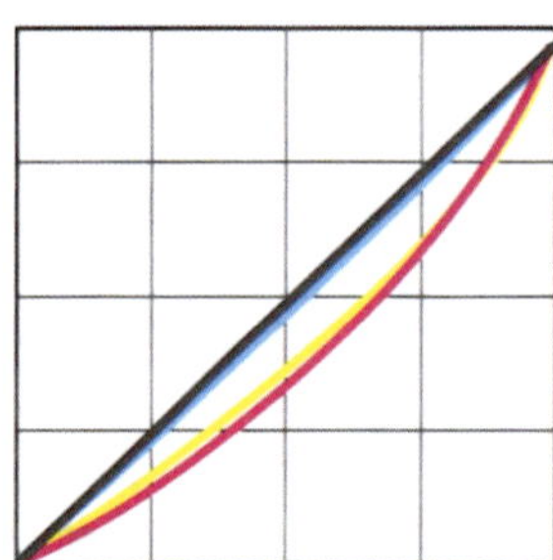

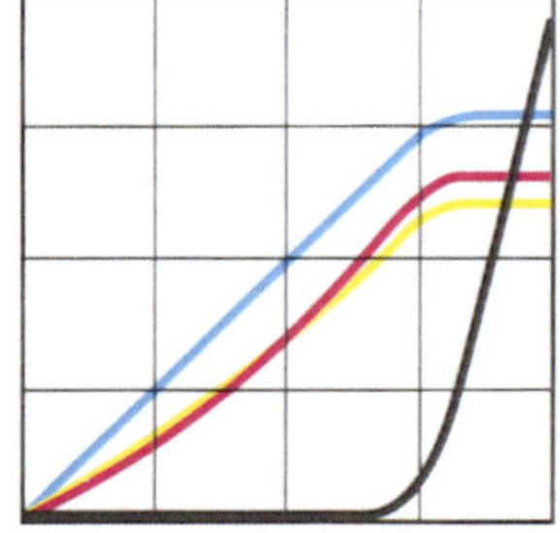

Grauachsen
Gradationskurven der Farbauszüge in den farbneutralen Bildbereichen

- dreifarbig ohne Schwarz
- vierfarbig mit Schwarz, ohne UCR
- vierfarbig mit Schwarz, mit UCR, Schwarzauszug als Skelettschwarz

Mit den drei subtraktiven Grundfarben Cyan, Magenta und Gelb können alle bunten Farben eines Bildes gedruckt werden. Nur für die neutralen Bildtiefen, d.h. von Dunkelgrau bis Schwarz, ist die vierte Druckfarbe Schwarz notwendig. Vier Farben würden im Zusammendruck bei einer Flächendeckung von 95% pro Farbe zu einer Gesamtflächendeckung von 380% führen. Ein zu hoher Farbauftrag bewirkt Druck- und Trocknungsschwierigkeiten sowie einen zu hohen Farbverbrauch. Deshalb werden die Buntfarben CMY, die unter dem Schwarz liegen, in den farbneutralen Bildtiefen reduziert. Alle anderen Tertiärfarben werden grundsätzlich bunt aufgebaut.

Der Schwarzauszug läuft nicht über den gesamten Tonwertumfang, sondern beginnt erst im Mitteltonbereich und steigt dann überproportional bis zu den Tiefen an.

Separation von R = 45, G = 45, B = 45 (L = 25, a = 0, b = 0) in die Prozessfarben des Mehrfarbendrucks. Zielfarbraum ist der Photoshop-Farbraum *Euroskala (coated)* für gestrichene Papiere, Tonwertzuwachs nach Photoshop-Standard: 9%

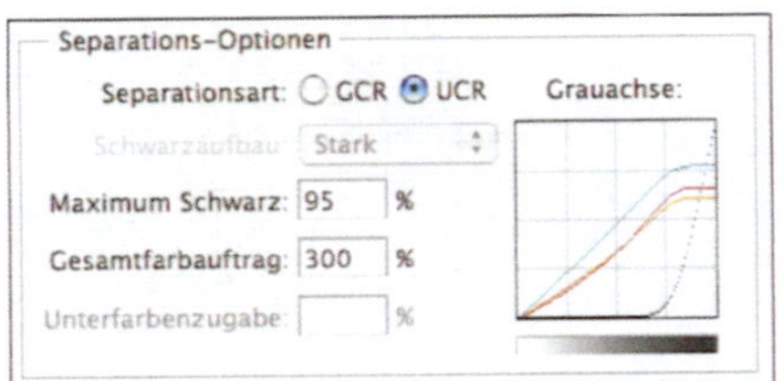

3c ohne Schwarz

91% 86% 82% 0%

4c mit Schwarz (UCR)

78% 66% 61% 55%

GCR – Gray Component Replacement, Unbuntaufbau

Im Gegensatz zum Buntaufbau wird beim Unbuntaufbau in allen Tertiärfarben der Unbuntanteil in den Buntfarben CMY ganz oder teilweise entfernt und dem Schwarzauszug zugerechnet. Tertiärfarben sind alle Farben, die aus den drei Grundfarben der subtraktiven Farbmischung Cyan, Magenta und Gelb aufgebaut werden. Die drei Buntfarben ergeben entsprechend der Graubalance zusammen Unbunt. Dieser Unbuntanteil, Gray Component, kann deshalb in den Buntfarben entfernt und durch eine entsprechende Erhöhung der Flächendeckung im Schwarzauszug gedruckt werden. Vorteile von GCR sind die stabilere Graubalance sowie die nicht unerhebliche Farbersparnis. Nachteile sind die schwierigere Beurteilung und Korrektur der Farben.

GCR mit Idealfarben

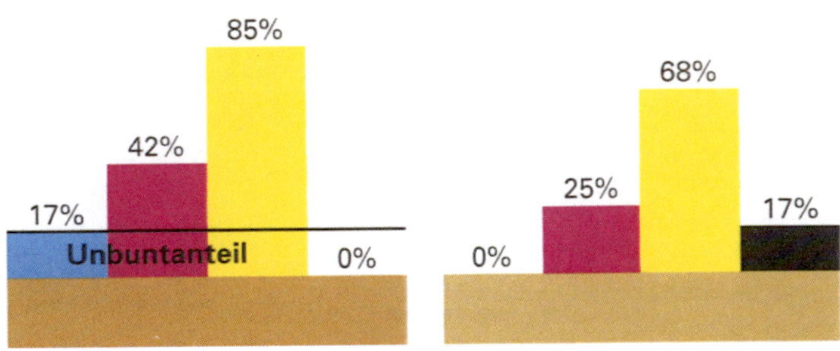

Separation von R = 200, G = 150, B = 50, Zielfarbraum ist der Photoshop-Farbraum *Euroskala (coated)* für gestrichene Papiere, Tonwertzuwachs nach Photoshop-Standard: 9%

GCR – Wenig

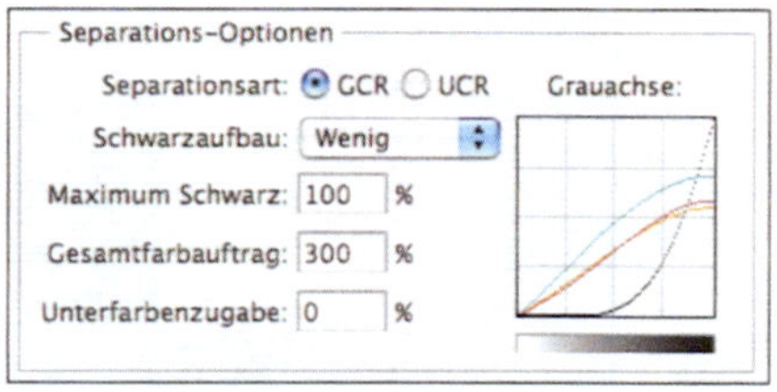

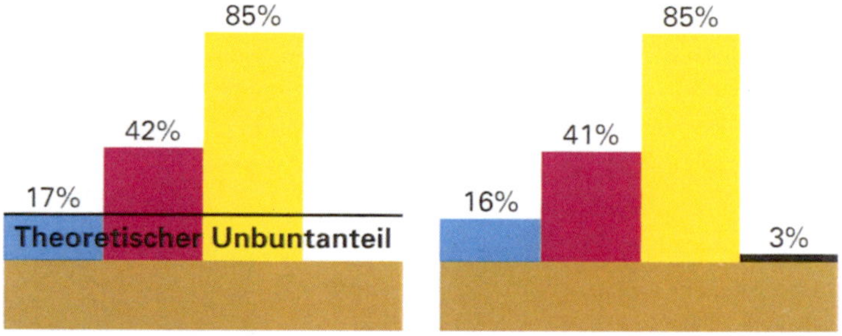

GCR – Mittel

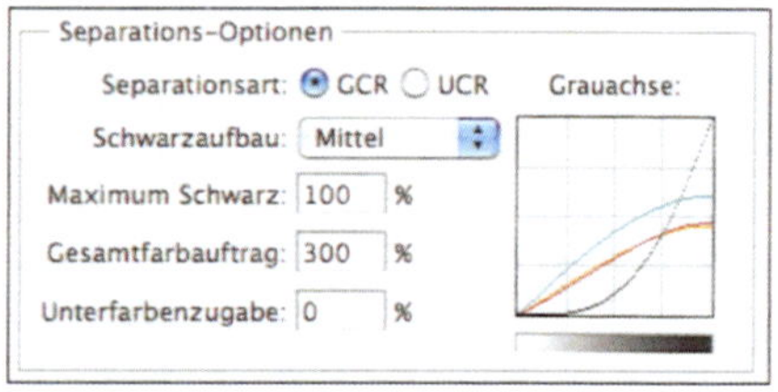

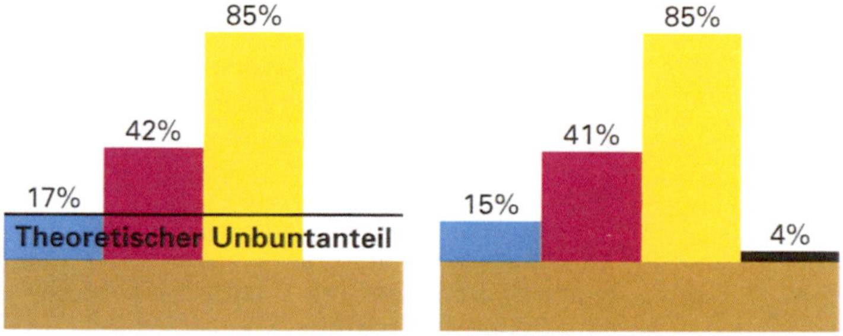

GCR – Maximum

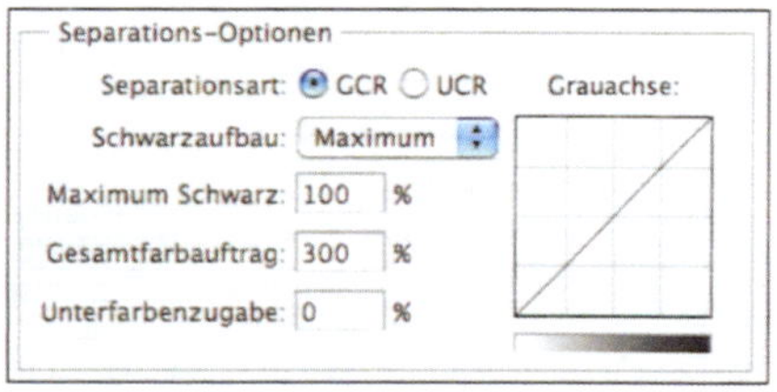

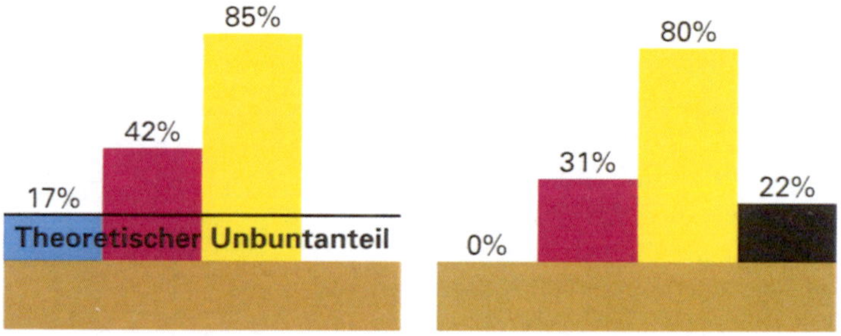

Separation in Adobe Photoshop

Composite-Druck

Wenn die Druckausgabe als Composite-Ausgabe auf einem Tintenstrahldrucker oder Farblaserdrucker erfolgen soll, dann schicken Sie einfach die RGB-Datei zum Drucken, den Rest erledigt der Druckertreiber. Die Verwendung des Originaldruckertreibers führt meist zu einem besseren Druckergebnis als die manuelle Separation z.B. in Photoshop.

Separation durch Moduswandlung

Die einfachste Art in Photoshop ein RGB-Bild zu separieren ist den Modus unter Menü *Bild > Modus > CMYK-Farbe* von RGB in CMYK zu wandeln. Aber nach welcher Separationseinstellung wird separiert? Schauen Sie unter Menü *Photoshop > Farbeinstellungen...* nach. Die Einstellungen Ihres CMYK-Arbeitsfarbraums gelten unter Menü *Bild > Modus* bei der Moduswandlung.

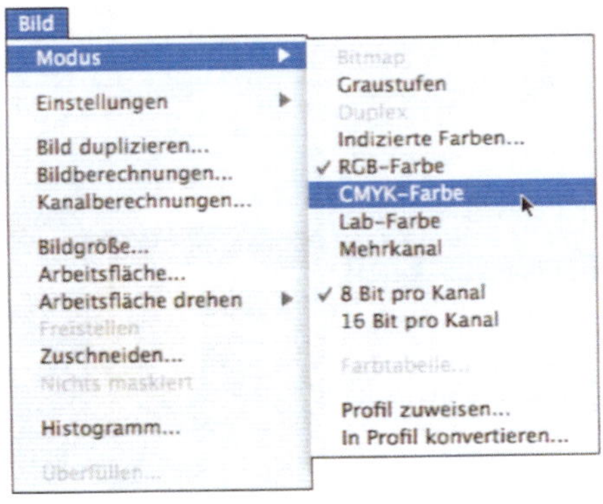

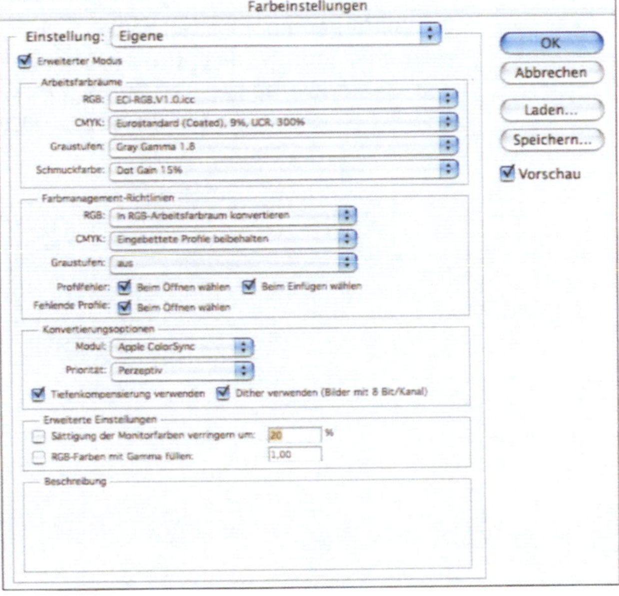

Separation mit ICC-Profilen

Sie haben zwei Optionen, Ihr Bild mit ICC-Profilen zu separieren. Sie können als Zielfarbraum ein fertiges Profil oder, analog zu den Farbeinstellungen, eigene Separationseinstellungen unter *Eigenes CMYK...* wählen.

Profil zuweisen...
Mit der Zuweisung eines Profils unter Menü *Bild > Modus > Profil zuweisen...* werden die Bilddaten nicht umgerechnet, sondern das Profil beim Speichern der Bilddatei eingebettet. Diese Option setzt aber voraus, dass die nachfolgenden Systemkomponenten Ihres Workflows, z.B. Drucker oder Belichter, ICC-Profile unterstützen.

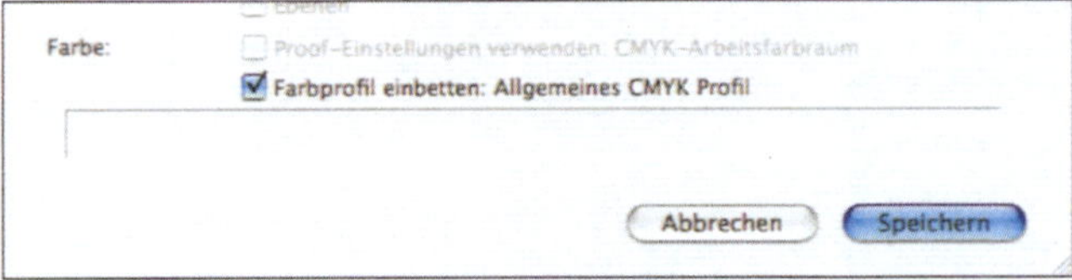

In Profil konvertieren...
Mit der Menüoption Menü *Bild > Modus > In Profil konvertieren...* führen Sie eine Farbraumtransformation durch, d.h., ihre Prozessfarbdaten ändern sich. Diese Option ist dann zu empfehlen, wenn Sie Ihre Bilddatei auf einem System ausgeben möchten, das keine ICC-Profile unterstützt. Dazu konvertieren Sie aber nicht die Originaldatei, sondern nur eine Kopie, um das Original prozessunabhängig zu halten.

→ S. 229

Beispiele zur Separation

Die drei additiven Farben Rot, Grün und Blau der RGB-Datei werden durch die Separation in die vier Prozessfarben des Mehrfarbendrucks Cyan, Magenta, Gelb (Yellow) und Schwarz (Key) konvertiert.

Auf den vier folgenden Seiten sind vier Separationen dieser Datei dargestellt.

Farbkanäle

Rot

Grün

Blau

Kombination zweier Farbkanäle

Rot + Grün

Rot + Blau

Grün + Blau

UCR – Under Color Removal

Separiertes Bild

Die drei Buntfarben CMY werden in den neutralen Bildtiefen reduziert und durch Schwarz ergänzt. Der Bildaufbau bis zu den Dreivierteltönen erfolgt nur mit CMY.

Grauachse

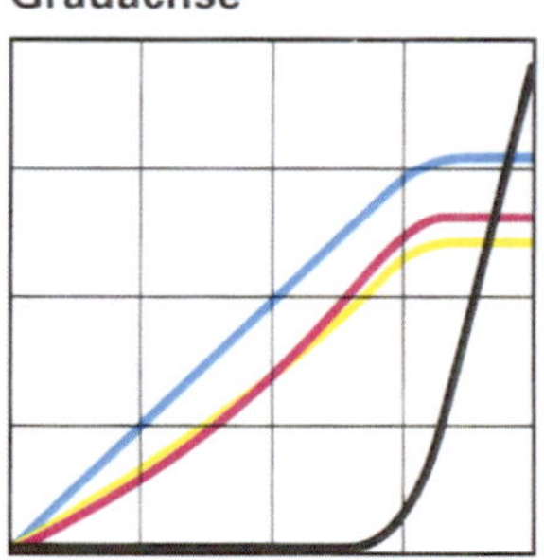

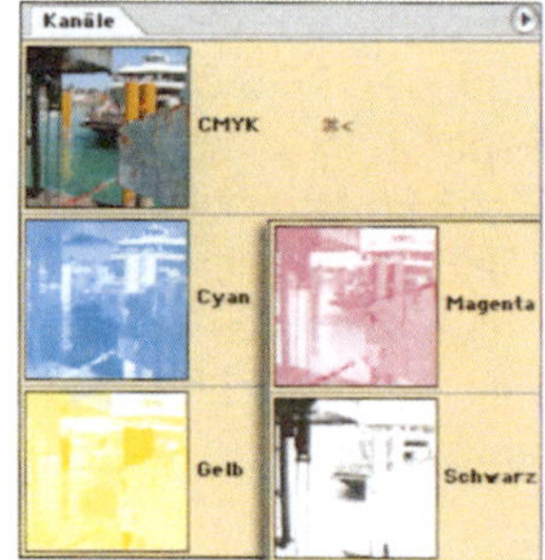

Farbauszüge

Cyan

Magenta

Gelb (Yellow)

Schwarz (Key)

Zusammendruck einzelner Farben

Cyan + Magenta

Cyan + Gelb (Yellow)

Magenta + Gelb

Cyan + Magenta + Gelb

GCR – Gray Component Replacement (Mittel)

Separiertes Bild

Der Unbuntanteil wird in allen Tertiärfarben nach den Regeln der Graubalance zur Hälfte reduziert und dem Schwarzauszug zugerechnet. Der Bildaufbau erfolgt über den gesamten Tonwertumfang mit CMY und Schwarz.

Grauachse

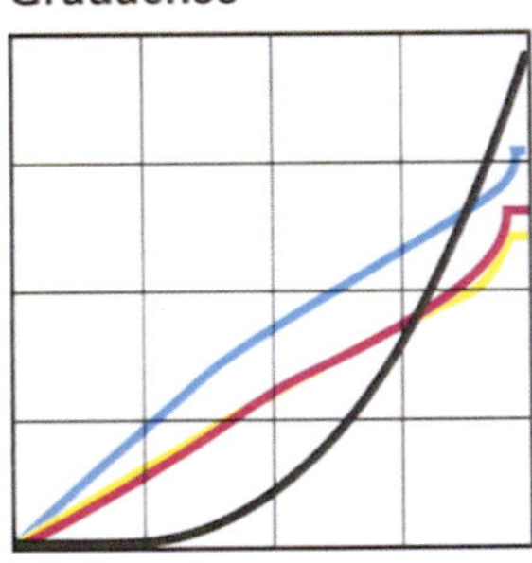

Farbauszüge

Cyan

Magenta

Gelb (Yellow)

Schwarz (Key)

Zusammendruck einzelner Farben

Cyan + Magenta

Cyan + Gelb (Yellow)

Magenta + Gelb

Cyan + Magenta + Gelb

GCR – Gray Component Replacement (Ohne)

Separiertes Bild

Das Bild wird durch die drei Buntfarben CMY ohne Schwarz aufgebaut.

Grauachse

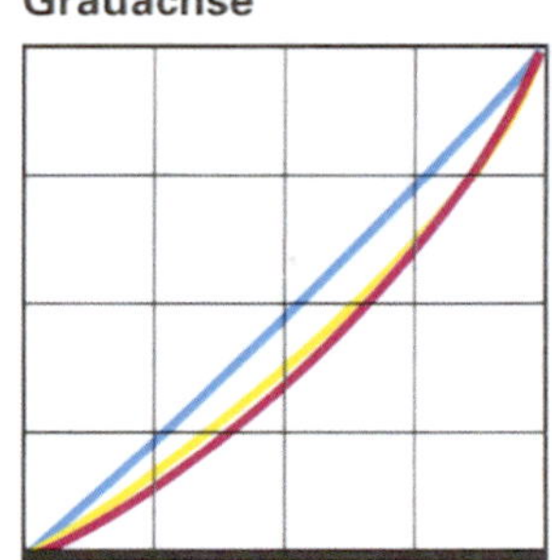

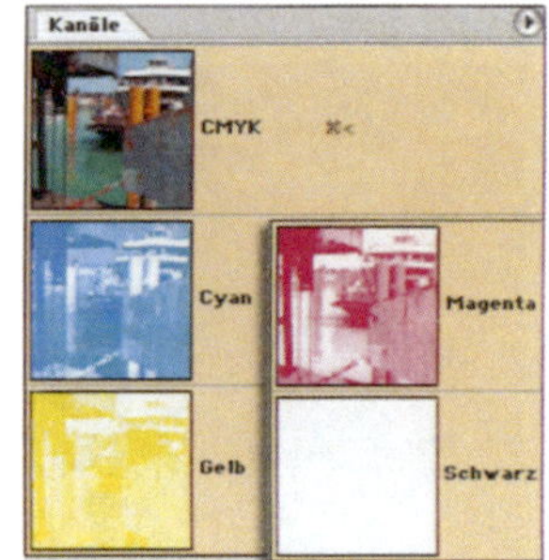

Farbauszüge

Cyan

Magenta

Gelb (Yellow)

Schwarz (Key)

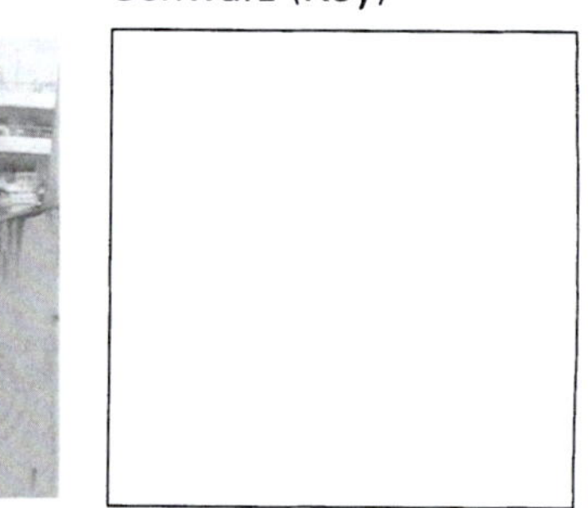

Zusammendruck einzelner Farben

Cyan + Magenta

Cyan + Gelb (Yellow)

Magenta + Gelb

Cyan + Magenta + Gelb

GCR – Gray Component Replacement (Maximum)

Separiertes Bild

Der Unbuntanteil wird in allen Tertiärfarben komplett aus den Buntfarben entfernt und dem Schwarzauszug zugerechnet. Alle neutralen Tertiärfarben werden nur mit Schwarz gedruckt.

Grauachse

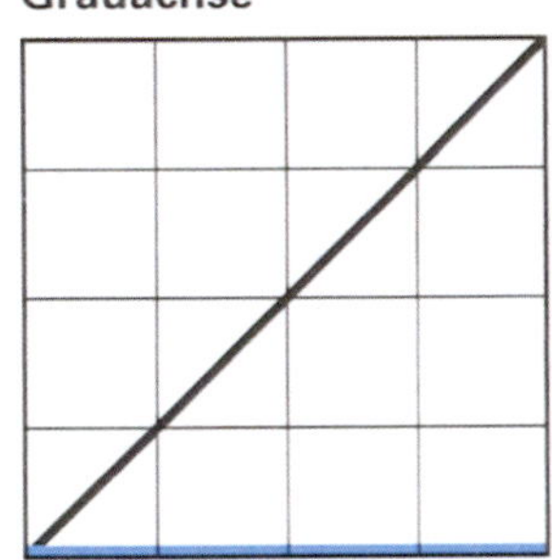

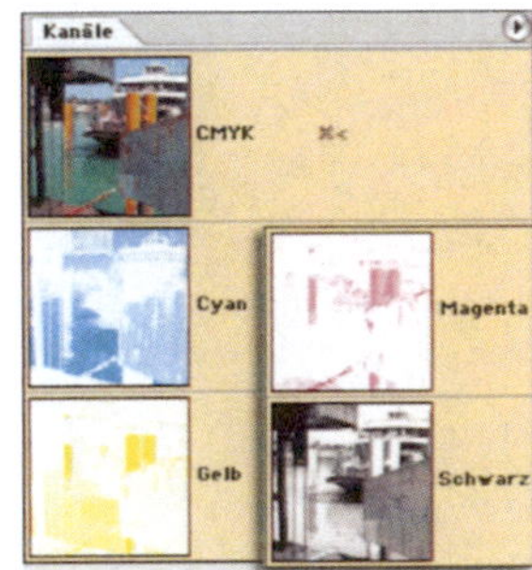

Farbauszüge

Cyan

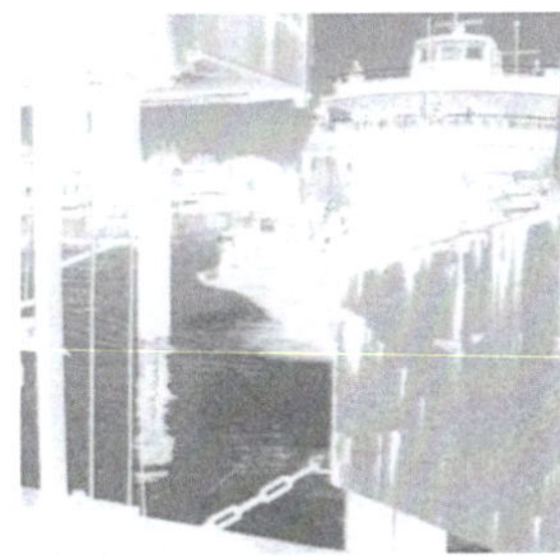

Magenta

Gelb (Yellow)

Schwarz (Key)

Zusammendruck einzelner Farben

Cyan + Magenta

Cyan + Gelb (Yellow)

Magenta + Gelb

Cyan + Magenta + Gelb

Farbe im Druck

CMYK –
Was braucht man mehr?

Druckverfahren

Die einzelnen Druckverfahren unterscheiden sich, bedingt durch die technischen Besonderheiten, hinsichtlich der erreichbaren Druckqualität, der möglichen Bedruckstoffe und der eingesetzten Druckfarben. Wählen Sie deshalb je nach Anforderungsprofil des Druckprodukts das passende Druckverfahren.

Die Einteilung der Druckverfahren erfolgt meist nach der Beschaffenheit der Druckform und dem Druckprinzip.

Impact-Druckverfahren

Impact-Verfahren sind Druckverfahren, bei denen große Kräfte bei der Übertragung des Druckbildes wirken. Alle so genannten konventionellen Druckverfahren sind Impact-Verfahren.

Hochdruck – Flexodruck

Der Hochdruck war früher bis in die Mitte des 20. Jahrhunderts das Hauptdruckverfahren zur Herstellung von Zeitungen, Büchern und Akzidenzen. Er wurde vom Offsetdruck abgelöst. Nur der Flexodruck als spezielle Form des Hochdrucks hat vor allem im Verpackungsdruck noch hohe Anteile.

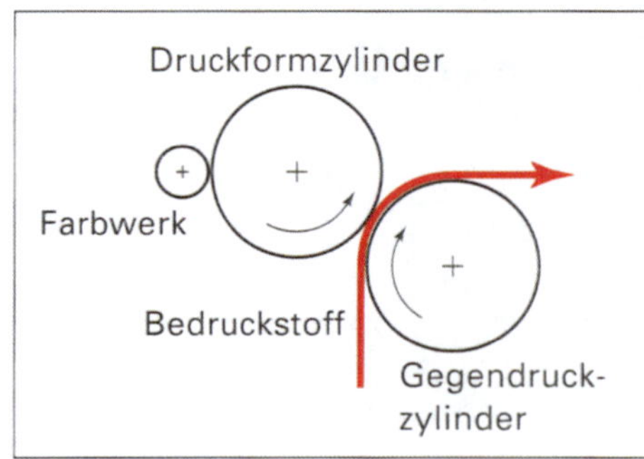

Das Prinzip des Hochdrucks beruht darauf, dass die druckenden Elemente der Druckform, analog eines Stempels, erhaben und die nicht druckenden Teile vertieft sind. Der Druck erfolgt i.d.R. rotativ direkt von der Druckform auf den Bedruckstoff.

Als Bedruckstoffe kommen die verschiedensten Papiere, aber auch Folien und Metalle zur Anwendung.

Die Druckfarben sind an den jeweiligen Bedruckstoff angepasst. Neben CMYK stehen viele Sonderfarben zur Verfügung.

Flachdruck – Offsetdruck

Das industrielle Flachdruckverfahren ist der Offsetdruck. Im Offsetdruck werden heute u.a. Bücher, Zeitungen und Akzidenzen produziert. Er ist das Hauptdruckverfahren mit dem größten Marktanteil weltweit. Neben dem 4c-Druck, CMYK, ist die Verwendung verschiedenster Sonderfarben und Lacke möglich.

Bogendruckmaschinen mit bis zu zwölf Druckwerken ermöglichen die Produktion in einem Druckgang.

Die Bandbreite der möglichen Bedruckstoffe reicht vom dünnen ungestrichenen Papier über gestrichene Kunstdruckpapiere bis hin zu Karton.

Der Offsetdruck ist ein indirektes Druckverfahren, bei dem das Druckbild von der Druckform zunächst auf das Gummituch und dann auf den Bedruckstoff übertragen wird.

Die Trennung in druckende und nicht druckende Elemente auf der Druckform geschieht durch unterschiedliche Grenzflächenspannungen zwischen der Druckfarbe und den druckenden Stellen und der Druckfarbe und den nicht druckenden Stellen der Druckform. Beim wasserlosen Offsetdruck wird die Druckfarbe an den nicht druckenden Stellen durch eine Silikonschicht verdrängt. Im konventionellen Offsetdruck bewirkt dies die Feuchtung der Platte mit Wasser. Der Druck erfolgt rotativ in Bogen- oder Rollendruckmaschinen.

Fünffarben-Bogenoffsetdruckmaschine
Abbildung: MAN Roland Druckmaschinen AG

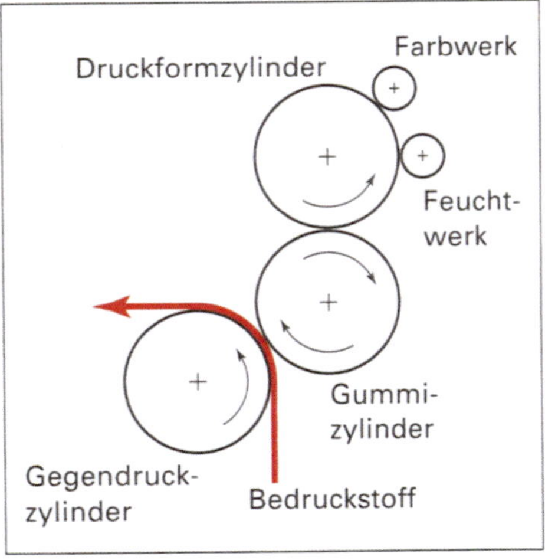

Tiefdruck – Illustrationstiefdruck

Der Illustrationstiefdruck ist ein qualitativ hochwertiges Druckverfahren. Da die Druckformherstellung sehr aufwändig ist, wird der Tiefdruck nur für hohe Auflagen, z.B. in der Versandhauskatalogproduktion, eingesetzt. Bei der Druckformherstellung werden in die Druckform Näpfchen graviert. Diese variieren je nach Tonwert in Tiefe und Oberfläche. Der Tiefdruck ist somit in der Lage, echte Halbtöne zu drucken.

Der Druck erfolgt direkt in Rollenrotationsmaschinen.

Die Zahl der möglichen Papiere und Druckfarben ist kleiner als im Offsetdruck.

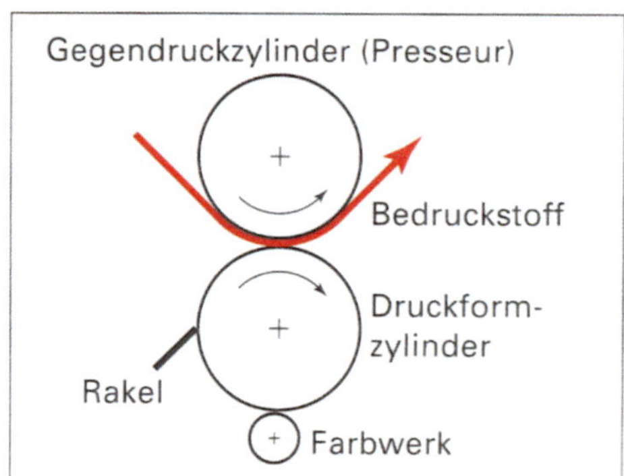

Durchdruck – Siebdruck

Der Siebdruck ist ein traditionelles handwerkliches Druckverfahren. Das Sieb bildet die Druckform. Die nicht druckenden Stellen sind im Sieb durch eine Schablone abgedeckt. An den druckenden Stellen wird die Druckfarbe mit einem Rakel durch die Siebmaschen gedrückt und so auf den Bedruckstoff übertragen.

Im Siebdruck können deutlich höhere Farbschichtdicken als in den anderen Druckverfahren verdruckt werden. Dadurch erhalten die Drucke eine hohe Farbdichte und -intensität. Die Zahl der zur Verfügung stehenden Farben ist fast unbegrenzt.

Bedruckstoffe sind neben Papier vor allem Kunststoffe und Metalle, aber auch Textilien oder Porzellan.

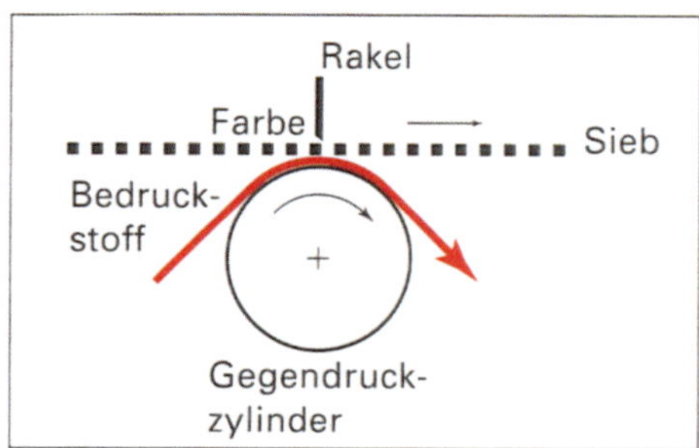

Non-Impact-Druckverfahren

Unter diesem Oberbegriff sind alle Druckverfahren zusammengefasst, bei denen die Druckbildübertragung mit geringer Druckkraft oder berührungslos erfolgt. Dazu gehören die Digitaldruckverfahren wie Laser- und Tintenstrahldruck.

Inkjet – Tintenstrahldruck

Beim Tintenstrahldruck wird die Druckfarbe aus feinen Düsen direkt auf den Bedruckstoff gesprüht.

Wir unterscheiden zwischen dem thermischen Tintenstrahldruck, Bubble-Jet, und dem Piezo-Tintenstrahldruck.

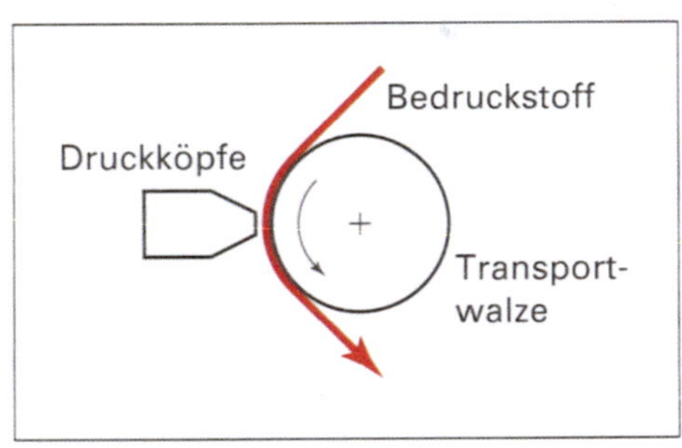

Die beiden Verfahren unterscheiden sich durch das Prinzip der Tröpfchenerzeugung und -steuerung.

Als Bedruckstoff sind in den meisten Tintenstrahldruckern nur Spezialpapiere einsetzbar. Um das Papierweiß des Auflagendrucks zu simulieren, müssen Sie deshalb beim Gamut-Mapping zum Proof „Absolut Farbmetrisch" wählen.

Neben den 4c-Grundfarben CMYK haben einige Drucker zusätzlich noch ein helles Cyan und ein helles Magenta. Damit wird der Tonwertumfang vor allem in den Vierteltönen erweitert. Der hier abgebildete Canon i990 hat zusätzlich noch als siebte Farbe ein so genanntes Fotorot.

→ S. 242

Sonderfarben stehen nicht zur Verfügung.

Tintenstrahldrucker Canon i990
Abbildung: Canon

Elektrofotografischer Druck

Bei den elektrofotografischen Druckern wird das Druckbild nach der Berechnung auf eine lichtempfindliche Trommel belichtet. Die Belichtung erfolgt über einen Laserstrahl oder LED (Light Emitting Diode = Leuchtdiode). Die belichteten Stellen laden sich elektrostatisch auf und ziehen damit den Toner an. Nach der Übertragung des Toners auf den Bedruckstoff wird der Toner thermisch fixiert.

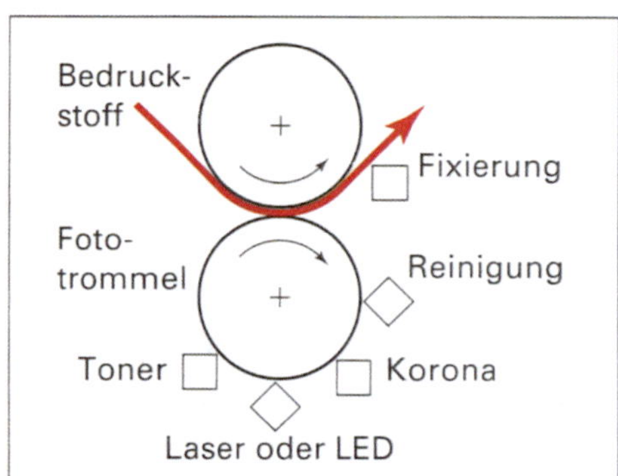

Die elektrofotografischen Digitaldrucksysteme können nur eine begrenzte Auswahl an Bedruckstoffen bedrucken.

Für die meisten Drucker stehen Ihnen nur Cyan, Magenta, Gelb und Schwarz als Druckfarben zur Verfügung.

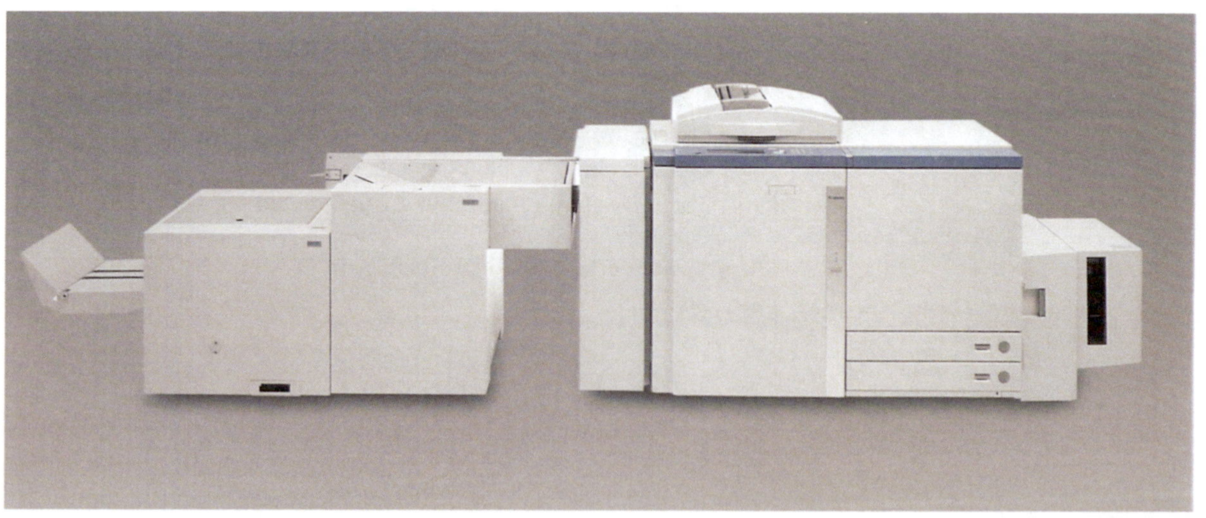

Digitaldrucksystem Canon CLC5000
Abbildung: Canon

Thermosublimationsdruck

Sublimation ist der direkte Übergang vom festen in den gasförmigen Aggregatzustand. Die Druckfarbe wird durch eine mit Heizdioden bestückte Leiste erhitzt, sublimiert und schlägt sich als Gaswolke auf dem Bedruckstoff nieder. Die Farbe kühlt sich ab und haftet auf dem Bedruckstoff. Das Verfahren erzeugt, im Gegensatz zu den beiden vorher beschriebenen Non-Impact-Verfahren, nicht gerasterte, echte Halbtöne.

Sie können im Thermosublimationsdruck nur spezielle Bedruckstoffe bedrucken.

Als Druckfarben stehen nur die vier Grundfarben CMYK zur Verfügung.

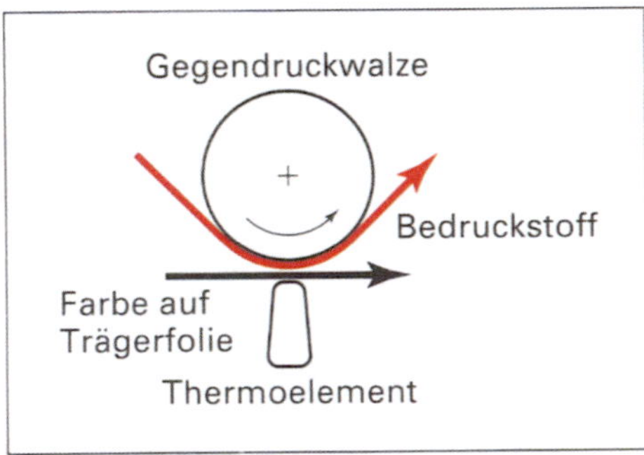

Thermosublimationsdrucker
Canon CP-200
Abbildung: Canon

Papier

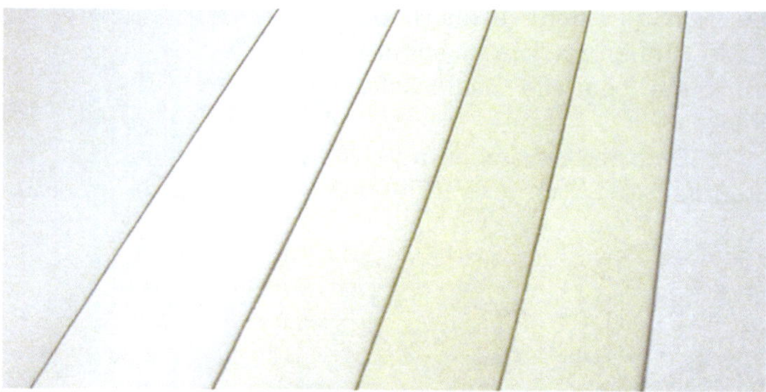

Papier ist der wichtigste Bedruckstoff. Es beeinflusst als visueller Informationsträger die Wirkung und Qualität Ihres Druckproduktes ganz wesentlich. Aber Papier ist nicht gleich Papier. Links sehen Sie eine Auswahl von Papieren, die, betrachtet man sie jeweils für sich, alle weiß sind.

Papierherstellung und -zusammensetzung

Als Faserrohstoffe zur Papierherstellung dienen heute vor allem Nadel- und Laubhölzer. Auch holzfreies Papier wird aus Holz hergestellt. Holzfreies und holzhaltiges Papier unterscheiden sich lediglich in der Art der Zerfaserung und der Stoffzusammensetzung.

Holzhaltiges Papier – Holzschliff
Bei der Holzschlifferzeugung werden die Fasern mechanisch in so genannten Holzschleifern herausgelöst. Dadurch ist die Ausbeute zwar 95–98%. Es verbleiben aber auch alle Harze und Lignin im Holzschliff. Inhaltsstoffe, die das Vergilben von Papier bewirken.

Holzhaltige Papiere enthalten als Faserrohstoff überwiegend Holzschliff.

Holzfreies Papier – Zellstoff
Hier erfolgt die Zerfaserung in einem chemischen Verfahren. Harze und Lignin werden dabei herausgelöst.

Holzfreie Papiere müssen zu mindestens 95% Zellstoff als Faserrohstoff enthalten. Sie sind dadurch weißer als holzhaltige Papiere

Chlorfreie Papiere
Die Faserrohstoffe werden nach der Zerfaserung gebleicht. Bei chlorfreien Papieren geschieht dies nicht durch Chlor, sondern z.B. durch Wasserstoffperoxid.

Recyclingpapier
Die Faserrohstoffe sind bei diesen Papieren Sekundärfaserrohstoffe, d.h. aufbereitetes Altpapier.

Füllstoffe und Leim
Die Papiereigenschaften werden neben der Faserstoffauswahl und -aufbereitung wesentlich durch die zu den Fasern hinzugefügten Füllstoffe und Leime beeinflusst. Als Füllstoffe dienen Kaolin und Metalloxide. Sie verbessern die Opazität und Glätte des Papiers.

Die Zugabe von Leim steuert die Saugfähigkeit, Beschreibbarkeit, Klang und Härte des Papiers.

Maschinenglatte Papiere
Maschinenglatte Papiere sind alle Papiere, die nach der Papiermaschine nicht weiter bearbeitet werden.

Naturpapiere
Naturpapiere sind alle nicht gestrichenen Papiere. Unabhängig von Stoffzusammensetzung oder Satinage.

Veredelung
Nach der Produktion der Papierbahn auf der Papiermaschine werden bestimmte Papiersorten noch verschiedenen Bearbeitungsprozessen unterzogen.

- *Satinage*
  Die Papierbahn wird zur Satinage durch einen Kalander geführt. Dabei wird das Papier durch Druck und Reibung zwischen den Walzen des Kalanders geglättet und verdichtet.
- *Streichen*
  Nach der Papiermaschine wird in einer Streichmaschine auf die Oberflächen der Papierbahn eine Streichmasse aufgetragen. Diese besteht im Wesentlichen aus Kaolin oder Kreide und Bindemittel.

  Glänzend gestrichene Papiere werden anschließend noch satiniert.

Papiertypen

In DIN/ISO 12647-2 wurden aus der unüberschaubaren Zahl von Papieren fünf für Auflagenpapier typische Papiere ausgewählt. Diese Papiere sind ebenfalls Grundlage des „Prozessstandard Offsetdruck" des Bundesverband Druck und Medien e.V.

LWC, light weight coated paper, ist leichtgewichtiges, gestrichenes, holzhaltiges Rollendruckpapier.

Papiertyp 1	glänzend gestrichen, weiß, holzfrei, 115g/m^2 L* 93, a* 0, b* -3
Papiertyp 2	matt gestrichen, weiß, holzfrei, 115g/m^2 L* 92, a* 0, b* -3
Papiertyp 3	glänzend gestrichen, LWC, 65g/m^2 L* 87, a* -1, b* 3
Papiertyp 4	ungestrichen, weiß, Offset, 115g/m^2 L* 92, a* 0, b* -3
Papiertyp 5	ungestrichen, gelblich, Offset, 115g/m^2 L* 88, a* 0, b* 6

Druckfarbe

Aufbau und Zusammensetzung

Die Druckfarbe visualisiert als färbende Substanz die Information auf dem Bedruckstoff. Je nach Druckverfahren und Verwendungszweck unterscheiden sich die Druckfarben in Aufbau und Zusammensetzung.

Die Verdruckbarkeit/runability, d.h. der Maschinenlauf, und die Bedruckbarkeit/printability, d.h. die Wechselwirkung zwischen Farbe und Bedruckstoff, werden wesentlich durch den Aufbau der Druckfarben bestimmt. So beeinflusst z.B. das Farbannahmeverhalten im Nass-in-Nass-Druck die visuelle Wirkung der Farben. Auch im Tintenstrahldruck verändert sich die visuelle Erscheinung der Farbe auf dem Druck je nach verwendeter Tinte. Es macht einen großen Unterschied, ob z.B. pigmentierte Tinte oder Farbstofftinte verdruckt wird.

Neben dem Farbmittel spielt die Viskosität des Bindemittels eine wesentliche Rolle. So führt niedrige Viskosität allgemein zu einem größeren Tonwertzuwachs.

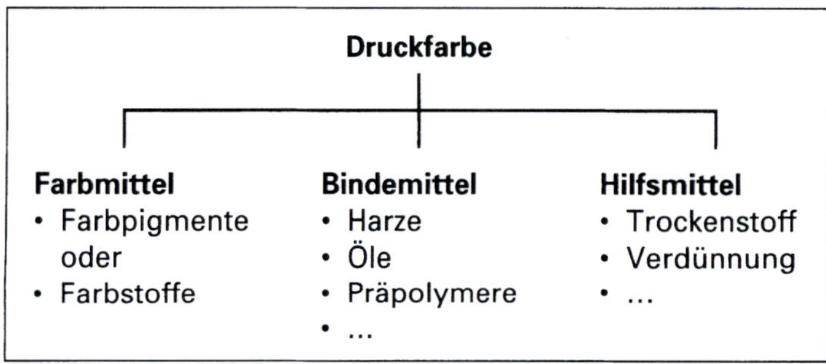

Trocknungsmechanismen

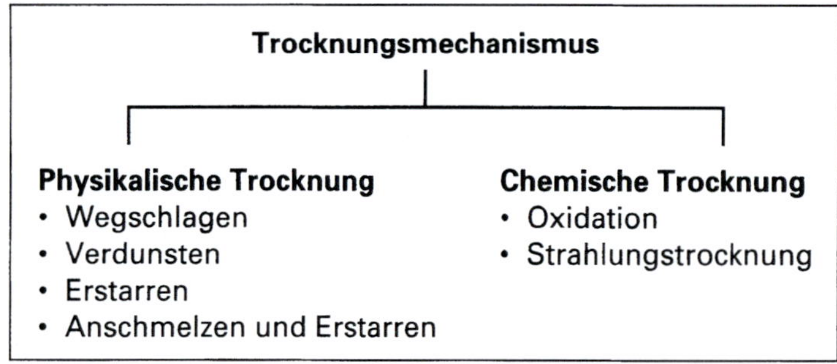

Der Trocknungsmechanismus einer Druckfarbe hat ebenfalls Auswirkungen auf ihre optische Wirkung. Je nach Trocknungsart unterscheiden sich Glanz und Glätte, aber auch der Tonwertzuwachs und die Randschärfe der gedruckten Flächen.

Optische Eigenschaften

Sie haben im Kapitel „Farbsysteme“ die subtraktive Farbmischung kennen gelernt. Die subtraktiven Primärfarben Cyan, Magenta und Gelb sind, ergänzt durch Schwarz, die Grundfarben des Farbdrucks. Ihre theoretische Farbwirkung beruht darauf, dass jeweils das Licht zweier additiver Grundfarben remittiert und die dritte Grundfarbe absorbiert wird.

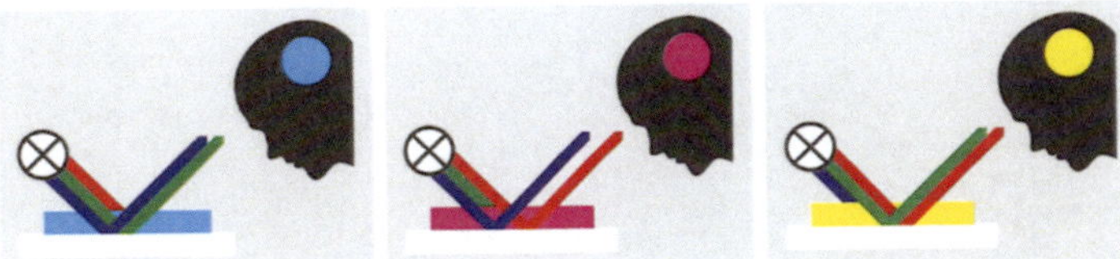

→ S. 70

Idealfarben

Wenn Sie das Remissionsschema in ein idealisiertes Spektrogramm übersetzen, dann erhalten Sie für Cyan, Magenta und Gelb folgende Remissionskurven.

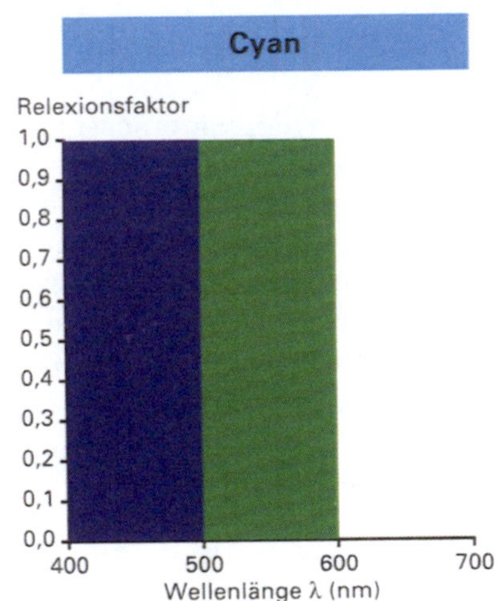

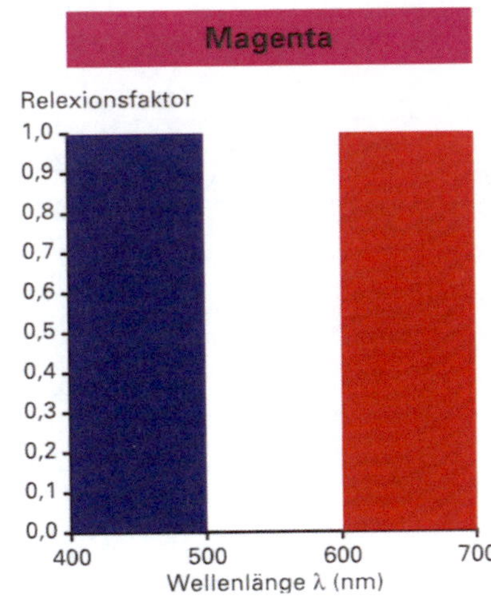

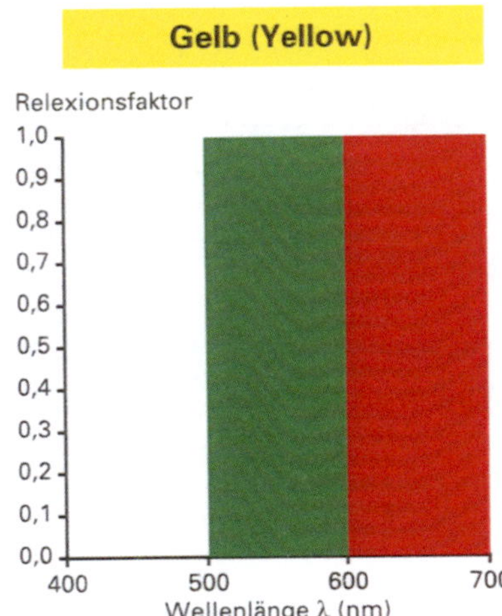

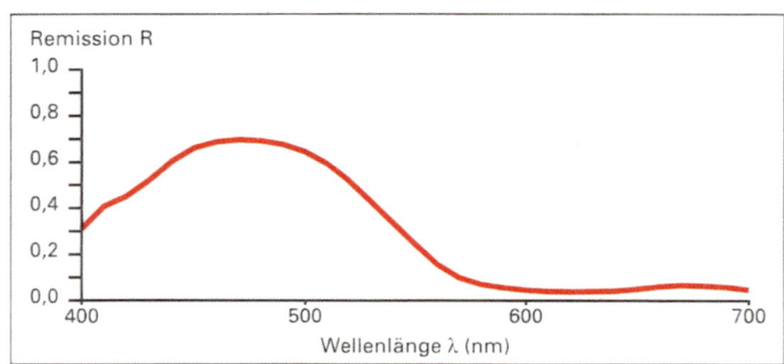

Realfarben

Die Remission der realen Druckfarben unterscheidet sich natürlich stark von dem idealisierten Schema.

Sie können mit einem Spektralfotometer die spektrale Remissionsfunktion jeder Druckfarbe messen. Durch die dazugehörige Software werden alle Messwerte in einer Liste oder als Remissionskurve auf dem Monitor dargestellt.

DIN/ISO 2846 (Offsetdruck)

In der Norm DIN/ISO 2846 sind die Farbwerte und Transparenzen von Cyan, Magenta, Gelb und Schwarz definiert. Sie löst die alte Norm DIN 16539 „Offsetdruck-Europa-Skala“ ab.

Eine farbmetrische Grundlage ist die Untersuchung der FOGRA von 1992, in der die Skalenfarben von sieben Druckfarbenherstellern bewertet wurden. Daneben wurden der amerikanische SWOP-Standard, „Specifications for Web-Offset-Publications“, und der „Japan Colour SF 90“ mit berücksichtigt und eine Annäherung vorgenommen.

Farbe	CIELAB-Werte			Farbtoleranzen			
	L*	a*	b*	ΔE*	ΔL*	Δa*	Δb*
Cyan	56,99	-39,16	56,99	3,0	–	–	–
Magenta	49,98	76,02	49,98	5,0	–	–	–
Gelb	91,00	-5,08	94,00	4,0	–	–	–
Schwarz	18,01	0,80	18,01	–	<18,0	1,5	3,0
Papier	95,45	-0,42	4,73	–	2,0	1,0	1,5

Die Bedingungen der Farbmessung entsprechen der DIN/ISO 13655 „Spektrale Messung und farbmetrische Berechnung für graphische Objekte“ aus dem Jahr 2000: Normlichtart D50, 2°-Normalbeobachter, CIELAB-System zur Festlegung der Farbwerte und 45°/0°- oder 0°/45°-Messgeometrie.

Typische spektrale Reflexionsfaktoren nach DIN/ISO 2846

Wellenlänge	Cyan	Magenta	Gelb	Schwarz	Papier
400	0,312	0,206	0,067	0,0208	0,759
410	0,409	0,208	0,053	0,0229	0,773
420	0,452	0,214	0,044	0,0247	0,787
430	0,522	0,228	0,041	0,0251	0,799
440	0,606	0,242	0,041	0,0255	0,808
450	0,664	0,237	0,045	0,0259	0,819
460	0,690	0,213	0,056	0,0261	0,828
470	0,699	0,181	0,060	0,0263	0,834
480	0,695	0,148	0,082	0,0265	0,840
490	0,679	0,119	0,168	0,0268	0,847
500	0,647	0,092	0,348	0,0269	0,869
510	0,597	0,068	0,584	0,0269	0,871
520	0,525	0,047	0,741	0,0265	0,880
530	0,436	0,038	0,803	0,0257	0,883
540	0,341	0,035	0,831	0,025	0,886
550	0,245	0,029	0,848	0,0243	0,888
560	0,158	0,022	0,856	0,0237	0,892
570	0,102	0,018	0,864	0,0235	0,894
580	0,072	0,039	0,869	0,0235	0,894
590	0,057	0,177	0,874	0,0241	0,895
600	0,047	0,431	0,877	0,0248	0,898
610	0,041	0,653	0,881	0,0256	0,898
620	0,040	0,789	0,885	0,0264	0,899
630	0,041	0,852	0,889	0,0276	0,900
640	0,043	0,880	0,895	0,0289	0,900
650	0,051	0,895	0,900	0,0302	0,901
660	0,062	0,903	0,904	0,0316	0,901
670	0,068	0,907	0,906	0,0329	0,902
680	0,065	0,910	0,907	0,0341	0,903
690	0,060	0,914	0,909	0,0355	0,903
700	0,048	0,918	0,912	0,0373	0,903

Skalendruckfarben CMYK und Papierweiß, Lichtart D50, 2°-Beobachtungswinkel, Messgeometrie 0°/45°

Remissionskurven nach DIN 2846

Die Remissionskurven zeigen das spektrale Verhalten von Cyan, Magenta und Gelb für den Offsetdruck. Wenn Sie die spektrale Remission Ihrer Druckfarbe bestimmen wollen, dann müssen Sie außer dem Prüfpapier auch die Farbschichtdicke und den Transparenzwert beachten.

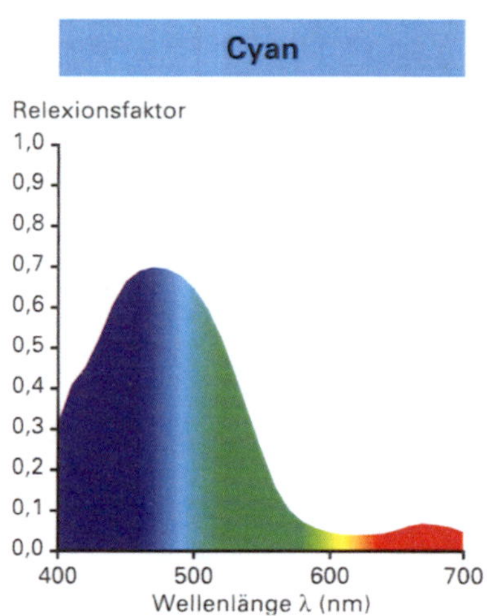

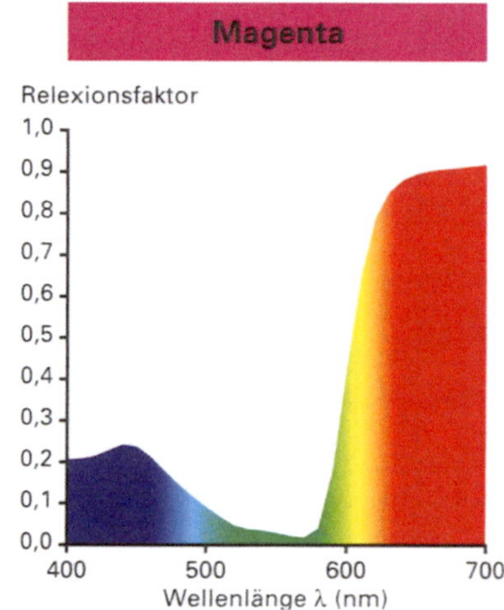

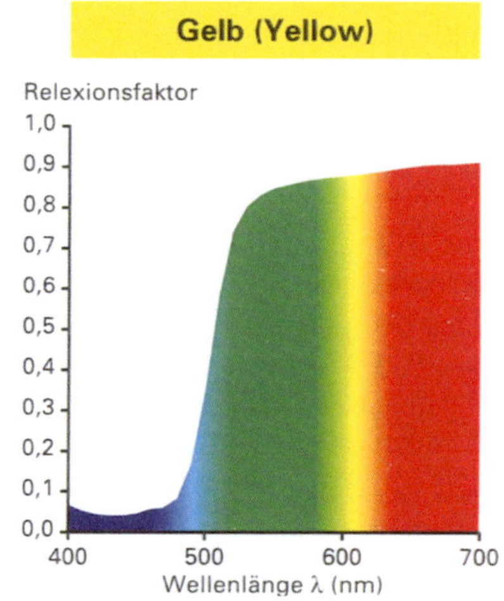

Druckfarbentyp	Cyan	Magenta	Gelb	Schwarz
wegschlagend/ oxidativ trocknend	0,7 – 1,1	0,7 – 1,1	0,7 – 1,1	0,9 – 1,3
strahlungshärtend	0,7 – 1,3	0,7 – 1,3	0,7 – 1,3	0,9 – 1,3
Rollenoffset-Heatset	0,7 – 1,3	0,7 – 1,3	0,7 – 1,3	0,9 – 1,3
Einheit der Druckfarbenschichtdicke: $\mu m = 10^{-3} mm = 10^{-6} m$				

Druckfarbenschichtdicke

Die Druckfarbenschichtdicke können Sie aus der Druckfarbenmasse auf dem Druck, der Druckfarbendichte und der bedruckten Fläche berechnen.

$$\text{Schichtdicke} = \frac{\text{Masse}}{\text{Dichte x Fläche}}$$

Lichtechtheit

Unter Lichtechtheit nach DIN 16525 wird die Widerstandsfähigkeit von Druckfarben gegen die Einwirkung von Licht verstanden. Farbstoffe und Farbpigmente verändern über die Zeit durch die absorbierte Strahlungsenergie ihre Struktur und dadurch ihre spektralen Eigenschaften. Sie absorbieren bzw. remittieren dann andere Bereiche des Lichts und verändern so ihre Farbigkeit.

Die Einteilung der Lichtechtheit erfolgt nach Typen in der so genannten Wollskala (WS).

Typ	Bewertung	Beleuchtungszeiten			
		Sommer	Winter	intensive Strahlung (Stunden)	durchschnittliche Strahlung (Tage)
1	sehr gering			20	5
2	gering			40	10
3	mäßig	4–8 Ta	2–4 Wo	80	20
4	ziemlich gut	2–3 Wo	2–3 Mo	160	40
5	gut	3–5 Wo	4–5 Mo	350	80
6	sehr gut	6–8 Mo	5–6 Mo	700	160
7	vorzüglich	> 1,5 J	7–9 Mo	1 500	350
8	hervorragend			3 000	700

Lernziel

- Sie kennen den Zusammenhang zwischen spektraler Remission und der visuellen Wirkung einer Druckfarbe.

Aufgaben

- Vergleichen Sie die Remissionskurven der Idealfarben mit denen der Realfarben.
- Führen Sie eigene Messungen durch, vergleichen und bewerten Sie die Ergebnisse.

Rasterung – unechte Halbtöne

Um Farben mit unterschiedlichen Farbwerten drucken zu können, muss die Farbmenge, die an einer bestimmten Stelle auf den Bedruckstoff aufgebracht wird, variiert werden können. Dies geschieht in allen Druckverfahren durch die Rasterung der Bildinformation. Allerdings unterscheidet sich die Art der Rasterung in den einzelnen Druckverfahren.

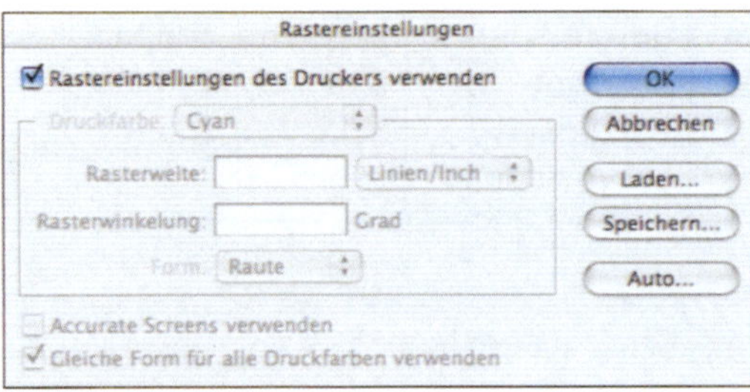

Die Rastereinstellung in Photoshop finden Sie unter Menü *Datei > Drucken mit Vorschau... > Raster...* Wenn Sie die Option „Rastereinstellung des Druckers verwenden" deaktivieren, können Sie Ihre persönlichen Rastereinstellungen treffen. Zum Speichern wählen Sie das Dateiformat „Photoshop EPS", damit die Rastereinstellungen mitgespeichert werden.

Die Berechnung der Rasterelemente erfolgt meist erst kurz vor der Belichtung bzw. Bebilderung im Raster Image Processor (RIP).

Amplitudenmodulierte Rasterung – autotypische Rasterung

Die amplitudenmodulierte Rasterung ist das bisher übliche Ihnen bekannte Rasterungsverfahren. Die Grundlagen wurden schon im 19. Jahrhundert von Georg Meisenbach entwickelt. Bei der ursprünglich rein fotografischen Rasterung bildeten sich hinter einer Gitterstruktur, abhängig von der transmittierten Lichtmenge, unterschiedlich große Rasterpunkte. Das Ergebnis wurde Autotypie (lat.: Selbstdruck) genannt und steht bis heute für ein gerastertes Bild.

Kennzeichen

- Die Mittelpunkte der Rasterelemente sind gleichabständig (= konstante Frequenz).
- Die Größe der Rasterpunktfläche variiert (= variable Amplitude).
- Die Farbschichtdicke ist bei allen Rasterpunktgrößen, Tonwerten, gleich.
- Die Farb- bzw. Tonwerte werden nur über die Rasterpunktgröße gesteuert (= unechte Halbtöne).

Rastertonwert – Flächendeckungsgrad

Der Rastertonwert ist der Anteil der mit Rasterelementen bedeckten Fläche an der Gesamtfläche in Prozent. Bei einem 30%igen Punkt sind also 30 Prozent der Fläche mit Rasterelementen, d.h. Druckfarbe, bedeckt.

Man bezeichnet den Rastertonwert auch als Rasterprozentwert oder Flächendeckungsgrad.

Rastertonwertumfang für Bilder nach DIN/ISO 12647:

- 40 L/cm bis 70 L/cm von 3 % im Licht bis 97 % in der Tiefe
- 80 L/cm von 5 % bis 95 %

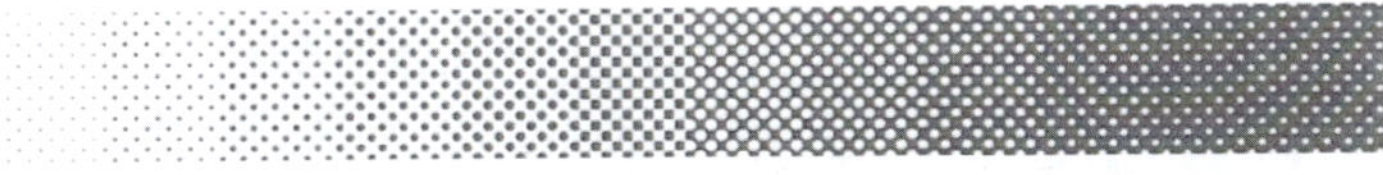

5% 10% 20% 30% 40% 50% 60% 70% 80% 90% 95% 100%

Rasterweite – Rasterfeinheit

Die Rasterweite gibt die Anzahl der Rasterelemente pro Streckeneinheit an. Sie wird in Linien pro Zentimeter, L/cm z.B. 60 L/cm, oder in lines per inch, lpi z.B. 150 lpi, angegeben.

In DIN/ISO 12647 wird die Zahl der Rasterelemente pro Streckeneinheit nicht mit Rasterweite, der in der Praxis üblichen Bezeichnung, sondern mit Rasterfeinheit bezeichnet. Die Einheit der Rasterfeinheit ist: Rasterelementeanzahl cm^{-1}, z.B. 60 cm^{-1}.

Eine weitere in der Praxis verbreitete Bezeichnung für die Rasterweite bzw. Rasterfeinheit ist die folgende Benennung: „Rasterelementezahl"er-Raster, z.B. 60er-Raster = 60 L/cm.

Je höher die Rasterweite bzw. Rasterfeinheit, desto mehr Bildinformationen werden im Druck wiedergegeben. Die Wahl der Rasterweite ist u.a. abhängig vom Druckverfahren, der Ausgabeauflösung und der Oberflächenstruktur des Bedruckstoffs. Grundsätzlich sollte die Rasterteilung immer unterhalb des Auflösungsvermögens des menschlichen Auges liegen. Das von der bedruckten Fläche zurückgestrahlte Licht mischt sich im Auge zu so genannten unechten Halbtönen.

10 L/cm, 100 R´punkte/cm²

30 L/cm, 900 R´punkte/cm²

Rasterpunktform

Die Form der Rasterelemente bestimmt wesentlich die Wirkung des gedruckten Bildes. In Motive mit weichen Verläufen, z.B. Hauttönen, erreichen Sie mit Kettenpunkten glattere Mitteltöne. Bei Bildern mit klaren Strukturen können Kettenpunkte zu unschönen Sägezahneffekten führen. Hier erzielen Sie mit punktförmigen Rasterpunkten bessere Ergebnisse. Die Rasterpunktform können Sie bei fast allen Ausgabegeräten wählen.

Die Norm macht folgende Vorgaben:

- Kreis-, Quadrat- oder Kettenpunkte sind erlaubt.
- Der erste Punktschluss darf nicht unter 40%, der zweite Punktschluss darf nicht über 60% liegen. Unter Punktschluss versteht man, wenn sich benachbarte Rasterpunkte bei zunehmendem Rastertonwert berühren.

Kreisförmige Punktform

Elliptische Punktform (Kette)

Rasterwinkelung

Die Ausrichtung der Rasterpunkte zur Bildkante wird als Rasterwinkelung bezeichnet. Sie müssen die Rasterwinkelung in der Rastereinstellung der Steuerungssoftware Ihres Ausgabegerätes einstellen.

Einfarbige Bilder

Zur Reproduktion einfarbiger Bilder wählen Sie als Rasterwinkelung 45° bzw. 135°. Bei dieser Winkelung ist die Rasterstruktur optisch am unauffälligsten.

Rasterwinkelung 90°

Rasterwinkelung 45°

Mehrfarbige Bilder

Die falsche Rasterwinkelung führt im Mehrfarbendruck zu einem Moiré. Mit Moiré bezeichnet man das störende Muster, das durch die Überlagerung der regelmäßigen Rasterstruktur der einzelnen Farbauszüge entsteht. Sie können ein Moiré durch die Wahl der richtigen Rasterwinkelung für die einzelnen Farben verhindern.

Bei Rastern mit Hauptachse muss die Winkeldifferenz zwischen Cyan, Magenta und Schwarz 60° betragen. Gelb muss einen Abstand von 15° zur nächsten Farbe haben. Die Winkelung der zeichnenden, dominanten Farbe sollte 45° oder 135° betragen, z.B. C 75°, M 45°, Y 0°, K 15°.

Raster ohne Hauptachse sollen einen Winkelabstand von 30° bzw. 15° für Gelb haben.

Diese offenen Vorgaben von DIN/ISO 12647-2: 1998-06 ersetzen die alten Winkelvorgaben (C 75°, M 15°, Y 0°, K 45°).

C 75°, M 45°, Y 0°, K 15°

Vorlage

C 10°, M 15°, Y 20°, K 25°

Berechnung der Rasterpunktgrößen

Der RIP, Raster Image Processor, berechnet bei der Bilddatenausgabe aus der Halbtoninformation Ihrer Bilddatei Rasterdaten. Dabei entsprechen den Ton- bzw. Farbwerten der Bildpixel eine entsprechende Anzahl Dots des jeweiligen digitalen Ausgabesystems, Belichter oder Drucker. Die Anzahl der ausgegebenen Dots bestimmt die Flächendeckung.

192	235	243	235	192	141
230	217	218	240	230	205

Halbtonpixel mit Helligkeitswerten

Für den AM-Raster gilt üblicherweise die Zuordnung der Bildinformation von vier Pixeln zu einem so genannten Raster- oder Basisquadrat. Dies ergibt den linearen Qualitätsfaktor (QF) 2. Die Auflösung der Bilddatei für ein mit 60L/cm AM-gerastertes Bild beträgt also 120 Pixel/cm bzw. 300 Pixel/inch.

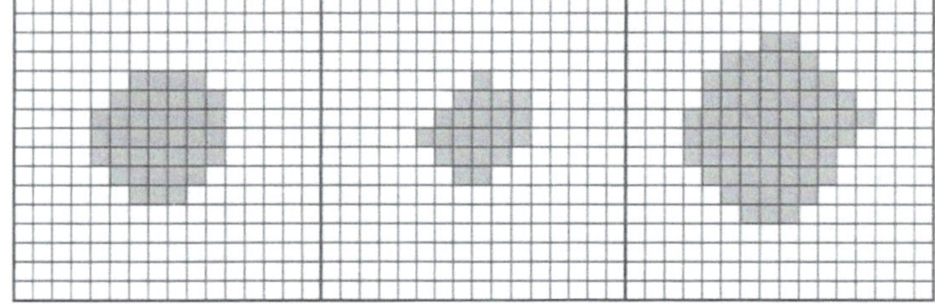

Die Dots werden zusammenhängend entsprechend der gewählten Rasterpunktform und -winkelung im Rasterquadrat ausgegeben. Dabei wird die Anzahl der Dots als Mittelwert aus den Helligkeitswerten der zugeordneten Pixel berechnet.

→ S. 106

Frequenzmodulierte Rasterung

Die frequenzmodulierte Rasterung stellt unterschiedliche Tonwerte natürlich auch über die Flächendeckung dar. Es wird aber nicht die Größe eines Rasterpunktes variiert, sondern die Zahl der Rasterpunkte, also die Frequenz der Punkte (Dots) im Basisquadrat.

Beim FM-Raster ist keine allgemein gültige Auflösung der Bilddatei vorgegeben. Die Angaben schwanken bei den verschiedenen Anbietern der Rasterkonfigurationen von QF = 1 bis QF = 2.

Die Verteilung der Dots erfolgt nach softwarespezifischen Algorithmen. Dabei müssen bestimmte Regeln beachtet werden:

- Keine regelmäßig wiederkehrenden Strukturen
- Gleichmäßige Verteilung in glatten Flächen
- Unterscheidung der einzelnen Druckfarben

Durch die Frequenzmodulation werden die typische Rosette des amplitudenmodulierten Farbdrucks und Moirés durch falsche Rasterwinkelungen und Bildstrukturen vermieden. Das durch Überlagerung von Vorlagenstrukturen und der Abtastfrequenz des Scanners entstehende Moiré kann allerdings auch durch FM-Raster nicht verhindert werden. Dieses Moiré können Sie nur vermeiden, wenn Sie die Scanauflösung verändern.

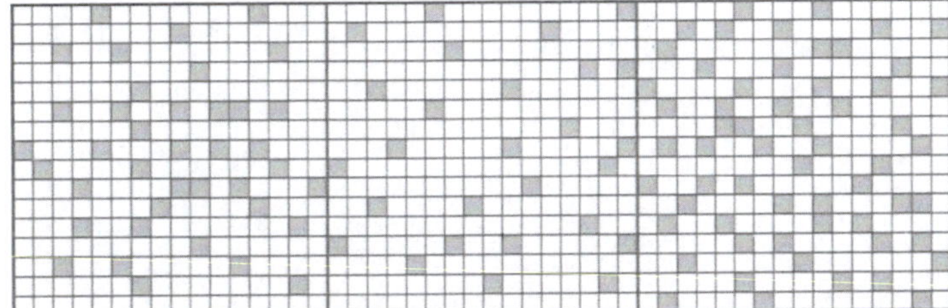

Lernziele
- Sie kennen das Prinzip der Rasterung.
- Sie ordnen einzelnen Ton- und Farbwerten ihre Flächendeckung zu.

Aufgaben
- Betrachten Sie verschiedene Drucke unter der Lupe.
- Vergleichen und bewerten Sie die Bildwirkung und Qualität unterschiedlicher Rasterungen.
- Ordnen Sie einzelnen Ton- und Farbwerten ihre Flächendeckung zu.

Autotypische Farbmischung

„Alle Farben der Welt“ werden in den meisten Druckerzeugnissen mit nur drei Buntfarben, nämlich Cyan, Magenta und Gelb, erzeugt. Die Mischung der Farben erfolgt nach den Regeln der autotypischen Farbmischung. Deren Grundlagen wurden von Hans E. J. Neugebauer 1935 in seiner Dissertation „Zur Theorie des Mehrfarbenbuchdruckes“ an der Universität Dresden gelegt. Die autotypische Farbmischung gilt nicht nur für das damalige Hauptdruckverfahren Buchdruck bzw. Hochdruck, sondern für alle Druck- und Rasterungsverfahren.

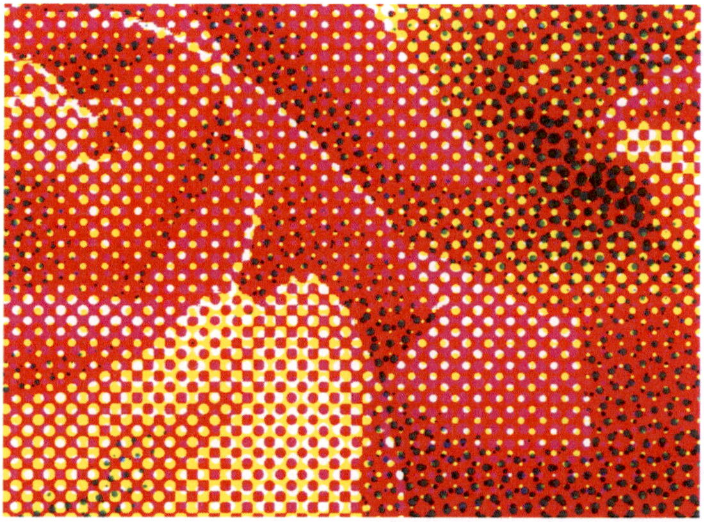

Neugebauer beschreibt die optische Wirkung des Mehrfarbendrucks folgendermaßen: „Ein gedrucktes Bild baut sich aus Bildelementen auf. Ein Bildelement ist eine kleine Fläche an einer beliebigen Stelle des Bildes, die beim Betrachten aus normaler Entfernung einheitlich gefärbt erscheint, ohne dass die Struktur des Rasters (deutlich) erkennbar wird. Ein Bildelement enthält stets eine größere Anzahl von Rasterelementen eines jeden Teildrucks. ...sind die die Farbe des Bildelementes zusammensetzenden Farbreize die folgenden: Das Papierweiß W, die Farben R_1(C), R_2(M), R_3(Y), die man erhält, wenn man mit je einer der drei Druckfarben das Papier gleichmäßig bedruckt, die subtraktiven Mischfarben R_{23}(MY = R), R_{13}(CY = G), R_{12}(CM = B), die man beim Übereinanderdruck von je zweien der Druckfarben erhält, und schließlich die Farbe R_{123}(CMY), die sich ergibt, wenn man das ganze Papier nacheinander gleichmäßig mit den Farben 1 (C), 2 (M) und 3 (Y) bedruckt.“

Additive Farbmischung
Das von nebeneinander gedruckten Rasterelementen remittierte Licht mischt sich im menschlichen Auge additiv.

Subtraktive Farbmischung
Wenn Rasterelemente übereinander gedruckt werden, dann absorbieren die transparenten Druckfarbenschichten jeweils ihre Komplementärfarbe. Sie sehen nur die übrig gebliebenen Spektralbereiche als Ergebnis der subtraktiven Farbmischung.

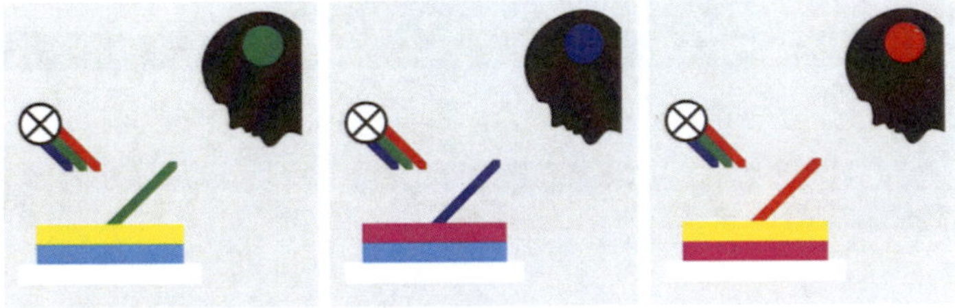

Autotypische Farbmischung
Die autotypische Farbmischung im Farbdruck ist also eine Kombination aus additiver und subtraktiver Farbmischung. In den Bildbereichen mit nebeneinander liegenden Rasterelementen mischt sich das remittierte Licht erst in Ihrem Auge. Bereiche mit überlappenden Rasterelementen remittieren nur das subtraktive gemischte Licht.

Kontrollelemente

Zur Kontrolle eines standardisierten und konsistenten Farbworkflows ist die Kontrolle des Druckergebnisses notwendig. In der Praxis werden von verschiedenen Herstellern Kontrollmittel angeboten. Sie können damit Ihre Proofs bzw. Drucke visuell und messtechnisch kontrollieren. Die messtechnische Kontrolle kann densitometrisch oder farbmetrisch erfolgen.

Ugra/FOGRA-Medienkeil

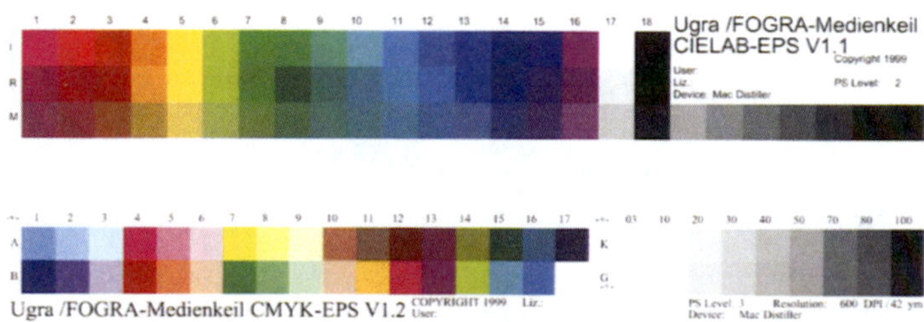

Die Ugra/FOGRA-Medienkeile sind herstellerunabhängige Kontrollmittel vor allem zur Überprüfung von Digitalproof und -drucksystemen. Es gibt sie als CIELAB-Medienkeil oder als CMYK-Medienkeil digital in den Dateiformaten EPS, TIF und PDF.

Sie können die Medienkeile als Datei oder auf Film bei der Ugra oder der FOGRA kaufen.

→ S. 259

Druckkontrollstreifen

Druckkontrollstreifen dienen zur visuellen und messtechnischen Kontrolle des Druckes. Sie stehen außerhalb des Druckbildes auf dem Druckbogen.

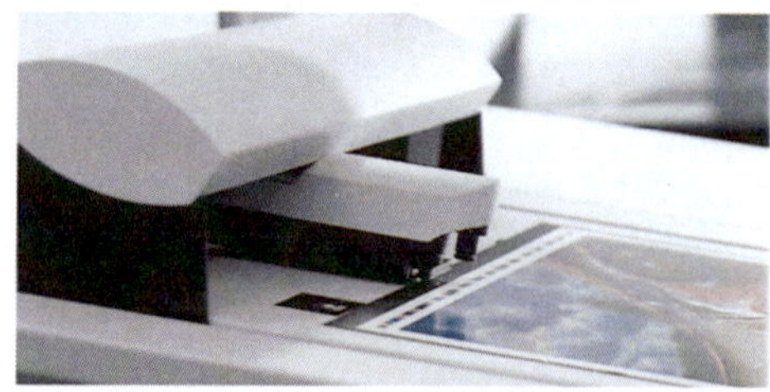

Farbmessung mit Heidelberg Axis-Control
Abbildung: Heidelberger Druckmaschinen AG

Jeder Druckkontrollstreifen enthält verschiedene Signalfelder zur visuellen Kontrolle und Messfelder zur messtechnischen Kontrolle. Die Anordnung der Kontrollfelder unterscheidet sich in den einzelnen Druckkontrollstreifen der verschiedenen Anbieter. Sie müssen deshalb bei der automatischen Auswertung beachten, dass die Größe und Reihenfolge der Kontrollfelder Ihren Messbedingungen entsprechen.

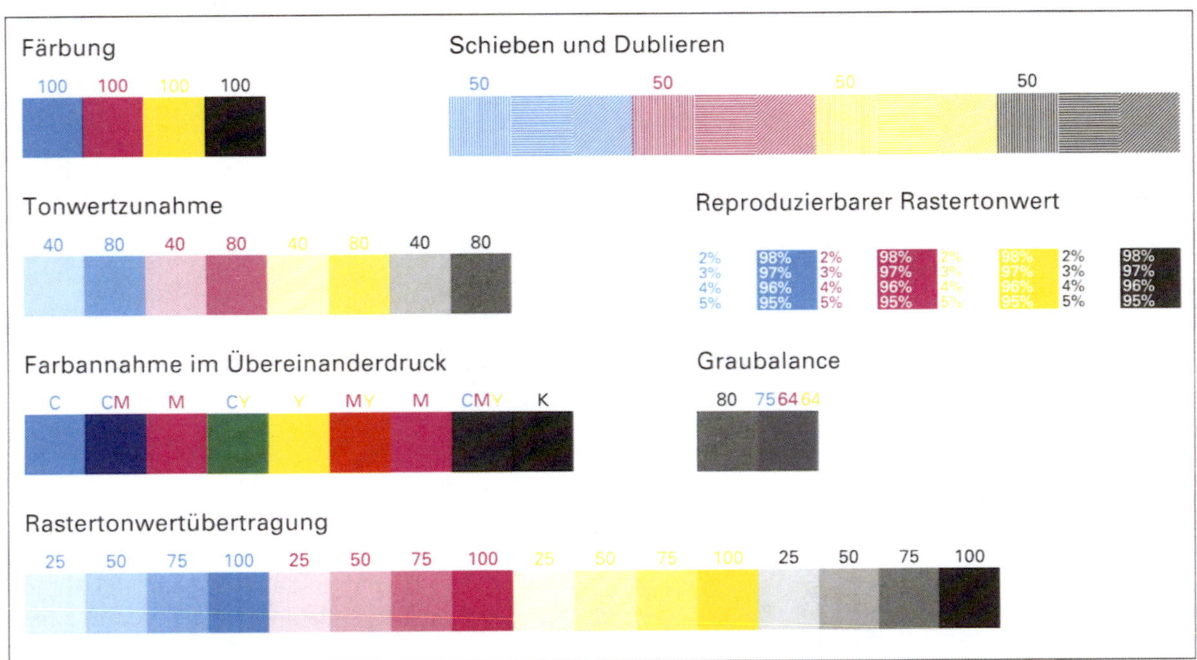

Kontrollfelder in Druckkontrollstreifen nach DIN 16527
Die hier dargestellten Kontrollfelder sind in den einzelnen Kontollstreifen in Sequenzen angeordnet.

4c-Druckkontrollstreifen

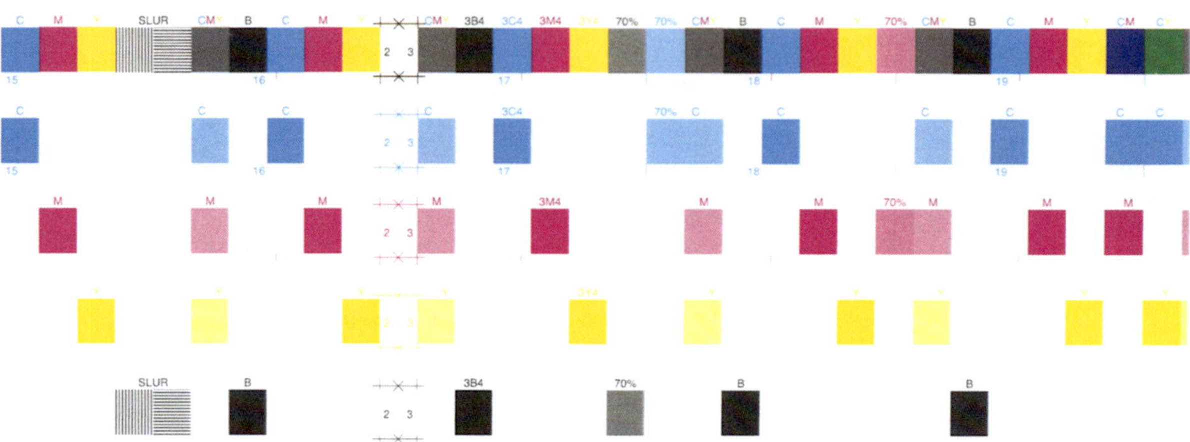

Messung im Druckbild

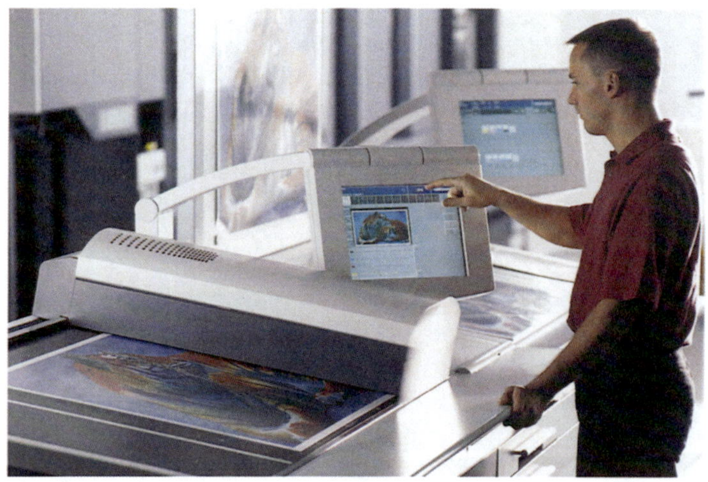

Farbmessung im Druckbild mit Heidelberg ImageControl
Abbildung: Heidelberger Druckmaschinen AG

Die Firma Heidelberg geht mit ihrem System „ImageControl" noch einen Schritt weiter und misst zur Kontrolle keinen Farbkontrollstreifen, sondern direkt im Bild. Über das gesamte Druckbild verteilt werden 2,0 mm mal 2,4 mm große Messfelder farbmetrisch erfasst und ausgewertet. Die Messwerte dienen zur Prozesskontrolle und bilden die Grundlage für die Farbsteuerung der Druckmaschine.

Passzeichen

Der mehrfarbige Fortdruck erfolgt seriell, d.h., die separierten Farben werden in aufeinander folgenden Druckwerken auf den Bedruckstoff übertragen. Deshalb sind in den einzelnen Farbauszügen Passzeichen, Passmarken oder Passkreuze zur Kontrolle des Bildpassers notwendig. Durch die Passkreuze kann der Drucker die einzelnen Teilfarben auf dem Druck passgenau ausrichten. Die Positionierung der Passzeichen können Sie, je nach Workflow, in verschiedenen Programmen vornehmen.

- Photoshop
  Menü *Datei > Drucken mit Vorschau... Passermarken* Ihrer Ausgabedatei hinzufügen
- InDesign
  Menü *Datei > Drucken > Marken & Beschnittzugabe > Passkreuze*
- QuarkXPress
  Menü *Ablage > Drucken > Layout > Passkreuze*

Wenn Sie mit einer Ausschießsoftware wie z.B. Heidelberg Signastation arbeiten, dann empfiehlt es sich, die Passkreuze erst bei der Bogenmontage zu positionieren.

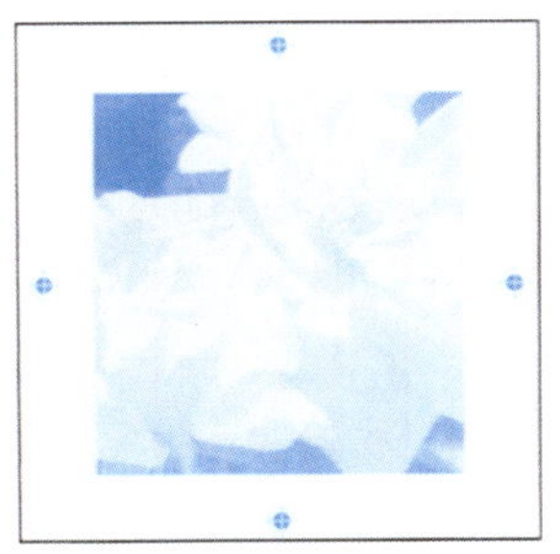

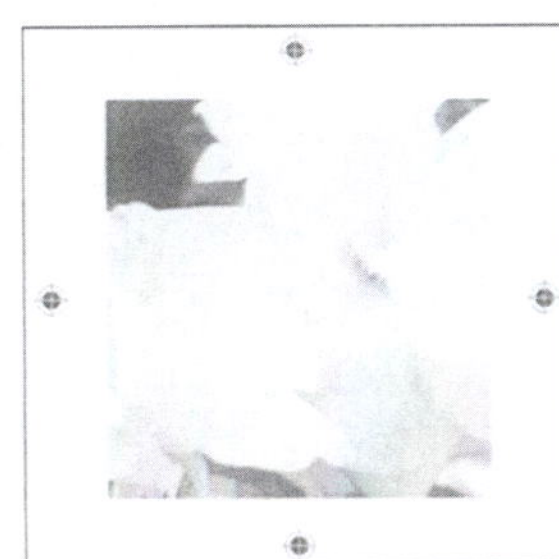

Tonwertzunahme ΔA

Unter Tonwertzunahme versteht man die Vergrößerung der Rasterelemente im Druck gegenüber der Kopiervorlage bzw. der Druckplatte oder der Druckdatei im Digitaldruck. Sie erhalten durch den Zuwachs im Druck einen größeren Flächendeckungsgrad und damit mehr Farbe auf der Fläche. Die Tonwerte werden dunkler. Der Punktzuwachs wird beeinflusst durch

- Druckverfahren
- Druckmaschine
- Druckfarbe
- Bedruckstoff
- Rasterung

Tonwerte A in der Datei: 20%, 40%, 50 %, 60%, 80%

Bestimmung der Tonwertzunahme

AM-Rasterung, Tonwertzunahme cyan dargestellt

FM-Rasterung, Tonwertzunahme cyan dargestellt

Da ein Rasterelement naturgemäß am Rand zunimmt, wirkt sich der Punktzuwachs in den Tonwertbereichen mit der längsten Randlinie, also den Mitteltönen, am stärksten aus. Die Angabe der Tonwertzunahme erfolgt in Prozent.

$\text{Tonwertzunahme} = \text{Rastertonwert}_{\text{Druck}} - \text{Rastertonwert}_{\text{Vorlage}}$

FM-Raster haben, bedingt durch die größere Randfläche, eine deutlich höhere Tonwertzunahme als AM-Raster. Dies müssen Sie bei der Druckausgabe, z.B. im ICC-Profil, berücksichtigen.

Standardisierte Tonwertzunahme

Im Prozessstandard Offset des Bundesverband Druck und Medien e.V. (bvdm) sind die Sollwerte und Toleranzen der Tonwertzunahme festgelegt.

Die Tonwertzunahme von Schwarz als erster Farbe liegt grundsätzlich ca 3% über jener der Buntfarben. Die Differenz zwischen Cyan, Magenta und Gelb sollte nicht größer als 5% sein. Als Schwankungsbreite sind ±4% vorgegeben.

→ S. 145

	Tonwert A_F (Film, positiv/Datei)				
	40	**50**	**70**	**75**	**80**
	Tonwert A_D im Druck				
Papiertyp 1 u. 2	53	64	83	87	91
Papiertyp 3	56	67	85	89	91
Papiertyp 4 u. 5	59	70	86	90	92
	Tonwertzuwachs $\Delta A = A_D - A_F$				
Papiertyp 1 u. 2	13	14	13	12	11
Papiertyp 3	16	17	15	13	11
Papiertyp 4 u. 5	19	20	16	14	12

Kennlinien

Tonwertzunahmekennlinie

Die Tonwertzunahme ΔA wird durch die Tonwertzunahmekennlinie visualisiert. Im nebenstehenden Diagramm sind die Zuwächse für die fünf Papiertypen nach bvdm (siehe Tabelle oben rechts) eingetragen.

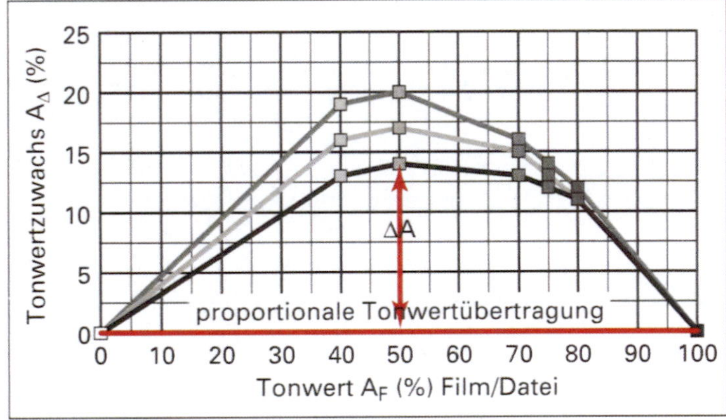

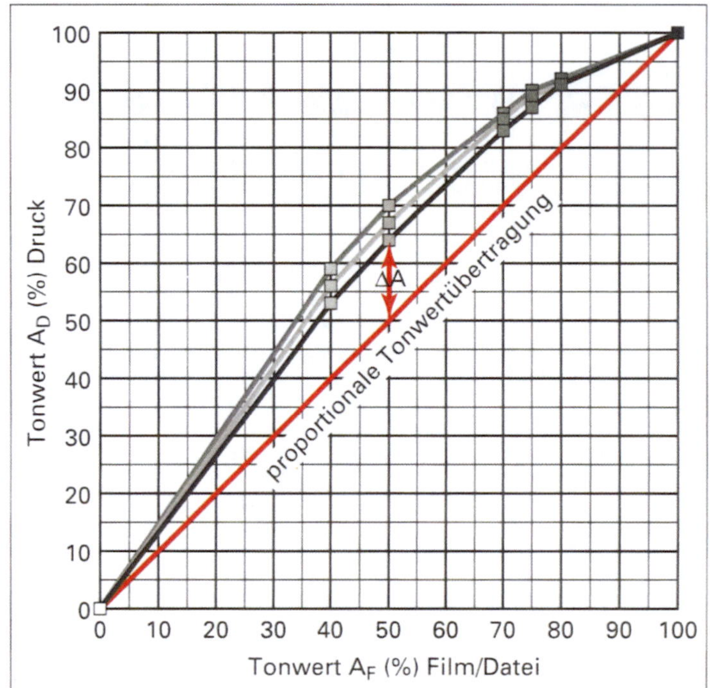

Druckkennlinie

Die Druckkennlinie charakterisiert die Tonwertübertragung vom Film bzw. der Datei zum Druck. Die Tonwertzunahme ΔA ist die Differenz zwischen der proportionalen Tonwertübertragung und der sich aus den Messwerten (hier Papiertyp 1–5 nach bvdm) ergebenden Druckkennlinie.

ICC-Profile

Die optisch wirksame Farbmenge auf dem Bedruckstoff wird außer durch die Rastertonwerte wesentlich durch den jeweiligen Tonwertzuwachs beeinflusst. Sie müssen deshalb bei der Erstellung von ICC-Profilen für die Druckausgabe neben der Separation natürlich auch die Tonwertzunahme der einzelnen Teilfarben des Druckprozesses berücksichtigen.

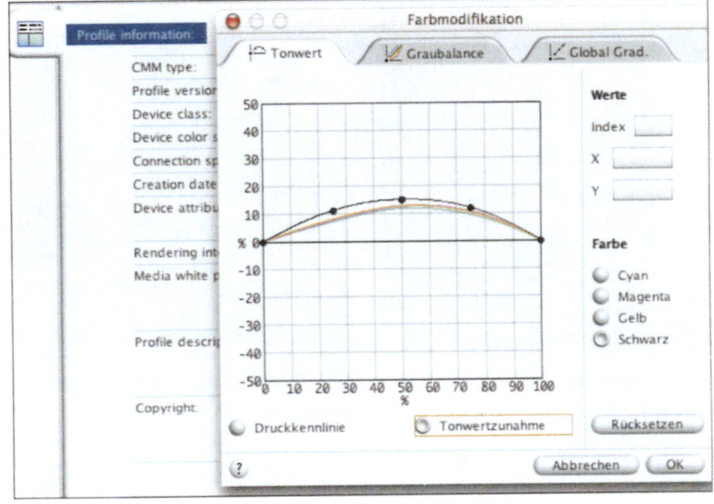

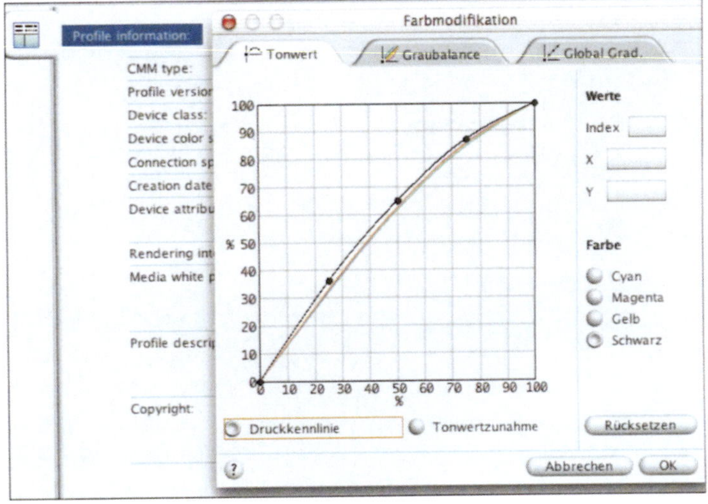

Korrektur der Tonwertzunahme in Photoshop

Ohne Anpassung der Druckkennlinie

Mit Anpassung der Druckkennlinie

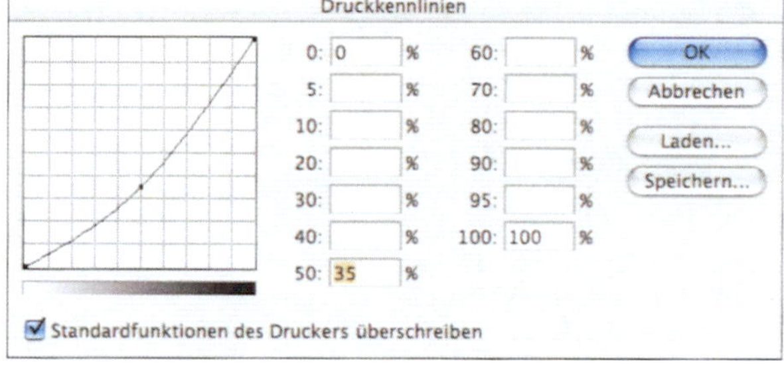

Wenn Sie aus Photoshop direkt, ohne ICC-Profile, ausdrucken, dann können Sie die Anpassung des Tonwertzuwachses unter Menü *Datei > Drucken mit Vorschau... > Druckkennlinie...* vornehmen.

Mit der Druckkennlinie wird nur die Druckausgabe gesteuert, die Bilddatei selbst bleibt unverändert. Bei der Tonwertanpassung über die Gradationskurven werden die Korrekturwerte in die Bilddatei eingerechnet. Ihre Datei ist damit auf einen bestimmten Ausgabeprozess festgelegt.

Im EPS-Format können Sie die Druckkennlinie mit den Bilddaten abspeichern. In einem medienneutralen Workflow ist allerdings davon abzuraten, da die Anpassung an den Ausgabeprozess für das gesamte Dokument erst direkt vor der Ausgabe erfolgt.

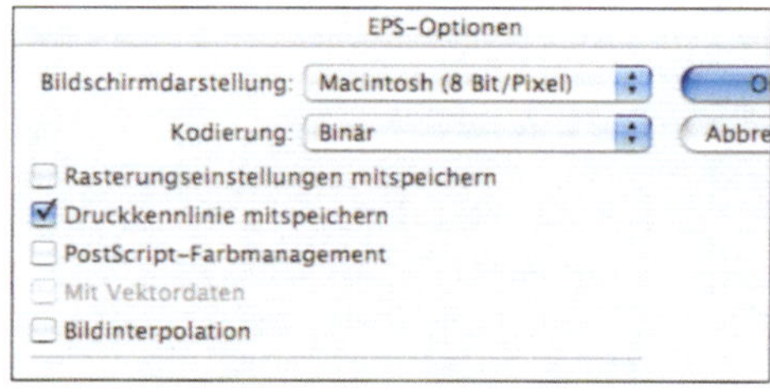

Übungen

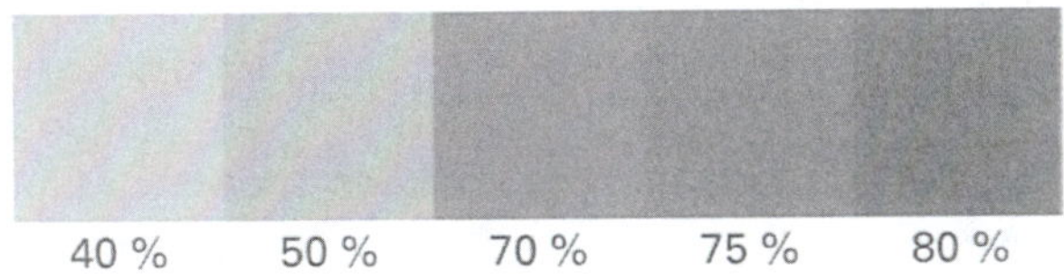

Die densitometrische Messung muss auf einer schwarzen Unterlage erfolgen. Legen Sie deshalb zur Messung z.B. einen schwarzen Fotokarton zwischen die Buchseiten.

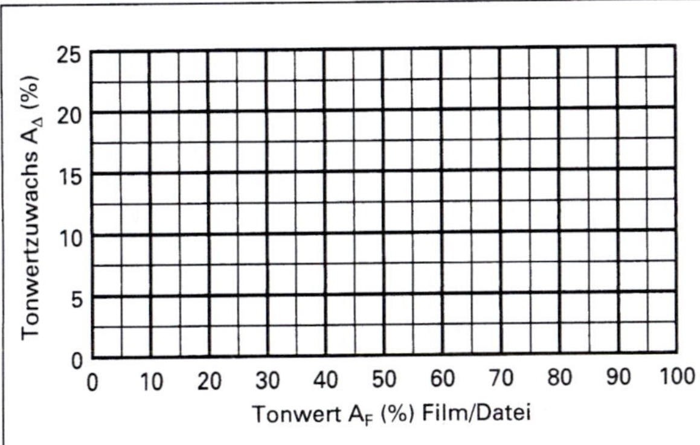

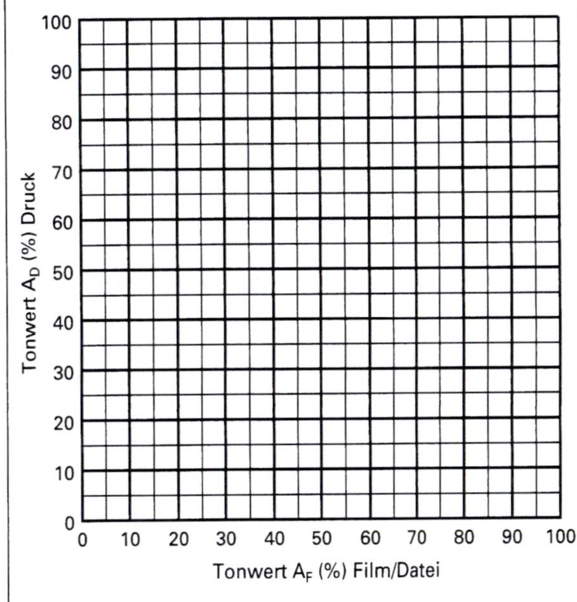

Lernziele

- Sie kennen die Auswirkungen des Tonwertzuwachses auf das visuelle Druckergebnis.
- Sie messen und berechnen den Tonwertzuwachs eines Drucks.
- Sie erstellen die dazugehörigen Kennlinien.

Aufgaben

- Messen Sie die Tonwerte der Tonwertfelder densitometrisch.
- Berechnen Sie den Tonwertzuwachs.
- Zeichnen Sie die Tonwertzunahme- und die Druckkennlinie.
- Führen Sie eigene Versuchsreihen durch.

Graubalance

Obere Reihe: Schwarz in 10%-Stufen
Untere Reihe: CMY jeweils in 10%-Stufen

Die Graubalance, auch Graubedingung oder Farbbalance genannt, ist das Verhältnis der Tonwerte von Cyan, Magenta und Gelb, das im Zusammendruck ein neutrales Grau ergibt. Bedingt durch die unterschiedlichen spektralen Eigenschaften von Cyan, Magenta und Gelb führt das dazu, dass die Tonwerte gleichgewichtig, aber nicht gleichwertig sein dürfen.

Graubalance in der Prozesskontrolle

Das menschliche Auge kann Farbschwankungen in neutralen Grautönen sehr schnell erkennen. Neutrale Grautöne gelten deshalb als visuelle Indikatoren für die Farbbalance im Bild. Deshalb enthalten Druckkontrollstreifen Graubalancefelder zur schnellen visuellen Kontrolle der Farbbalance. Wenn Sie diese Kontrollfelder betrachten, werden Sie vermutlich kein neutrales Grau, sondern ein farblich verfälschtes Grau sehen. Das macht nichts, solange die Farbabweichung konstant bleibt, ist das Farbverhältnis im Druckprozess konsistent. Schuld an der Abweichung vom Neutralgrau ist die Standardtonwertkombination in den Druckkontrollstreifen. Um ein neutrales Grau zu erzielen, müssen Sie das Tonwertverhältnis in der Separation bzw. ICC-Profilerstellung auf die Druckbedingungen abstimmen.

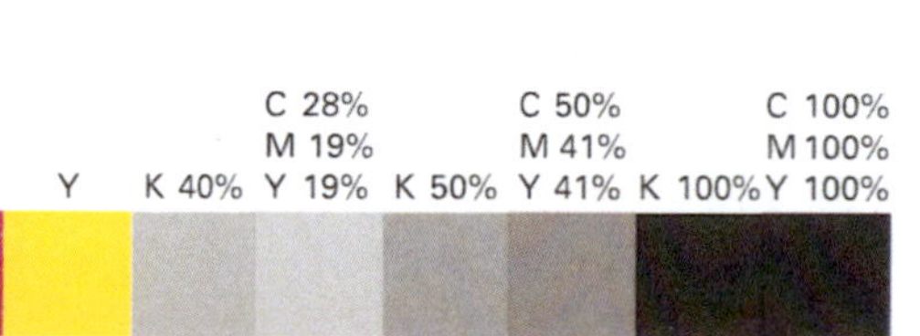

Graubalance-Kontrollfelder

Viertelton		25 %	19 %	19 %
Mittelton		50 %	40 %	40 %
Dreiviertelton		75 %	64 %	64 %

Graubalance nach DIN/ISO 12647-2

Graubalance definieren

Neutrale Grautöne in Photoshop

- Definieren Sie Ihren CMYK-Arbeitsfarbraum unter Menü *Photoshop > Farbeinstellungen...* bzw. Menü *Datei > Farbeinstellungen...*
- Öffnen Sie den Farbwähler.
- Geben Sie für „L" den gewünschten Grauwert, für „a" und „b" jeweils null ein; Photoshop zeigt Ihnen in den CMYK-Zahlenfeldern die entsprechende Tonwertkombination an. Links: Euroscale Uncoated v2 Rechts: Euroscale Coated v2

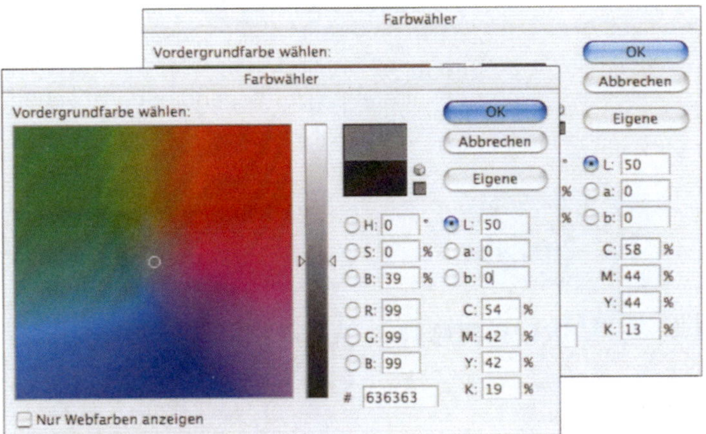

Separation und ICC-Profile

Die Art der Separation, UCR oder GCR, bestimmt die Graubalance Ihres Bildes. Sie können in den Separationseinstellungen, z.B. während der Profilerstellung in Heidelberg PrintOpen, die Tonwertkombination durch Modifikation der Gradationskurven verändern. Da Cyan die größten Abweichungen von der idealen spektralen Funktion hat, muss der geringere Buntanteil von Cyan durch einen höheren Tonwertanteil ausgeglichen werden.

→ S. 188

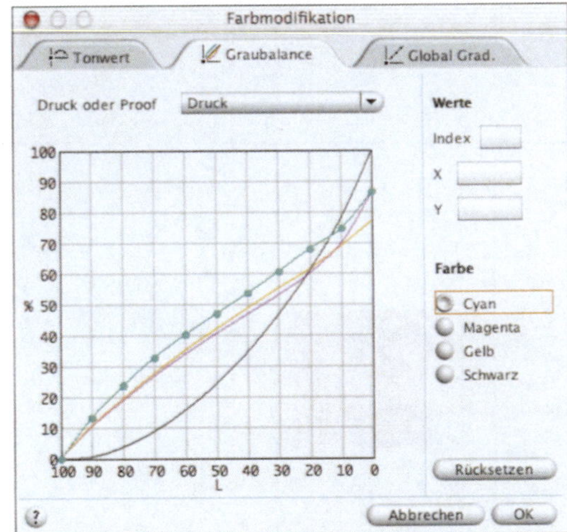

Überdrucken und Überfüllen

Überdrucken – Aussparen

Die Composite-Druckausgabe entspricht normalerweise der Bildschirmdarstellung. Im Druck und auf dem Monitor ist bei übereinander liegenden Farbflächen oder Texten jeweils nur die oberste Ebene sichtbar. Bei der Separation wird die Farbinformation auf die einzelnen Farbauszüge aufgeteilt.

Bildschirmdarstellung

Druck mit Überdrucken

Überdrucken
Wenn Sie die Option „Überdrucken" ausgewählt haben, dann wird die Farbinformation von überlappenden Bereichen den entsprechenden Farbauszügen zugewiesen. Im Zusammendruck zeigen die überlappenden Bereiche die Mischfarben nach den Regeln der subtraktiven Farbmischung.

Farbskala

Druck ohne Überdrucken

Blitzer durch Passerdifferenzen

Nicht Überdrucken – Aussparen
Wenn Sie die Option „Überdrucken" ausschalten, dann werden die überlappenden Bereiche in den darunterliegenden Farbauszügen ausgespart.

Der Übereinanderdruck der einzelnen Druckfarben muss passgenau erfolgen, damit die einzelnen Farben exakt aneinander stoßen. Die durch Verschiebung, Nichtpasser, der einzelnen Farben entstehenden unbedruckten Stellen heißen Blitzer.

Farbskala

Überfüllen – Unterfüllen

Passerdifferenzen lassen sich nie ganz vermeiden. Deshalb werden aneinander grenzende Farbflächen überfüllt. Überfüllen, Trapping, bedeutet, dass nach bestimmten Regeln benachbarte Farbflächen etwas verbreitert werden. Dadurch kommt es zur Überlappung der Flächen. Unbedruckte Stellen, Blitzer, im Grenzbereich werden verhindert.

Bildschirmdarstellung

Druck mit Überfüllung

Die helleren Flächen werden gegenüber den dunkleren Flächen bzw. der Schrift verbreitert, d.h., sie werden überfüllt. Gleichzeitig werden die dunkleren Flächen dadurch in diesen Bereichen unterfüllt.

Die Größe der Über- bzw. Unterfüllung ist zur Veranschaulichung sehr stark vergrößert.

Farbskala

Überfüllungssoftware

Überfüllen ist grundsätzlich in allen Grafik- und Layoutprogrammen möglich. In der medienneutralen Produktion werden Überfüllungen erst vor der Ausgabe berechnet. Sie können dort die Überfüllungen optimal an die unterschiedlichen Anforderungen der Ausgabeprozesse anpassen.

Es gibt dazu spezielle Überfüllungsprogramme wie z.B. das Acrobat-Plugin „Supertrap" von Heidelberg.

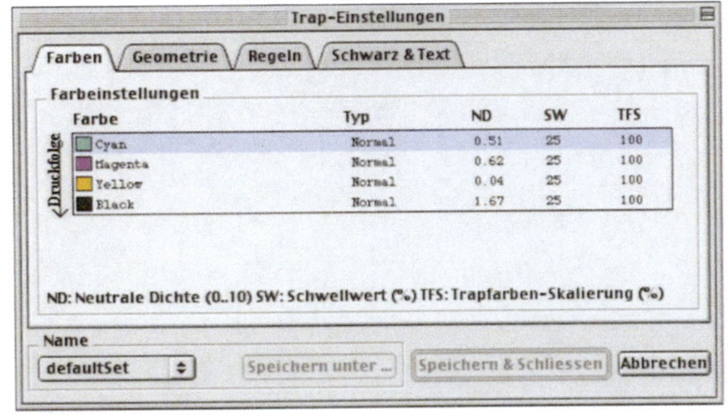

Überfüllungsregeln

Hell geht unter dunkel, d.h., die hellere Farbe überfüllt immer die benachbarte dunklere Farbe.

Welche Farbe hell oder dunkel ist, wird durch die neutrale Dichte, ND, bestimmt. Die Prozessfarben haben bei jeweils 100% Flächendeckung unterschiedliche neutrale Dichten.

Für die Überfüllung von Sonderfarben gelten grundsätzlich die gleichen Regeln wie für CMYK. Ihre ND muss in Trappingprogrammen so gewählt werden, dass die Überfüllung in die gewünschte Richtung erfolgt. Außerdem müssen Sie noch angeben, ob die Farbe transparent bzw. lasierend oder deckend ist.

Überfüllungsbereich

Die Größe des Überfüllungbereichs ist von der Toleranz des Bildpassers abhängig. Nach ISO 12647-2 darf die maximale Abweichung zweier Farben nicht größer als die Hälfte der kleinsten Rasterweite des Farbsatzes sein. Daraus ergibt sich ein Überfüllungsbereich von 0,05–0,08 mm.

Color Management

Buche – Eiche – Birke?

Drucktechnisch bedingte Farbabweichungen sind nicht auszuschließen.

Muss das sein?

Warum Color Management?

Früher, d.h. bis in die 90er Jahre des vergangenen Jahrhunderts, erfolgte die Verarbeitung von Farbinformationen in geschlossenen Systemen. Scanner, elektronische Bildverarbeitungssysteme (EBV), Filmbelichter, Druckformherstellung, Andruck und Druck waren optimal aufeinander eingestellt. Die Übertragungsfunktionen wurden durch Kennlinien wie Gradationskurven und Druckkennlinien charakterisiert und aufeinander abgestimmt.

In den heutigen offenen Produktionsumgebungen ist diese Art der Farbkommunikation nicht mehr möglich. Da Sie das Zielausgabemedium mit seinen Besonderheiten wie z.B. Druckverfahren und Bedruckstoff oft nicht

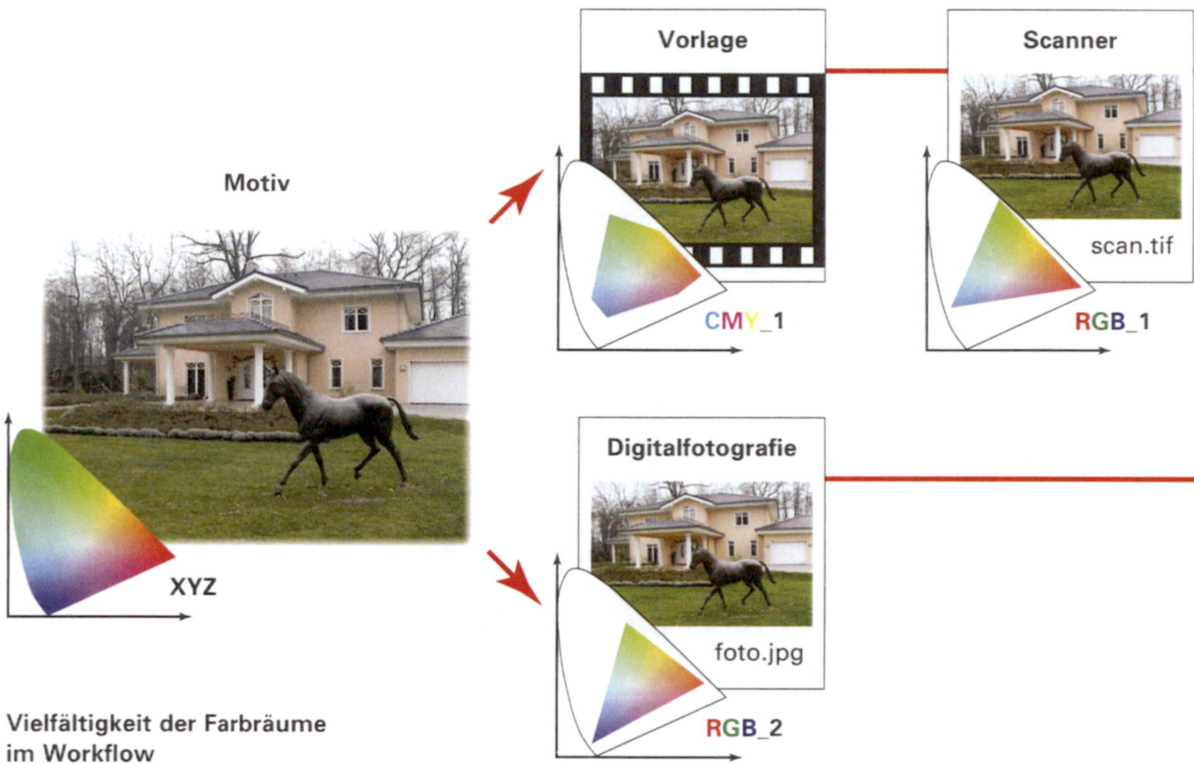

Vielfältigkeit der Farbräume im Workflow

kennen, muss die Kommunikation zukünftig in einem prozess- und medienneutralen System stattfinden.

1993 wurde vom International Color Consortium, ICC, ein einheitlicher plattformunabhängiger Standard definiert. Das Ziel war die Schaffung einer einheitlichen farbmetrischen Referenz zur Farbdatenverarbeitung. Der ICC-Standard steht allen Hard- und Softwareentwicklern zur Verfügung. Dies ermöglichte es, dass heute praktisch alle Systemkomponenten die jeweiligen ICC-Profile als Basis der verfahrensspezifischen Farbanpassung nutzen.

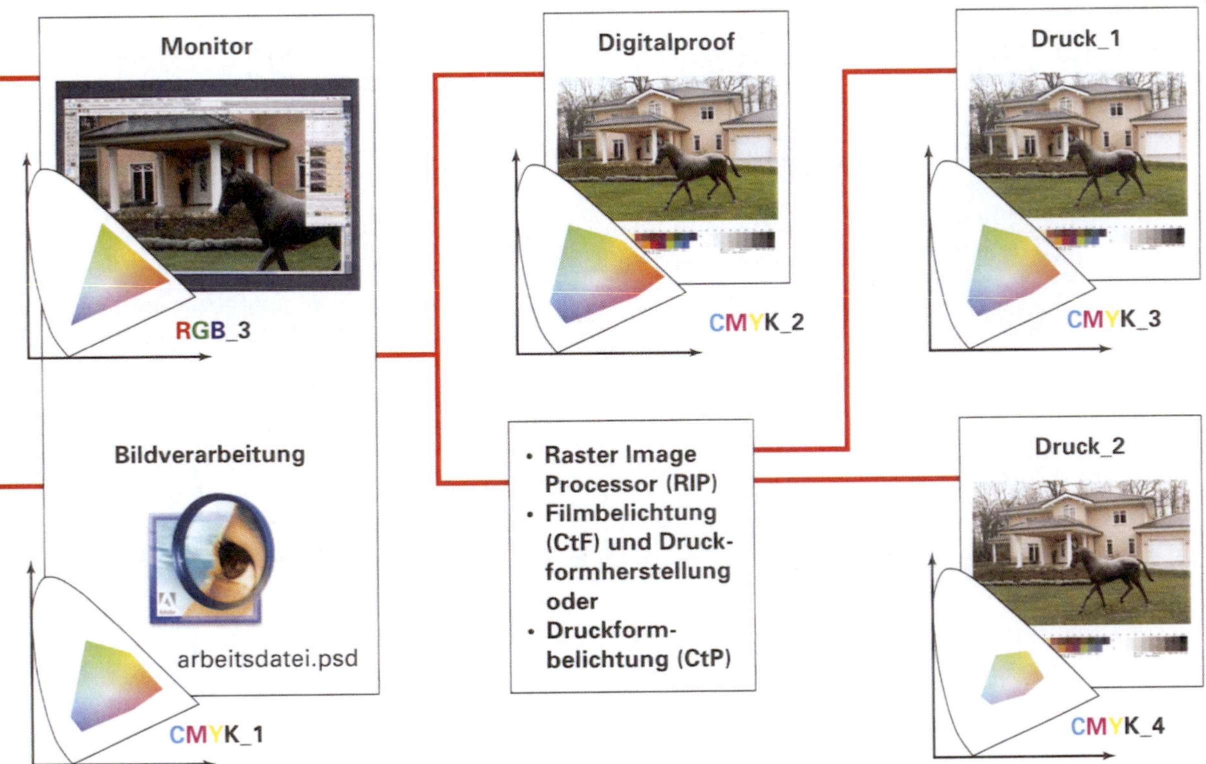

Profile Connection Space - PCS

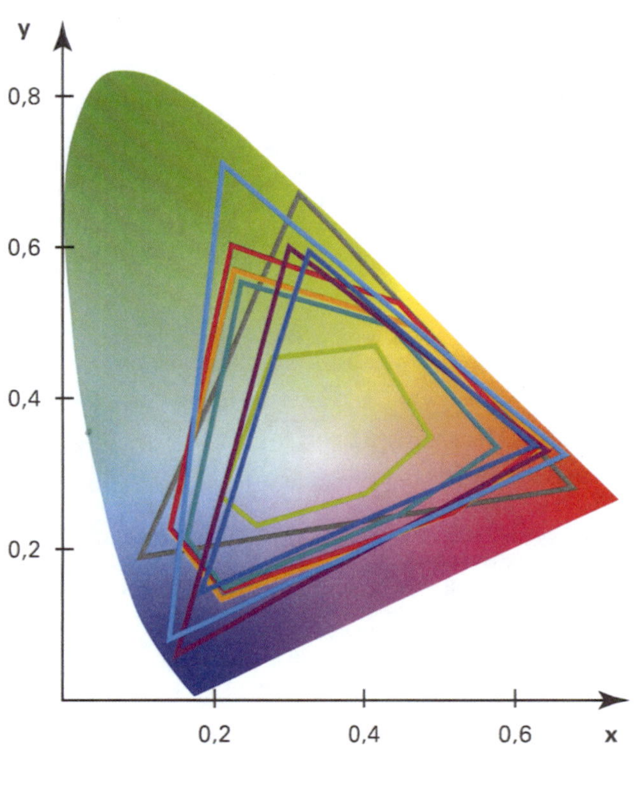

→ S. 84

In der nebenstehenden Normvalenzfarbtafel (Yxy-Farbraum) sind alle Farbräume des Workflows von Seite 236 zusammengefasst. Die Darstellung zeigt sehr deutlich die Notwendigkeit einer definierten Farbübertragung zwischen den einzelnen Stationen der Druckproduktion.

Die Lösung des Problems ist ein gemeinsamer Referenzfarbraum. Dieser Farbraum muss so groß sein, dass alle Prozessfarbräume darin Platz finden. Außerdem müssen die Farborte messtechnisch farbmetrisch erfassbar und zahlenmäßig eindeutig definiert sein. Die XYZ-, Yxy- und LAB-Farbräume erfüllen diese Forderungen. Sie umfassen alle sichtbaren Farben und somit automatisch alle Prozessfarbräume. Die Farborte sind eindeutig definiert und können in die jeweiligen Prozessfarbanteile, d.h. RGB bzw. CMYK, umgerechnet werden.

In den Spezifikationen der ICC-Profile und des Gamut-Mapping wurden vom ICC und der ECI der XYZ- und der LAB-Farbraum als allgemein gültige Referenzfarbräume festgelegt.

Da das Gamut-Mapping zwischen den Profilen in diesem Farbraum stattfindet, wird dieser auch als Profile Connection Space, PCS, bezeichnet.

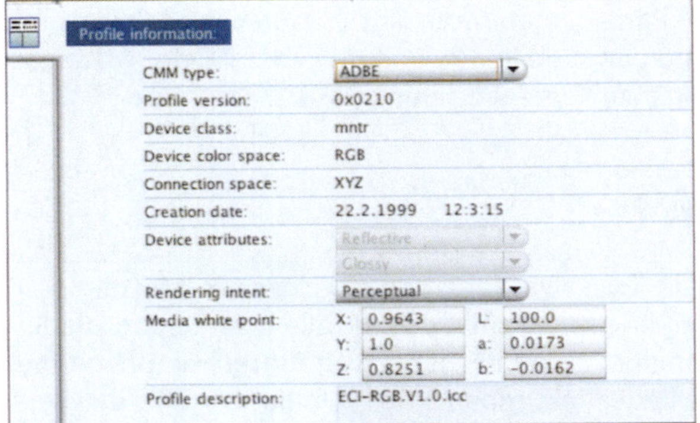

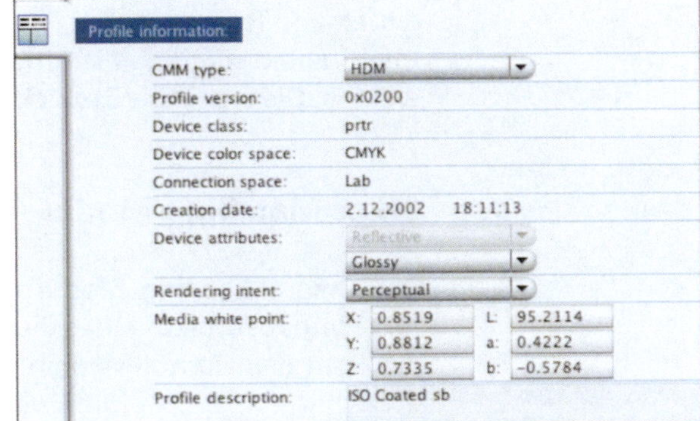

Profilbeschreibungen mit dem PCS

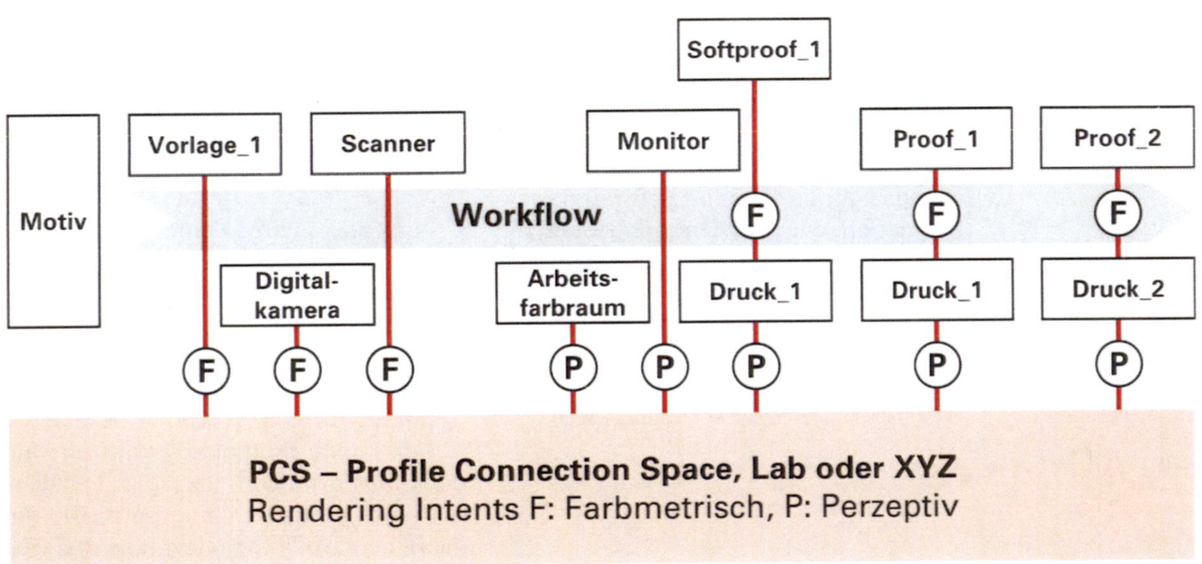

CM-Workflow mit PCS

Gamut-Mapping

Im CM-Workflow müssen zwischen den einzelnen Teilprozessen jeweils Farbraumtransformationen vorgenommen werden. Die englische Bezeichnung hierfür ist Gamut-Mapping. Jede Transformation erfolgt entsprechend Ihren Einstellungen durch das Color-Management-System, CMS.

Color Matching Modul – CMM

Das Color Matching Modul ist als Teil des Betriebssystems der Farbrechner, mit dem das Gamut-Mapping durchgeführt wird. Mit der Installation Ihrer CM-Software wird meist ein eigenes CMM installiert.

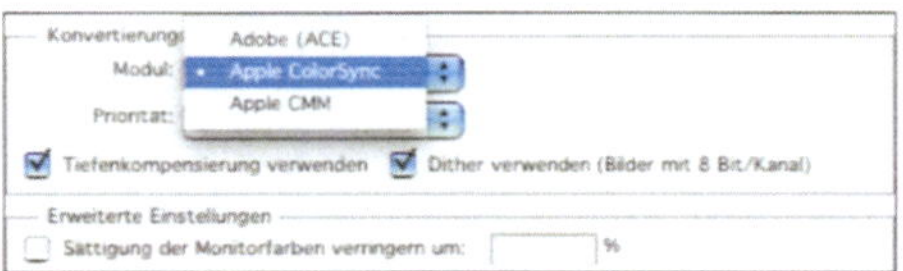

Da aber verschiedene CMMs mit den gleichen ICC-Profilen zu unterschiedlichen Ergebnissen führen, empfiehlt die European Color Initiative, ECI, die Verwendung von ColorSync auf Macintosh- und Windows-Rechnern.

Rendering Intent

Das Rendering Intent ist der Umrechnungsalgorithmus der Farbraumtransformation. Welches Rendering Intent Sie auswählen, ist von der jeweiligen Anwendung abhängig.

Wir unterscheiden vier verschiedene Optionen:

- perzeptiv, perceptual, fotografisch, wahrnehmungsorientiert
- Sättigung, saturation
- relativ farbmetrisch, relative colorimetric
- absolut farbmetrisch, absolute colorimetric

Das Intent „Sättigung" wird nur für die Transformation flächiger Grafiken mit wenigen Farben eingesetzt. Die für die Bildverarbeitung relevanten drei Optionen werden im Folgenden näher beschrieben.

Rendering Intent – perzeptiv

„Perzeptiv" ist die übliche Einstellung bei allen Farbraumtransformationen von Farbbildern, außer bei der Prooferstellung, bei der das Gamut-Mapping farbmetrisch erfolgt.

Die Einstellung „Perzeptiv" bewirkt beim Gamut-Mapping eine nichtlineare Anpassung des Quellfarbsystems an das Zielfarbsystem. Der visuelle Charakter des Bildes soll dadurch bei der Farbraumtransformation möglichst bewahrt werden. Bei der Transformation werden Farben, die weit außerhalb des Zielfarbraums liegen, sehr stark, Farben am Rand des Zielraums weniger stark und Farben, die im Inneren des Zielfarbraums liegen, nur ganz leicht verschoben. „Stark" oder „nur ganz leicht" sind unpräzise Begriffe. Sie beschreiben aber gut, warum gerade dieses Rendering Intent mit unterschiedlichen CMMs zu ganz verschiedenen Ergebnissen führt.

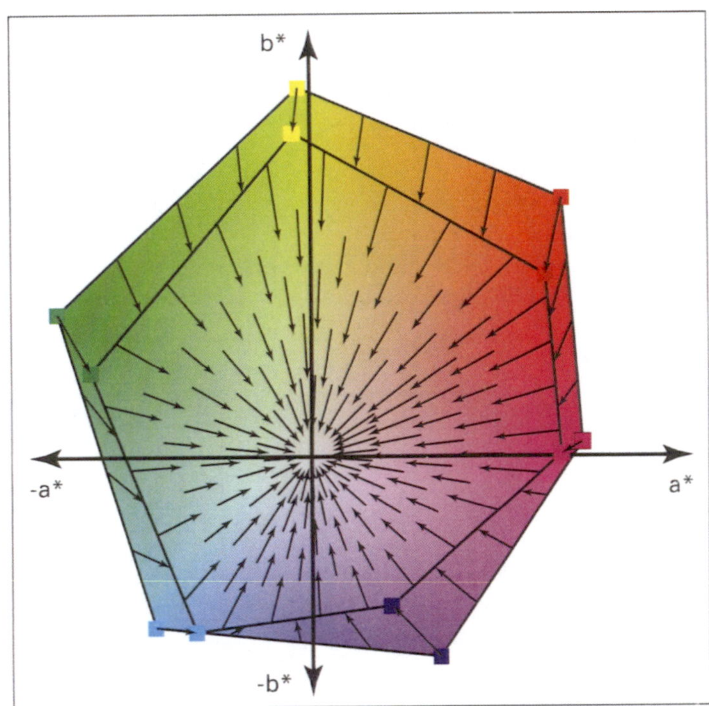

Ugra/FOGRA-Medienkeil

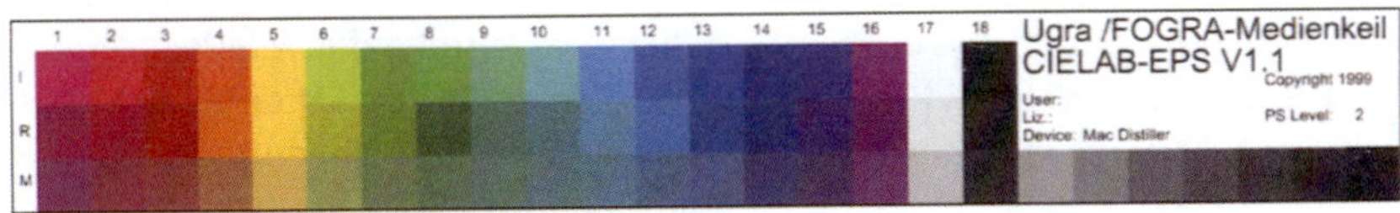

→ S. 259

Wenn Sie gemeinsam mit Ihrer Farbdatei auch den Ugra/FOGRA-Medienkeil konvertieren, dann können Sie die unterschiedlichen Transformationen sehr genau vergleichen und nachvollziehen.

Rendering Intent – farbmetrisch

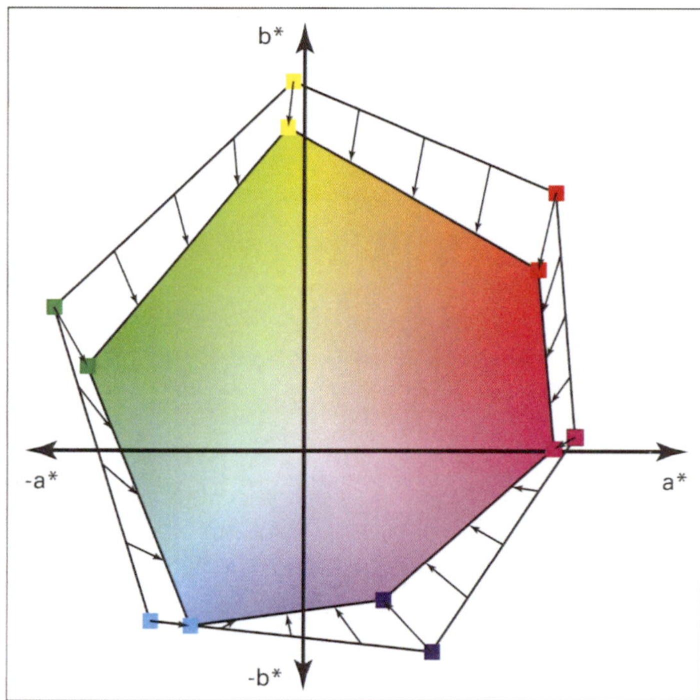

Die Einstellung „farbmetrisch" bewirkt das Stanzen eines kleineren Farbraums in einen größeren Farbraum. Dadurch wird der kleine Farbraum exakt im größeren Farbraum abgebildet.

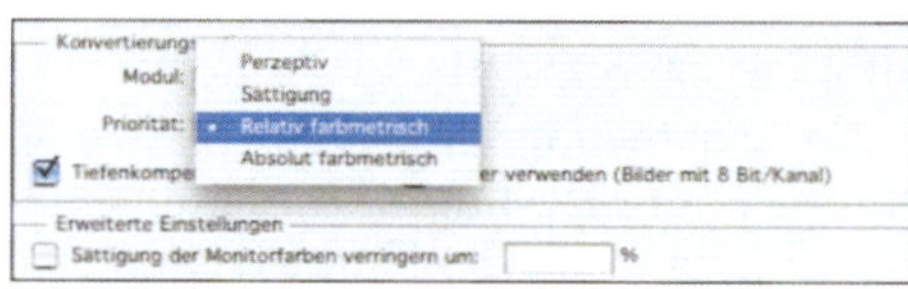

Druck – Proof

Proofsysteme umfassen im Allgemeinen einen größeren Farbraum als der zu proofende Druck. Um das Druckergebnis möglicht exakt simulieren zu können, muss der Prooffarbraum definiert angepasst werden. Damit entspricht der durch die farbmetrische Transformation berechnete Simulationsfarbraum dem Druckfarbraum. Die Berücksichtigung des Medienweißpunkts erfolgt durch die folgenden beiden Optionen.

Absolut farbmetrisch

Die Option „Absolut farbmetrisch" passt den Weißpunkt des Zielfarbraums (Proof) an den Weißpunkt des Quellfarbraums (Druck) an. Die Papierfärbung wird also im geprooften Bild simuliert. Wählen Sie diese Option, wenn das Proofpapier farblich nicht dem Auflagenpapier entspricht.

Relativ farbmetrisch

Durch die Option „Relativ farbmetrisch" wird der Weißpunkt des Zielfarbraums (Proof) nicht an den Weißpunkt des Quellfarbraums (Druck) angepasst. Sie wählen deshalb diese Option, wenn das Proofpapier farblich dem Auflagenpapier entspricht.

Vom RGB-Arbeitsfarbraum zum Proof

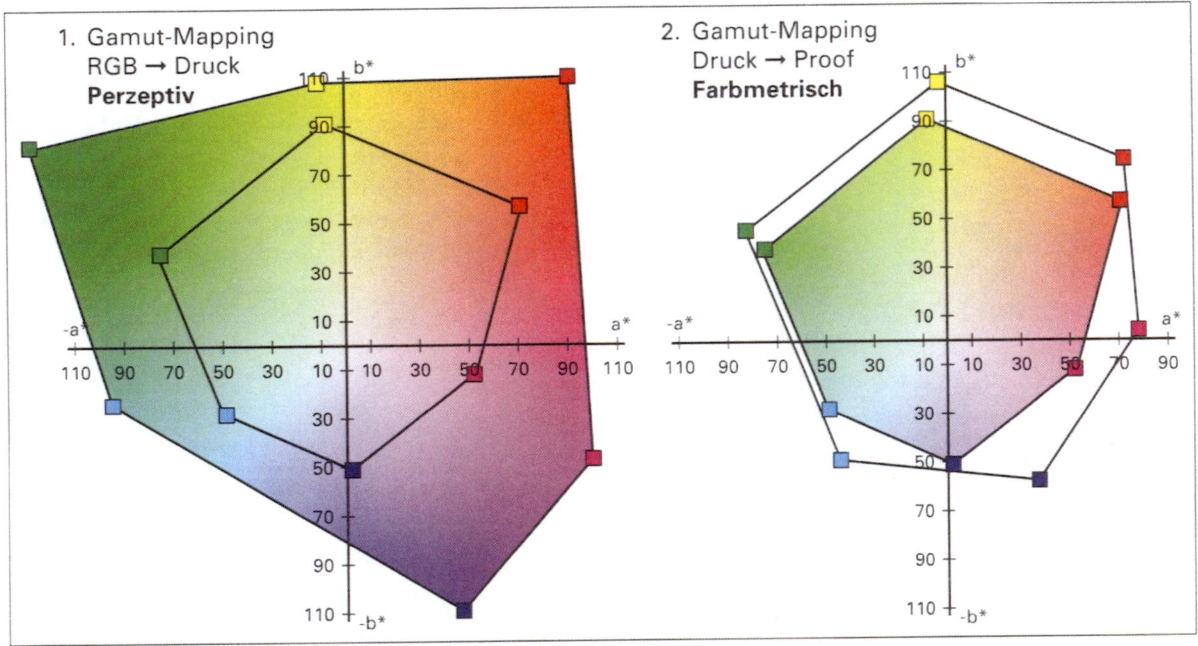

	Perzeptiv													Farbmetrisch						
	RGB-Arbeitsfarbraum						Druck							Proof						
	R	G	B	L*	a*	b*	L*	a*	b*	C	M	Y	K	L*	a*	b*	C	M	Y	K
M	255	0	255	70	100	-47	57	52	-12	15	73	0	0	57	52	-12	17	69	9	0
R	255	0	0	64	91	110	51	71	57	0	93	89	0	51	71	57	3	99	87	0
Y	255	255	0	97	-11	108	91	-8	91	8	0	92	0	91	-8	91	3	1	87	0
G	0	255	0	82	-128	82	53	-75	38	3	99	87	0	53	-75	38	98	0	100	0
C	0	255	255	86	-95	-24	60	-49	-28	95	0	27	0	60	-49	-28	86	1	22	0
B	0	0	255	34	47	-109	35	2	-51	98	65	0	0	35	2	-51	93	62	5	0

Gamut-Mapping mit ColorSync über den L*a*b*-PCS in zwei Stufen

Color Management in Adobe Photoshop

Farbeinstellungen

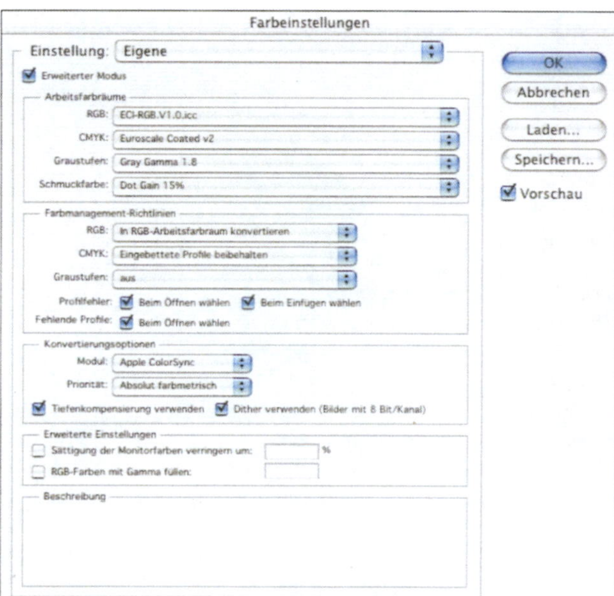

Wenn Sie in Photoshop auf der Basis von ICC-Profilen arbeiten möchten, dann müssen Sie zunächst die Farbeinstellungen festlegen. Dies geschieht unter Menü *Photoshop > Farbeinstellungen...* bzw. unter Menü *Bearbeiten > Farbeinstellungen...*

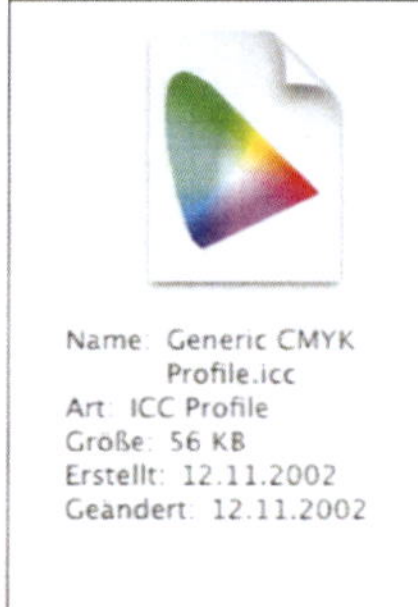

Arbeitsfarbräume

Jedes Bild, das Sie in Photoshop anlegen oder bearbeiten, hat einen bestimmten Farbmodus. Mit der Auswahl des Arbeitsfarbraums definieren Sie den Farbraum innerhalb des Farbmodus, z.B. sRGB oder ECI-RGB.

Wenn Sie unter Menü *Bild > Modus* einen Moduswandel vornehmen, dann wird der derzeitige Arbeitsfarbraum Ihres Bildes in den von Ihnen eingestellten Arbeitsfarbraum konvertiert.

- Als RGB-Arbeitsfarbraum wählen Sie einen möglichst großen, farbmetrisch definierten Farbraum wie den ECI-RGB-Farbraum. Sie können das Farbprofil kostenlos unter www.eci.org herunterladen.
- Für den CMYK-Arbeitsraum wählen Sie das jeweilige Fortdruckprofil oder, falls der Druckprozess noch nicht feststeht, ein generisches CMYK-Profil.

Farbmanagement-Richtlinien

Mit den Farbmanagement-Richtlinien bestimmen Sie, wie das Programm bei fehlerhaften, fehlenden oder von Ihrer Arbeitsfarbraumeinstellung abweichenden Profilen reagieren soll. Die folgenden drei Dialogfelder zeigen die Reaktion auf die Farbeinstellungen im Dialogfeld auf der linken Seite. Sie sollten auf jeden Fall immer die drei Häckchen gesetzt haben, damit Sie bei Abweichungen selbst entscheiden können, wie weiter verfahren wird.

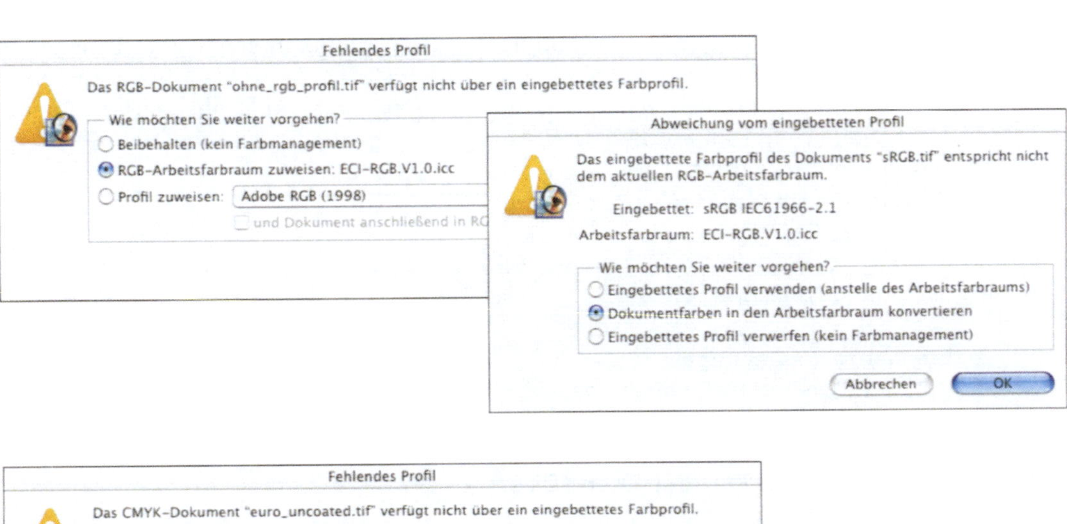

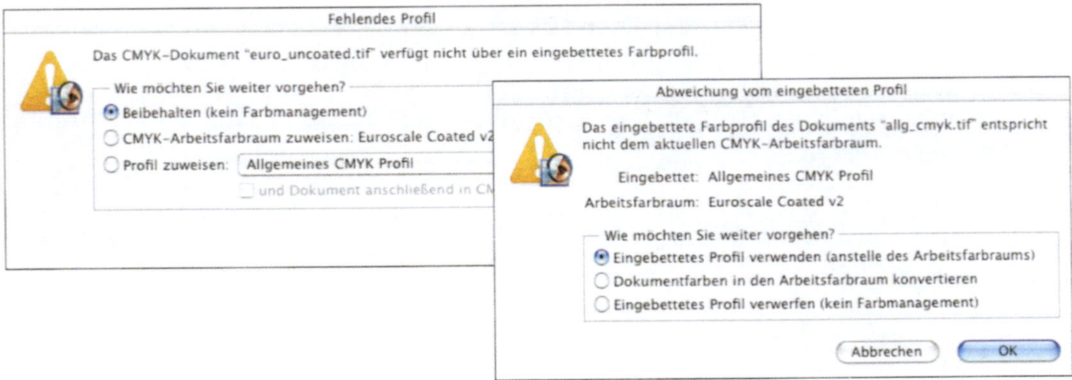

Konvertierungsoptionen

- *Modul*
  Hier legen Sie fest, mit welchem CMM, Farbrechner, das Gamut-Mapping durchgeführt wird. Die ECI empfiehlt ColorSync.
- *Priorität*
  Die Priorität bestimmt das Rendering Intent der Konvertierung.
  Für Halbtonbilder wählen Sie „Perzeptiv" zum Gamut-Mapping innerhalb des RGB-Modus und zur Moduswandlung von RGB nach CMYK. Die Einstellung „Farbmetrisch" dient der Konvertierung zum Proofen. Mit „Absolut farbmetrisch" simulieren Sie das Auflagenpapier, mit „Relativ farbmetrisch" bleibt dieses unberücksichtigt. „Sättigung" ist die Option für flächige Grafiken.

Erweiterte Einstellungen

Mit den erweiterten Einstellungen können Sie die Darstellung eines großen Arbeitsfarbraums durch einen kleineren Monitorfarbraum anpassen. Diese Einstellungen sind nicht empfehlenswert, da die Bildschirmdarstellung keine Rückschlüsse auf die Druckausgabe mehr zulässt.

- *Tiefenkompensierung*
  Durch das Setzen dieser Option können Sie den Dichteumfang des Quellfarbraums an den des Zielfarbraums anpassen. Dadurch bleiben alle Tonwertabstufungen auch in den Tiefen, den dunklen Bildbereichen, erhalten.
- *Dither anwenden*
  Die Ditheringfunktion bewirkt bei der Farbraumkonvertierung eine bessere Darstellung in den glatten Tönen und Verläufen des Bildes. Sie verhindern durch die Auswahl dieser Option weitgehend die Stufen- bzw. Streifenbildung.

Gamut-Mapping

Überprüfen des Bildprofils
Das Popup-Menü in der unteren Leiste des Bildrahmens zeigt auf einfache Weise das aktuell verwendete Profil.

Menü *Bild > Modus*
Die einfachste Methode, einem bereits geöffneten Bild ein neues Profil zuzuweisen, ist der Moduswandel unter Menü *Bild > Modus*. Photoshop nimmt dazu die von Ihnen in den „Farbeinstellungen" gewählten Konvertierungsoptionen.

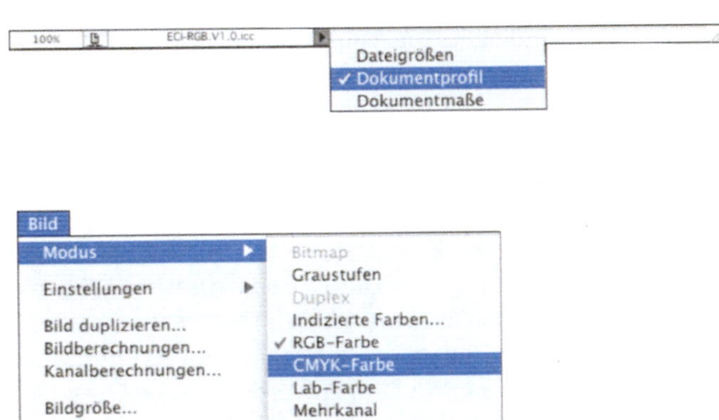

Menü *Bild > Modus > Profil zuweisen...*
Mit dieser Option weisen Sie Ihrer Bilddatei ein neues Profil zu. Dadurch kann sich je nach dem, wie sehr sich Quell- und Zielfarbaum unterscheiden, die Bildschirmdarstellung stark verändern. Da Photoshop das neue Profil aber als Tag anhängt, werden die Farben nicht in den Profilfarbraum konvertiert.

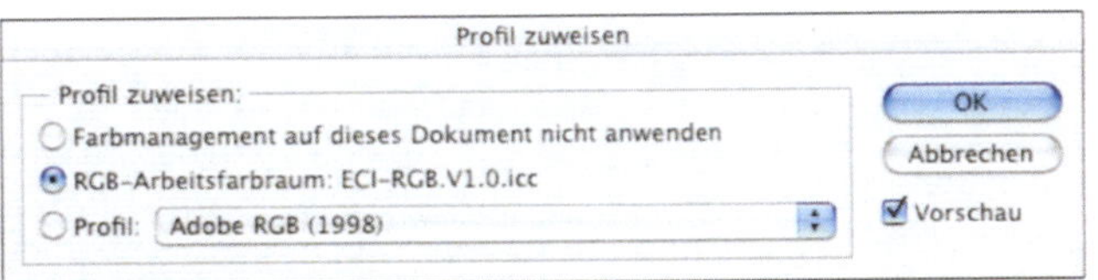

Menü *Bild > Modus >*
In Profil konvertieren...
Diese Option entspricht den „Farbeinstellungen". Sie können damit Konvertierungen durchführen, ohne Ihre allgemeinen Farbeinstellungen zu verändern.

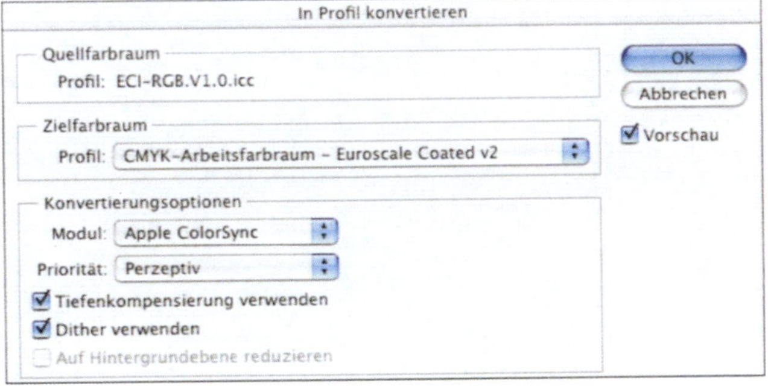

Digital Proofen und Drucken

Die Farbmanagementeinstellungen finden Sie unter Menü *Datei > Drucken mit Vorschau > Weitere Optionen einblenden > Farbmanagement.*

Optionen für den Quellfarbraum

- Die Einstellungen „Dokument" überträgt die Daten des aktuellen Arbeitsfarbraums an den Drucker.
- „Proof" wandelt vor der Weitergabe an den Druckerfarbraum die Daten in den zu proofenden Farbraum. Diese Option wählen Sie zur Erstellung eines Digitalproofs.

Druckfarbraum (Zielfarbraum)

- „Wie Quelle" druckt direkt ohne Konvertierung Ihren Arbeitsfarbraum.
- Der „Druckfarbraum" ist der Druckfarbraum Ihres Druckers. Sie müssen im Popup-Menü das passende Profil auswählen. Als Priorität wählen Sie zum Proofen „Farbmetrisch", „Absolut" zur Papiersimulation, „Relativ" ohne Papiersimulation. Für einen normalen Druck wählen Sie „Perzeptiv".
- Die Option „PostScript-Farbmanagement" wählen Sie, wenn die Profilverwaltung durch Ihren Drucker erfolgt.

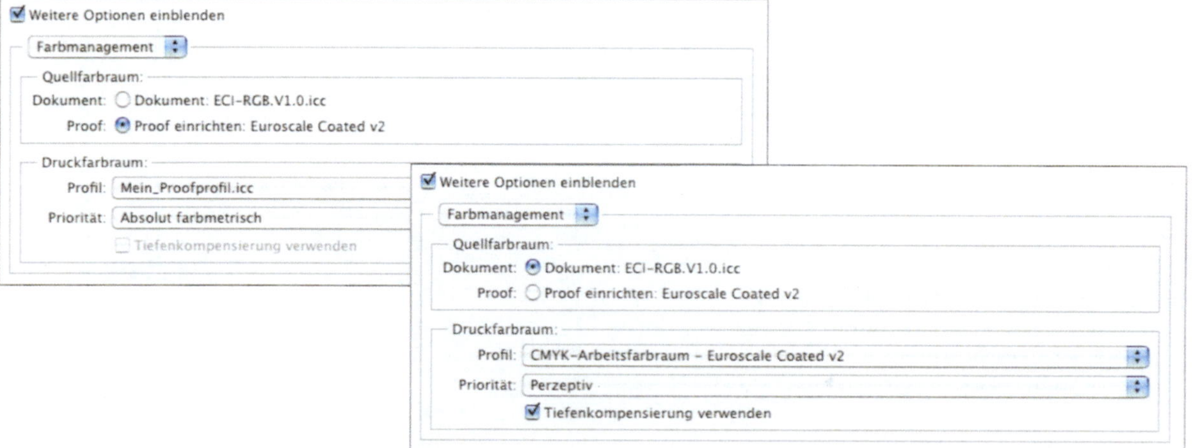

Speichern

Das Farbprofil Ihrer Bilddatei muss immer mit abgespeichert werden. Sie finden im Speichern-Dialog aller Dateiformate, die Profile unterstützen, die Option „Farbprofil einbetten“. Das Farbprofil wird damit als Tag an die Bilddatei angehängt.

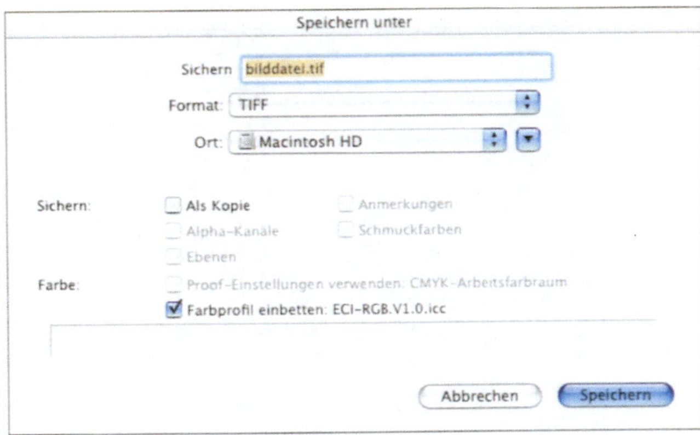

Color Management in Adobe Illustrator

Farbverwaltung

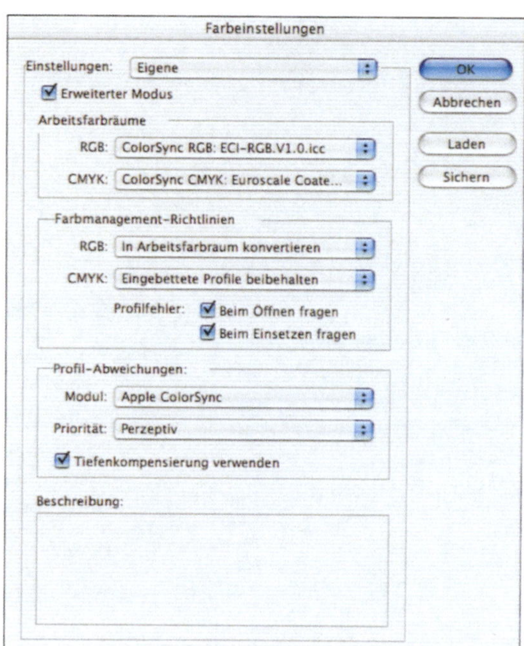

Farbeinstellungen
Um in Illustrator mit Profilen arbeiten zu können, müssen Sie unter Menü *Bearbeiten > Farbeinstellungen...* bei Einstellungen die Option „ColorSync Workflow“ wählen. Anschließend modifizieren Sie die Farbeinstellungen nach die gleichen Regeln wie in Photoshop. Die Anzeige der Einstellungen ändert sich in „Eigene...“.

→ S. 244

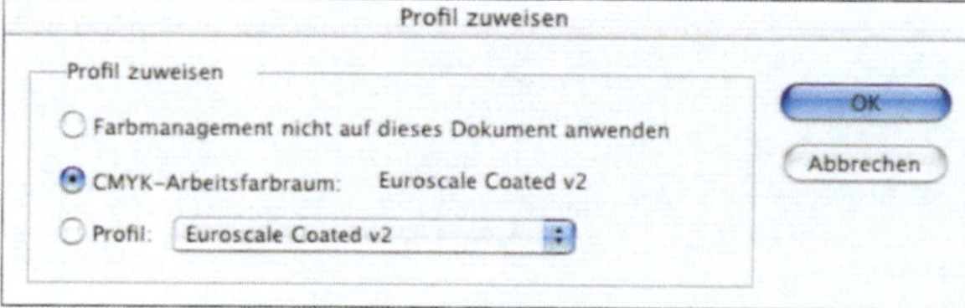

Profil zuweisen
Diese Option kennen Sie ebenfalls schon aus Photoshop. Sie finden sie unter Menü *Bearbeiten > Profil zuweisen...* Die Option ist allerdings nur aktiv, wenn Sie zuvor in den Farbeinstellungen „ColorSync Workflow“ ausgewählt haben.

Farbseparationen drucken

Separationseinstellungen

Unter Menü *Ablage > Separationseinstellungen...* müssen Sie alle Einstellungen für die separierte Ausgabe der Datei machen. Als PPD wählen Sie die PPD Ihres Ausgabegerätes.

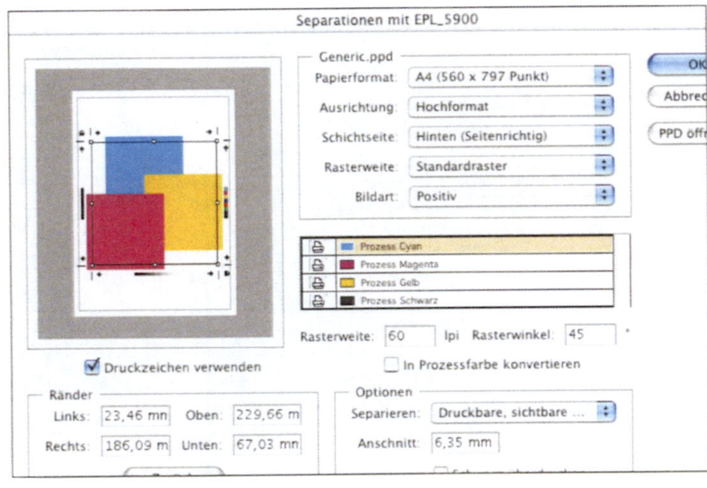

Drucken

Im Drucken-Dialog finden Sie unter der Option „Illustrator" die Spezifikation der Farbprofile.

Wenn Sie die Option „Überdrucken in unseparierter Ausgabe ignorieren" deaktivieren, dann können Sie z.B. in Ihrem Proof die Wirkung des Überdruckens sehen.

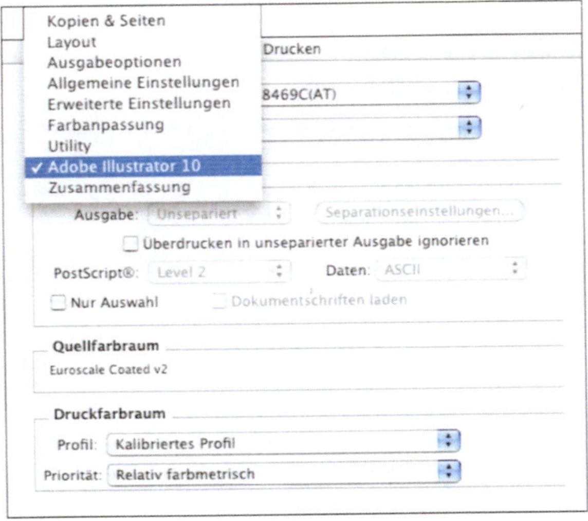

Color Management in Adobe Indesign

Farbverwaltung

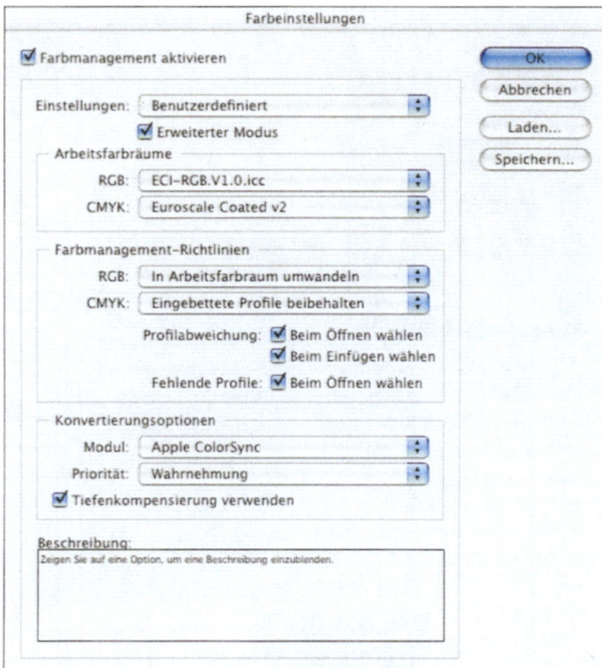

Farbeinstellungen
Sie können selbstverständlich auch in Indesign mit Profilen arbeiten. Aktivieren Sie dazu unter Menü *Bearbeiten > Farbeinstellungen...* das Farbmanagement. Für die Einstellungen gelten die gleichen Regeln wie in Photoshop.

Profil zuweisen
Diese Option kennen Sie ebenfalls schon aus Photoshop. Sie finden sie unter Menü *Bearbeiten > Profil zuweisen...*

In Profil konvertieren
Die Konvertierung des vorhandenen Profils einer Bilddatei ist auch nachträglich in Indesign unter Menü *Bearbeiten > In Profil konvertieren...* möglich.

→ S. 244

Farbseparationen drucken

Alle Einstellungen erfolgen im Drucken-Dialogfeld von Indesign. Sie gelten für die Druckausgabe und, wie hier in den Abbildungen gezeigt, für das Drucken in eine Datei. Durch das Drucken in eine Datei wird eine PostScript-Datei erstellt. In Adobe Distiller können Sie daraus in einem weiteren Arbeitsschritt ein PDF-Datei erstellen. Der Distiller ist nach wie vor die erste Wahl bei der PDF-Erstellung. Durch die vielfältigen PDF-Einstellungen können Sie die PDF-Datei exakt für die jeweilige Anwendung optimieren.

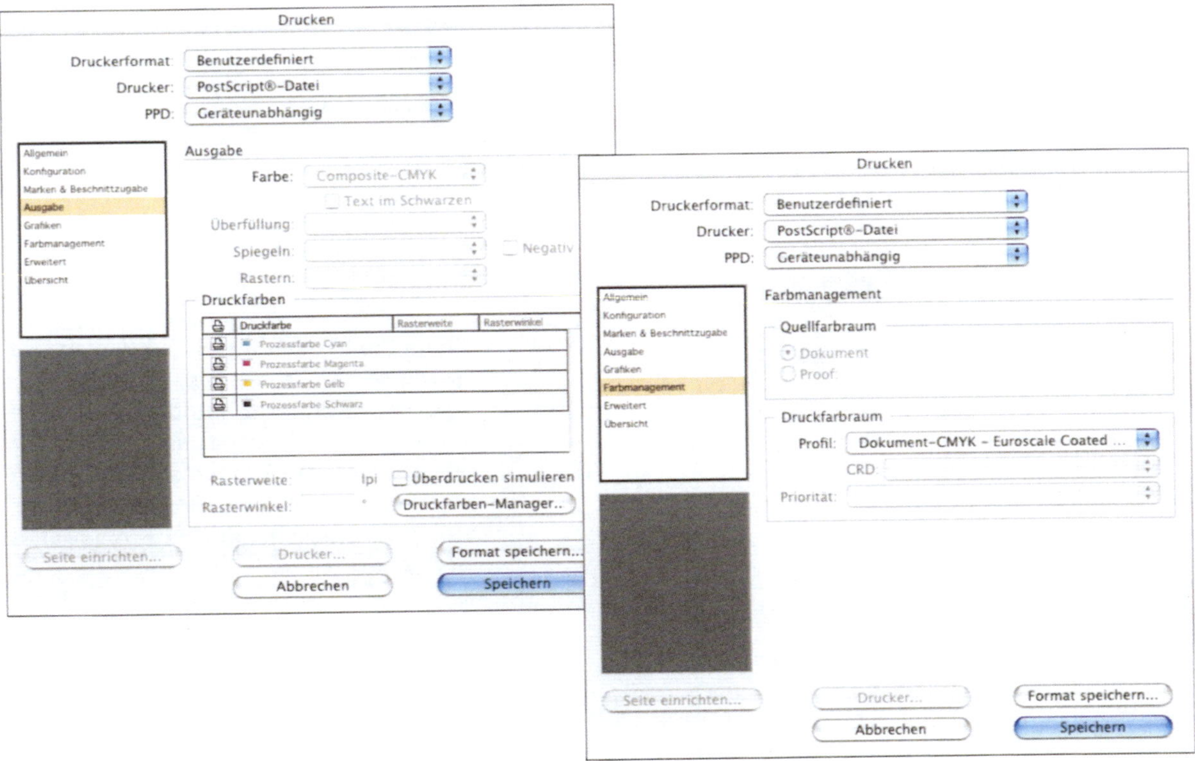

Color Management in QuarkXPress

CMS-XTension aktivieren

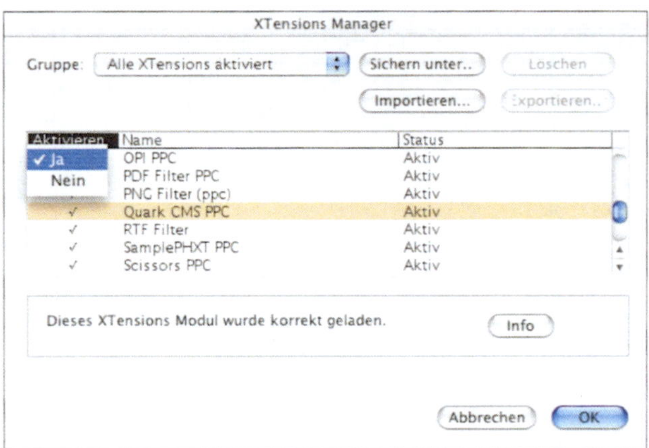

Alle XTensions, auch in den älteren Programmversionen, finden Sie unter Menü *Hilfsmittel > XTensions Manager...* Falls „QuarkCMS" nicht aktiv ist, dann aktivieren Sie die XTension und nach einem Programmneustart steht sie zu Ihrer Verfügung.

Profilauswahl im Profil-Manager

Wenn Sie in den Einstellungen nicht die gewünschten Profile in der Auswahl finden, dann können Sie unter Menü *Hilfsmittel > Profil-Manager* als „Ordner für Hilfsprofile" den Ordner wählen, in dem sich Ihre Farbprofile befinden. Nach der Auswahl müssen Sie den Profil-Manager „Aktualisieren".

Farbmanagement aktivieren und einstellen

Unter Menü *QuarkXPress > Einstellungen... > Quark CMS* können Sie das Farbmanagement aktivieren und dann die entsprechenden Profile auswählen.

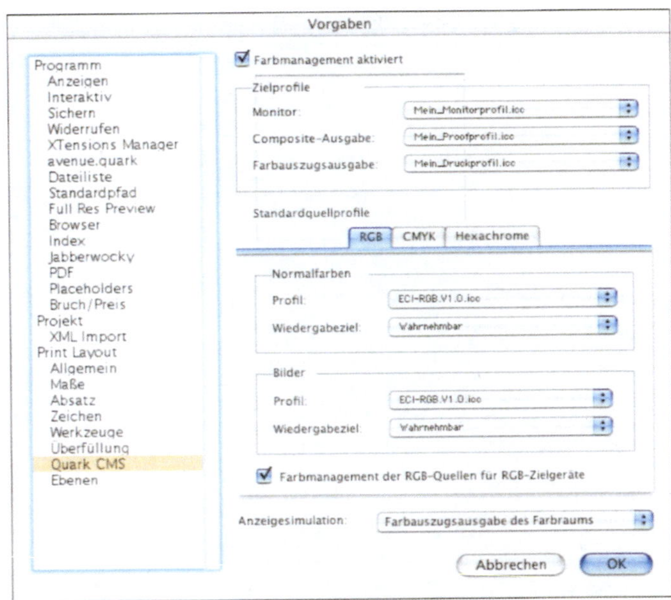

Farbseparationen drucken

Unter Menü *Ablage > Drucken...* können Sie in der Registerkarte „Profile“ Ihre Ausgabeprofile einstellen. Natürlich nur, wenn QuarkCMS aktiviert ist.

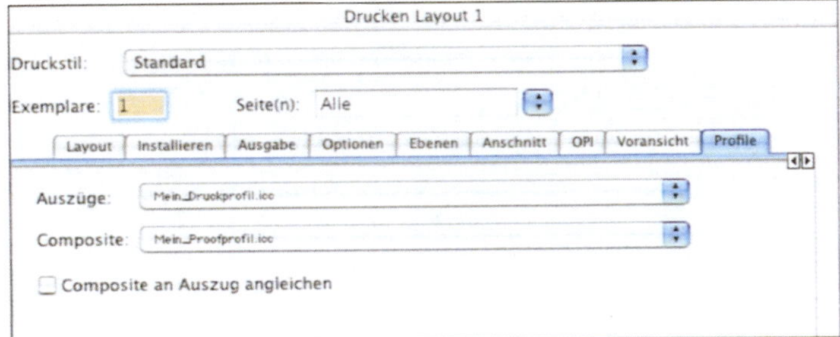

Color Management in Adobe Distiller und Acrobat

Farbeinstellung in Distiller

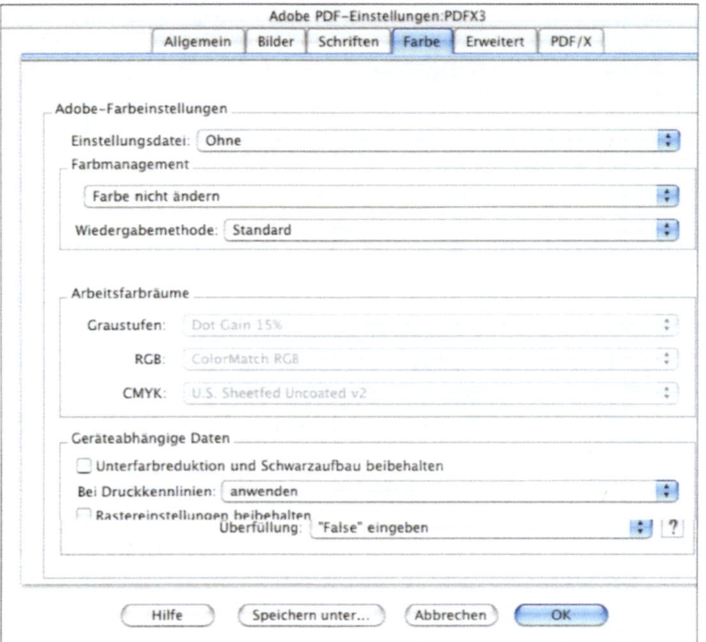

PDF/X-3 ist die Standardeinstellung für die Druckproduktion. Nachdem Sie im Distiller-Dialogfeld „PDFX3" ausgewählt haben, können Sie unter Menü *Voreinstellungen > Adobe-PDF-Einstellungen bearbeiten...* die Standards aufrufen.

In der Registerkarte „Farbe" stehen die Adobe-Farbeinstellungen. Die Optionen „Einstellungsdatei: Ohne" und „Farbe nicht ändern" bedeuten, dass die in den Quellprogrammen getroffenen Farbeinstellungen beibehalten werden.

Die Option „Standard" überlässt das Gamut-Mapping dem Ausgabegerät. Es gilt das dort eingestellte Rendering Intent.

Farbverwaltung in Acrobat

Sie können in Acrobat den Farbdateien Profile zuweisen oder festlegen, dass die mitgeführten Profile beibehalten werden. Die Einstellungen machen Sie unter Menü *Acrobat > Grundeinstellungen...*

Mit der Option „Ausgabe-Intention überschreibt Arbeitsfarbräume" werden die eingebetteten Farbprofile durch die hier eingestellten Profile ersetzt. Eine Option, die wohl überlegt sein will.

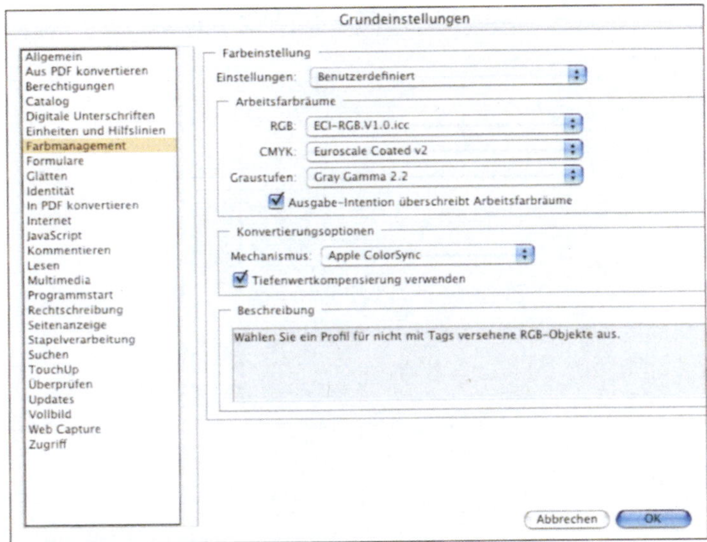

Farbseparationen anzeigen und drucken

Vorschau auf Farbseparationen

Unter Menü *Erweitert > Separationsvorschau* können Sie sich einzelne Farbauszüge Ihrer Bilddatei anzeigen lassen. Die Prozentwertanzeige wird mit dem Cursor aus den einzelnen Pixeln abgerufen.

Schmuckfarben oder Sonderfarben können Sie durch Klicken auf die Farbe im Dialogfenster in CMYK wandeln.

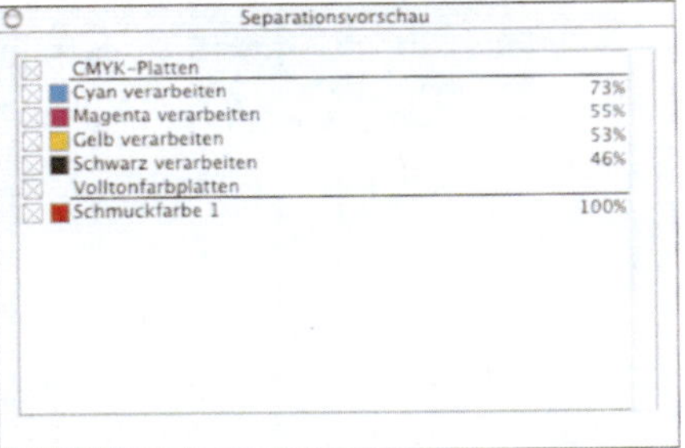

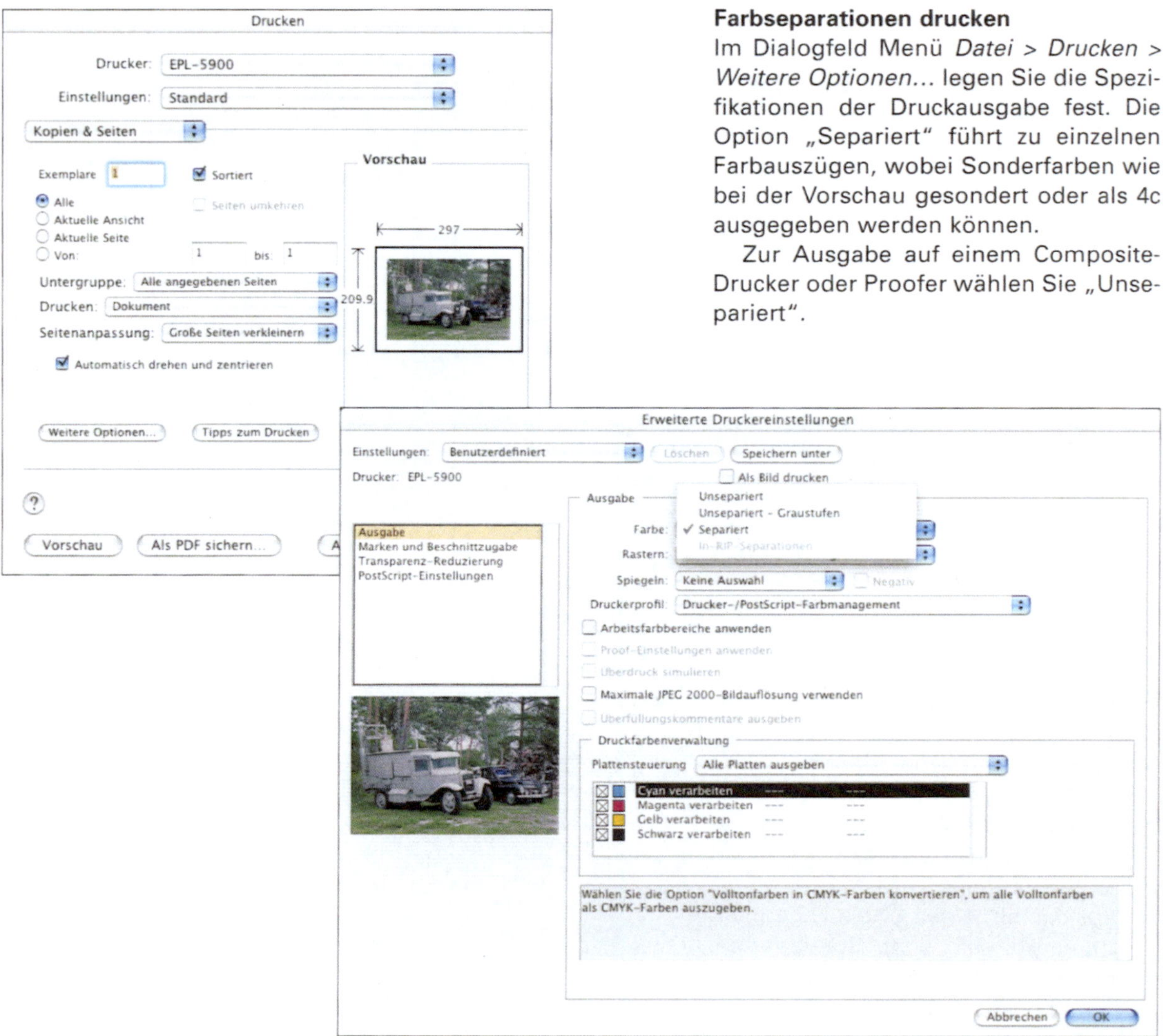

Farbseparationen drucken

Im Dialogfeld Menü *Datei > Drucken > Weitere Optionen...* legen Sie die Spezifikationen der Druckausgabe fest. Die Option „Separiert" führt zu einzelnen Farbauszügen, wobei Sonderfarben wie bei der Vorschau gesondert oder als 4c ausgegeben werden können.

Zur Ausgabe auf einem Composite-Drucker oder Proofer wählen Sie „Unsepariert".

CM-Prozesskontrolle

Color Management setzt für den gesamten Workflow standardisierte kalibrierte und vor allem konstante Systemkomponenten voraus. Außerdem sollten Sie immer mit den gleichen CMMs und Rendering Intents das Gamut-Mapping durchführen.

Ugra/FOGRA-Medienkeile

Zur Kontrolle aller Hardware- und Softwarekomponenten des Workflows dienen neben den grundlegenden Kalibrierungstools die Ugra/FOGRA-Medienkeile. Es gibt die Medienkeile als CIE-LAB-Medienkeil und als CMYK-Medienkeil, jeweils in den Dateiformaten EPS, TIF und PDF.

CIELAB-Medienkeil

Der CIELAB-Medienkeil dient der Kontrolle der einzelnen Farbraumtransformationen im Workflow. Als Quellprofil wählen Sie das Profil „CIELabD50.icc".

CMYK-Medienkeil

Mit dem CMYK-Medienkeil können Sie visuell und messtechnisch, farbmetrisch oder densitometrisch Proofs und Auflagendruck vergleichen sowie die Prozesskontrolle des Auflagendrucks durchführen.

Die Grauskala der Reihe G ist geräteabhängig definiert und daher im Druck meist nicht neutral grau. Da die Abweichung aber in Proof und Druck gleich sein müssten, ist eine visuelle Qualitätskontrolle möglich.

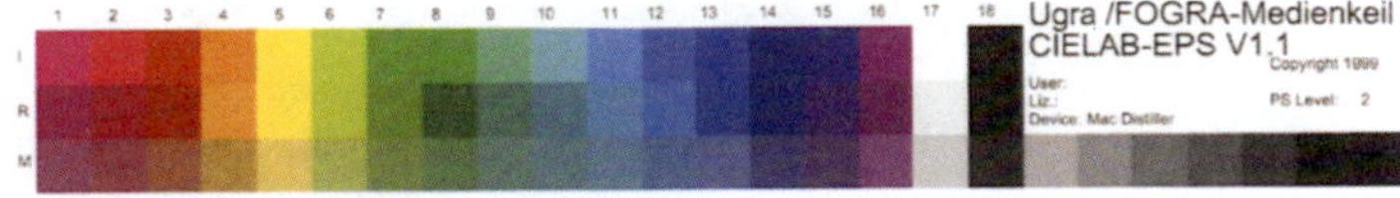

Reihe I: Maximaler Farbraumumfang
Reihe R: Farbraum des hochqualitativen Drucks
Reihe M: Mindest-Farbraumumfang aller Druckmedien

Reihe A: 1–9 Primärfarben CMY (100%, 70%, 40%)
10–16 kritische Mischfarben
17 Schwarz
Reihe B: 1–9 Sekundärfarben RGB (200%, 140%, 80%)
10–16 kritische Mischfarben
17 Papierweiß
Reihe G: Buntgraukeil CMY
Reihe K: Echtgraukeil K

→ S. 218

Altona Test Suite

Die Altona Test Suite besteht aus drei PDF-Dateien zur Überprüfung der digitalen Datenausgabe. Es sollen dabei vor allem die Einhaltung des PDF/X-3-Standards und die Vorgaben des Color Managements sichergestellt werden. Die Entwicklung der Altona Test Suite erfolgte durch bvdm, ECI, FOGRA und ugra. Die Onlineversion der Altona Test Suite ist Freeware. Sie können sie unter www.eci.org aus dem Internet herunterladen. Dort finden Sie auch weitere Informationen zu Color Management und eine ausführliche Beschreibung der Altona Test Suite.

Altona-Testformen

- Die **Altona Measure**-Testform enthält Kontrollelemente zur densitometrischen und farbmetrischen Überprüfung von Proofern, digitalen und konventionellen Drucksystemen. Die Datei der Testform entspricht den PDF-1.3-Spezifikationen ohne Anpassung an spezielle Druckbedingungen.
- Die **Altona Visual**-Testform ist eine PDF/X-3-Datei. Sie dient der visuellen Überprüfung. Neben den üblichen Druckkontrollelementen enthält die Altona Visual-Testform noch spezielle Elemente zur Überprüfung des geräteunabhängigen CIELAB- und RGB-Farbraums im Color Management.
- Die **Altona Technical**-Testform dient zur Überprüfung des Überdruckens und der Zeichensatzcodierung in PostScript-RIPs.

Altona Measure

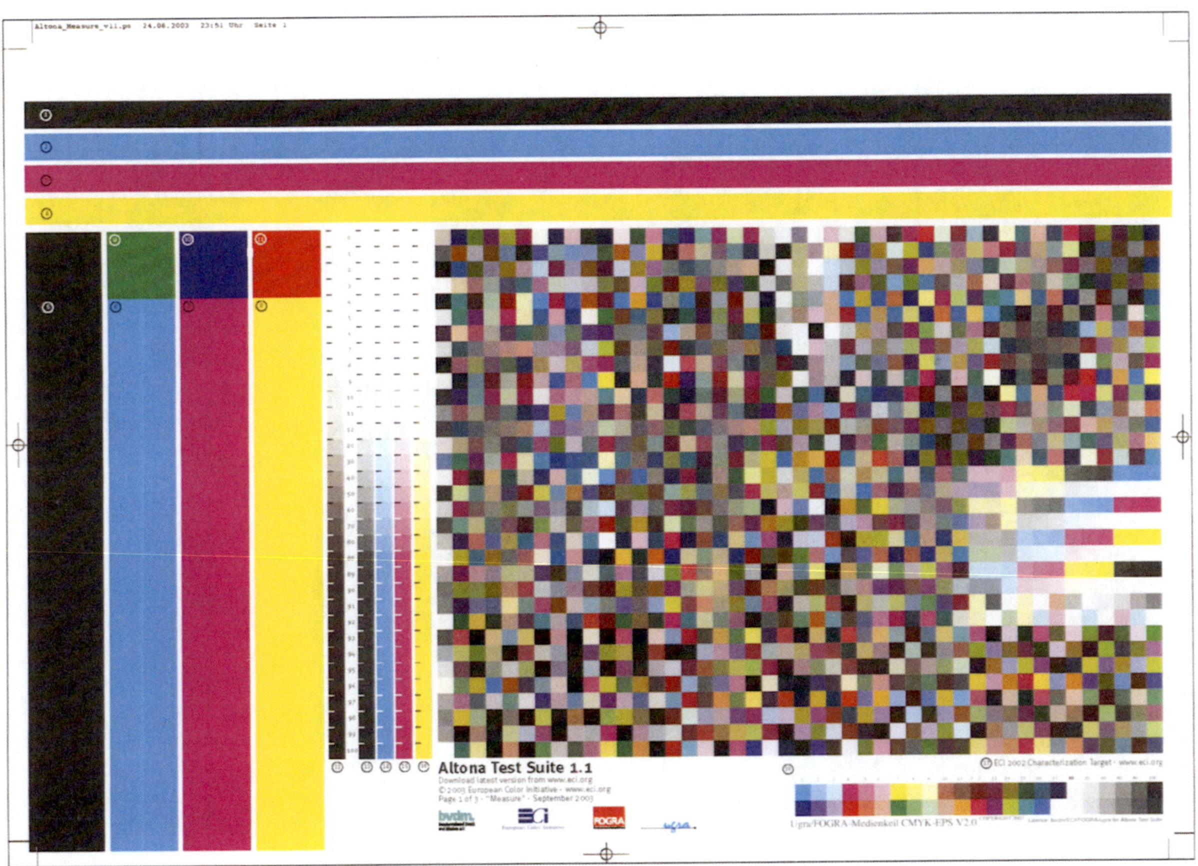

Altona Visual

Altona Technical

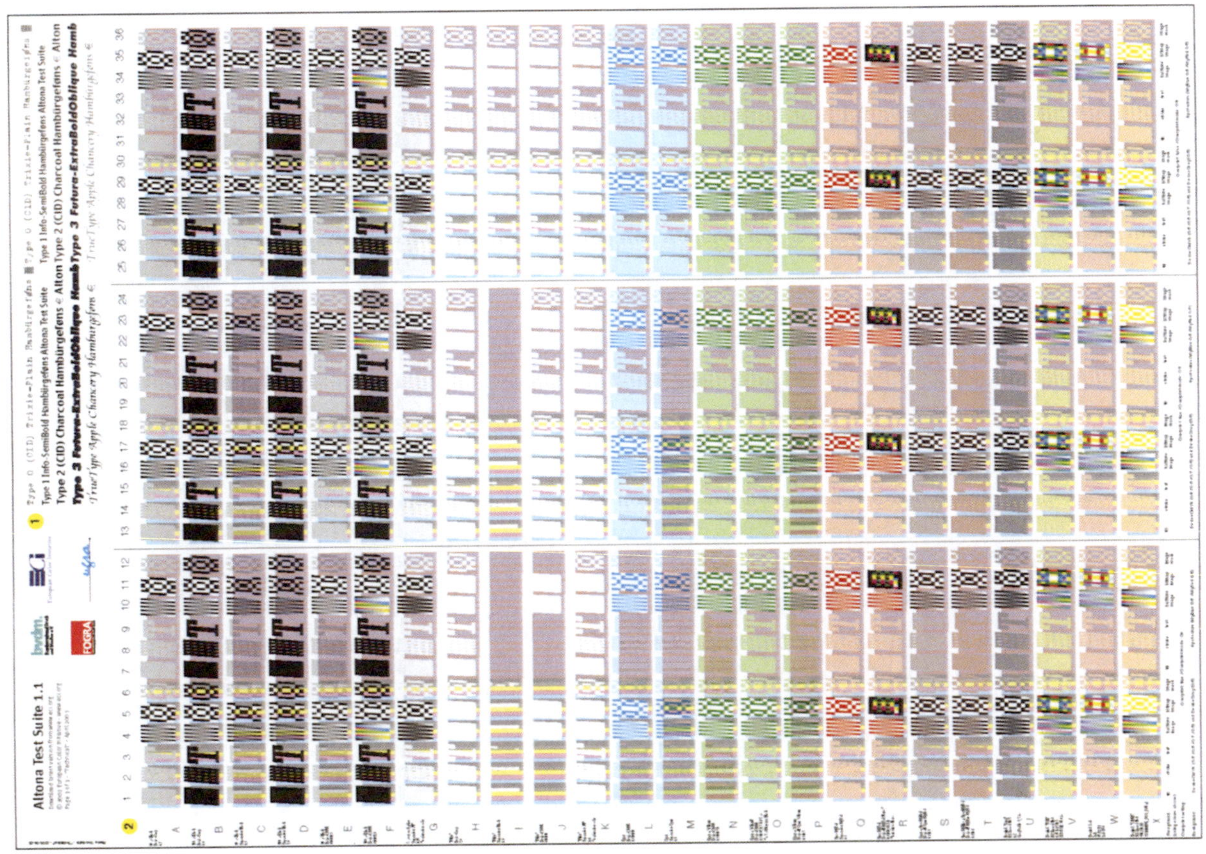

Farbwerte – Farbtafeln

Welche RGB-Anteile?
Wie viel Prozent CMYK?

Prüfen Sie Ihre Farbsicherheit!

Himmel und Erde

Mauern und Dächer

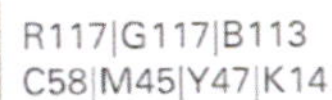

R117|G117|B113
C58|M45|Y47|K14 — 1

R198|G106|B76
C23|M64|Y67|K7 — 2

R229|G150|B128
C12|M49|Y44|K0 — 3

R176|G125|B105
C34|M51|Y53|K6 — 4

R141|G119|B100
C47|M47|Y55|K15 — 5

R244|G244|B244
C6|M4|Y4|K0 — 6

R172|G118|B96
C34|M54|Y57|K11 — 7

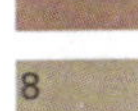

R167|G151|B117
C40|M36|Y54|K5 — 8

R190|G154|B134
C30|M40|Y44|K5 — 9

R150|G116|B92
C42|M49|Y59|K15 — 10

R144|G160|B187
C49|M32|Y18|K0 — 11

R184|G185|B174
C32|M23|Y31|K0 — 12

R98|G104|B93
C63|M46|Y53|K22 — 13

R34|G30|B30
C76|M63|Y32|K70 — 14

R193|G171|B152
C29|M33|Y38|K0 — 15

R122|G99|B89
C51|M53|Y55|K23 — 16

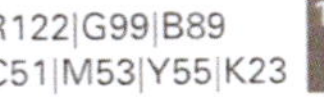

Menschen und Kleider

1	R142|G178|B194	C50|M22|Y21|K0
2	R181|G131|B122	C33|M51|Y45|K5
3	R139|G17|B37	C33|M95|Y76|K34
4	R182|G147|B101	C33|M40|Y61|K5
5	R158|G137|B118	C42|M42|Y50|K7
6	R178|G138|B131	C35|M47|Y42|K4
7	R127|G125|B130	C55|M44|Y40|K9
8	R8|G10|B8	C87|M74|Y77|K85

9	R246|G246|B246	C6|M4|Y4|K0
10	R212|G149|B137	C20|M47|Y41|K0
11	R197|G197|B169	C27|M19|Y36|K0
12	R144|G152|B168	C50|M36|Y27|K0
13	R153|G95|B68	C37|M60|Y69|K21
14	R114|G70|B71	C48|M67|Y55|K34
15	R178|G124|B103	C33|M52|Y54|K8
16	R126|G95|B105	C53|M59|Y44|K19

Blüten und Blumen

Äpfel und Zitronen

Gelbe Rüben und Radieschen

Gold und Silber

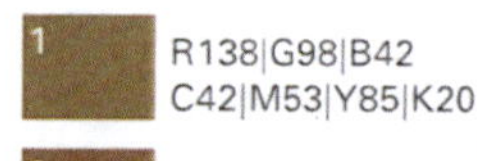

1	R138|G98|B42	C42|M53|Y85|K20
2	R147|G95|B43	C35|M60|Y84|K22
3	R251|G246|B189	C5|M4|Y34|K0
4	R224|G176|B117	C16|M34|Y56|K0
5	R155|G108|B57	C38|M53|Y78|K19
6	R168|G141|B85	C38|M40|Y69|K9
7	R169|G121|B61	C35|M49|Y78|K14
8	R171|G117|B55	C33|M52|Y81|K14

9	R225|G241|B235	C15|M4|Y11|K0
10	R169|G224|B255	C36|M4|Y0|K0
11	R134|G152|B173	C54|M35|Y25|K0
12	R145|G152|B145	C49|M33|Y40|K3
13	R14|G16|B19	C85|M70|Y66|K80
14	R126|G136|B141	C57|M46|Y82|K33
15	R102|G94|B48	C57|M46|Y82|K33
16	R70|G94|B145	C83|M61|Y22|K6

Essen und Trinken

Abdunkeln – Aufhellen

Die zwölf Farben des erweiterten Farbkreises werden in vier 20-Prozent-Schritten mit Schwarz abgedunkelt bzw. mit Weiß (Papierweiß) aufgehellt.

Die Farbtafeln wurden im CMYK-Modus, *Euroscale Coated v2*, erstellt. Die Umrechnung in RGB, *ECI-RGB*, erfolgte mit der CMM *Apple ColorSync* und der Renderingoption *Perzeptiv*. In der dritten Zeile stehen RGB-Werte als Hexadezimalzahl.

Wenn Sie mit anderen Farbeinstellungen arbeiten, dann können sich die Farbwerte und die Farbdarstellung von den Vorgaben im Buch unterscheiden.

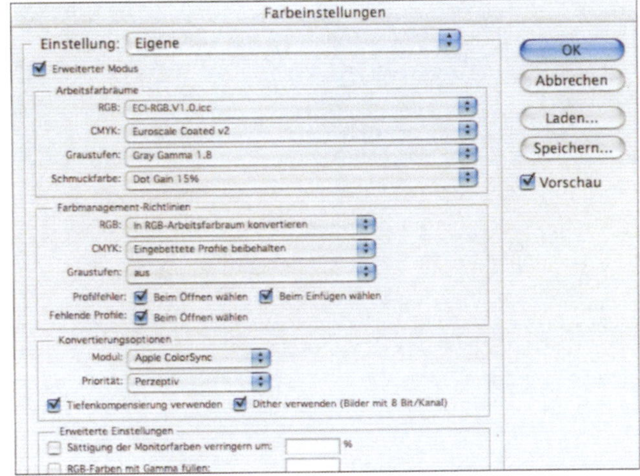

C100|M100|Y0|K20 R25|G45|B100 192D6D	C100|M50|Y0|K20 R0|G92|B148 005C94	C100|M0|Y0|K20 R0|G138|B193 008AC1	C100|M0|Y50|K20 R0|G125|B125 007D7D	C100|M0|Y100|K20 R0|G116|B61 00743D	C50|M0|Y100|K20 R142|G154|B58 8E9A3A
C0|M0|Y100|K20 R225|G194|B59 E1C23B	C0|M50|Y100|K20 R198|G127|B42 C67F2A	C0|M100|Y100|K20 R181|G64|B30 B5401E	C0|M100|Y50|K20 R180|G65|B69 B44145	C0|M100|Y0|K20 R178|G67|B108 B2436C	C50|M100|Y0|K20 R113|G53|B108 71356C

C100|M100|Y0|K40 R20|G33|B89 142159	C100|M50|Y0|K40 R0|G73|B120 004978	C100|M0|Y0|K40 R0|G110|B155 006E9B	C100|M0|Y50|K40 R0|G101|B101 006565	C100|M0|Y100|K40 R0|G93|B49 005D31	C50|M0|Y100|K40 R113|G123|B46 717B2E
C0|M0|Y100|K40 R179|G154|B46 B39A2E	C0|M50|Y100|K40 R159|G102|B53 9F6621	C0|M100|Y100|K40 R145|G51|B24 913318	C0|M100|Y50|K40 R145|G51|B54 913336	C0|M100|Y0|K40 R143|G51|B87 8F3357	C50|M100|Y0|K40 R92|G40|B87 5C2857

C100|M100|Y0|K60
R13|G18|B64
0D1240

C100|M50|Y0|K60
R0|G52|B89
003459

C100|M0|Y0|K60
R0|G80|B115
005073

C100|M0|Y50|K60
R0|G73|B74
00494A

C100|M0|Y100|K60
R0|G68|B35
004423

C50|M0|Y100|K60
R80|G90|B32
505A20

C0|M0|Y100|K60
R131|G113|B33
837121

C0|M50|Y100|K60
R117|G74|B23
754A17

C0|M100|Y100|K60
R108|G37|B14
6C250E

C0|M100|Y50|K60
R108|G35|B38
6C2326

C0|M100|Y0|K60
R107|G32|B62
6B203E

C50|M100|Y0|K60
R70|G21|B62
46153E

C100|M100|Y0|K80
R0|G6|B40
000628

C100|M50|Y0|K80
R0|G28|B56
001C38

C100|M0|Y0|K80
R0|G49|B75
00314B

C100|M0|Y50|K80
R0|G44|B46
002C2E

C100|M0|Y100|K80
R0|G42|B20
002A14

C50|M0|Y100|K80
R45|G56|B19
2D3813

C0|M0|Y100|K80
R83|G72|B19
534813

C0|M50|Y100|K80
R77|G47|B5
4D2F05

C0|M100|Y100|K80
R73|G20|B0
491400

C0|M100|Y50|K80
R73|G15|B20
490F14

C0|M100|Y0|K80
R73|G0|B36
490024

C50|M100|Y0|K80
R46|G0|B37
2E0025

C80|M80|Y0|K0	C80|M40|Y0|K0	C80|M0|Y0|K0	C80|M0|Y40|K0	C80|M0|Y80|K0	C40|M0|Y80|K0
R80|G81|B142	R67|G130|B186	R36|G178|B230	R77|G166|B165	R93|G156|B102	R186|G193|B103
50518E	4382BA	24B2E6	4DA6A5	5D9C66	BAC167

C0|M0|Y80|K0	C0|M40|Y80|K0	C0|M80|Y80|K0	C0|M80|Y40|K0	C0|M80|Y0|K0	C40|M80|Y0|K0
R255|G232|B107	R237|G167|B84	R217|G105|B62	R215|G109|B107	R213|G114|B148	R151|G96|B144
FFE86B	EDA754	D9693E	D76D6B	D57294	976090

C60|M60|Y0|K0	C60|M30|Y0|K0	C60|M0|Y0|K0	C60|M0|Y30|K0	C60|M0|Y60|K0	C30|M0|Y60|K0
R116|G113|B164	R115|G155|B201	R117|G195|B235	R127|G186|B186	R137|G177|B133	R204|G207|B137
7471A4	739BC9	72C3EB	7FBABA	89B185	CCCF89

C0|M0|Y60|K0	C0|M30|Y60|K0	C0|M60|Y60|K0	C0|M60|Y30|K0	C0|M60|Y0|K0	C30|M60|Y0|K0
R255|G236|B141	R242|G188|B120	R224|G136|B97	R222|G141|B137	R220|G147|B172	R172|G130|B168
FFEC8D	F2BC78	E08861	DE8D89	DC93AC	AC82A8

C40|M40|Y0|K0
R158|G156|B193
9E9CC1

C40|M20|Y0|K0
R163|G187|B219
A3BBD8

C40|M0|Y0|K0
R168|G215|B242
A8D7F2

C40|M0|Y20|K0
R173|G209|B209
ADD1D1

C40|M0|Y40|K0
R178|G203|B173
B2CBAD

C20|M0|Y40|K0
R223|G224|B178
DFE0B2

C0|M0|Y40|K0
R255|G242|B182
FFF2B6

C0|M20|Y40|K0
R247|G210|B165
F7D2A5

C0|M40|Y40|K0
R234|G175|B145
EAAF91

C0|M40|Y20|K0
R234|G180|B175
E8B4AF

C0|M40|Y0|K0
R230|G185|B202
E6B9CA

C20|M40|Y0|K0
R197|G171|B197
C5ABC5

C20|M20|Y0|K0
R206|G205|B225
CECDE1

C20|M10|Y0|K0
R211|G221|B237
D3DDED

C20|M0|Y0|K0
R216|G236|B248
D8ECF8

C20|M0|Y10|K0
R217|G233|B232
D9E9E8

C20|M0|Y20|K0
R219|G230|B216
DBE6D8

C10|M0|Y20|K0
R240|G240|B216
F0F0DA

C0|M0|Y20|K0
R255|G249|B221
FFF9DD

C0|M10|Y20|K0
R252|G232|B210
FCE8D2

C0|M20|Y20|K0
R245|G216|B200
F5D8C8

C0|M20|Y10|K0
R244|G219|B215
F4DBD7

C0|M20|Y0|K0
R243|G221|B230
F3DDE6

C10|M20|Y0|K0
R226|G214|B227
E2D6E3

Farbtafeln CMYK und RGB

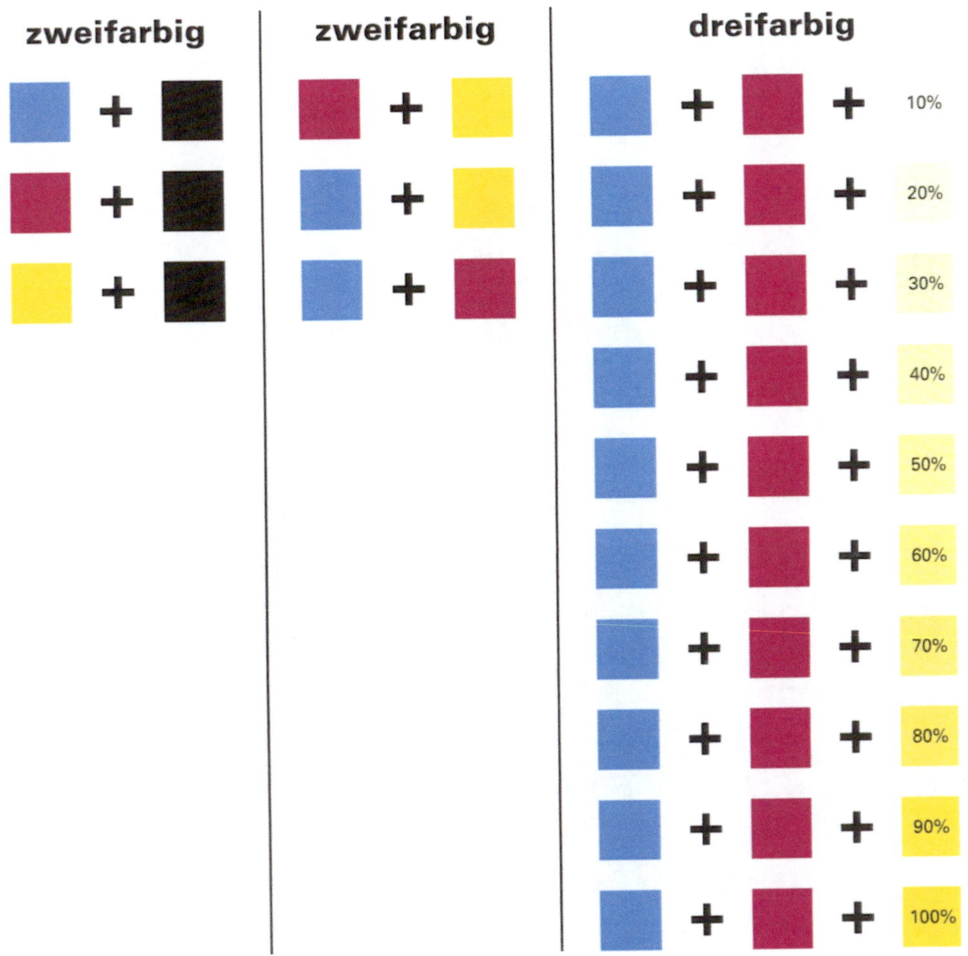

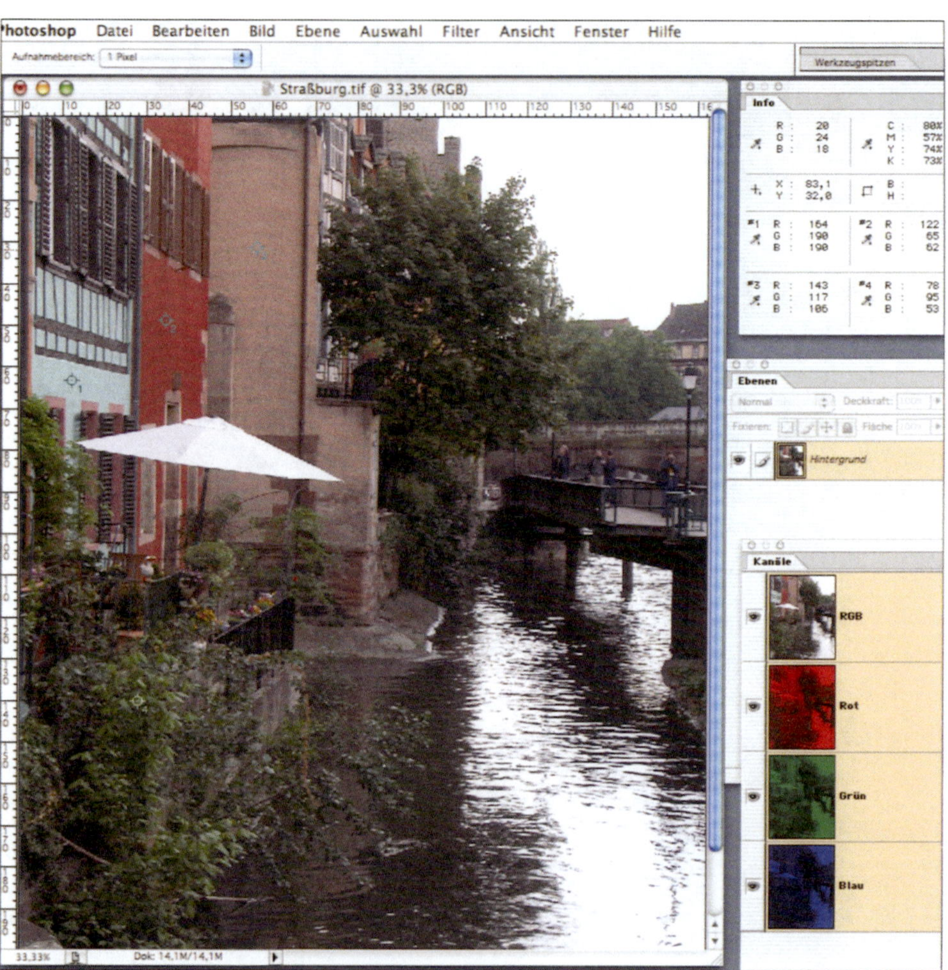

Überprüfen der Farben im Bild mit Pipette und Infopalette in Photoshop

→ S. 150

Die Farbtafeln auf den nächsten Seiten sollen Ihnen für die Bewertung und Definition eines Farbtons im Druck und auf dem Monitor Hilfestellung geben. Auf den ersten sechs Seiten finden Sie 726 zweifarbige Felder, auf den zehn darauf folgenden Seiten 1210 dreifarbige Farbfelder.

Der Anteil der Farben in den Farbwertfeldern wird in den einfarbigen Randfeldern angegeben. Die Abstufung erfolgt jeweils in 10%-Rastertonwertstufen.

Die angegebenen Prozentwerte sind die Prozentwerte der Datei. Durch die verschiedenen Prozessparameter bei der Belichtung und im Fortdruck ergeben sich jeweils andere wirksame Flächendeckungen. Sie müssen deshalb beim Anlegen Ihrer Farbtöne die Prozessparameter Ihres spezifischen Prozesses berücksichtigen.

Beim Betrachten und Bewerten eines Farbfeldes sollten Sie dessen Umfeld, z.B. mit einer Maske (10 mm x 10 mm), abdecken. Nur so können Sie verfälschende Effekte wie den Simultankontrast vermeiden.

→ S. 28

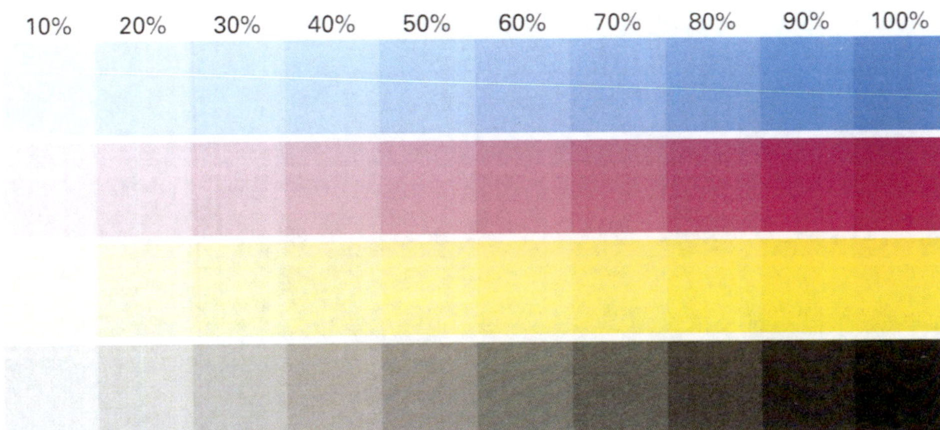

	100% 0 00	90% 26 1A	80% 51 33	70% 77 4D	60% 102 66	50% 127 7F	40% 153 99	30% 179 B3	20% 204 CC	10% 230 E6	0% 255 FF	
0% 255 FF												0% 255 FF
0% 255 FF												10% 230 E6
0% 255 FF												20% 204 CC
0% 255 FF												30% 179 B3
0% 255 FF												40% 153 99
0% 255 FF												50% 127 7F
0% 255 FF												60% 102 66
0% 255 FF												70% 77 4D
0% 255 FF												80% 51 33
0% 255 FF												90% 26 1A
0% 255 FF												100% 0 00

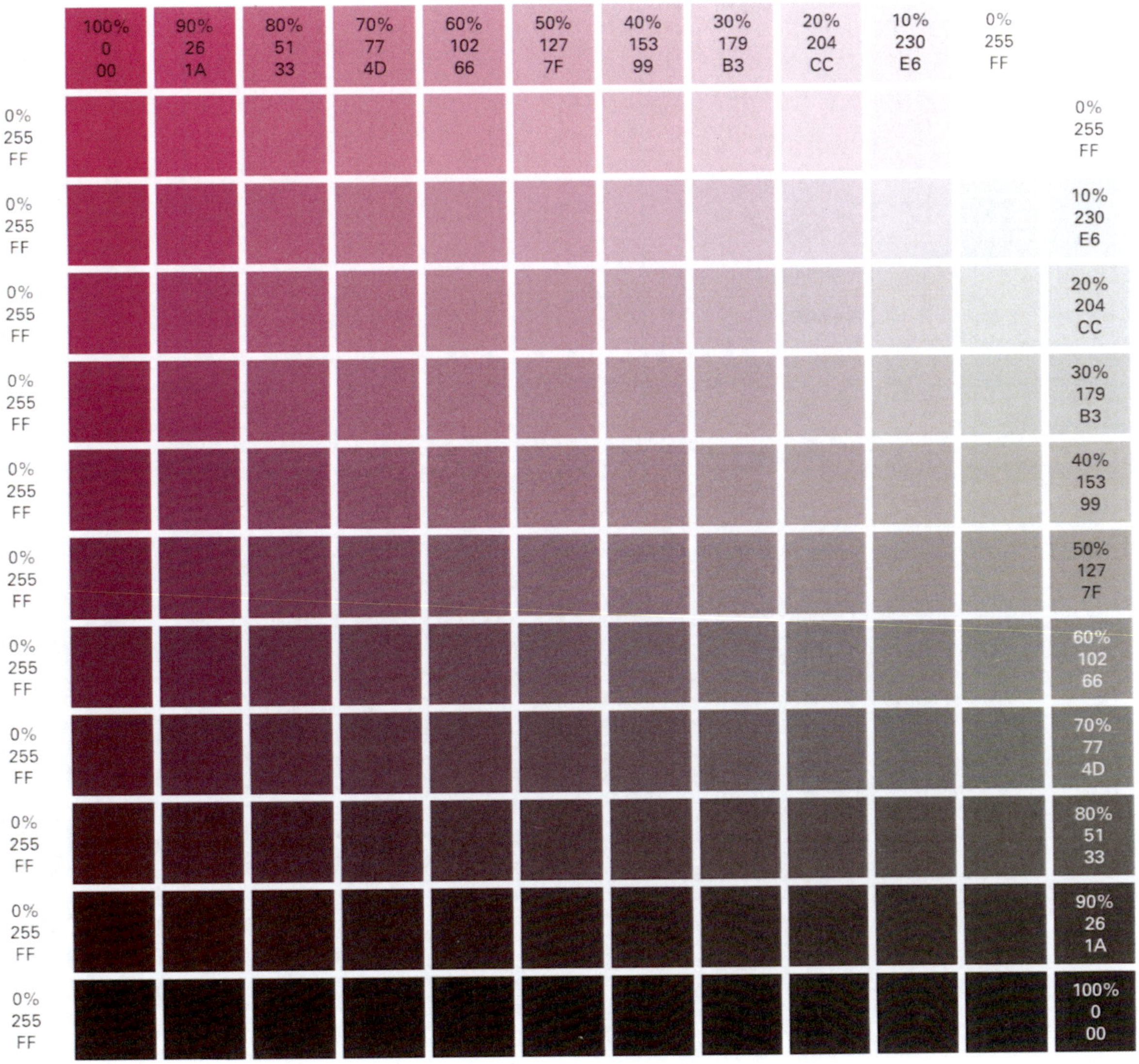

	100% 0 00	90% 26 1A	80% 51 33	70% 77 4D	60% 102 66	50% 127 7F	40% 153 99	30% 179 B3	20% 204 CC	10% 230 E6	0% 255 FF	
0% 255 FF												0% 255 FF
0% 255 FF												10% 230 E6
0% 255 FF												20% 204 CC
0% 255 FF												30% 179 B3
0% 255 FF												40% 153 99
0% 255 FF												50% 127 7F
0% 255 FF												60% 102 66
0% 255 FF												70% 77 4D
0% 255 FF												80% 51 33
0% 255 FF												90% 26 1A
0% 255 FF												100% 0 00

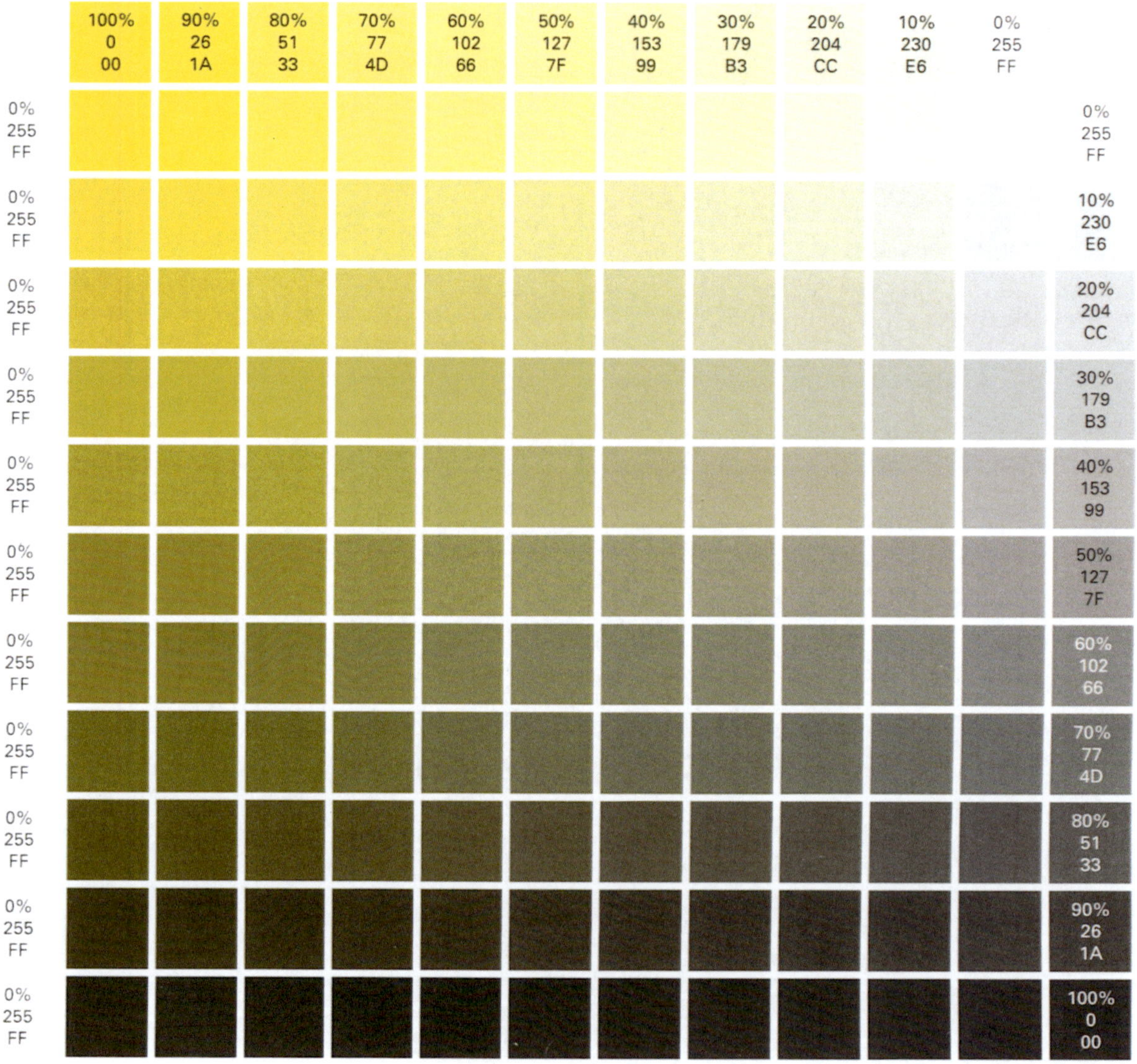

	100% 0 00	90% 26 1A	80% 51 33	70% 77 4D	60% 102 66	50% 127 7F	40% 153 99	30% 179 B3	20% 204 CC	10% 230 E6	0% 255 FF	
0% 255 FF												0% 255 FF
0% 255 FF												10% 230 E6
0% 255 FF												20% 204 CC
0% 255 FF												30% 179 B3
0% 255 FF												40% 153 99
0% 255 FF												50% 127 7F
0% 255 FF												60% 102 66
0% 255 FF												70% 77 4D
0% 255 FF												80% 51 33
0% 255 FF												90% 26 1A
0% 255 FF												100% 0 00

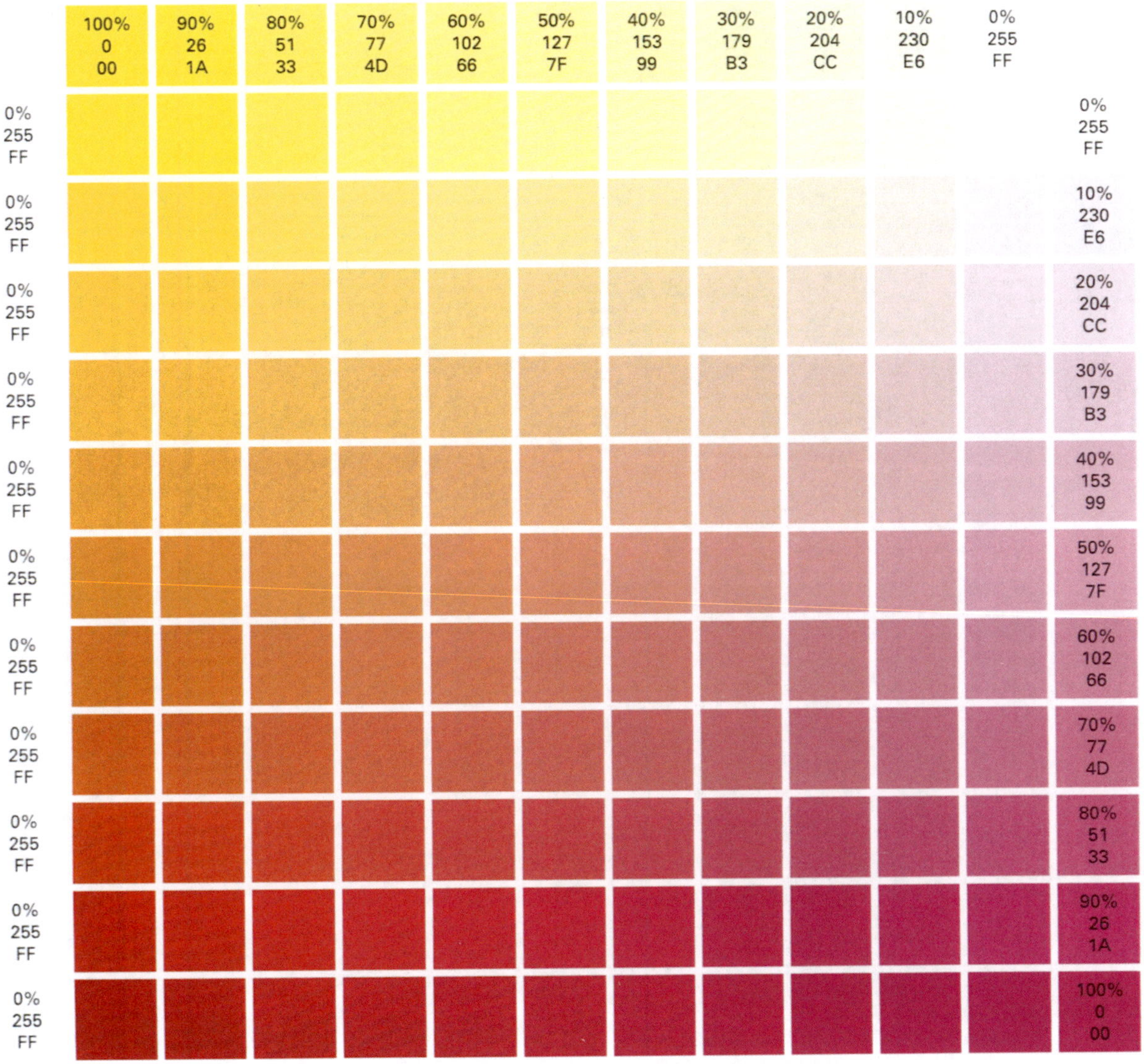

	100% 0 00	90% 26 1A	80% 51 33	70% 77 4D	60% 102 66	50% 127 7F	40% 153 99	30% 179 B3	20% 204 CC	10% 230 E6	0% 255 FF	
0% 255 FF												0% 255 FF
0% 255 FF												10% 230 E6
0% 255 FF												20% 204 CC
0% 255 FF												30% 179 B3
0% 255 FF												40% 153 99
0% 255 FF												50% 127 7F
0% 255 FF												60% 102 66
0% 255 FF												70% 77 4D
0% 255 FF												80% 51 33
0% 255 FF												90% 26 1A
0% 255 FF												100% 0 00

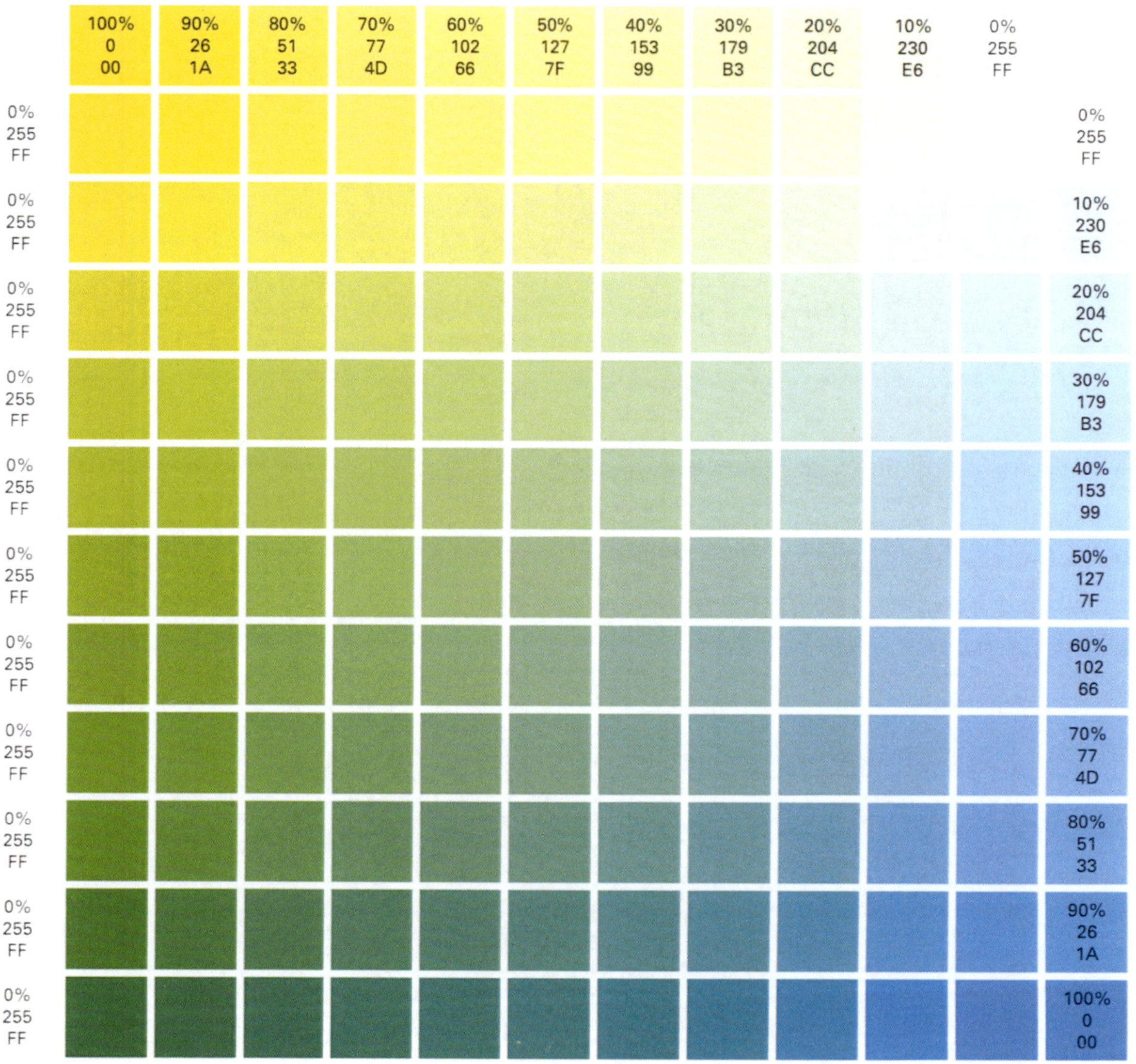

	100% 0 00	90% 26 1A	80% 51 33	70% 77 4D	60% 102 66	50% 127 7F	40% 153 99	30% 179 B3	20% 204 CC	10% 230 E6	0% 255 FF	
0% 255 FF												0% 255 FF
0% 255 FF												10% 230 E6
0% 255 FF												20% 204 CC
0% 255 FF												30% 179 B3
0% 255 FF												40% 153 99
0% 255 FF												50% 127 7F
0% 255 FF												60% 102 66
0% 255 FF												70% 77 4D
0% 255 FF												80% 51 33
0% 255 FF												90% 26 1A
0% 255 FF												100% 0 00

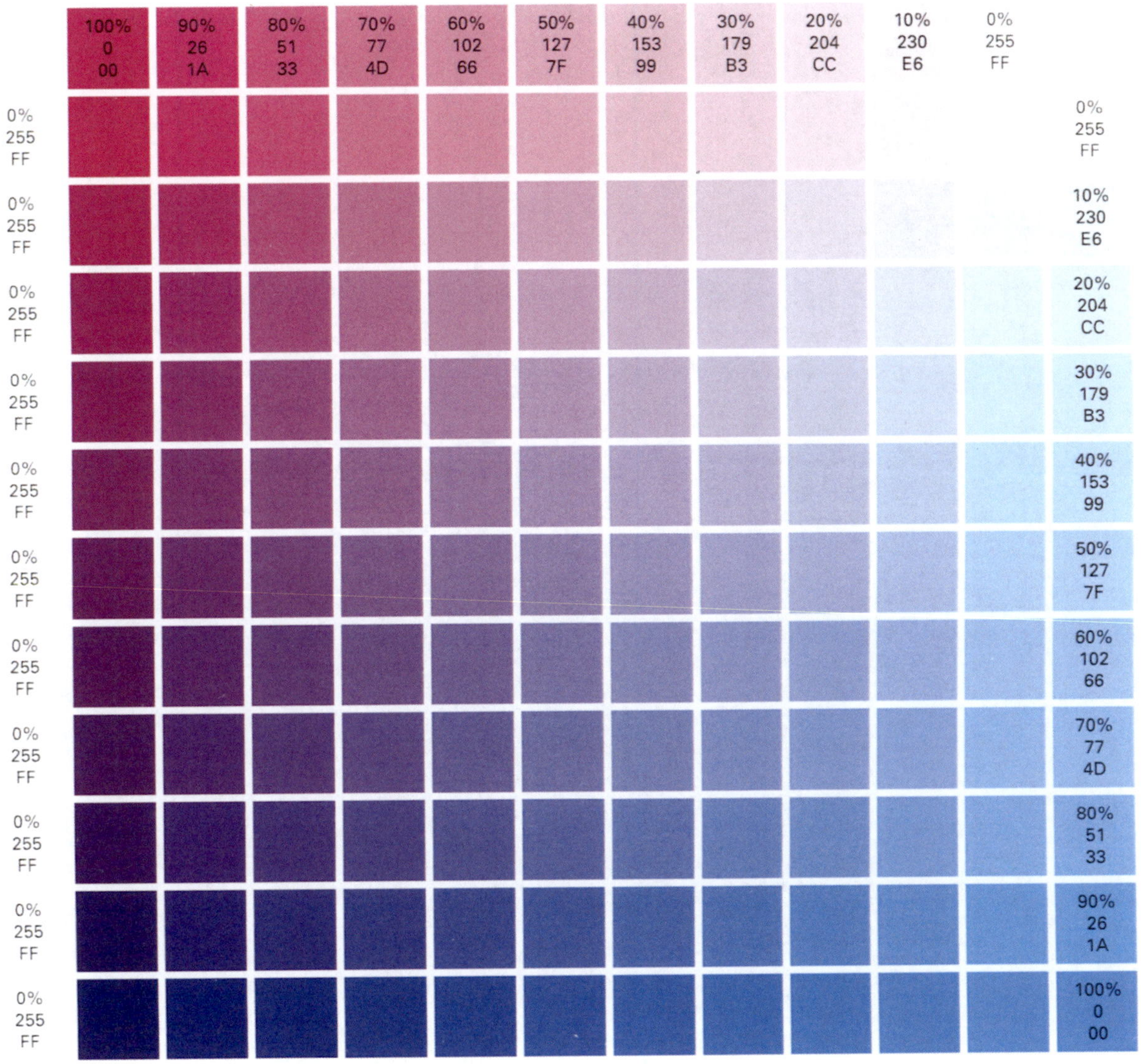

	100% 0 00	90% 26 1A	80% 51 33	70% 77 4D	60% 102 66	50% 127 7F	40% 153 99	30% 179 B3	20% 204 CC	10% 230 E6	0% 255 FF	
0% 255 FF												0% 255 FF
0% 255 FF												10% 230 E6
0% 255 FF												20% 204 CC
0% 255 FF												30% 179 B3
0% 255 FF												40% 153 99
0% 255 FF												50% 127 7F
0% 255 FF												60% 102 66
0% 255 FF												70% 77 4D
0% 255 FF												80% 51 33
0% 255 FF												90% 26 1A
0% 255 FF												100% 0 00

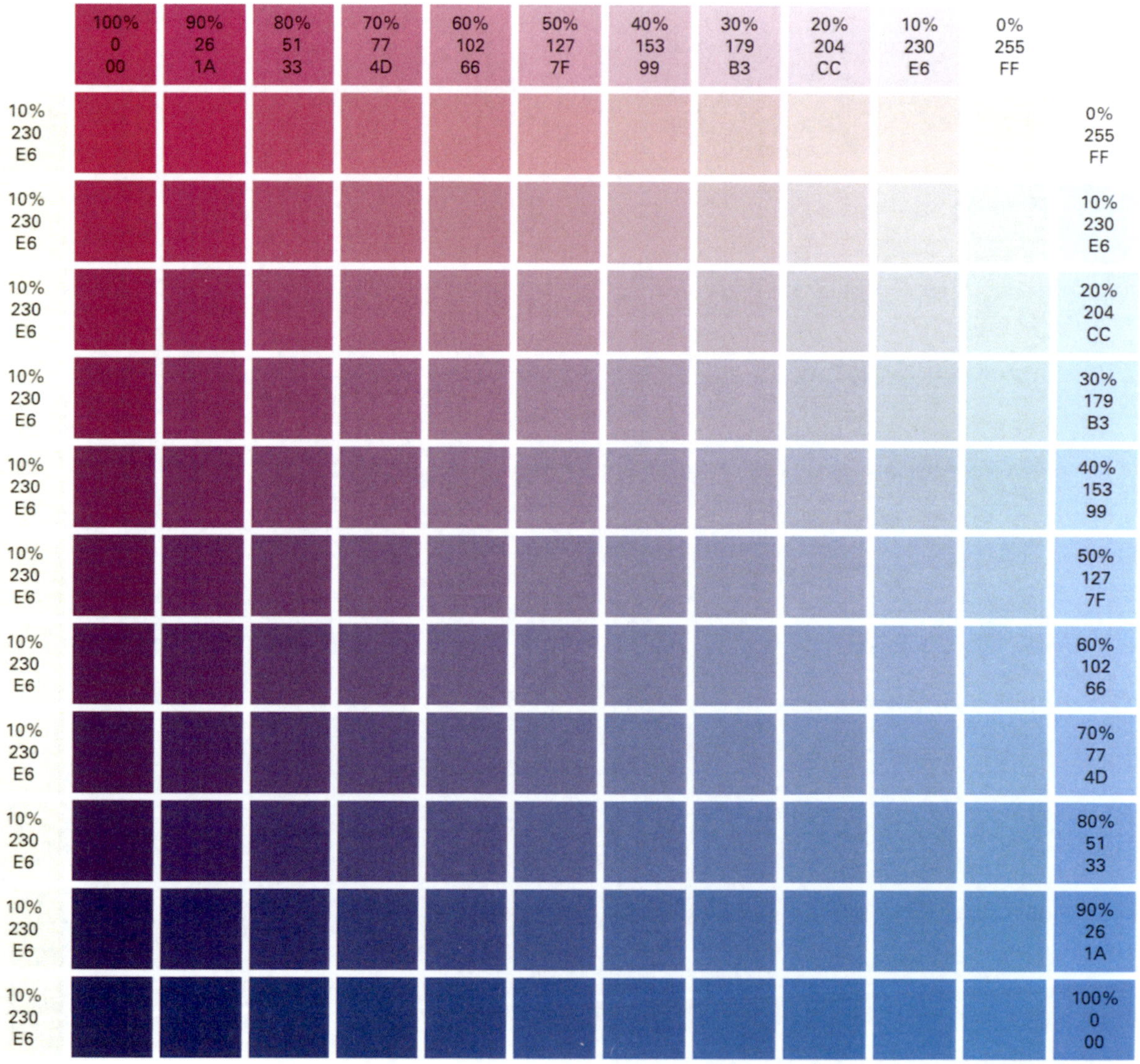

	100% 0 00	90% 26 1A	80% 51 33	70% 77 4D	60% 102 66	50% 127 7F	40% 153 99	30% 179 B3	20% 204 CC	10% 230 E6	0% 255 FF	
10% 230 E6												0% 255 FF
10% 230 E6												10% 230 E6
10% 230 E6												20% 204 CC
10% 230 E6												30% 179 B3
10% 230 E6												40% 153 99
10% 230 E6												50% 127 7F
10% 230 E6												60% 102 66
10% 230 E6												70% 77 4D
10% 230 E6												80% 51 33
10% 230 E6												90% 26 1A
10% 230 E6												100% 0 00

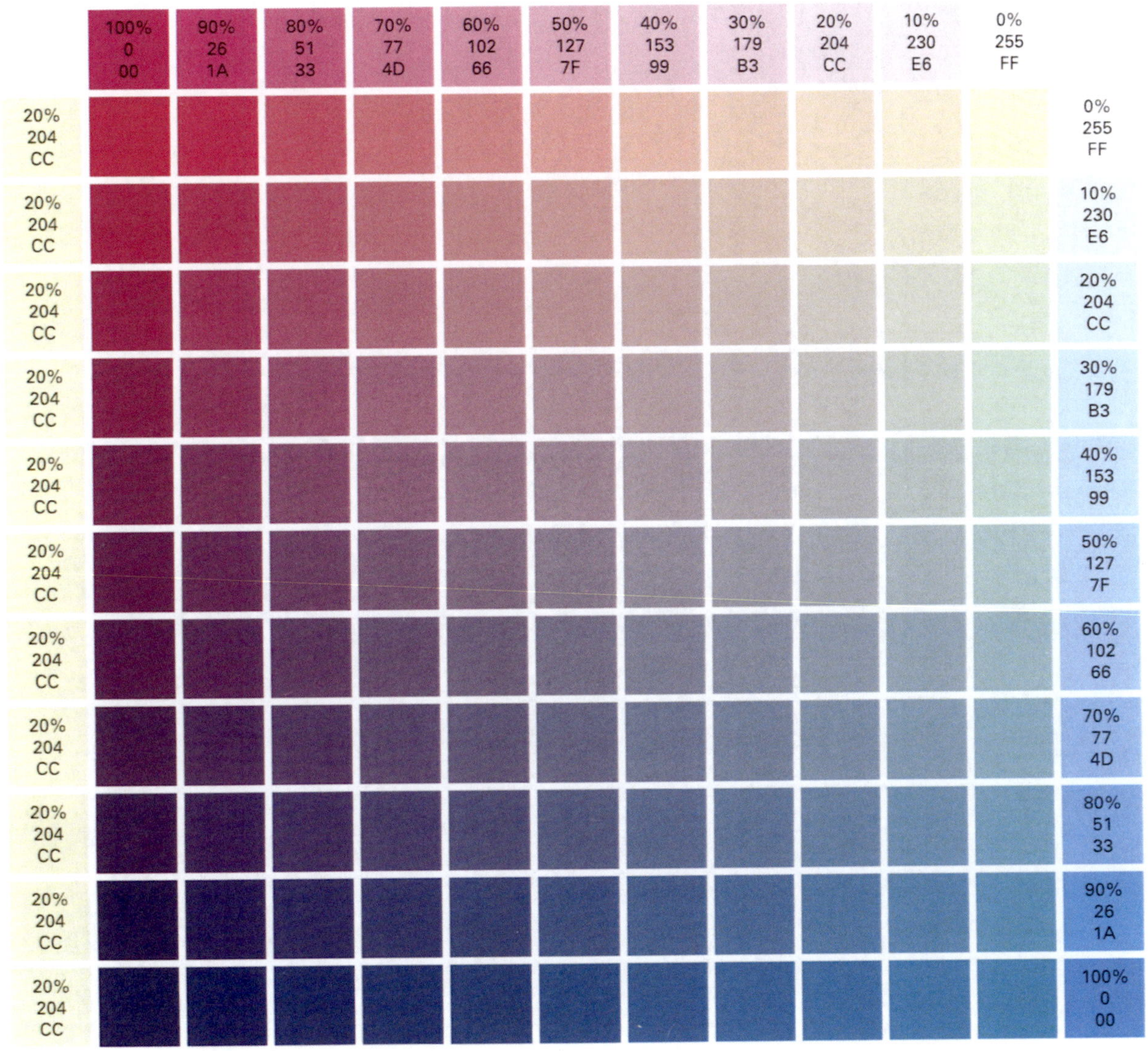

	100% 0 00	90% 26 1A	80% 51 33	70% 77 4D	60% 102 66	50% 127 7F	40% 153 99	30% 179 B3	20% 204 CC	10% 230 E6	0% 255 FF	
20% 204 CC												0% 255 FF
20% 204 CC												10% 230 E6
20% 204 CC												20% 204 CC
20% 204 CC												30% 179 B3
20% 204 CC												40% 153 99
20% 204 CC												50% 127 7F
20% 204 CC												60% 102 66
20% 204 CC												70% 77 4D
20% 204 CC												80% 51 33
20% 204 CC												90% 26 1A
20% 204 CC												100% 0 00

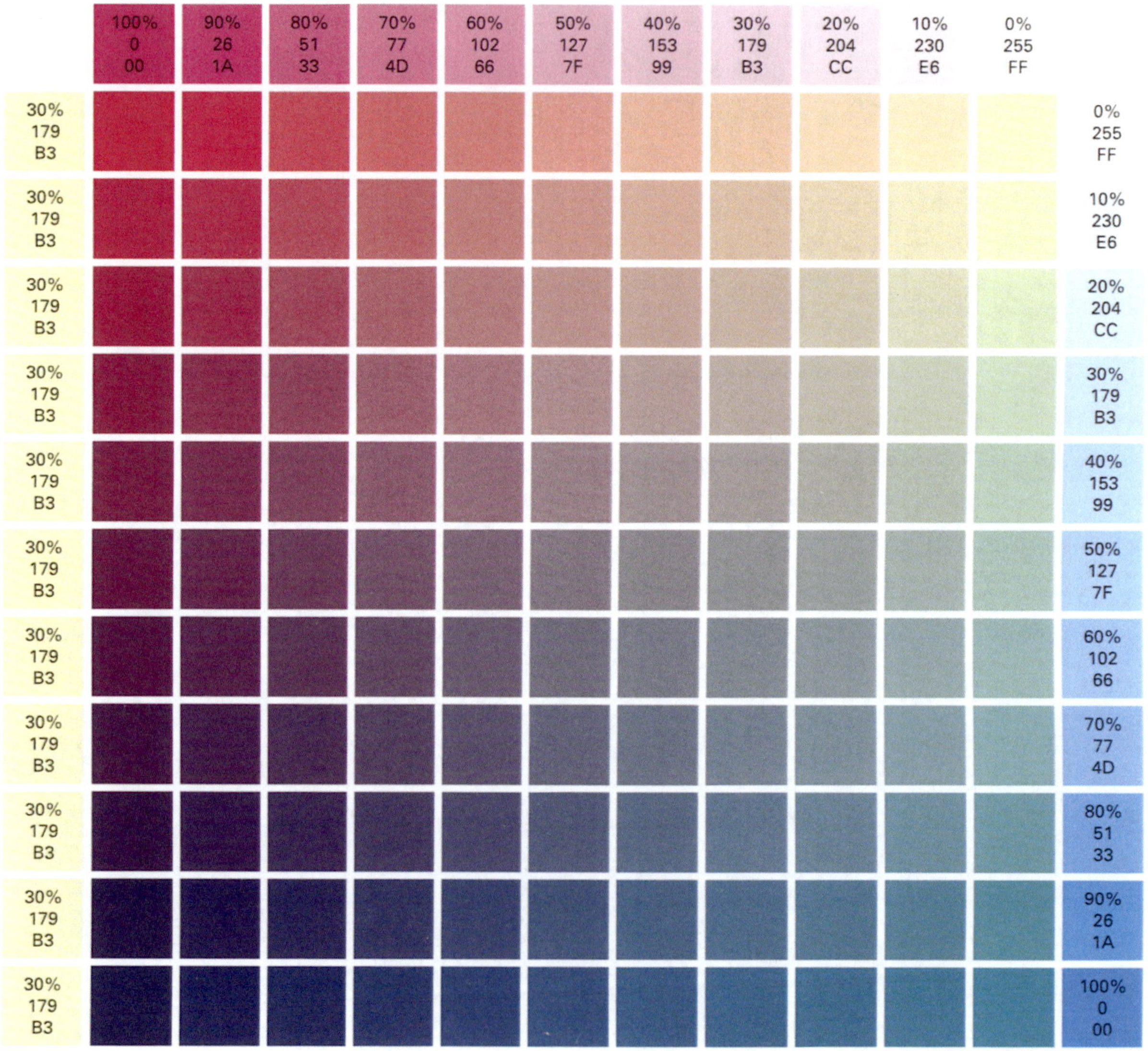

	100% 0 00	90% 26 1A	80% 51 33	70% 77 4D	60% 102 66	50% 127 7F	40% 153 99	30% 179 B3	20% 204 CC	10% 230 E6	0% 255 FF	
30% 179 B3												0% 255 FF
30% 179 B3												10% 230 E6
30% 179 B3												20% 204 CC
30% 179 B3												30% 179 B3
30% 179 B3												40% 153 99
30% 179 B3												50% 127 7F
30% 179 B3												60% 102 66
30% 179 B3												70% 77 4D
30% 179 B3												80% 51 33
30% 179 B3												90% 26 1A
30% 179 B3												100% 0 00

	100% 0 00	90% 26 1A	80% 51 33	70% 77 4D	60% 102 66	50% 127 7F	40% 153 99	30% 179 B3	20% 204 CC	10% 230 E6	0% 255 FF	
40% 153 99												0% 255 FF
40% 153 99												10% 230 E6
40% 153 99												20% 204 CC
40% 153 99												30% 179 B3
40% 153 99												40% 153 99
40% 153 99												50% 127 7F
40% 153 99												60% 102 66
40% 153 99												70% 77 4D
40% 153 99												80% 51 33
40% 153 99												90% 26 1A
40% 153 99												100% 0 00

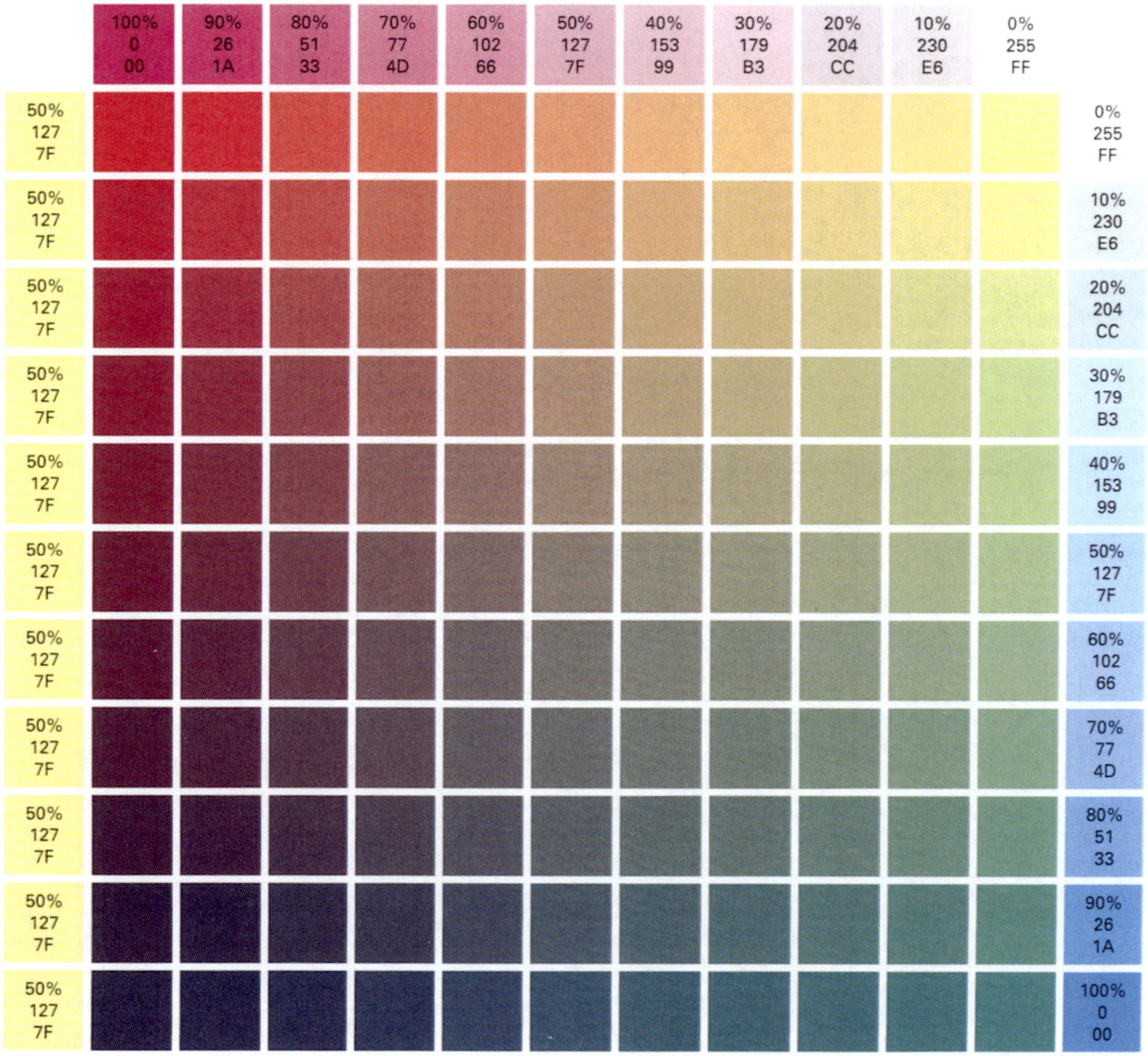

	100% 0 00	90% 26 1A	80% 51 33	70% 77 4D	60% 102 66	50% 127 7F	40% 153 99	30% 179 B3	20% 204 CC	10% 230 E6	0% 255 FF	
50% 127 7F												0% 255 FF
50% 127 7F												10% 230 E6
50% 127 7F												20% 204 CC
50% 127 7F												30% 179 B3
50% 127 7F												40% 153 99
50% 127 7F												50% 127 7F
50% 127 7F												60% 102 66
50% 127 7F												70% 77 4D
50% 127 7F												80% 51 33
50% 127 7F												90% 26 1A
50% 127 7F												100% 0 00

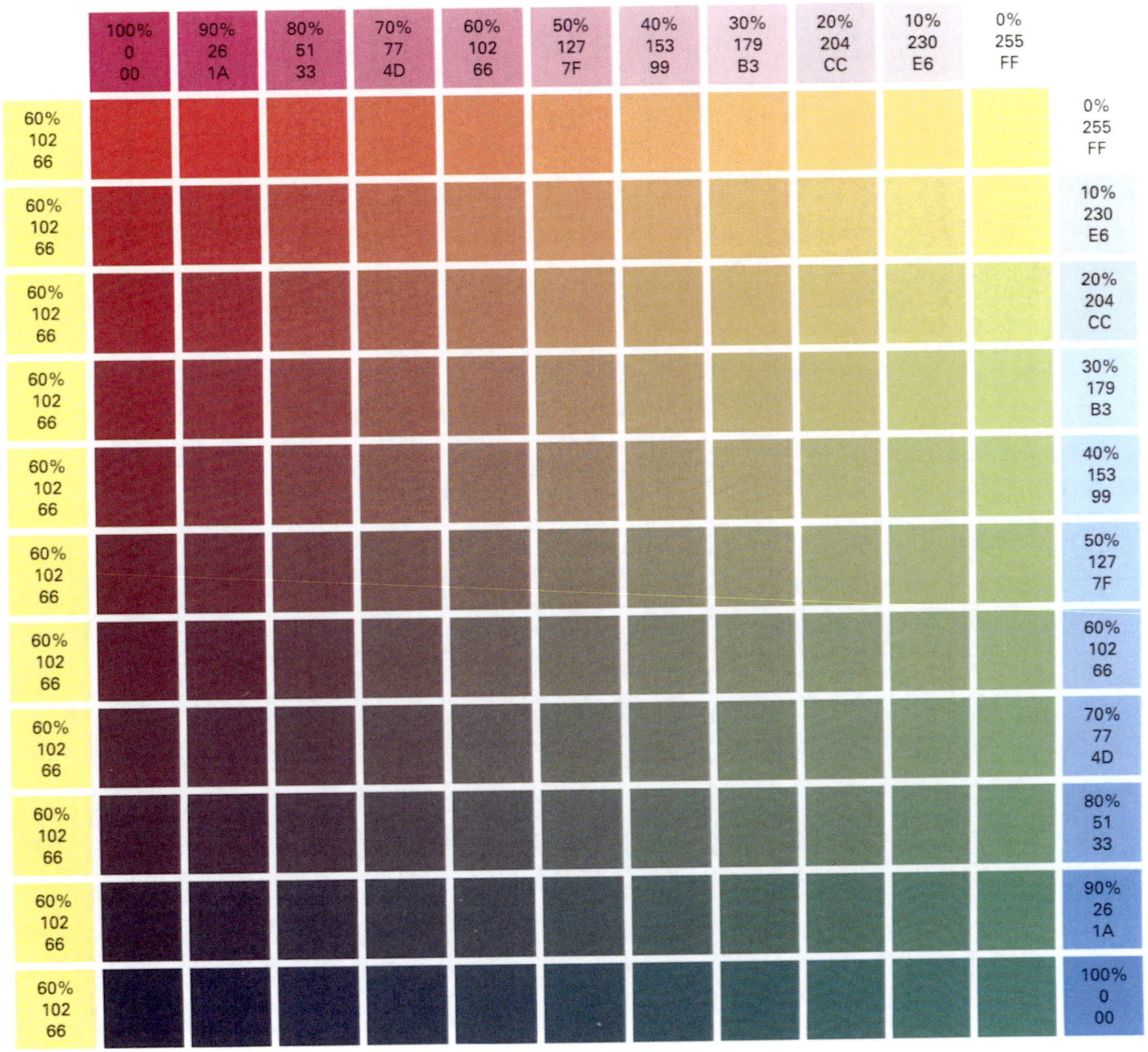

	100% 0 00	90% 26 1A	80% 51 33	70% 77 4D	60% 102 66	50% 127 7F	40% 153 99	30% 179 B3	20% 204 CC	10% 230 E6	0% 255 FF	
60% 102 66												0% 255 FF
60% 102 66												10% 230 E6
60% 102 66												20% 204 CC
60% 102 66												30% 179 B3
60% 102 66												40% 153 99
60% 102 66												50% 127 7F
60% 102 66												60% 102 66
60% 102 66												70% 77 4D
60% 102 66												80% 51 33
60% 102 66												90% 26 1A
60% 102 66												100% 0 00

	100% 0 00	90% 26 1A	80% 51 33	70% 77 4D	60% 102 66	50% 127 7F	40% 153 99	30% 179 B3	20% 204 CC	10% 230 E6	0% 255 FF	
70% 77 4D												0% 255 FF
70% 77 4D												10% 230 E6
70% 77 4D												20% 204 CC
70% 77 4D												30% 179 B3
70% 77 4D												40% 153 99
70% 77 4D												50% 127 7F
70% 77 4D												60% 102 66
70% 77 4D												70% 77 4D
70% 77 4D												80% 51 33
70% 77 4D												90% 26 1A
70% 77 4D												100% 0 00

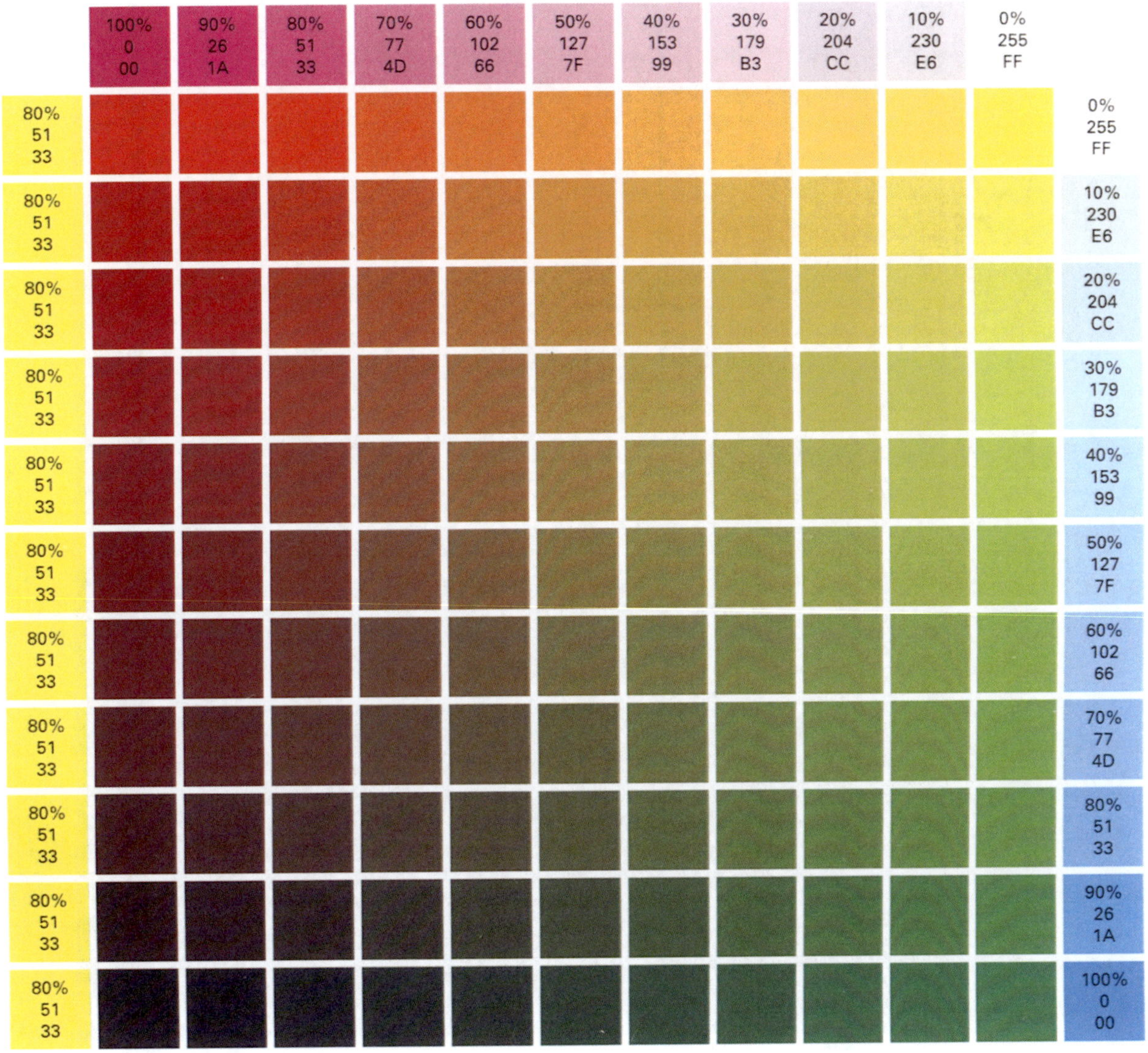

	100% 0 00	90% 26 1A	80% 51 33	70% 77 4D	60% 102 66	50% 127 7F	40% 153 99	30% 179 B3	20% 204 CC	10% 230 E6	0% 255 FF	
80% 51 33												0% 255 FF
80% 51 33												10% 230 E6
80% 51 33												20% 204 CC
80% 51 33												30% 179 B3
80% 51 33												40% 153 99
80% 51 33												50% 127 7F
80% 51 33												60% 102 66
80% 51 33												70% 77 4D
80% 51 33												80% 51 33
80% 51 33												90% 26 1A
80% 51 33												100% 0 00

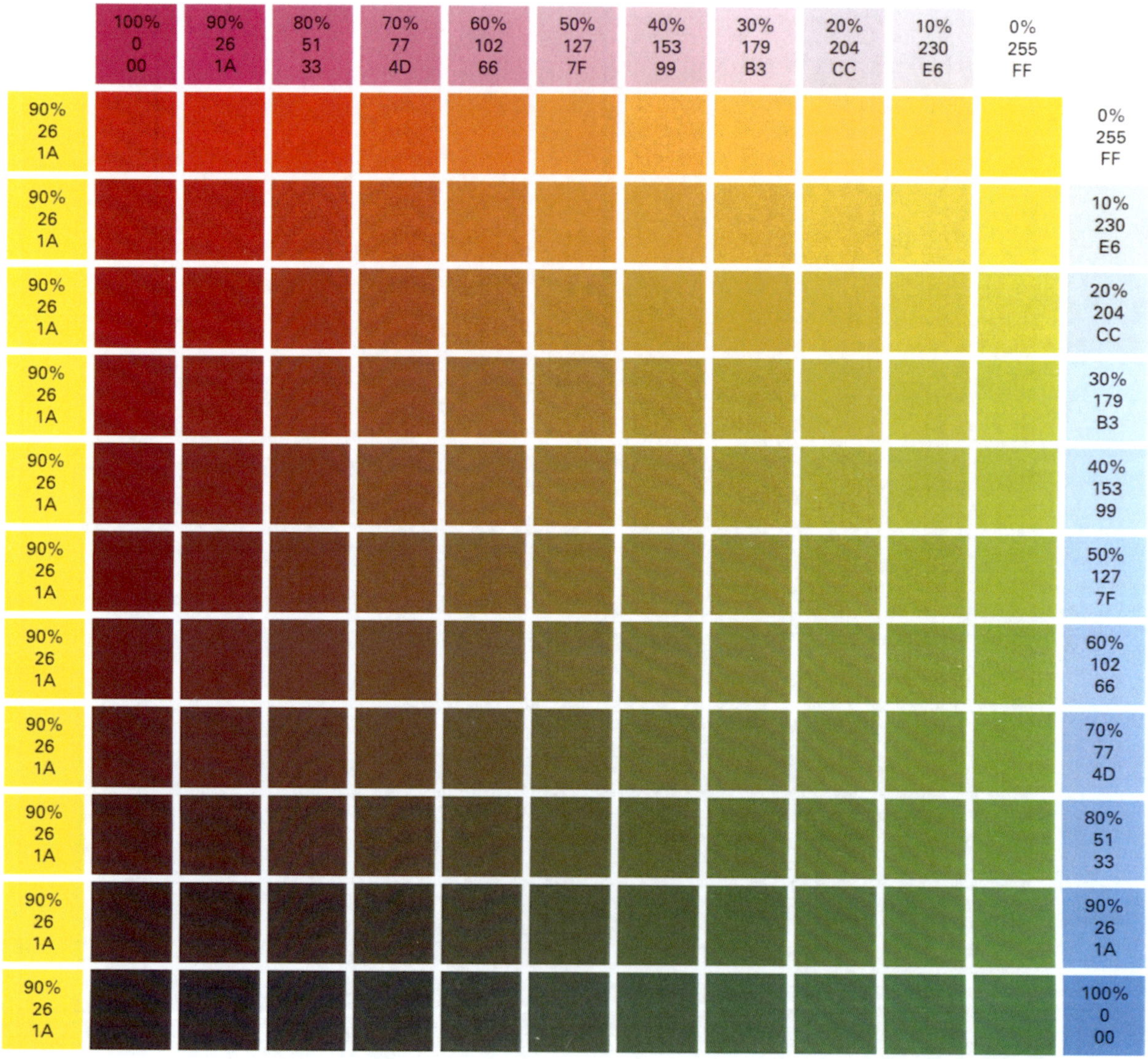

	100% 0 00	90% 26 1A	80% 51 33	70% 77 4D	60% 102 66	50% 127 7F	40% 153 99	30% 179 B3	20% 204 CC	10% 230 E6	0% 255 FF	
90% 26 1A												0% 255 FF
90% 26 1A												10% 230 E6
90% 26 1A												20% 204 CC
90% 26 1A												30% 179 B3
90% 26 1A												40% 153 99
90% 26 1A												50% 127 7F
90% 26 1A												60% 102 66
90% 26 1A												70% 77 4D
90% 26 1A												80% 51 33
90% 26 1A												90% 26 1A
90% 26 1A												100% 0 00

	100% 0 00	90% 26 1A	80% 51 33	70% 77 4D	60% 102 66	50% 127 7F	40% 153 99	30% 179 B3	20% 204 CC	10% 230 E6	0% 255 FF	
100% 26 1A												0% 255 FF
100% 26 1A												10% 230 E6
100% 26 1A												20% 204 CC
100% 26 1A												30% 179 B3
100% 26 1A												40% 153 99
100% 26 1A												50% 127 7F
100% 26 1A												60% 102 66
100% 26 1A												70% 77 4D
100% 26 1A												80% 51 33
100% 26 1A												90% 26 1A
100% 26 1A												100% 0 00

HKS-Farbsystem

Das HKS-Farbsystem stammt von den drei Farbenherstellern Hostmann-Steinberg, K+E (Kast+Ehinger, heute BASF-Druckfarbensysteme) und Schimke in Deutschland.

Die herkömmliche HKS-Palette umfasst die hier abgebildeten 86 Farbtöne. Das neue HKS 3000 plus beinhaltet 3520 Farbtöne. Alle HKS-Farben haben ein Äquivalent im CMYK- und im RGB-System. Die Zahlenangaben im Hexadezimalcode ermöglichen Ihnen die Definition der Äquivalente in der Multimediaproduktion, z.B. der HTML-Programmierung.

Für die unterschiedlichen Papiertypen stehen Ihnen vier Varianten zur Verfügung: HKS K für Kunstdruckpapier, HKS N für Naturpapier, HKS E für den Endlosdruck und HKS Z für den Zeitungsdruck.

<table>
<tr><td>HKS 1 K
0|10|60|0
251|230|98
FBE662</td><td>HKS 2 K
5|0|100|0
244|245|0
F4F500</td><td>HKS 3 K
0|0|100|0
255|250|0
FFFA00</td><td>HKS 4 K
0|20|100|0
248|203|0
F8CB00</td><td>HKS 5 K
0|30|100|0
244|180|0
F4B400</td><td>HKS 6 K
0|45|100|0
239|142|0
EF8E00</td><td>HKS 7 K
0|60|100|0
235|104|0
EB6800</td></tr>
<tr><td>HKS 8 K
0|65|100|0
233|92|0
E95C00</td><td>HKS 10 K
0|85|100|0
230|43|0
E62B00</td><td>HKS 11 K
0|45|45|0
239|142|108
EF8E6C</td><td>HKS 12 K
0|90|100|0
229|26|0
E51A00</td><td>HKS 13 K
0|100|95|0
227|0|16
E30010</td><td>HKS 14 K
0|100|100|0
227|0|9
E30009</td><td>HKS 15 K
5|100|80|0
220|0|32
DC0020</td></tr>
<tr><td>HKS 16 K
30|100|90|0
173|0|27
AD001B</td><td>HKS 17 K
30|100|70|0
174|0|44
AE002C</td><td>HKS 18 K
55|100|80|0
124|12|38
7C0C26</td><td>HKS 21 K
0|55|25|0
236|114|133
EC7285</td><td>HKS 22 K
0|90|85|0
229|24|28
E5181C</td><td>HKS 23 K
0|100|70|0
228|00|41
E40029</td><td>HKS 24 K
10|100|50|0
212|0|63
D4003F</td></tr>
<tr><td>HKS 25 K
0|100|25|0
228|0|89
E40059</td><td>HKS 26 K
20|100|20|0
193|0|95
C1005F</td><td>HKS 27 K
5|100|0|0
221|0|113
DD0071</td><td>HKS 28 K
20|100|40|0
193|0|75
C1004B</td><td>HKS 29 K
45|100|0|0
145|0|113
910071</td><td>HKS 31 K
20|100|0|0
194|0|113
C20071</td><td>HKS 32 K
10|100|0|0
235|104|0
D50071</td></tr>
<tr><td>HKS 33 K
50|100|0|0
136|0|114
880072</td><td>HKS 34 K
70|100|0|0
102|0|114
660072</td><td>HKS 35 K
90|90|0|0
62|0|124
3E007C</td><td>HKS 36 K
80|90|0|0
82|0|124
52007C</td><td>HKS 37 K
80|100|0|0
85|0|114
550072</td><td>HKS 38 K
100|60|10|60
0|21|64
001540</td><td>HKS 39 K
90|50|0|0
32|75|166
204BA6</td></tr>
</table>

HKS 40 K 100|30|15|0 0|104|170 0068AA	HKS 41 K 100|70|10|50 6|20|73 061449	HKS 42 K 100|85|0|0 35|16|128 231080	HKS 43 K 100|70|0|0 16|42|142 F8CB00	HKS 44 K 100|50|0|0 0|71|166 0047A6	HKS 45 K 80|70|0|0 75|47|143 4B2F8F	HKS 46 K 85|30|5|5 13|107|182 0D6BB6
HKS 47 K 100|0|0|0 0|139|230 008BE6	HKS 48 K 100|0|10|0 0|141|212 008DD4	HKS 49 K 100|20|10|0 0|116|190 0074BE	HKS 50 K 70|0|5|0 43|171|227 2BABE3	HKS 51 K 100|0|40|0 0|145|150 009196	HKS 52 K 100|0|55|0 0|145|120 009178	HKS 53 K 80|0|60|0 0|164|109 00A46D
HKS 54 K 100|0|80|10 0|134|71 008647	HKS 55 K 100|0|70|30 0|108|69 006C45	HKS 56 K 100|45|80|0 0|92|61 005C3D	HKS 57 K 100|0|90|20 0|121|50 007932	HKS 58 K 60|0|65|50 43|97|53 2B6135	HKS 59 K 100|0|50|20 0|121|108 00796C	HKS 60 K 80|5|100|0 20|158|30 149E1E
HKS 61 K 70|0|100|75 0|52|5 003405	HKS 62 K 10|0|70|60 99|103|35 636723	HKS 63 K 60|0|90|40 55|116|29 37741D	HKS 64 K 80|0|100|10 0|151|27 00971B	HKS 65 K 65|0|100|0 78|177|19 4EB113	HKS 66 K 60|0|100|0 94|182|14 5EB60E	HKS 67 K 55|0|100|0 109|188|5 4DBC05
HKS 68 K 15|20|100|0 216|192|0 D8C000	HKS 69 K 15|0|100|0 220|235|0 DCEB00	HKS 71 K 10|40|100|0 222|150|0 DE9600	HKS 72 K 10|55|100|0 218|114|0 DA7200	HKS 73 K 0|45|100|30 175|105|0 AF6900	HKS 74 K 0|50|100|50 126|69|0 7E4500	HKS 75 K 10|30|80|50 119|92|25 775C19
HKS 76 K 0|60|90|80 62|24|0 3E1800	HKS 77 K 0|60|60|70 82|34|22 522216	HKS 78 K 50|95|100|0 133|28|21 851C15	HKS 81 K 10|80|100|0 214|57|0 D63900	HKS 82 K 0|85|100|30 168|32|0 A82000	HKS 83 K 5|75|70|50 120|35|26 78231A	HKS 84 K 10|80|70|60 95|22|20 5F1614
HKS 88 K 0|0|0|100 21|21|24 151518	HKS 89 K 0|8|30|35 169|161|124 A9A17C	HKS 90 K 0|25|30|90 45|30|26 2D1E1A	HKS91 K 10|0|15|40 145|153|141 91998D	HKS 92 K 10|0|5|65 88|92|96 585C60	HKS 93 K 25|0|10|80 45|54|59 2D363B	HKS 95 K 0|0|25|55 122|121|98 7A7962
HKS 96 K 0|5|20|60 109|103|92 6D675C	HKS 97 K 15|0|30|90 35|39|31 23271F					

16 Farbwörter des W3C

Black	Hex #000000 RGB 0 0 0
Maroon	Hex #800000 RGB 128 0 0
Green	Hex #008000 RGB 0 128 0
Olive	Hex #808000 RGB 128 128 0
Navy	Hex #000080 RGB 0 0 128
Purple	Hex #800080 RGB 128 0 128
Teal	Hex #008080 RGB 0 128 128
Gray	Hex #808080 RGB 128 128 128

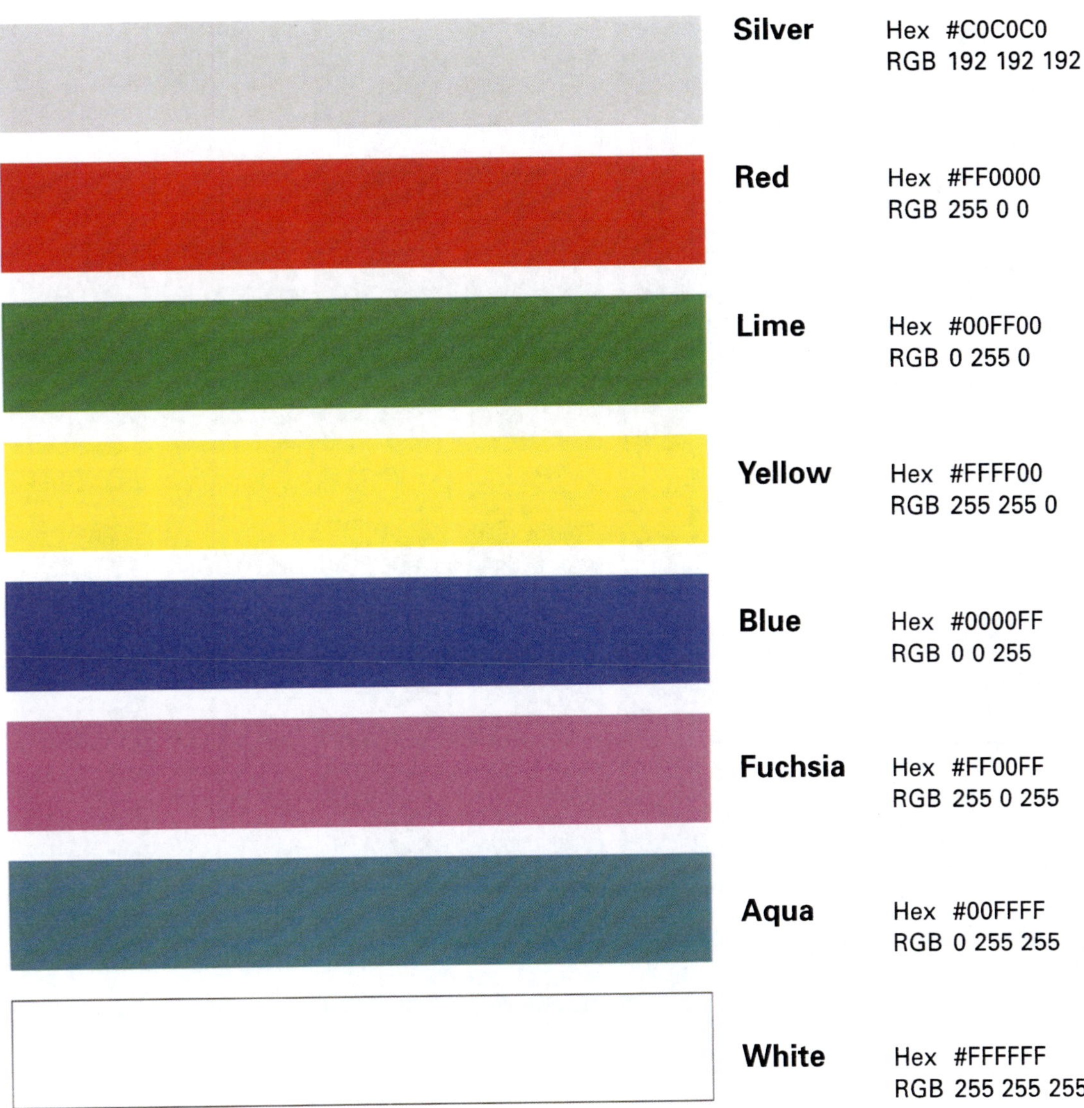
Silver
Hex #C0C0C0
RGB 192 192 192
Red
Hex #FF0000
RGB 255 0 0
Lime
Hex #00FF00
RGB 0 255 0
Yellow
Hex #FFFF00
RGB 255 255 0
Blue
Hex #0000FF
RGB 0 0 255
Fuchsia
Hex #FF00FF
RGB 255 0 255
Aqua
Hex #00FFFF
RGB 0 255 255
White
Hex #FFFFFF
RGB 255 255 255

216 Farben der Web-Palette

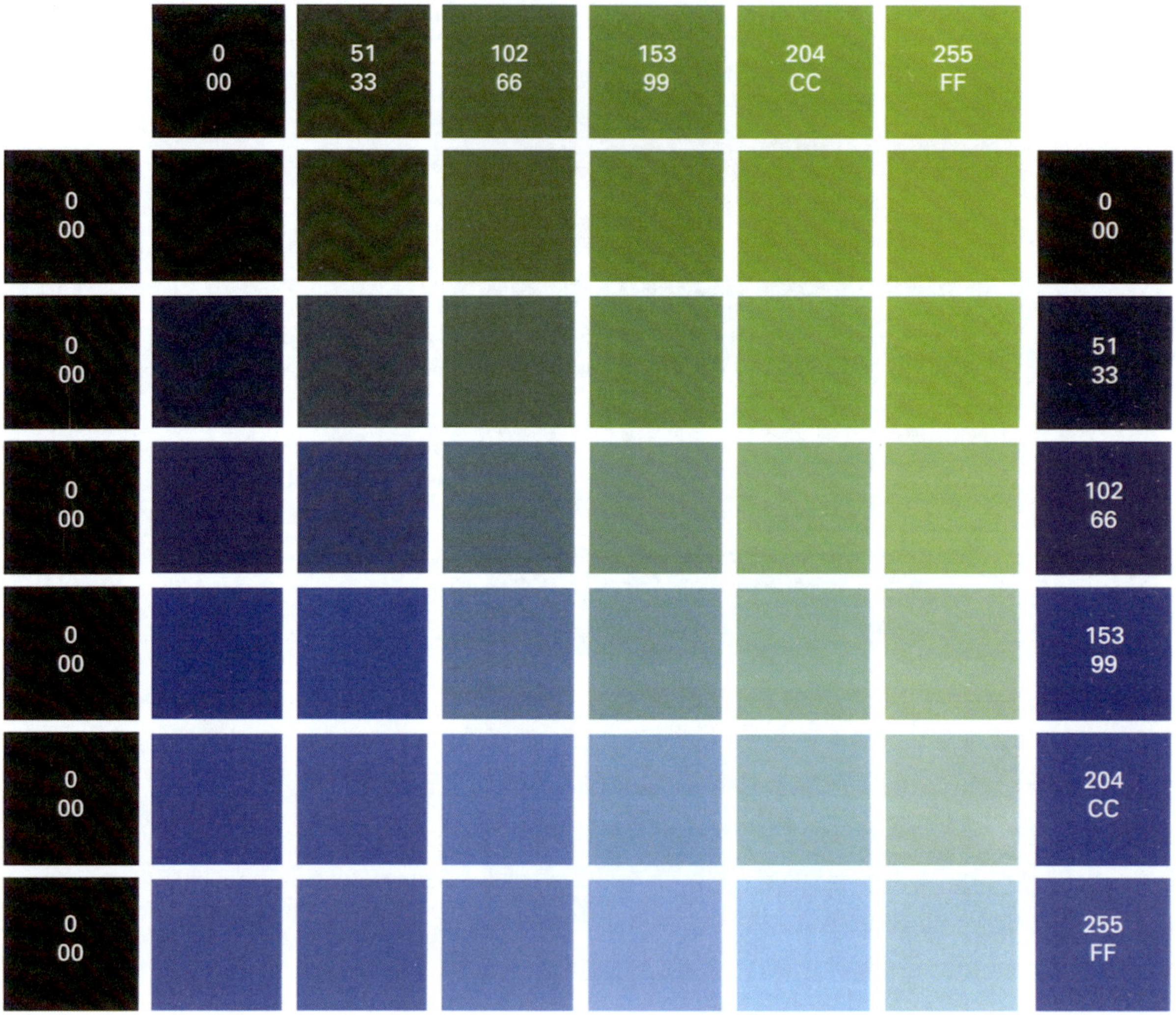

	0 00	51 33	102 66	153 99	204 CC	255 FF	
0 00							0 00
0 00							51 33
0 00							102 66
0 00							153 99
0 00							204 CC
0 00							255 FF

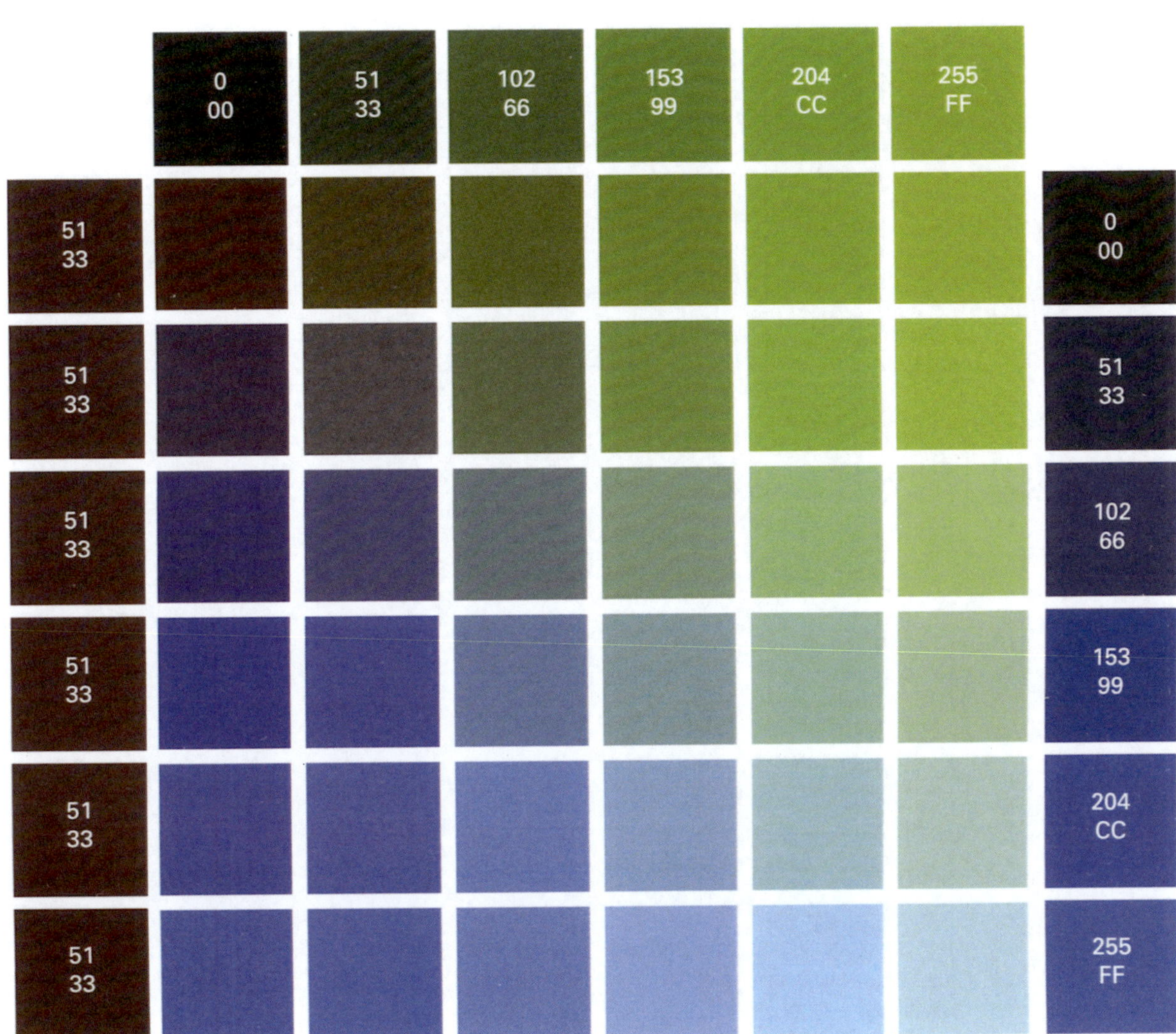
0
00
51
33
102
66
153
99
204
CC
255
FF
51
33
51
33
51
33
51
33
51
33
51
33
0
00
51
33
102
66
153
99
204
CC
255
FF

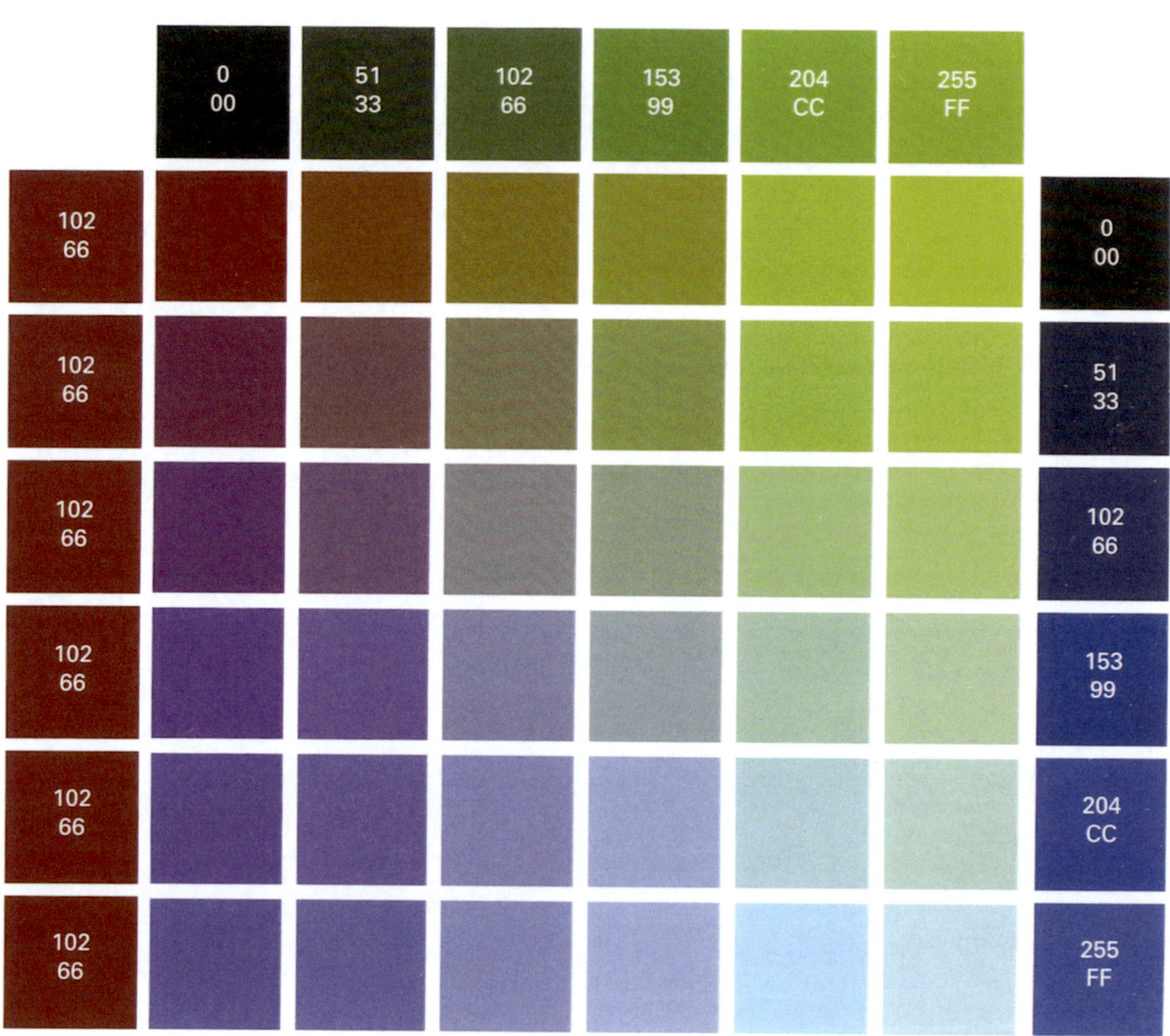

0
00
51
33
102
66
153
99
204
CC
255
FF
102
66
102
66
102
66
102
66
102
66
102
66
0
00
51
33
102
66
153
99
204
CC
255
FF

0
00
51
33
102
66
153
99
204
CC
255
FF
153
99
153
99
153
99
153
99
153
99
153
99
0
00
51
33
102
66
153
99
204
CC
255
FF

	0 00	51 33	102 66	153 99	204 CC	255 FF	
204 CC							0 00
204 CC							51 33
204 CC							102 66
204 CC							153 99
204 CC							204 CC
204 CC							255 FF

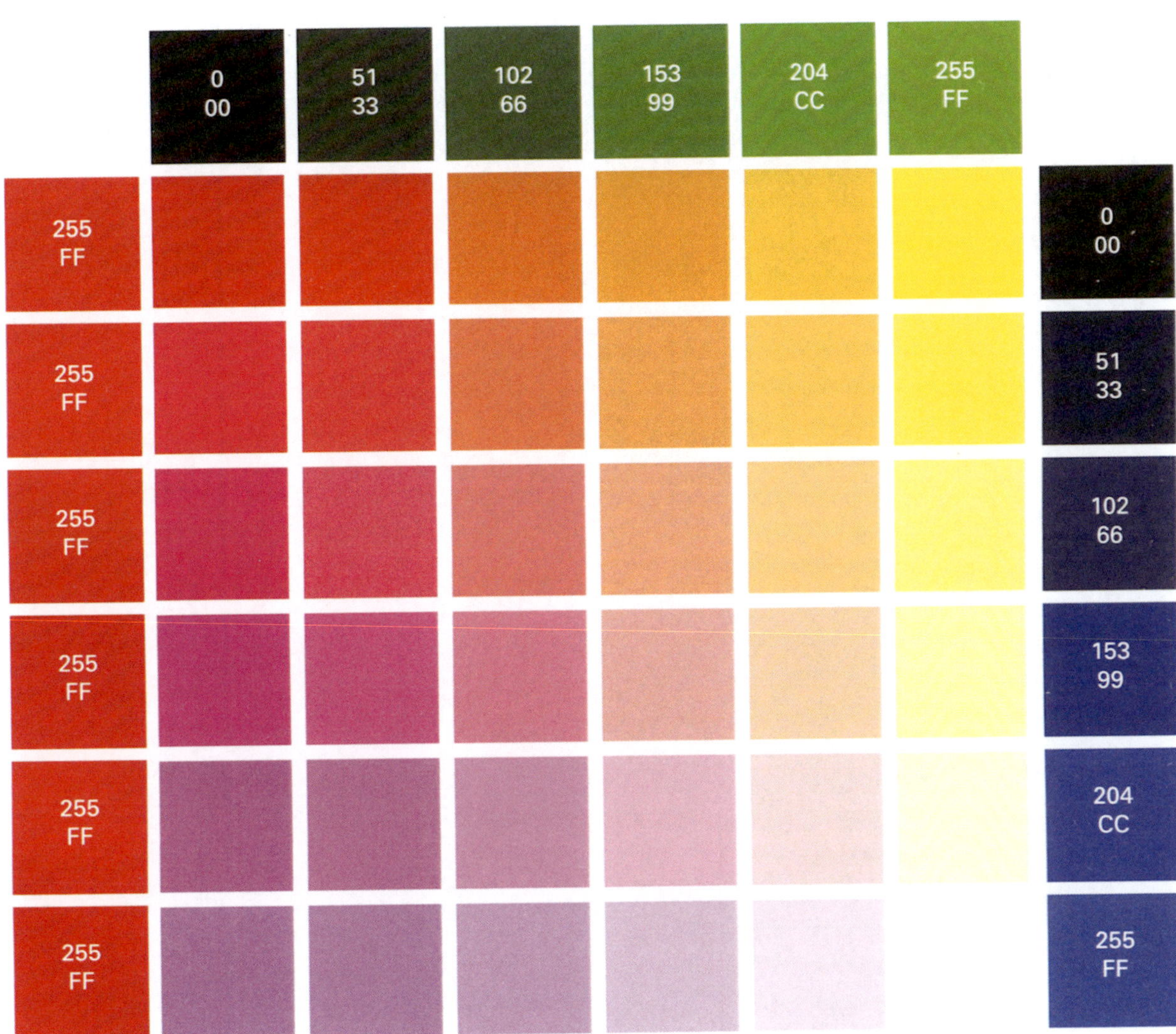
0
00
51
33
102
66
153
99
204
CC
255
FF
255
FF
255
FF
255
FF
255
FF
255
FF
255
FF
0
00
51
33
102
66
153
99
204
CC
255
FF

Farbgeschichten

Welche Farbe hat der Mond?
– Farbe ist mehr als eine Prozessgröße.

Welche Farbe hat der Mond?

Haas, Walter, Farbfernsehen – Ein Geschenk unseres Jahrhunderts, Econ-Verlag, 1967, S.7f.

„Ein Rieseninsekt aus Glas und Metall läßt sich mit ausgestreckten Beinen am Rande des Mondkraters Flamsteed nieder: das amerikanische Raumschiff »Surveyor I« ist gelandet! Datum: 2. Juni 1966. Die Temperatur liegt bei minus 157 Grad Celsius. Es ist stockdunkel. »Surveyor I« wartet.

An die hunderttausend Funkkommandos waren nötig, um den dreibeinigen Mondspion über die fast 400 000 Kilometer lange Bahn von Florida bis Flamsteed zu schicken. Die Bodenstation war froh, daß »Surveyor I« ohne Beinbruch gelandet war, denn Amerika hatte bis zu diesem Zeitpunkt immerhin 30 Milliarden Dollar in sein Raumfahrtprogramm gesteckt.

Kurz nach der Landung wird es heller auf dem Mond. Das von der Erde reflektierte Sonnenlicht jagt die Temperatur auf plus 130 Grad Celsius hoch. »Surveyor I« stülpt seine Kamera aus. Mit unbestechlichem Glasauge blickt er auf die bizarren Felsküsten am »Ozean der Stürme«.

Dann geht's los: klick – klick – klick – »Surveyor I« fotografiert. Die Bilder werden in der Elektronen-Kamera gespeichert und dann zur Erde gefunkt. 10 338 Mondfotos!

Dabei leistet sich »Surveyor I« eine hochinteressante Extratour: Dreimal hintereinander fotografiert er einen ganz bestimmten Kraterfelsen – und zwar durch Farbfilter. Bei der ersten Aufnahme klappt ein Rotfilter vor die Kameralinse, dann ein Grünfilter, schließlich ein Blaufilter. Drei Fotos mit unterschiedlichen Helligkeitswerten also. Auch sie werden zur Erde gefunkt.
Die Männer der Weltraumbehörde NASA fangen die lunaren Bildgrüße auf, ziehen Schwarzweiß-Dias von den Farbfilteraufnahmen und projizieren sie, wiederum durch Rot-, Grün- und Blaufilter, nebeneinander auf eine weiße Fläche. Dann bringen sie die drei Bilder zur Deckung. Das Techniker-Team im dunklen Vorführraum der NASA erlebt eine atemberaubende Premiere. Auf der Leinwand geht der Mond in echten Lokalfarben auf, das heißt: Er zeigt sich nicht gelb, wie die Erdbewohner ihn kennen, nicht als goldige Frau Luna oder als silberhaariger Mann im Mond, sondern so, wie er an Ort und Stelle wirklich aussieht:

Grau in grau, ein ödes Monochrom! »Na bitte, ein reiner Schwarzweiß-Effekt«, sagt einer der Zuschauer. »Den Kopfstand mit den Farbfilterschaltungen hätten wir uns sparen können. Wer weiß, ob die Filter überhaupt funktioniert haben...?« Sie hatten funktioniert!

Nach der erstaunlichen Dreifarbentheorie von Young-Maxwell, von der in diesem Buch noch gesprochen werden soll, kann man mit Hilfe von Rot, Grün und Blau alle vorhandenen Farben darstellen. Und genau das war mit diesem Experiment geschehen. Resultat: Grau ist der Mond! Grau wie die Zierwiese einer Zementfabrik. Mit anderen Worten: Der Mond ist farblos!"

Finden Sie andere Farbgeschichten, erfinden Sie eigene Farbgeschichten!

Appendix

Glossar

Absorption
Aufnehmen von Strahlung, aufgenommene Strahlung wird nicht remittiert, sondern in Wärme umgewandelt

Absorptionsfilter
Filter zur Farbtrennung in Digitalkameras und Scannern, Absorptionsfilter transmittieren ihre Eigenfarbe und absorbieren ihre Komplementärfarbe

Abmusterung
Visueller Vergleich einer Vorlage/Proof mit dem Druckergebnis, Beleuchtung D50

Abstimmbogen
Druckbogen, zum Druck freigegeben, Sollbogen für den Fortdruck

Additive Farbmischung
Mischung von Lichtfarben, Grundfarben Rot, Grün und Blau

Amplitude
Die Amplitude ist die Größe der Schwingung, das Maß ihrer Auslenkung, durch die Amplitude wird die Helligkeit des Lichts bestimmt

Amplitudenmodulierte Rasterung
Rasterverfahren im Druck, gleiche Mittelpunktabstände der Rasterpunkte, vom Tonwert abhängige Rasterpunktgröße

Andruck
Probedruck, gedruckt auf einer Druckmaschine, Kontrolle der Druckvorstufe, Vorgabe für den Fortdruck

Aniva-Farben
Aniva Euro-Skala, CMYK, erweiterter Farbraum, hoch pigmentiert, Epple Druckfarben

ANSI
American National Standardisation Institute

Arbeitsfarbraum
Definiert den Farbraum innerhalb des Farbmodus, z.B. sRGB oder ECI-RGB

Auflagenpapier
Papiersorte, auf die der Druckauftrag gedruckt wird, Fortdruckpapier

Auflösung
Die Auflösung bezeichnet die Anzahl der Bildelemente pro Streckeneinheit

Autotypische Farbmischung
Farbmischung im Farbdruck, Kombination aus additiver und subtraktiver Farbmischung

Bedingt-gleiche Farben
siehe Metamerie

Bedruckstoff
Material, auf das gedruckt wird, z.B. Papier oder Folie

Beleuchtungsstärke
Lichttechnischer Grundbegriff, Lichtmenge, die auf eine beleuchtete Fläche trifft, Einheit lx (Lux)

Bildschirmdreieck
Darstellung des Monitorfarbraums im CIE-Normvalenzsystem mit den Eckpunkten Rot, Grün und Blau

Blitzer
Unbedruckte Stellen zwischen benachbarten Farbflächen im Druck, bedingt durch Passerschwankungen und - ungenauigkeiten

Browser
Software zur Darstellung von Internetseiten auf dem Monitor, z.B. Microsoft Internet Explorer

Buntfarben
Farben, die eine Farbempfindung auslösen, z.B. Cyan, Magenta und Gelb

Buntheit
Bezeichnet die Verschiedenheit einer Farbe vom gleichhellen Unbunt

Buntton, Farbton
Beschreibt die Buntheit einer Farbe

BVDM
Bundesverband Druck und Medien, Arbeitgeberverband der Druckindustrie

CCD
Charge Coupled Device, ladungsgekoppeltes Halbleiterelement, Fotoempfänger in Digitalkameras und Scanner

CIE
Commission Internationale de l´Eclairage, Internationale Beleuchtungskommission

CIE-LAB-System
1976 von CIE eingeführt, angenähert empfindungsgemäß gleichabständig, Referenzfarbraum Color Management, Farbortbestimmung: Helligkeit L*, Sättigung C* (Chroma), Farbton H* (Hue), -b/b-Achse = Blau-Gelb-Achse, -a/a-Achse = Grün-Rot-Achse

CIE-LCH-System
Entspricht dem CIE-LAB-System, Farbortbestimmung: Farbton H* und die Sättigung C* sind in der Farbebene nicht durch die a*b*-Koordinaten, sondern unabhängig voneinander definiert, Bunttonwinkel h^*_{ab}, Anwendung Bildverarbeitung

CIE-Normlicht
Lichtquellen, die eine der CIE-Norm entsprechende Lichtart emittieren, z.B: D50

CIE-Normvalenzsystem
1931 von der CIE eingeführt, das Farbsystem beruht auf der Farbe als menschlicher Gesichtssinn, Basis aller weiterer farbmetrischen Systeme, Farbortbestimmung: Farbton T Sättigung S, Helligkeit Y

CIE-LUV-System
1976 von CIE eingeführt, angenähert empfindungsgemäß gleichabständig, Farbortbestimmung: Helligkeit L*, Buntheit C*, Bunttonwinkel huv = arctan (v*/u*)

CIE-XYZ
1931 von der CIE eingeführt, neben CIELAB Basisfarbraum für das Color Management, Normfarbwerte X (Rot), Y (Grün) und Z (Blau)

CLUT
Color-Look-up-Table, Farbtabelle

CMYK
Cyan, Magenta, Yellow (Gelb) und Schwarz (**K**ey oder Blac**k**), Grundfarben der subtraktiven Farbmischung, Prozessfarben des 4-Farben-Drucks

CMYK-Modus
Ergebnis der Separation, spezifische Aufteilung der Bildfarben in die vier Prozessfarben Cyan, Magenta, Yellow (Gelb) und Schwarz, z.B. UCR

Color Management
Vergleich und Abstimmung verschiedener Farbräume im Workflow

Color-Management-System, CMS
Software zur Abstimmung der Farben im Medienworkflow von der Eingabe bis zur Ausgabe

ColorSync
Farbmanagementsystem von Apple, Teil des Betriebssystems

CRT-Monitor
Cathode Ray Tube, Röhrenmonitor, Computermonitor

CSS
Cascading Style Sheets, Stilvorlagen für Internetseiten, z.B. Schriftdefinition

Datentiefe
siehe Farbtiefe

Densitometrie
Densitometrie ist die Messung der optischen Dichte

Dichte
Logarithmisches Verhältnis der auftreffenden Lichtmenge und der zurückgestrahlten bzw. durchgelassenen Lichtmenge

Dichteumfang
Differenz zwischen maximaler und minimaler Dichte eines Bildes

DIN
Deutsches Institut für Normung

Dreiviertelton
Tonwertbereiche eines Bildes zwischen 65% und 85%

Druckform
Physikalischer Druckbildspeicher, z.B. Offsetdruckplatte

Druckkennlinie
Kennlinie der Rastertonwertübertragung zwischen der Kopiervorlage bzw. der Druckform und dem Druck

Druckkontrast
Kenngröße zu Ermittlung der Normalfärbung

Druckkontrollstreifen
Streifen mit verschiedenen Kontrollfeldern, z.B. Volltonfeldern, zur visuellen und messtechnischen Kontrolle des Druckprozesses

Duplex
Zweifarbiger Druck von Bildern, meist Schwarz und Sonderfarbe, eigener Farbmodus

Echtfarben, Sonderfarben
Zusätzlich zu den Skalenfarben gedruckte Farben

ECI
European Color Initiative

Eder MCS (Multi Color Separation)
Software zur erneuten spezifischen Separation bestehender CMYK-Bilddateien, Einbeziehung von Sonderfarben

Farbabstands ΔE*
Geometrischer Abstand zweier Farborte im CIELAB- bzw. CIELCH-System

Farbanahme
Farbannahme aufeinander gedruckter Farben im Nass-in-Nass-Druck

Farbauszug
Farbanteile eines Farbbildes nach der Farbtrennung

Farbdichte
Densitometrisch gemessene optische Dichte der gedruckten Farbschicht, Maß für die Farbschichtdicke, -menge

Farbe
Farbe ist ein durch das Auge vermittelter Sinneseindruck, eine Gesichtsempfindung

Farbempfindung
Die Farbempfindung ist das Ergebnis der komplexen Sinneswahrnehmung Farbe, sie ist nicht messbar

Farbfilter
Optische Filter zur Farbtrennung in optischen Systemen, z.B. Digitalkameras

Farbmetrik
Die Farbmetrik dient zur quantitativen Erfassung und Kennzeichnung von Farbeindrücken (Farbvalenzen)

Farbpalette
Farbtabelle mit ausgewählten Farben eines Bildes

Farbprofil
siehe ICC-Profil

Farbreiz
Mit Farbreiz ist die Strahlung bezeichnet, die durch Reizung der Zapfen eine Farbempfindung hervorruft

Farbreizfunktion
Die spektrale Zusammensetzung des Farbreizes

Farbsatz
Alle Farbauszüge eines Bildes

Farbstich
Vorherrschen einer Farbe im Bild durch Fehler bei der Graubalance oder im Weißabgleich

Farbtemperatur
Die Farbtemperatur einer Lichtquelle entspricht der Temperatur eines schwarzen Strahlers, bei der dieser die gleiche Farbart abgibt wie die Lichtquelle, Einheit: K (Kelvin)

Farbtiefe, Datentiefe
Die Farbtiefe bestimmt die Anzahl der möglichen Farben eines digitalen Bildes durch den zur Verfügung stehenden Speicherplatz

Farbton
siehe Buntton

Farbtrennung
Aufteilen der Farbbildinformation bei der Bilddatenerfassung, z.B. im Scanner

Farbumfang
Menge aller in einem Bild vorhandenen Farben

Farbvalenz
Bewertung der Farbreize durch die drei Empfindlichkeitsfunktionen, d.h. die rot-, grün- und blauempfindlichen Zapfen des menschlichen Auges

FOGRA
Forschungsgesellschaft Druck, München

Frequenz, Periode
Die Frequenz gibt an, wie viele Schwingungen pro Sekunde stattfinden, die Periode ist der Kehrwert der Frequenz, die Zeitdauer, nach der sich der Schwingungsvorgang wiederholt, Einheit der Frequenz: 1/s oder Hz (Hertz)

Frequenzmodulierte Rasterung
Rasterverfahren im Druck, variable Mittelpunktabstände der Rasterpunkte, einheitliche Punktgröße, vom Tonwert abhängige Rasterpunktzahl

Gamma
Maß für die Tonwertverteilung eines Bildes

Gamut
Farbraum

Gamut-Mapping
Farbraumtransformation im Color Management

GCR, Gray Component Replacement
Unbuntaufbau, Separationsmethode, bei der der Unbuntanteil eines Farbtons durch Schwarz gebildet wird

GIF
Graphic Interchange Format, Pixelbild- und Grafikformat, verlustfrei nach der LZW-Methode komprimiert, Indizierte-Farben-Modus mit maximal 256 Farben, unterstützt Transparenz und Animationen

Gleichabständigkeit
Der geometrische Farbabstand zweier Farben in einem Farbordnungssystem entspricht dem visuell empfundenen Abstand

Gradation
Tonwertabstufung im Bild

Grafikkarte
Schnittstelle zwischen Prozessor und Monitor, sie erzeugt die Signale zur Darstellung Ihrer Datei auf dem Monitor

Graubalance
Graubedingung, Farbbalance, Verhältnis der Farbanteile im Druck, die ein neutrales Grau ergeben

Graustufen
Helligkeitsabstufungen in einem einfarbigen Bild

Helligkeit
Stärke der Lichtempfindung, definiert eine Farbe zusammen mit Sättigung und Farbton

Hexachrome
Von Pantone Inc. entwickeltes Verfahren mit sechs Primärfarben für den Farbdruck: Cyan, Magenta, Gelb, Schwarz, Grün und Orange

Hexadezimalsystem
Zahlensystem mit der Basis 16, Ziffern 0 bis F, System zur Farbdefinition im HTML-Code

HKS
Sonderfaben mit CMYK-Äquivalent, begründet von den drei Farbenherstellern Hostmann-Steinberg, K+E, Schimke, Deutschland

HSB
Farbordnungssystem in verschiedenen Bildverarbeitungs- und Grafikprogrammen, kein farbmetrisches System, Farbton H (Hue), Sättigung S (Saturation), Helligkeit B (Brightness)

ICC, International Color Consortium
Zusammenschluss namhafter Firmen der Medienindustrie zur Standardisierung der Farbverarbeitung, Color Management, 1994 gegründet

ICC-Profil
CLUT (Color-Look-up-Table), die den Spezifikationen des ICC entspricht, suffix *.icc oder *.icm, Basistabelle für das Gamut-Mapping

Indizierte Farben
Ein-Kanal-Farbmodus, Farbauswahlsystem, Farbmodus für GIF-Dateien, ein indiziertes Farbbild basiert auf einer Farbtabelle mit maximal 256 Farben

Interferenz
Interferenz ist die Überlagerung von Wellen, optischer Effekt in halbdurchlässigen Farbfiltern, Strahlungsteilern

Interferenzfilter
Filter zur Farbtrennung in optischen Systemen, z.B. Trommelscanner, Interferenzfilter wirken als Strahlungsteiler

ISO
International Standards Organisation

JPEG
Joint Experts Photografic Group, verlustbehaftete Bildkomprimierung, Bilddateiformat in der Digitalfotografie und im Internet

Körperfarbe
Die Farbe eines Nichtselbstleuchters, d.h. eines Körpers, der zur Sichtbarkeit einer beleuchtenden Strahlung bedarf, Grundfarbe der subtraktiven Farbmischung

Komplementärfarben
Komplementärfarben sind Farbenpaare, die sich in ihrer Mischung zu Unbunt ergänzen, additiv zu Weiß und subtraktiv zu Schwarz

Kontrollfeld
Fläche zur visuellen oder messtechnischen Prüfung der Prozessergenisse, z.B. Teil eines Druckkontrollstreifens

LAB, LCH
Helligkeit L* (Luminanz) , Buntheit C* (Chroma), Farbton H* (Hue), Kenngrößen des CIELAB-Systems

LAB-Modus
Prozessunabhängiger Bildfarbmodus

LCD-Monitor
Liquid Crystal Display, Flüssigkristall-Anzeige, Computer-Flachmonitor, entspricht TFT-Monitor

LED-Monitor
Light Emitting Diode, Monitorbildwände

Licht
Elektomagnetische Strahlung, die das menschliche Auge rezpieren kann, Helle Bildbereiche bis 10%

Lichtart
Bezeichnet die realtive spektrale Verteilung des emittierten Lichts einer Lichtquelle

Lichtfarbe
Farbart einer Lichtart, Grundfarben der additiven Farbmischung

Lichtstärke
Lichttechnischer Grundbegriff, Lichtmenge, die eine Lchtquelle abstrahlt, Einheit cd (candela)

MacAdam-Ellipsen
Modell zur Visualisierung der Farbabstände im CIE-Normvalenzsystem, eingeführt von dem amerikanischer Physiker MacAdam

Messfeldgröße
Größe des Messflecks, der Messblende

Messgeomtrie
Geometrie der Lichtführung bei der densitometrischen und farbmetrischen Messung z.B. 45/0 oder 0/45, die erste Zahl bezeichnet den Lichteinfallswinkel, die zweite gibt den Messwinkel an

Metamerie
Die Metamerie beschreibt das Phänomen, dass spektral unterschiedliche Farbreize die gleiche Farbempfindung auslösen

Metamere Farben
Metamere oder bedingt-gleiche Farben lösen nur unter einer bestimmten Beleuchtung die gleiche Farbempfindung aus

Mittelton
Tonwertbereich eines Bildes zwichen 35% und 65% Fächendeckung

Moiré
Störende Musterbildung im Druck durch Überlagerung regelmäßiger Strukturen, auch durch falsche Rasterwinkelung im Mehrfarbendruck

Monochrom
Einfarbig

Normalbeobachter
Der Normalbeobachter steht für die gemittelten Spektralwertfunktionen einer Reihe farbnormalsichtiger Beobachter

Normalfärbung
Normalfärbung ist die Färbung im Druck mit maximaler Farbsättigung bei gleichzeitiger bester Differenzierung in den Rastertönen

Normlicht
Licht mit einer definierten Farbtemperatur, z.B. D50 mit 5 000 K oder D65 mit 6 500 K, zur visuellen und messtechnischen Abstimmung und Erfassung farbiger Flächen

Normspektralwertfunktionen
Die Normspektralwertfunktionen für Rot, Grün und Blau entsprechen der spektralen Empfindlichkeit des menschlichen Sehsinns (Normalbeobachter)

Normspektralwertkurven
Diagramm der Normspektralwertfunktionen

Novaspace
Spezialdruckfarben, CMYK, von K+E mit deutlich erweitertem Farbraum und sehr hoher Farbdichte, hoch pigmentiert

Pantone
Pantone ist ein Farbsystem von der Pantone Inc. Carlstadt, USA, Sonderfaben mit CMYK-Äquivalent

Passer
Geometrisch korrekter Übereinanderdruck der Teilfarben im Mehrfarbendruck

PCS
Profile Connection Space, gemeinsamer Referenzfarbraum für das Gamut-Mapping im Color-Management-Workflow, LAB- oder XYZ-System

Pixel
Pixel, engl. picture element, kleinste quadratische Flächeneinheit eines digitalen Bildes

Plasma-Monitor
Flachbildschirm, aus lauter kleinen mit Edelgas gefüllten Gaszellen aufgebaut, angelegte Spannung führt zu einer Gasentladung, die wiederum die roten, grünen oder blauen Phosphore der entsprechenden Zellen zum Leuchten bringt

Plugin
Programmmodul zur Funktionserweiterung der Standardkonfiguration

PNG
Portable Network Graphics, Pixelbild- und Dateiformat, 24-Bit-Farbtiefe, verlustfreie Komprimierung, unterstützt Transparenz

Polarisation
Die Polarisation des Lichts gibt die Richtung der Schwingung der Lichtwelle an

Proof, Prüfdruck
Auf einem Proofdrucker hergestellter Druck zur Vorschau des Ergebnisses des Auflagendrucks

Prozessfarbe
Grundfarbe eines farbwiedergebenden Prozesses, z.B. CMYK im Druck

Prozessfarbraum
Dreidimensionaler Farbraum, dessen Eckpunkte die Koordinaten der Prozessfarben sind

Raster
Flächenelemente zur Darstellung von Tonwerten

Rasterpunktform
Geometrische Form der Rasterelemente, z.B. Punkt oder Ellipse

Rastertonwert, Flächendeckung
Anteil der gedeckten Fläche in Prozent

Rasterweite
Anzahl der Rasterelemente pro Streckeneinheit, L/cm oder lpi

Rasterwinkel
Lage der Achse des Rasters zur Bildachse

Rendering Intent
Umrechnungsalgorithmus der Farbraumtransformation/Gamut-Mapping
- perzeptiv, perceptual, fotografisch, wahrnehmungsorientiert
- Sättigung, saturation
- relativ farbmetrisch, relative colorimetric
- absolut farbmetrisch, absolute colorimetric

RGB
Rot, Grün und Blau, Grundfarben der additiven Farbmischung, Monitorfarben

RGB-Modus
Aufteilung der Bildfarben in die Teilfarben der additiven Farbmischung Rot, Grün und Blau, prozessbezogener Farbraum

RIP, Raster Image Processor
Software- oder Hardware-RIP zur Berechnung der Ausgabedaten für Belichter oder Digitaldrucksysteme

Sättigung
Beschreibt das Verhältnis der Buntheit zur Helligkeit

Scanner
Geräte, in denen Information optisch abgetastet, in elektronische Information umgewandelt und verarbeitet wird

Separation
Umrechnung der Bilddaten aus einem gegebenen Farbraum in den CMYK-Farbraum des Mehrfarbendrucks

Skalenfarben
CMYK, Cyan, Magenta, Yellow (Gelb) und Schwarz, die Grundfarben des Vierfarbdrucks

Softproof
Simulation des Druckergebnisses auf dem Monitor

Sonderfarben
siehe Echtfarben

Spektrum
Wellenband der elektromagnetischen Strahlung

Spitzer werden
Verringerung der Tonwerte, vor allem in den helleren Tönen, z.B. durch Abnutzung der Druckform

Spitzlicht
Hellste Bildstelle, z.B. metallischer Reflex

Stäbchen
Photorezeptoren im menschlichen Auge für die Helligkeitsempfindung

Subtraktive Farbmischung
Mischung von Körperfarben, Grundfarben Cyan, Magenta und Gelb, jede zugemischte Farbe absorbiert, subtrahiert, einen Spektralbereich, die Gesamtheit der Grundfarben ergibt Schwarz

SVG
Scalable Vector Graphics, auf XML basierendes Vektorgrafikformat

SWF
Shockwave Flash, Vektorgrafikformat von Macromedia Flash

TFT-Monitor
Thin Film Transistor, Computer-Flachmonitor, entspricht LCD-Monitor

Tiefe
Dunkle Bildbereiche ab 85%

Tonwert
Anteil der mit Farbe bedeckten Fläche

Tonwertzunahme
Tonwertdifferenz zwischen Film/Druckform/Datei und Druck

Tonwertsumme
Summe der maximalen Tonwerte aller Farbauszüge eines Drucks

Trapping
Überfüllen oder Farbannahme

TSY
Farbton T, Sättigung S, Helligkeit Y, Kenngrößen des CIE-Normvalenzsystems

UCR, Under Color Removal,
Unterfarbenreduzierung, Buntaufbau, Separationsmethode bei der der Unbuntanteil eines Farbtons durch die Komplementärfarbe gebildet wird, die drei Buntfarbanteile werden in dunklen neutralen Farbtönen reduziert und mit Schwarz überdruckt.

Überdrucken
Einstellungsoption in Grafikprogrammen, übereinanderliegende Farbflächen werden in der Separation den einzelnen Farbauszügen zugeordnet, ohne Überdrucken wird nur die oberste Farbfläche gedruckt

Überfüllen
Überlappen benachbarter Farbflächen in den Farbauszügen um Blitzer zu vermeiden

UGRA
Verein zur Förderung wissenschaftlicher Untersuchungen in der grafischen Industrie, St. Gallen, Schweiz

Unbedingt-gleiche Farben
siehe Metamerie

Unbunte Farben
Farben, die keine Farbempfindung auslösen, z.B. Schwarz

Viertelton
Hellere Tonwertbereiche eines Bildes zwischen Licht und Mittelton, 10% bis 35%

Voller werden
Zunahme der Tonwerte, vor allem in den Dreivierteltönen, z.B. durch Überfärbung

Volltonfeld
Vollständig bedrucktes Kontrollfeld zur Kontrolle der Färbung im Druck, Teil des Druckkontrollstreifens

W3C
World Wide Web Consortium, Gremium zur Setzung der Internet-Richtlinien

Web-Palette
216 Farben, indizierte Farben, die Schrittweite der RGB-Werte ist 51, dezimal: 0, 51, 102, 153, 204 und 255, hexadezimal: 00, 33, 66, 99, CC und FF

Wegschlagen
Physikalischer Trocknungsmechanismus von Druckfarben, die flüssigen Bestandteile des Bindemittels dringen in den Bedruckstoff ein und verankern so die Pigmente auf der Bedruckstoffoberfläche

Weißabgleich
Der Weißabgleich definiert das Verhältnis der Farbanteile von Rot, Grün und Blau in einer weißen neutralen Bildstelle

Wellenlänge
Der Abstand zweier gleicher benachbarter Phasen, z.B. ein Wellental und ein Wellenberg einer Sinusschwingung, bestimmt die Farbigkeit des Lichts, Einheit der Wellenlänge des Lichts: nm (Nanometer, 10^{-9}m)

Zapfen
Photorezeptoren auf der Netzhaut des menschlichen Auges für die Farbempfindung, drei Zapfenarten für Rot, Grün und Blau

Index

H

I

J

K

L

M

N

T

U

V

W

X

Z

Bibliografie

Ausgewählte Internetadressen

www.adobe.de
www.agfa.de
www.apple.de
www.bvdm-online.de
www.canon.de
www.color.org
www.colormanagement.de
www.eci.org
www.epson.de
www.formac.com
www.fogra.org
www.gretagmacbeth.com
www.heidelberg.com
www.hks-colour.de
www.jgs-stuttgart.de
www.just-normlicht.de
www.man-roland.de
www.necd.de
www.nikon.de
www.techkon.de
www.technorama.ch
www.ugra.ch
www.vdmi.de
www.vpdm.de
www.xrite.com
www.zfamedien.de

Fachzeitschriften der Medienindustrie

Deutscher Drucker
Druck & Medien Magazin
Druckspiegel
MacUp
Macwelt
Page
PrePress
Publishing Praxis
CT

Ausgewählte DIN/ISO-Normen

2846	Farbe der Skalendruckfarben
3664	Beleuchtung
4512	Fotografische Sensitometrie
5033	Farbmessung
12642	CM-Testformen
12647	Prozesskontrolle
16525	Druckfarbe
16527	Drucktechnik
16536	Farbdichtemessung an Drucken
16546	Filter für Farbauszüge
16549	Druckvorstufe
12647	Reproduktion
13655	Spektrale Messung

Bücher und Publikationen

Altona Test Suite 1.1. – Online-Version, www.eci.org

Baumstark, Armin, Böhringer, Joachim, Bühler, Peter, Jungwirth, Franz, *Fachbegriffe für Mediengestalter*, Holland + Josenhans Verlag 2002

Berger-Schunn, Anni, *Praktische Farbmessung*, Muster-Schmidt Verlag 1994

Bleckwenn, Ruth, Schwarze, Beate, *Gestaltungslehre*, Verlag Handwerk und Technik 1995

Böhringer, Joachim, Bühler, Peter, Schlaich, Patrick, *Projekte zur Mediengestaltung*, Springer-Verlag 2004

Böhringer, Joachim, Bühler, Peter, Schlaich, Patrick, Ziegler, Hanns-Jürgen, *Kompendium der Mediengestaltung*, Springer-Verlag 2002

Böhringer, Joachim, Bühler, Peter, Schlaich, Patrick, Ziegler, Hanns-Jürgen, *Workshop zur Mediengestaltung*, Springer-Verlag 2000

bvdm, *Prozessstandard Offsetdruck*, 2001

Classroom in a Book, *Adobe Illustrator 10*, Markt + Technik Verlag 2002

Classroom in a Book, *Adobe Photoshop 7*, Markt + Technik Verlag 2002

Cohen, Luanne Seymour, *Design Essentials*, Markt + Technik Verlag 2000

dtv-Atlas zur Informatik, Deutscher Taschenbuch Verlag

dtv Atlas zur Physik, 2 Bände, Deutscher Taschenbuch Verlag

ECI Richtlinien, *Richtlinien für die medienneutrale Farbdatenverarbeitung gemäß ICC-Standards*, ECI 1999

Falk, David S., Brill, Dieter R., Stork David G., *Ein Blick ins Licht*, Birkhäuser Verlag 1989

Fischer, Ernst Peter, *Die Wege der Farben – vom Licht zum Sehen und über die Gene ins Gehirn*, Regenbogen Verlag 1994

Frisby, John P., *Sehen*, Bertelsmann Verlag 1984

Gage, John, *Die Sprache der Farben*, Ravensburger Buchverlag 1999

Gekeler, Hans, *Handbuch der Farbe*, Dumont Verlag 2003

Göttsching, Lothar (Hrsg.), *Papier in unserer Welt*, Econ Verlag 1990

Gorbach, Rudolf Paulus, *Typografie professionell*, Galileo Press 2001

Greenfield, Susan A., *Reiseführer Gehirn*, Spektrum Verlag 2003

Grüder, Christoph, Leyhe, Thomas, *Adobe Indesign 2*, Galileo Verlag 2003

Haas, Walter, *Farbfernsehen*, Econ Verlag 1967

Hauser, Tobias, Kappler, Armin, *Photoshop 7 für das Web*, Addison-Wesley Verlag 2002

Heller, Eva, *Wie Farben wirken*, Rowohlt Verlag 2002

Heyna, Arne, Briede, Marc, Schmidt, Ulrich, *Datenformate im Medienbereich*, Fachbuchverlag Leipzig 2003

Holzinger, Andreas, *Basiswissen Multimedia, Band 1: Technik*, Vogel Verlag 2000

Holzschlag, Molly E., *Farbe für Websites*, Rowohlt Verlag 2002

Homann, Jan-Peter, *Digitales Colormanagement*, Springer-Verlag 2000

Kommer, Isolde, *Kreatives Gestalten mit Flash*, Hanser Verlag 2001

Kraus, Helmut, *Scannen*, Addison-Wesley Verlag 1999

Kraus, Helmut, *Scans, Prints & Proofs*, Galileo Verlag 2001

Kraus, Helmut, Padeste, Romano, *Digitale Highend-Fotografie*, dpunkt.verlag 2003

Lewandowsky, Pina, Zeischegg, Francis, *Visuelles Gestalten mit dem Computer*, Rowohlt Verlag 2002

Loos, Hansl, *Farbmessung*, Verlag Beruf + Schule 1989

Lubkowitz, Mark, *Webseiten programmieren und gestalten*, Galileo Verlag 2003

Ludwig, Margit (Hrsg.), *Schwingungen und Wellen – Optik*, Diesterweg Verlag 1996

MacAdam, D. J., *Color Measurement*, Springer-Verlag 1985

Machold, Adolf, *Grundelemente der Optik*, Pädagogische Hochschule Weingarten 2000

Marchesi, Jost J., *Digital Fotokollegium*, 3 Bände, Verlag Photografie 2002

Marchesi, Jost J., *Professionelle Beleuchtungstechnik*, Verlag Photografie 1994

Meschede, Dieter, *Optik, Licht und Laser*, Teubner Verlag1999

Münz, Stefan, Nefger, Wolfgang, *HTML 4.0 Handbuch*, Franzis Verlag 1999

Neugebauer, Hans E. J., *Zur Theorie des Mehrfarbendrucks*, Verlag Beruf + Schule 1989

Page, Khristine Annwn, *Dreamweaver MX*, Markt + Technik Verlag 2003

Pawlik, Johannes, *Goethe Farbenlehre*, Dumont Verlag 1994

Pott, Oliver, *Hardware Kompendium*, Markt + Technik Verlag 1999

Preizonius Eckart, *Über den Zusammenhang von Form- und Farbverarbeitung im visuellen System des Menschen*, Kyrill & Method Verlag 1989

Press, Barry, *Die Harware-Profi-Bibel*, MITP Verlag 1999

Riedel, Ingrid, *Farben*, Kreuz Verlag 1999

Riedel, Oliver H., *3D-Echtzeit-Rendering unter Berücksichtigung der Anatomie und Physiologie des menschlichen Auges*, Springer-Verlag 1998

Schläpfer, Kurt, Bünter, Urs, *Testformen zur Beurteilung der Farbwiedergabe, Auflösung und Artefakt-Bildung von Digitalkameras*, Ugra 2003

Schlegel, Kristian, *Vom Regenbogen zum Polarlicht*, Spektrum Verlag 2001

Schmidt, Andy, *Dreamweaver MX*, Franzis Verlag 2002

Schmidt, Ulrich, *Professionelle Videotechnik*, Springer-Verlag 2000

Silbernagl, Stefan, *Taschenatlas der Physiologie*, Thieme Verlag 2003

Silvestrini, Narciso, *IdeeFarbe*, Baumann & Stromer Verlag 1994

Schröder, Gottfried, *Technische Optik*, Vogel Verlag 1987

Steinmetz, Ralf, *Multimedia Technologie*, Springer-Verlag 1999

Stromer, Klaus (Hrsg.), *Farbsysteme*, Dumont Verlag 1998

Trösch, Jürg, Baltis, Max, Neuenschwander, Jürg, *Communicating in Print*, Werd Verlag 2001

Walther, Thomas, Walter, Herbert, *Was ist Licht?* Beck Verlag 1999

Wargalla, Hennig, *Farbkorrektur*, MITP Verlag 2003

Welsch, Norbert, Liebmann, Claus Chr., *Farben*, Spektrum Verlag 2003

Willmore, Ben, *Insiderbuch Photoshop 7*, Midas Verlag, 2002

Zinth, Wolfgang, Körner Hans-Joachim, *Physik III Optik, Quantenphänomene und Aufbau der Atome*, Oldenbourg Verlag 1996

Zeitfracht Medien GmbH
Ferdinand-Jühlke-Straße 7
99095 Erfurt, Deutschland
produktsicherheit@kolibri360.de